THE DEVELOPMENT OF INDIGENOUS
TRADE AND MARKETS IN WEST AFRICA

L'ÉVOLUTION DU COMMERCE AFRICAIN DEPUIS LE XIXe SIÈCLE EN AFRIQUE DE L'OUEST

Etudes presentées et discutées au dixième Séminaire Africain International à Fourah Bay College, Freetown, décembre 1969

THE DEVELOPMENT OF
INDIGENOUS TRADE AND MARKETS
IN WEST AFRICA

*Studies presented and discussed at the Tenth International African
Seminar at Fourah Bay College, Freetown, December 1969*

Edited with an Introduction by
CLAUDE MEILLASSOUX

Foreword by
DARYLL FORDE
Director, International African Institute

Published for the
INTERNATIONAL AFRICAN INSTITUTE
by
OXFORD UNIVERSITY PRESS
1971

Oxford University Press, Ely House, London W.1

GLASGOW NEW YORK TORONTO MELBOURNE WELLINGTON
CAPE TOWN SALISBURY IBADAN NAIROBI DAR ES SALAAM LUSAKA ADDIS ABABA
BOMBAY CALCUTTA MADRAS KARACHI LAHORE DACCA
KUALA LUMPUR SINGAPORE HONG KONG TOKYO

ISBN 0 19 724186 7

*Printed in Great Britain by Richard Clay (The Chaucer Press) Ltd.
Bungay, Suffolk*

Contents

Contents   vii

Foreword

The twenty studies presented in this volume in English and French, with a summary in the other language, were prepared for the discussions at the Tenth International African Seminar, which was held at Fourah Bay College, Freetown, from 14 to 22 December 1969, under the chairmanship of M. Claude Meillassoux, Chargé de Recherche, of the French 'Centre National de la Recherche Scientifique'.

The subject of the Seminar was the development of indigenous trade and markets in West Africa. The papers and discussions, which covered both French- and English-speaking territories, were organized with reference to the following main themes: pre-colonial trade and politics; trading areas and market centres; the inter-relations of trade and social organization; long-distance trade and the development of specialized trading groups; the adaptation of African economies and trade to nineteenth-century changes in the European markets on the coast; the impact of modern capitalism on African trade; comparative review of the spheres and categories of African trade.

In his Introduction the Chairman has reviewed the research reports and the discussions on these themes and concludes by emphasizing the importance of combining an historical and a comparative approach, as was attempted by the Seminar, in order to reveal the character of the main factors and processes that have given coherence to many aspects of trade in West Africa. The International African Institute is particularly grateful to him for the thought and care that he has given to the preparation and direction of the Seminar and to the editing of the volume. We should also like to thank the participants in the Seminar for time and thought so generously given to preparing their papers and revising them for publication.

Our special thanks are due to the Principal of Fourah Bay College, Canon Harry Sawyerr, for welcoming the Seminar, and to Mr. Jonathan Hyde, Secretary of the Institute of African Studies, for his valuable assistance in the local arrangements. We are also grateful to many members of the staff at the college who by their help and their participation in discussions contributed to the success of the Seminar.

The continuing generosity of the Ford Foundation in providing financial support made possible the holding of the Seminar and the publication of this volume, and we are glad to take this opportunity of expressing our appreciation.

DARYLL FORDE

PART I

Introduction

I. ADAPTATIONS ET RÉACTIONS DES SOCIÉTÉS OUEST-AFRICAINES AUX TRANSFORMATIONS DE LA TRAITE

En proclamant l'abolition de la traite esclavagiste, le traité de Vienne de 1815 marquait l'achèvement d'une phase de l'histoire économique mondiale et plus particulièrement de l'histoire de l'Afrique qui en était la grande pourvoyeuse. Ce ne sont certes pas ces accords diplomatiques, d'ailleurs tardivement suivis d'effets, non plus que les campagnes philantropiques, qui furent les causes premières de la disparition du commerce des esclaves, mais bien davantage les transformations subies par l'économie euro-américaine à partir du XIXe siècle. L'esclavage, en tant que mode de production, s'opposait à l'expansion croissante du capitalisme agraire et industriel qui exigeait un marché de la main-d'œuvre, non pas figé par des rapports permanents, mais contractuel et mobile, et sur lequel s'offre, non plus la personne du producteur, mais sa force de travail.

Curtin[1] voit une cause plus immédiate au déclin de la traite dans la crise de l'économie agricole caraïbe et américaine. L'esclavagisme américain subissait déjà depuis près d'un siècle des transformations. Le taux de reproduction de la population esclave des colonies britanniques d'Amérique du Nord, de déficitaire jusque vers 1700, tendit à partir de cette époque à s'équilibrer, puis à s'accroître parallèlement à celui de l'ensemble de la population. La demande d'esclaves importés se réduisit d'autant. Le même phénomène est enregistré dans les colonies d'Inde occidentale au cours du XIXe siècle, dès 1805 dans les Barbades, vers 1840 dans les autres colonies. En même

---

[1] Les noms d'auteurs, cités sans autre référence, renvoient soit aux communications publiées dans cet ouvrage, soit aux interventions faites au cours du colloque.

temps que le coût des esclaves importés s'accroissait du fait des restrictions imposées à la traite, la productivité croissante du travail des esclaves augmentait, encourageant certains planteurs à en pratiquer l'élevage pour la vente. La traite atlantique persista surtout en faveur de Cuba et du Brésil où, pense Curtin, les plantations modernes et de meilleur rendement pouvaient encore employer des esclaves plus chèrement acquis, mais où il semble qu'aussi l'industrie du sucre fut plus grande dévoreuse d'hommes.

En même temps que déclinait le commerce des esclaves, le développement industriel européen déplaçait la demande vers les matières premières aux dépens des biens précieux de la traite traditionnelle. Ces transformations se traduisirent en Afrique occidentale, vers 1820–50, par 'un accroissement en valeur et en quantité des échanges avec la France, la Grande-Bretagne et les autres pays, proportionnellement plus grand qu'au cours d'aucune autre période antérieure à 1914' (Newbury). Accroissement vertigineux, non pas tant en valeur unitaire qu'en quantité, des exportations d'huile de palme, d'arachides, de bois, de peaux et de riz, tandis que les produits de la traite traditionnelle: esclaves, ivoire, cire, gomme, indigo et sans doute l'or, déclinaient. La nature des importations, elles aussi en croissance, se transformait. L'importation des textiles croît encore mais le volume de la pacotille et autres verroteries diminue au profit d'articles d'intérêt économique plus grand, tels que métaux et quincaillerie. L'offre européenne porte aussi sur des articles susceptibles de détourner au profit des Européens une partie du commerce intérieur: le sel qui vient concurrencer celui des salines de la Côte et du Sahara; les cauris qui introduisent un moyen de paiement et tendent à orienter les courants commerciaux vers ceux qui en approvisionnent les marchés. Newbury voit les principaux effets de ces transformations dans la multiplication des comptoirs, les migrations subséquentes vers la côte, l'adaptation du système de courtage et le nombre croissant des courtiers, le développement du crédit par avance de marchandises et l'augmentation considérable du nombre de traitants. Ces phénomènes suscitèrent sur les marchés de l'intérieur, tout au moins dans la forêt et le long des bassins des fleuves, la constitution d' 'économies séparées'. Ces changements sont tels que Newbury estime que si révolution il y a, il production ou de transit alimentant les échanges inter-régionaux de marchandises tropicales. Ces courants intérieurs cependant transportent relativement peu d'articles européens. L'ambre, le corail, les fusils pénètrent assez loin mais n'apparaissent qu'en faibles quantités sur quelques grands marchés où leur vocation demeure d'être la marchandise d'échange des esclaves. Newbury, s'appuyant sur les témoignages d'autres voyageurs encore, écrit: 'Il y a peu de raisons de subodorer une grande influence du commerce côtier au-delà de la zone forestière ou de quelques bassins fluviaux...'

Non seulement ce commerce continental se distingue de la traite atlantique, mais encore il le concurrence dangereusement. Il s'établit en effet sur des bases économiques et sociales différentes qui lui assurent une plus grande stabilité.

La traite atlantique est déprédatrice. Elle porte sur des produits d'extraction, de chasse, de collecte. Mais elle porte surtout sur l'esclave qui n'y apparaît que comme marchandise et dont la production n'est qu'une soustraction à la production des communautés paysannes comme la cause de leur désagrégation. Elle ne dépend que des couches les plus violentes de la population, guerriers et bandits, et favorise leur domination politique. En retour, elle fournit surtout des armes et de coûteux objets de prestige qui ne s'adressent qu'aux aristocraties militaires.

Le commerce continental porte aussi sur l'esclave mais, comme nous le verrons, celui-ci est pour une large part réintroduit dans la production par l'extension de l'esclavage productif. Il repose surtout sur la production de la paysannerie qui lui fournit les produits agricoles et artisanaux composant la part la plus importante du trafic. Le commerce continental offre en revanche un produit de grande consommation, demandé par des couches de plus en plus larges de la population, le sel, qui peut être détaillé. Il assure la complémentarité des échanges inter-régionaux, procure enfin, aux communautés paysannes, l'esclave qui devient le principal agent producteur des marchandises de ce trafic intérieur.

Il est probable en effet comme le suppose Fage (1969) que le développement des échanges sahariens et continentaux encou-

ragea le développement de l'esclavage en Afrique occidentale.[1]
La demande, portant sur des biens agricoles et artisanaux,
permettait aux communautés paysannes non seulement de se
consacrer elles-mêmes à leur production mais d'y affecter des
producteurs étrangers dépendants, esclavage qui ne fonction-
nait pas tant au profit des souverains qu'à celui des chefs de
familles paysannes. Park, Mollien, Caillé témoignent encore de
l'importance de son développement. D'après leurs récits, il
apparaît bien qu'au milieu du XIXe siècle les esclaves étaient
affectés à la production de toutes les marchandises (à l'exception
de celles comme le fer ou les peaux quand elles sont réservées
aux castes).[2] Il en est ainsi du sel, de la gomme, des grains, du
coton, de la toile, etc. Les hommes-esclaves sont agriculteurs,
éleveurs, puisatiers, mineurs, tisserands, porteurs, mariniers et
passeurs tandis que les femmes filent, préparent le coton, le
peignent, nettoient, puisent l'eau, etc. Ce sont les esclaves encore
qui assument le transport des marchandises par portage, caravanes ou pirogues. Ce sont eux enfin qui contribuent à la
production d'autres esclaves en fournissant une part importante
des effectifs des armées (Park, pp. 221–2). En 1795, Mungo
Park, qui parcourt surtout les pays du Sahel soudanais, constate
que 'the labour is universally performed by slaves' (Park, p. 9)
et estime que les trois quarts de la population est composée
d'esclaves. Estimation sans doute excessive mais significative de
l'importance du phénomène. Mollien confirme (pp. 131, 225)
le nombre très considérable de captifs au Futa-Tooro et au
Futa-Jalon. Selon Caillé, qui rencontre quantité de hameaux
d'esclaves en pays malinké et peul, l'ambition du paysan est de
posséder 12 à 15 esclaves pour subvenir à ses besoins et produire
le surplus de grains et de toile destiné au commerce (Caillé, vol.
I, p. 460). Il remarque que ces esclaves travaillent beaucoup,
qu'ils sont mal vêtus, obligés de subvenir à leur nourriture et

---

[1] 'Dans le monde antique, l'action du commerce et le développement du capital
marchand aboutit toujours à une économie esclavagiste ou ... à la simple transformation d'un système d'esclavage patriarchal orienté vers la production de
moyens de subsistance directs en un système orienté vers la production de plus-
value' (K. Marx, *Le Capital* [Paris: Ed. Sociales, 1950, 8 vols.], livre III, vol. I, p.
340).

[2] Nous n'avons pas de données précises sur la production de l'or et de la cola
Caillé rapporte, mais par ouï-dire, que le chef du Bure emploie des esclaves sur les
placers (R. Caillé, vol. I, p. 417). Park, qui s'y rend alors qu'ils sont inactifs, parle
surtout du travail des femmes (Park, p. 232).

que, s'ils ne sont pas partout maltraités, ils craignent les punitions (Caillé, vol. I, pp. 151, 312, 316, 460).[1] Les profits de l'esclavage pouvaient être considérables, si l'on en croit le cas cité par Mollien (p. 89), selon lequel un propriétaire du Burba-Jolof parvenait en un an à doubler le nombre de ses esclaves par l'exploitation de leur travail; estimation très proche de celles que j'ai faites sur la base de renseignements recueillis dans le Sahel (Meillassoux). L'esclavage existait donc à deux titres en Afrique occidentale. D'une part il fournissait la marchandise de la traite atlantique, d'autre part les producteurs des marchandises du commerce inter-africain.

En raison du danger de dégradation sociale que représentait la possibilité de vendre ou de mettre en exploitation les individus, l'esclavage pour se développer en Afrique, en vint à dépendre de deux institutions complémentaires et contradictoires: la guerre et le commerce.

En Afrique occidentale, au sein d'une même société, ni l'homme de condition franche, ni l'esclave domestique, c'est-à-dire né en captivité, n'était aliénable.[2] Ne peut être vendu que l'individu arraché à son milieu social ou familial par la capture. Les communautés ne peuvent vendre ni leurs propres ressortissants ni leurs esclaves domestiques, ni donc pratiquer l'élevage d'esclaves pour la vente. Dans ces conditions, l'esclave ne peut être produit que par la guerre et le brigandage,[3] seules institutions capables de conférer aux individus un statut qui les rende aliénables. Pour se protéger de la désintégration sociale qui résultait de la possibilité de vendre leurs propres ressortissants, les sociétés esclavagistes africaines se trouvaient donc nécessairement soumises à l'insécurité.[4]

---

[1] Ce traitement pourtant sévère apparut à beaucoup d'Européens, habitués aux cruautés des esclavagistes blancs, comme empreint de 'douceur'. A Gumbu, même les esclaves domestiques n'étaient pas exempts de coups et de punitions corporelles.

[2] Le soi-disant 'esclavage pour dettes' ressortit à une autre institution. L'assujettissement en particulier n'est pas irréversible et n'entraîne pas nécessairement la possibilité de vendre le gagé, comme dans l'esclavage proprement dit.

[3] M. Park distingue très précisément ces deux types de guerre (Park, p. 223), de même que Niaré (Meillassoux, 1963).

[4] Mollien remarque: 'Les rois font seulement les uns chez les autres des incursions pour enlever des esclaves. On dirait qu'ils ont conclu un pacte entre eux pour piller réciproquement les terres qui ne sont pas sous leur domination et éviter, en s'enrichissant par ces pillages, la haine qui finirait par les écraser s'ils ravageaient

Ainsi, le guerrier ou le brigand sont les agents premiers indispensables à la mise en circulation de l'esclave-marchandise, qui alimente tant la traite atlantique ou saharienne que la traite intérieure, nécessaires au développement de la production marchande. Cet esclave de traite, toutefois, n'est exploitable, et transformable en producteur, qu'éloigné de son lieu d'origine et privé des possibilités de s'évader ou d'être délivré, donc après seulement qu'il ait été pris en charge par le commerçant, transporté sur des marchés éloignés et revendu. Le commerçant est donc l'agent second capable de transformer l'esclave-marchandise en esclave-producteur. En Afrique l'emploi des esclaves domestiques et leur capacité de reproduction naturelle limitaient l'usage de la guerre et du commerce comme moyens de produire l'esclave-producteur; mais l'état d'insécurité que l'on constate et l'importance du trafic intérieur des esclaves révèlent que ce système économique était davantage en état de turbulence que d'équilibre et que le recours à la capture violente restait un élément nécessaire à son développement.

La complémentarité de la guerre et du commerce, l'une alimentant l'autre dont elle se sert comme débouché, mais lui arrachant aussi les hommes qui produisent ses marchandises, est contradictoire. Elle suscite deux classes à la fois antagonistes et solidaires, celle des aristocraties guerrières et celle des commerçants.

Dans les pays sénégalais et soudanais (mais à l'exception des trois Etats musulmans du Futa-Tooro, du Bundu et du Futa-Jalon, qu'il faudrait examiner à part) et jusqu'à l'abolition de la traite, ces deux classes se distinguent et s'opposent (A. B. Diop, 1966, p. 495). La capture des esclaves est entre les mains des aristocraties guerrières et païennes qui, lorsqu'elles sont sur la Côte, vendent généralement leur butin en traitant directement avec les Européens (Karpinski, 1968, p. 80) prévenant ici l'apparition d'une couche commerçante intermédiaire des trafiquants de la Côte, comme il s'en constituait une au contraire dans les pays du golfe de Guinée. Ils laissent par contre le commerce continental entre les mains de familles maraboutiques, le plus souvent d'origine étrangère et installées dans le pays de longue date (A. B. Diop, 1966, p. 496). D'origine

---

eux-mêmes les terres de leurs propres sujets' (Mollien, p. 103). Cet accord tacite ne fut pas partout respecté (*infra*, p. 11).

maghrébine, la traite saharienne transporte avec elle l'Islam. Les commerçants, qui en suivent les routes, essaiment dans les villages, y répandent leur religion, exercent une autorité morale croissante.[1] Partout où elles sont installées, les familles maraboutiques sont la caution des marchands de passage (Meillassoux, 1963, p. 207), 'La prière, comme le note Caillé, est un mot de passe' (vol. II, pp. 466–7). Loin de se constituer en communautés fermées, les familles maraboutiques sont souvent invitées par les chefs locaux à s'installer dans leur village pour y attirer les marchands et pour les faire bénéficier de leur savoir surnaturel (A. B. Diop, 1966, p. 499). Elles convertissent autour d'elles, créent un milieu favorable à leur enracinement et se constituent en une classe politique influente.

Les transformations de la traite leur procurèrent l'opportunité d'user de cette influence pour s'opposer efficacement à l'aristocratie dominante et à s'y substituer.

Dans les régions sénégambiennes les plus soumises au commerce atlantique, la diminution de la demande européenne d'esclaves privait les seigneurs de leur principale source de revenus. Mollien cite, comme cause de la faiblesse du Damel du Cayor, le droit qu'il s'était arrogé de réduire ses propres sujets en esclavage et de les vendre, 'créant une grande désolation dans le pays' (Mollien, pp. 39, 48, 51, 75). La cessation de la traite esclavagiste, en ne laissant d'autre débouché à l'écoulement des captifs que le marché maure, fit, selon cet auteur, baisser le prix des esclaves de moitié. Pour maintenir ses revenus, le Damel n'avait d'autre ressource que de multiplier ses prises. Le surcroît de pression ainsi exercé sur le peuple accrut la résistance des paysans qui, comme le remarque Klein (1968), se trouvant en mesure de vendre désormais leur produits, purent acheter des fusils et se défendre.

Dans la vallée du Sénégal, l'augmentation des coutumes, due à la surenchère des compagnies commerciales qui souhaitaient conserver le contrôle de la traite des produits, provoqua la division des aristocraties régnantes, la guerre civile et l'invasion du territoire par les Maures. Menacés par la famine, frustrés de la possibilité de réintégrer l'économie de traite, non

---

[1] Mollien (p. 82) prédit qu'au Cayor l'Islam deviendra la seule religion; voir aussi Jobson, selon Walckenaer (1842, vol. IV, pp. 274, 275, 277, 279, 282).

plus en tant que marchandises mais comme producteurs, les paysans se révoltèrent (Barry, 1969; Diop, 1966). Le pouvoir devait désormais revenir à ceux qui se montreraient capables d'encadrer cette nouvelle paysannerie.

Alors que la cessation de la traite privait les seigneurs de leur principale source de revenus, provoquait leur division et soulevait le peuple contre eux, les marchands pouvaient, avec moins de difficulté, adapter leur commerce aux nouveaux produits agricoles, les produire eux-mêmes en y affectant leurs talibe ou les esclaves dont ils étaient pourvoyeurs ou encourager les paysans à pratiquer les nouvelles cultures pour alimenter leur commerce (Diop, 1966, p. 500).[1] Dans le cours de cette reconversion économique, les marabouts apparaissent comme les nouveaux cadres sociaux et politiques. La résistance paysanne aux exactions croissantes des seigneurs s'organise autour d'eux. L'Islam offre à la population une alternative idéologique et sociale, un mode d'organisation économique et politique capable de se substituer à l'ordre ancien, ou simplement le moyen d'affirmer son opposition aux souverains païens.

Les révoltes dites 'de marabouts', se multiplient. Déjà en 1798, les Lebu du Cap Vert s'étaient soulevés contre le Damel qui leur contestait des avantages économiques et commerciaux acquis à leur profit et proclamaient 'l'adoption générale du Code de Mahomet' (Mollien, pp. 65–7). Au Walo en 1828 (Barry, 1969), au Wuli en 1842, au Cayor en 1859, au Kombo en 1855, les populations se soulèvent contre les vieilles autorités en même temps qu'elles embrassent l'Islam (Klein, 1969, p. 69). Les marabouts font partout figure de protecteurs et de meneurs.

La crise sociale et religieuse qui agita ces régions trouva-t-elle son prolongement dans les guerres saintes qui bouleversèrent le Soudan à partir de 1850 et menées successivement par El Haj Umar et Samory? Les données manquent encore pour établir un lien direct entre ces événements, encore que la poussée islamique provienne bien du bassin du Sénégal en crise, pour s'étendre vers l'ouest.

Quelle qu'en soit l'origine, ces guerres de conquête devaient avoir une influence sur l'économie soudanaise. Tandis que dans

---

[1] Newbury donne un exemple de cette reconversion observée en 1848, dont Park avait constaté la forme primitive dès 1795 (Park, p. 272).

les pays côtiers, les marabouts, tout le temps qu'ils étaient écartés du pouvoir, se présentaient comme un rempart contre l'esclavage, les conquérants musulmans devinrent au contraire, dans les régions soumises à leur pouvoir, grands pourvoyeurs de captifs, alimentant une traite intérieure croissante. Des zones jusqu'alors épargnées par les raids esclavagistes sont dépeuplées au profit des Etats et chefferies qui se situaient à la périphérie des combats. Si ces conquêtes provoquèrent la ruine de pays entiers, cette abondance d'esclaves jetés sur le marché par les conquérants pour se procurer armes, chevaux et vivres et qui ne trouvaient pratiquement d'autre débouché que l'économie soudanaise, amorçait un circuit d'échange qui favorisa une relance de la production et du commerce continental (Binger, 1892).[1] Plusieurs communications du colloque, fondées sur des témoignages qui semblent se rapporter à cette période, expriment la vigueur de cette économie intérieure, tracent les routes parcourues par les marchands jaxanke (Curtin), asante (Wilks, Arhin, Daaku), kooroko (Amselle), soninke (Meillassoux), décrivent les marchandises de ce trafic, ses étapes, ses relais, ses effets sociaux et politiques.

Ce commerce était si dense et si riche, qu'il fut en mesure d'offrir une base de repli aux pays du Golfe du Guinée privés de leur débouché atlantique. Ainsi en fut-il du commerce asante décrit par Wilks et Daaku.

En pays asante, nous dit Daaku, le commerce vers la Côte était libre et pratiqué par les populations comme par le roi. Mais dès la fin de la traite atlantique, les échanges avec les Anglais diminuèrent considérablement pour ne plus porter que sur l'or et les armes. La cola, par contre, en forte demande vers l'intérieur, était échangée en quantité croissante contre les tissus et le fer hausa (Wilks). Le pouvoir intervint dès lors plus directement dans l'organisation de la production et du commerce, pour compenser sans doute les pertes subies par le déclin de la traite des esclaves.

La réorientation du trafic vers le nord encouragea l'immigration et l'implantation de nombreux commerçants musul-

---

[1] Il n'est pas indifférent de remarquer, comme le démontre Newbury (1966), une recrudescence du commerce saharien entre 1820 et 1875 qui aurait correspondu à peu près à cette période.

mans venus du Hausa, surtout à partir du début du XIXe siècle lorsque l'exportation de cola vers ces région augmenta en volume. Afin de favoriser cette nouvelle orientation des échanges, le roi Osei Bonsu (1801–41) accorda à ces commerçants des conditions favorables en même temps qu'il mettait en place un dispositif réglementaire et un personnel administratif sur les marchés.

Ce repli sur le trafic intérieur faisait de la zone productrice de la côte l'appendice du commerce continental. Il est probable que les commerçants hausa cherchèrent à exploiter cette conjoncture pour pousser leur influence vers les zones productrices de cola, menaçant, ce faisant, les trafiquants côtiers. C'est à la limite nord de la zone de la cola, où se situent les grands marchés du sud, qu'éclatèrent des conflits qu'illustre la crise de Salaga, décrite par Ivor Wilks. Mais les marchands hausa, musulmans en milieu animiste, ici groupés en communautés distinctes surtout localisées dans les villes, ne semblent pas avoir exercé une profonde influence religieuse ou politique sur la population. Leur action ne pouvait être, dans ces conditions, que celle d'une faction sans support populaire. Lorsque la crise éclate vers 1830 à Salaga, elle se résout au profit du roi par l'expulsion des marchands musulmans hors du pays, suivie d'une réorganisation du commerce sous contrôle administratif, donnant une place plus importante aux commerçants asante. L'Etat asante, en chassant du pays les marchands étrangers, agit en l'occurrence comme protecteur d'un commerce 'national', au prix cependant de sa tutelle bureaucratique.[1]

L'Etat du Dahomey, qui n'avait de rapports avec l'intérieur que militaires, illustre un cas différent des précédents (Coquery). Le commerce extérieur est ici tout entier tourné vers la traite atlantique, sans aucun débouché vers l'interieur du continent. Il est entre les mains du souverain et de dignitaires bénéficiant de privilèges royaux. Bien que jouissant d'une autonomie parfois très grande, ces derniers ne constituent pas comme précédemment une classe de marchands socialement et culturellement distincte, mais les agents d'une économic centralisée,

---

[1] Après 1844, remarque Wilks, 'many asante traders were in fact bureaucratic traders, i.e. operating under official auspices, though they were private entrepreneurs.' (Lettre du 16.6.70.)

contrôlée et taxée par le roi.[1] La reconversion, dès lors qu'elle est possible par l'exploitation de l'huile de palme, affecte peu à peu l'ensemble du système économique et ses agents. Ce sont les mêmes cabécères, les mêmes chefs, les mêmes courtiers, dans les mêmes structures préservées qui vendent maintenant l'huile, concurremment, puis, en remplacement des esclaves. Ceux-ci, lorsqu'ils ne sont plus vendus, sont affectés à l'exploitation des palmeraies, à la production de l'huile et à son transport. Les privilèges que le roi accordait pour la capture et la vente des esclaves, il les accorde maintenant pour l'exploitation des terres et la commercialisation de l'huile de palme. La population, que la constitution du royaume protège contre l'esclavage de traite, jusqu'alors surtout cantonnée dans l'agriculture vivrière, est elle-même entraînée dans ces nouveaux circuits économiques.

Adaptation remarquable qui substitue la terre à la guerre, convertit les aristocrates militaires en exploitants agricoles, l'esclave-marchandise en producteur et qui introduit la masse du petit peuple dans la production et la commercialisation de l'huile de palme. Adaptation qui s'accomplit, non tant peut-être en raison du caractère libéral de l'économie et des prédispositions de la population au commerce (Coquery), qu'en raison de l'incapacité d'un repli sur le commerce continental; du maintien nécessaire de l'économie dahoméenne dans les mêmes relations avec l'Europe, donc des avantages à conserver, dans cette conjoncture, un cadre politique préparé à ces échanges. L'incorporation des agents du commerce, leur confusion avec l'administration centralisée de l'Etat, permit à la même classe dirigeante, en lui conservant les mêmes privilèges royaux, de s'emparer des nouveaux moyens de production et de les mettre en œuvre à son profit.

Il ne semble pas que les pays de l'intérieur, comme le Mosi, aient subi des crises analogues à la même époque. La forte organisation sociale et politique du royaume, sa situation

---

[1] Bien que les descriptions qu'en fasse Polanyi (1966) soient parfois, selon Coquery, anachroniques, elles font ressortir clairement la spécificité et le caractère administratif de l'économie dahoméenne, le statut économique particulier des marchands et la nature du commerce royal, plus soucieux d'acquérir des biens (*infra*, p. 26) que de réaliser des bénéfices par leur revente. Polanyi distingue surtout deux secteurs économiques dont la coexistence fait la spécificité de ce type de formation économique. Son refus, cependant, de les examiner au niveau de la production lui interdit d'en comprendre l'articulation au niveau de la circulation où il se cantonne.

continentale et sa longue insertion dans le trafic interne, de même que la normalisation des rapports du pouvoir avec les communautés marchandes yarse, semblent avoir contribué à lui épargner les crises liées à une éventuelle reconversion (Izard). On peut penser qu'il en fut de même en ce qui concerne Bouna où aucune crise n'est signalée entre les Dioula et les princes régnants, tout au moins jusqu'à la destruction de la ville par Samory en 1896 (Boutillier).

De ce qui précède, il ressort que le courant commercial inter-africain était suffisamment développé pour attirer vers lui les échanges d'une grande partie du continent et modifier les conditions d'adaptation des différentes régions d'Afrique occidentale. Cette attraction fut si forte que, comme le note Wilks, elle inquiéta les Anglais, tandis que Binger constatait encore avec dépit, en 1887–9, l'importance du commerce africain et la faible proportion des produits européens parvenant jusque sur les marchés de l'intérieur. Cette concurrence fut un obstacle patent à la conquête des marchés africains par l'Europe. La pénétration coloniale s'avéra l'indispensable instrument de destruction de cette économie qui se développait, par trop autonome, à l'écart de l'Europe.

II. LES RAPPORTS DE L'ORGANISATION SOCIALE ET DU COMMERCE

Les brèves remarques historiques qui précèdent révèlent que l'adaptation des sociétés africaines au commerce s'accompagna d'importants bouleversements sociaux qui affectèrent une grande partie des régions étudiées: transformation des rapports de production et généralisation de l'esclavage; remise en cause des formes aristocratiques de l'autorité; émergence de communautés marchandes toujours distinctes mais diversement intégrées à la population.

Des transformations sociales d'un autre type intéressèrent les populations forestières et lagunaires dont nous n'avons pas encore parlé.

Ces rapports entre l'organisation sociale et le commerce soulevèrent lors du Colloque de nombreux problèmes dont nous essaierons de rendre compte en examinant successivement les principales composantes de la société: la paysannerie, les esclaves, l'aristocratie et enfin plus longuement les commerçants eux-mêmes.

(a) *La paysannerie*

La paysannerie est organisée en communautés lignagères au sein desquelles les rapports de production apparaissent comme des rapports de dépendance personnelle entre aînés et cadets constitués autour du contrôle direct ou indirect des moyens de la reproduction humaine, c'est-à-dire en dernier ressort, des moyens de subsistance et des femmes. L'économie est autosubsistante en ce sens que, fondée sur l'exploitation du milieu directement à portée du groupe, elle satisfait à la totalité de ses besoins sans que le recours aux échanges marchands avec l'extérieur soit indispensable à son fonctionnement. Au sein de ces économies agricoles, les biens circulent le long des réseaux de parenté, d'alliance ou de clientèle par prestations, redistribution ou don. La richesse comme instrument du contrôle social est le privilège du rang ou de la naissance. Tout autre moyen de l'acquérir, par le travail, la spécialisation ou le commerce porte atteinte aux fondements de la société lorsqu'il favorise des éléments coutumièrement écartés du pouvoir. La hiérarchie sociale et l'autorité étant liées au mode de circulation prestataire et distributif, les biens acquièrent un contenu social et même politique qui ne permet que difficilement leur transformation en marchandises. Ce phénomène se perpétue jusque dans les formations sociales plus élaborées où certains biens, conservant l'empreinte régalienne, ne s'introduisent dans le commerce qu'à certaines conditions (Meillassoux, 1960; 1964).

En fait, on observe une grande capacité de résistance des communautés lignagères à la décomposition de leurs structures, lorsque étant en contact avec des économies marchandes, elles participent aux échanges. Résistances qui proviennent de l'appropriation par les autorités des biens demandés à l'extérieur; de la conversion, à l'intérieur du groupe, des marchandises importées et même de la monnaie en biens de prestige; de la thésaurisation et de la stérilisation des moyens d'échange etc.

La nature des transformations subies par les communautés lignagères est variable selon qu'il s'agit de sociétés qui se

livrent au commerce, mais sans contribuer elles-mêmes à la
production des marchandises, ou de sociétés productrices qui
limitent leurs opérations marchandes à la vente de leurs produits. Terray constate ainsi que le commerce n'est pas toujours
facteur de désagrégation des lignages, comme je l'avais observé
parmi certains groupes Gouro de Côte d'Ivoire (Meillassoux,
1964, p. 275). Parmi les Dida il contribua au contraire au
renforcement de leur cohésion par l'organisation du transport
des oléagineux sous l'autorité des chefs de lignage, détenteurs
du savoir indispensable au succès de cette entreprise.

Lorsque l'intervention de la société dans le commerce se
situe au seul niveau de la circulation, les transformations
subies par les structures lignagères sont de degré et non de
nature, les rapports de production n'étant pas affectés. Le cas
des Alladian, présenté par Augé en fournit une autre illustration.

Ces populations de Basse-Côte d'Ivoire, qui n'avaient
participé que modérément à la traite des esclaves, devinrent
d'actifs fournisseurs d'huile de palme au cours de la seconde
moitié du XIXe siècle. Ils intervinrent dans le commerce,
non comme producteurs, mais comme intermédiaires entre les
populations productrices de l'intérieur et les traitants européens
de la Côte des Kwa-kwa. Comme c'est fréquemment le cas, le
bénéfice de la traite échut davantage aux intermédiaires qu'aux
producteurs, mettant les premiers en situation d'obtenir
femmes, otages et esclaves des populations productrices mais
endettées de l'intérieur. Cet apport eut un triple effet sur les
lignages alladian: il grossit leurs effectifs et accrut leur capacité
de transport; il permit un infléchissement des rapports matrimoniaux vers la constitution de parentèles subordonnées,
renforçant la position des lignages dominants; il réalisa aussi
l'harmonisation des structures de production, de circulation et
de résidence.

Les mécanismes qu'implique cette stratégie sont une illustration de la plasticité dynamique des rapports de parenté
et de leur adaptation à une situation nouvelle. L'esclave
n'apparaît pas ici comme une catégorie sociale distincte. Il
est incorporé dans la société comme un moyen de reproduction
sociale plus que comme un moyen de production. Son statut
inférieur est exploité comme un instrument d'affaiblissement

des structures lignagères dépendantes. Son injection dans les groupes de parenté subordonnés leur communique sa faiblesse sociale.

La société Alladian fut-elle pour autant affectée dans ses structures fondamentales ? Il faudrait connaître ses tendances inhérentes à se transformer sous l'effet de son propre développement et repérer l'éventuel procès d'aristocratisation qu'il implique. Auquel cas la constitution de lignages mineurs permanents, par l'insertion d'éléments sociaux étrangers, n'aurait fait qu'appuyer cette tendance et la précipiter sans que la société subisse un bouleversement radical sous l'effet d'une réorganisation consacrée au commerce. Et ceci est assez concevable. S'adonner au commerce n'est pas nécessairement en subir les lois, cela n'implique pas la libre circulation des produits au sein du groupe ni le recours aux échanges marchands entre ses membres. Cela n'entraîne ni la division sociale du travail, ni la spécialisation des activités productrices ni l'émergence d'une économie de marché dans le groupe. On constate au contraire que si l'organisation sociale épouse les formes nécessaires à l'organisation commerciale et use des avantages sociaux qu'impliquent les relations de ce commerce avec l'extérieur, le mode de circulation et de distribution des biens à l'intérieur des lignages reste soumis au régime prestataire ou successoral, tandis que le mode de production traditionnel, qui n'intéresse pas la marchandise mais toujours la subsistance, demeure semblable.[1] Des transformations d'un autre ordre interviennent dans les sociétés productrices de marchandises lorsque les rapports de production sont affectés. Il en est ainsi par exemple, lorsque, comme c'était le cas chez les Guro, les segments cadets d'un lignage, dépendant du segment aîné, se trouvent en position de produire une marchandise exportable et d'en disposer pour la convertir, par le biais du commerce, en biens matrimoniaux. Le circuit de distribution des biens à l'intérieur du lignage est alors rompu, ainsi que les liens de dépendance qu'impliquait leur contrôle par l'aîné. Dans ce cas, les lignages, au lieu d'être renforcés dans leur cohésion,

---

[1] Les Alladian représentent le cas particulier d'une communauté marchande qui s'identifie avec une ethnie en exploitant sa position géographique d'intermédiaire. Son confinement sur un territoire limité l'engage dans un commerce de relais (*infra*, p. 34). On notera la similitude du cas des Alladian avec celui des Okrika Ijo mentionnés par Williamson (1962).

subissent une segmentation accélérée. Le processus de destruc-
turation est engagé, non par leur insertion dans des activités
commerciales, mais dans la production marchande.

Celle-ci provoque des transformations sociales plus profondes
encore lorsqu'elle suscite de nouveaux rapports de production,
c'est-à-dire pour la période et les régions qui nous concernent,
l'esclavage.

(b) *L'esclavage*

Si l'esclavage nous est apparu comme une des conséquences de
la production marchande, toutes ses formes ne lui sont pas
liées, de même que tout le travail des esclaves ne lui est pas
partout entièrement affecté. Il est possible de distinguer au
moins trois formes différentes d'esclavage en Afrique Occidentale. Dans la première, dite 'esclavage domestique', l'esclave
est introduit dans la cellule de production lignagère comme un
élément dépendant, travaillant aux côtés des autres membres
mineurs de la famille auxquels il est économiquement assimilé.
Il exploite les terres communes du lignage ou du chef de
famille et participe à l'ensemble des activités de la communauté.
Il partage en retour les produits du groupe qui sont redistribués
par le doyen, son maître. Dans ce cas, le produit du travail de
l'esclave n'apparaît pas comme distinct de celui des autres
membres de la communauté et l'institution ne permet pas de
mesurer quelle proportion lui échoit. L'exploitation du travail
dans ce type d'esclavage n'est pas patente. Par contre, il
présente l'intérêt social de grossir les effectifs du lignage,
d'accroître le nombre d'hommes et de femmes sur lesquels
s'exerce l'autorité de l'aîné, de favoriser la reproduction naturelle et même structurelle du groupe. Cette dernière fonction
semble souvent la plus importante comme le montre le cas des
Alladian ci-dessus. Elle permet dans certains cas à l'esclave,
après quelques générations, de s'intégrer de plein droit dans
la communauté. C'est un type d'esclavage couramment rencontré dans les pays forestiers. Dans les pays soudanais et
sahéliens, l'esclavage domestique s'articule avec deux autres
formes d'exploitation plus directement liées à la production marchande. L'une d'elles apparaît à partir du moment où une terre
est attribuée à l'esclave pour lui permettre de subvenir à ses propres besoins et à ceux de sa famille. En revanche, l'esclave est

tenu à des prestations en travail, *mesurées* en nombre de jours dus à son maître. Dès lors, l'esclave ne rentre plus dans les circuits de redistribution du lignage qui l'emploient. Son maître bénéficie d'une *rente en travail* net, quantifiée en journées conventionnelles de travail. Dans ce système, rencontré surtout en savane et en co-existence avec le premier, le statut de l'esclave devient héréditaire quand bien même le régime des prestations au maître se relâche avec le temps. L'intérêt économique de l'esclave en tant que producteur domine celui de reproducteur car l'homme-esclave ne peut plus reproduire que d'autres esclaves et seule la femme-esclave est utilisée par le maître comme moyen éventuel de reproduction sociale au profit de son lignage.

Une dernière forme d'esclavage apparaît enfin quand le nombre d'esclaves possédé par les lignages ou les villages, s'accroît au point de rendre leur insertion dans les communautés difficile. Les esclaves sont alors regroupés en hameaux possédant éventuellement leur propre autorité, et cultivant en permanence des terres qui leur sont assignées par les maîtres. Ils sont alors tenus essentiellement, outre certains services occasionnels, à des prestations en nature, représentant un certain volume ou une part convenue de la production agricole ou artisanale. Le maître perçoit alors principalement une *rente en produits* assortie d'une moindre rente en travail. L'esclave est moins, à partir de ce moment, un dépendant personnel du maître que membre d'une communauté dépendante. Les filles d'esclaves peuvent encore servir à la reproduction des lignages dominants, mais les liens de parenté entre esclaves se renforcent au sein de leur communauté et leur donnent davantage de droits sur leur progéniture. L'importance de cette dernière forme est attestée par l'existence de nombreux villages ou de hameaux d'esclaves chez les peuples mandingues et peuls décrits par Park et Caillé. C'est celle qui nous a été expliquée à Gumbu du Sahel comme s'étant développé, avec l'augmentation du nombre des captifs au XIXe siècle.

Ces deux dernières formes de l'esclavage sont celles que l'on rencontrait encore le plus fréquemment à la fin du XIXe siècle dans les pays de savane et du Sahel, c'est-à-dire dans les régions les mieux intégrées aux courants commerciaux continentaux. Si l'on en croit les rapports administratifs de la colonisation française, l'esclavage touchait alors, selon les régions, de 30 à 60% des populations d'Afrique occidentale (Archives Dakar, série K). Peut-on considérer dans ces conditions que l'Afrique occidentale reposait sur un mode de production esclavagiste et peut-on conclure à l'apparition de classes antagonistes aux intérêts irréductibles?[1] Plusieurs caractéristiques laissent à penser que ce développement n'était pas achevé : l'étroitesse des liens entre maîtres et esclaves, leur statut inaliénable dès la deuxième génération, leurs occupations identiques à celles de leurs maîtres, le fait qu'ils ne se livraient pas seuls, ni exclusivement à la production de marchandises, leur progressive intégration dans la société à titre de citoyens mineurs, ces différents éléments montrent que la division sociale du travail n'était pas accomplie et que les structures fondamentales de la société patriarcale, dont les esclaves ne constituaient encore qu'un appendice, étaient préservées. Toutefois les germes d'une société de classe existaient, dans la mesure où les maîtres exploitaient objectivement le travail de leurs esclaves et qu'ils en tiraient un profit par leur production de marchandises. La conscience de classe de ces esclaves n'était pourtant guère avancée. En dehors des esclaves de traite qui, en raison de leur origine sociale, pouvaient reconquérir leur liberté, mais qui étaient pour la plupart des femmes et des enfants (Mage, 1968, p. 192), il n'y a guère d'exemples de révolte ou d'évasion parmi les esclaves nés en captivité. Le conditionnement psychologique et religieux auquel ils étaient soumis pour accepter leur condition, leur dissémination parmi de nombreuses familles paysannes, la très forte hiérarchie qui régnait jusque dans leurs rangs selon le statut de leurs maîtres ou selon le nombre de générations qui les séparaient de l'ancêtre capturé, enfin l'indépendance relative dont ils bénéficiaient lorsqu'ils étaient regroupés en hameaux, contribuaient à affaiblir leur esprit de révolte et à les encourager à assumer leur condition sans réserve. L'émancipation des captifs de traite imposée par les Français, ne provoqua pas les bouleversement que l'on aurait pu attendre d'une révolution sociale (Pollet et Winter, 1968).

[1] Voir, sur ce point, les discussions de J. Suret-Canale (1964) et de E. Pollet et G. Winter (1968).

(c) *La classe militaire*

L'esclave devant être produit, en tant qu'objet aliénable, par un acte de capture violente, les guerriers ou les bandits se trouvent nécessairement, nous l'avons vu, à l'origine de son existence économique et sociale. La fonction guerrière certes est indépendante de la capture des esclaves, mais elle s'est transformée avec elle. Les guerriers s'insèrent dans la société politique essentiellement comme protecteurs de communautés paysannes menacées par d'autres guerriers. Le guerrier, étant à la fois menace et protection, crée lui-même sa propre justification. Ainsi la classe militaire se développe dans chacune des sociétés à la fois comme opposée et solidaire de celles qui se développent dans les sociétés voisines.[1] La tradition révèle que beaucoup de dynasties guerrières en Afrique occidentale sont d'origine étrangère, implantées au milieu de populations divisées contre elles-mêmes ou menacées par d'autres formations politiques, parmi lesquelles elles s'emparèrent des positions d'arbitrage ou des fonctions de protection. Que ces militaires apparaissent comme historiquement étrangers à la société ou qu'ils en procèdent, ils tendent de toute manière à se constituer en une classe politique distincte. Leur insertion idéologique dans la société se fait par une assimilation de leur fonction de protection à celle du père. Leur insertion dans l'économie est en première instance limitée. Ils ne s'approprient pas les moyens de production car souvent ce sont les lignages d'origine qui conservent les liens privilégiés avec la terre.[2] Leur attitude à l'égard du commerce est variable. Là où il existe une classe de marchands indépendante et s'appuyant sur des réseaux qui débordent largement leur domaine politique, elle est de prudence. Ils taxent rarement les marchands mais en attendent plutôt des cadeaux. Ils espèrent du commerce le moyen d'acquérir les objets qui les tentent, peut-être aussi un enrichissement du royaume dont ils bénéficieront indirectement (Boutillier, Wilks). Certains souverains organisent à leur profit des expéditions vers des points d'approvisionnement, pour acquérir des objets destinés à leur usage plutôt que pour en faire le

---

[1] Cf. note 4, *infra*, p. 9.
[2] Il est notoire que les souverains ne s'approprièrent pas davantage les mines d'or du Bambuk ou du Bure (Balandier, 1957, III).

C

commerce. Vis-à-vis des commerçants sédentarisés et confinés dans les limites de leur royaume, les souverains exercent une autorité plus directe et tendent à les considérer moins comme des étrangers que comme des citoyens taxés et socialement ou politiquement incorporés à l'Etat.

Mais si l'organisation militaire, dépendante du mode d'appropriation des armes, garde le caractère de milice tout le temps que les soldats apportent leurs armes et leur pitance, l'utilisation de la guerre comme moyen d'appropriation, c'est-à-dire comme moyen économique, donne à la classe guerrière la possibilité d'affirmer son autorité. Dès que les armes prises à l'ennemi deviennent son bien, que les soldats sont nourris sur le pays, et qu'elle s'approprie, avec le butin, les biens de prestige et d'échange, son autonomie croissante lui permet alors d'utiliser la force dont elle est investie comme un moyen de domination et d'oppression.

La diffusion et la généralisation de l'esclavage donnent à la classe militaire une fonction nouvelle mais qui, le plus souvent, la situe dans une position marginale par rapport à la société: ils capturent les esclaves à l'extérieur du pays et les revendent à des marchands étrangers. Entre les mains des guerriers, l'esclave n'est presque toujours qu'une marchandise. Rarement utilisent-ils leurs captifs à la production, sauf pour satisfaire aux besoins de la Cour. Le système militaire tend à devenir plus autonome encore à partir du moment où l'esclave capturé est employé dans l'armée comme fournisseur d'autres esclaves ou dans l'administration, comme agent d'encadrement et de répression. De ce fait, les intérêts de la classe militaire tendent à devenir de plus en plus éloignés de ceux de la paysannerie. Dans les cas extrêmes, lorsque la séparation d'avec le peuple est consommée l'aristocratie guerrière en devient l'ennemi déclaré en le réduisant à son tour en esclavage, comme par exemple dans le Cayor. Ayant ainsi renoncé à ses fonctions d'arbitrage et de protection qui la justifiaient politiquement, la classe militaire, bien qu'éventuellement renforcée par son insertion dans une économie qui déborde les limites des Etats, est au contraire politiquement affaiblie au sein de la formation sociale qu'elle prétend dominer. Affaiblissement qu'elle ne peut compenser que par l'extension toujours croissante des guerres et des conquêtes, ou par une intensification de la répression.

Guerre extérieure ou guerre sociale telle est alors l'alternative offerte à la classe militaire pour persister.

III. LE COMMERCE À LONGUE DISTANCE ET LES MARCHANDS

L'examen des communautés marchandes, aspect le plus important du développement social lié aux activités commerciales, exigeait d'éclaircir la notion de 'commerce à longue distance', par laquelle on qualifie les échanges qui semblent avoir caractérisé l'Afrique occidentale pré-coloniale. Les critères absolus appliqués à sa définition, telles la distance ou la nature des produits — prestigieux, précieux ou vivriers par exemple — ne semblent pas pertinents. On peut retenir, par contre, deux notions relatives qui, combinées, caractérisent ces échanges: la complémentarité de zones produisant des biens rares ou inexistants dans l'aire d'exportation, et, comme le précise Amin, l'absence de concurrence de ces biens avec la production locale.[1] Ces échanges extérieurs, correspondant à une division géographique de la production, se distinguent des échanges intérieurs procédant d'une division sociale du travail et de l'économie de marché.[2]

Cette deuxième forme d'échange correspond à la création d'un *marché intérieur* au sein duquel circulent librement non seulement les produits, mais aussi le capital et la force de travail et où la monnaie n'est pas seulement mesure de la

---

[1] Notion qui ne saurait être absolue. Le sel gemme ou marin était partout en compétition avec le sel végétal, mais le rendement en était si bas et la qualité si pauvre que cette concurrence ne semble pas avoir eu d'incidence économique significative.

[2] Il semble utile ici de s'entendre sur quelques définitions. Il y a *commerce* lorsque les produits s'échangent en contre-partie et en équivalence les uns des autres. J'emploierai le mot *négoce* pour définir le commerce au sens plus général, lorsque la valeur des produits n'est pas encore clairement établie. Tout autre mode de circulation, souvent considéré comme échange, relève à mon avis du transfert: dons, prestations, tributs, quand bien même ils engagent des obligations réciproques mais non précisées quant à leur nature, leur contenu, leur forme, leur quantité ou leur qualité. Il y a *division sociale du travail* et économie de marché quand le producteur est spécialisé dans le produit d'une marchandise qu'il doit proposer à l'échange pour obtenir les biens nécessaires à la satisfaction de ses besoins, ou, lorsque, comme dans la société capitaliste, il vend sa force de travail contre une rétribution en numéraire avec lequel il se présente sur le marché pour acquérir des produits dont il a besoin. La division sociale du travail n'implique pas d'emblée l'échange marchand, lorsque, par exemple, les producteurs spécialisés sont maintenus dans des rapports prestataires, comme par exemple les artisans castés.

valeur, mais aussi moyen de paiement (Marx, vol. **I**, p. 142).[1] Les échanges extérieurs, par contre, touchent des formations économiques distinctes, entre lesquelles il n'y a pas de circulation du travail, ni du capital, mais seulement de marchandises.[2] Ceci, et le fait que les marchandises importées n'entrent pas en concurrence avec la production du cru, ne permet pas l'établissement d'une valeur d'échange réductible à l'ensemble des moyens de travail et de production mis en œuvre.[3]

En Afrique occidentale coexistaient des formes d'échange extérieur ayant atteint différents degrés d'évolution mais toutes généralement confondues sous le vocable de commerce à longue distance.

Les *expéditions* représentent une des premières formes prises par les échanges lointains. Elles sont entreprises, non par des marchands professionnels, mais par des paysans qui vont, avec des produits de leur cru, acquérir au loin une marchandise précise destinée à leur propre usage. Ainsi en est-il par exemple des expéditions des Asante (Daaku), qui se rendaient sur la côte pour se procurer des fusils destinés à leur propre armement, et de celles des Dida (Terray) ou des Soninke (Meillassoux).[4] Le but de l'opération n'est pas la réalisation d'un bénéfice marchand mais l'acquisition d'un bien dans les termes les plus avantageux. *Lorsque le produit acquis est thésaurisé ou consommé sans entrer dans la production des biens servant à son acquisition, il y a rupture du circuit d'échange.* Les biens importés n'ont été transformés ni directement ni indirectement en un moyen de réacquisition de cette marchandise. Dans ces conditions, les valeurs d'usage se sont échangées entre elles ; il s'agit selon Marx (livre I, vol. I, chap. II, p. 104 s.) d'un échange 'immédiat'. Cet échange ne vise pas à la réalisation d'un bénéfice marchand

---

[1] Ce stade n'avait pas été atteint en Afrique Occidentale.

[2] Cette distinction analytique ne recoupe pas la distinction géographique de Vansina (1962) mais se rapproche davantage de celle de Bohannan et Dalton (1962, p. 2). Voir aussi la discussion de Rodinson (1966) qui qualifie de 'capitalistiques' les formes d'économie qui s'édifient sur cette situation.

[3] M. Miracle constate en effet l'absence d'un marché des capitaux au cours de la période pré-coloniale et donc la résistance des économies africaines aux lois économiques du marché et de la concurrence. Cette situation d'"imperfection" se manifesterait selon lui par des 'monopoles'. Mais, comme nous le verrons (*infra*, pp. 28–30), la faible circulation de la monnaie semble les avoir prévenues.

[4] De semblables expéditions sont signalées dans Bohannan et Dalton (1963) ou Gray et Birmingham (1970).

mais à la pure et simple acquisition d'un objet désirable. Le taux de l'échange s'établira sur une base 'accidentelle' (Marx) liée par exemple aux conditions du transport, c'est-à-dire contre charges équivalentes, les agents porteurs entrant parfois comme marchandises dans la transaction.

Une variation de cet échange immédiat se réalise par une série de conversions visant à obtenir une marchandise précise à partir d'une autre non directement échangeable avec celle-ci. Dans ce cas l'intention d'acquérir prime encore celle de réaliser un bénéfice; la marchandise désirée une fois acquise n'est désormais plus échangée. Ici encore, l'acquisition de nouvelles marchandises ne redevient possible que par la production, mais indépendante de la valeur des biens importés, de nouveaux biens d'exportation.[1]

L'expédition, étant le fait de paysans, reste subordonnée aux contraintes de l'agriculture. Elle se fait en saison sèche et elle doit être limitée en durée afin de permettre le retour des trafiquants avant la période des cultures. Indifférente aux bénéfices, elle peut s'accommoder d'échanges limités dans le temps (trafic saisonnier) et dans l'espace (trafic entre deux points précis).

Au stade suivant apparaît le *négoce* qui s'effectue par l'acquisition de biens, non plus pour leur valeur d'usage mais pour leur valeur d'échange. Il donne lieu, à travers une série de conversions, à un bénéfice lorsque les marchandises acquises permettent de réacquérir d'autres marchandises en plus grande quantité que celles qui avaient été nécessaires à l'acquisition des premières. Le commerce apparaît enfin lorsque ces échanges se font par le truchement d'une monnaie-moyen de paiement et que les bénéfices marchands sont susceptibles de se réaliser, grâce à elle, sous forme de capital marchand.[2]

Sur ces mécanismes d'échange se greffent des opérations d'un ordre différent lorsque les biens acquis interviennent dans la production des biens d'exportation servant à leur acquisition. Ainsi en est-il de l'importation de produits vivriers destinés à

---

[1] Cette indifférence au *bénéfice* explique peut-être la difficulté d'établir des tableaux cohérents d'échanges de marchandises en termes les unes des autres, en particulier si on y confond les transactions effectuées dans le cadre des expéditions villageoises et les transactions proprement marchandes.

[2] Selon cette distinction, l'Afrique Occidentale aurait atteint le stade du négoce.

la nourriture des producteurs des biens exportés (comme dans les salines sahariennes par exemple); de matières premières entrant dans leur composition; surtout d'esclaves affectés à la production de marchandises ou de biens destinés à leur acquisition. Dans ce cas les échanges deviennent source de profit, puisque l'usage des biens importés comme moyen de production et de reproduction, ou comme matière première entrant dans la fabrication des biens exportés, tend à établir un rapport de valeur entre les produits entrant dans ce cycle.[1]

Les symptômes de l'apparition d'un marché intérieur se manifestaient en effet par la mise en concurrence de produits comme les textiles qui circulaient entre régions productrices. Cependant, l'esclavage et le troc semblent avoir été des obstacles à l'élargissement de cette tendance, bien que l'insertion de l'esclave dans la production marchande, du fait de ses qualités de consommateur et de producteur polyvalent, fasse entrer dans un rapport de valeur un nombre de produits plus grand que toute autre marchandise. Mais leur circulation ne contribuait pas pour autant à réaliser un marché du travail, l'esclave étant soustrait sans contrepartie à sa société d'origine et introduit dans le circuit économique, non comme force de travail mais comme moyen de production.

Quant à la monnaie, elle est, au XIXe siècle, dans la phase infantile de son développement. La plus grande part des échanges extérieurs se font encore par troc.[2]

Certaines marchandises fongibles et mesurables interviennent comme monnaie de compte ou comme médiat dans les échanges, soit dans un cycle de conversion destiné à obtenir un objet défini, soit comme moyen de réaliser les opérations de détail.[3] Plusieurs de ces 'monnaies' sont d'ailleurs fabriquées à destination d'une région précise et n'ont qu'une aire d'extention limitée. Elles tendent à être thésaurisées ou converties par les populations en biens de prestige. Tel semble être le sort des

---

[1] Ces profits peuvent se réaliser même dans le cadre d'échanges immédiats (expéditions), donc sans s'accompagner nécessairement d'un bénéfice marchand.

[2] Il suffit de consulter les listes des marchandises exportées comme moyens de paiement par les voyageurs européens pour s'en convaincre (Mage, 1868, p. 25; Binger, 1892, p. 355).

[3] Dans l'échange immédiat 'la forme équivalente s'attache tantôt à une marchandise, tantôt à une autre... L'article d'échange n'acquiert donc aucune forme indépendante de sa propre valeur d'usage' (Marx, livre I, vol. I, p. 98).

barres, manilles, *sombe*, etc., dans les régions de la Basse-Côte d'Ivoire qui coïncident, comme le note Boutillier, à un commerce de relais (*infra*, p. 30).

Le cauris en Afrique occidentale représente la monnaie sous sa forme la plus achevée[1]. Objet aliquote et fongible, le cauris est aussi une monnaie fiduciaire. Sa valeur repose plus sur la confiance qu'on accorde à son pouvoir libératoire que sur ses qualités propres. Sa valeur d'usage est surtout valeur d'échange. Le cauris circule surtout dans les zones soumises aux influences d'un pouvoir central[2] ou sur les places marchandes importantes. Mais il ne circule pas dans les zones dominées par le commerce maure et peu parmi les populations à faible centralisation politique sauf au long des routes marchandes. Ses fonctions sont en fait limitées. C'est un instrument administratif dans les Etats centralisés: ils sert au paiement du tribut royal, des taxes sur les marchés, ou des droits de passage sur les fleuves. Sa valeur y est alors garantie par le crédit que lui accorde le roi comme moyen libératoire de l'impôt. Dans les bourgs, cette valeur est garantie par le crédit que lui accordent les marchands eux-mêmes. Encore sa circulation semble-t-elle restreinte dans les limites de ces places marchandes car il circule rarement de l'une à l'autre sauf pour venir constituer le numéraire nécessaire aux transactions locales (M. Johnson, 1970, p. 46; Youssouf Cissé, comm. verbale). Sur ces 'marchés', le cauris permet la réalisation de bénéfices par les ventes au détail, ainsi que l'accumulation d'un capital marchand. Mais son encombrement ne rend pas son transport sur de longues distances plus avantageux que le transport de la marchandise elle-même. C'est plutôt sous forme d'or en poudre que se transportent éventuellement les moyens de paiement, mais l'or, qui circule pesé et non frappé, ne jouait encore souvent que le rôle d'une marchandise médiate. Le capital marchand dans ces conditions ne se réalise que dans les limites des marchés locaux. Il n'agit pas sur les conditions de la production. Il n'opère pas aux différents points du trafic. Chaque commerçant dispose ainsi d'une certaine latitude dans la fixation des prix

---

[1] Cf. Marion Johnson (1970). Je regrette de n'avoir pu consulter que la première partie de cet important travail pour la rédaction du présent essai.

[2] Le cauris était surtout en usage par exemple au Royaume de Ségou, du Kaarta, du Masina, du Kenedugu, du Dahomey.

lorsqu'il parvient à occuper sur le marché une position d'exclusivité qu'il devra à sa capacité d'arbitrage entre les points de vente et d'achat. Cette situation privilégiée n'est toutefois que temporaire et n'aboutit pas à un monopole,[1] c'est-à-dire à la conquête durable du marché par élimination de la concurrence. L'absence de circulation du capital monétaire ne permettait d'ailleurs que difficilement l'établissement d'une telle situation qui aurait exigé à chacun des points d'achat et de vente le contrôle de toutes les marchandises entrant dans le circuit commercial d'une seule. Dans ces conditions les bénéfices marchands ne trouvent encore à s'investir que dans les biens de prestige ou à s'attarder dans les richesses. L'accumulation se fait au mieux en moyens de production comme l'esclave (Boutillier, 1969, p. 9).

Contrairement à l'expédition, le négoce impose de vendre ou d'acheter la marchandise aux meilleures conditions, c'est-à-dire de rechercher le lieu et le moment le plus favorables aux transactions. La recherche du bénéfice suppose une organisation appropriée pour agir dans l'espace et dans le temps, c'est-à-dire, un réseau de renseignements, la connaissance des prix pratiqués à différents points du marché, la possibilité de dérouter les caravanes en conséquence, les moyens d'entreposer la marchandise et surtout d'être présent, soi-même ou par personne interposée, pour une durée illimitée sur les lieux de vente ou d'achat afin de profiter de la meilleure conjoncture. De telles exigences étant difficilement compatibles avec les contraintes de l'agriculture, le marchand, pour disposer de son temps, devient un professionnel.

Boutillier s'est attaché à faire ressortir deux des principales structures spatiales du commerce en Afrique Occidentale qu'il appelle les relais et les réseaux, notions que la discussion a quelque peu élargie. Le commerce par relais est celui par lequel la marchandise atteint sa destination en passant successivement entre les mains de plusieurs marchands (ou bien encore par lequel le même marchand atteint la sienne après avoir converti sa marchandise en cours de route). Dans le réseau, par contre, le marchand contrôle, directement ou par personne interposée, sa marchandise d'un bout à l'autre de son trajet.

---

[1] Elle s'apparente plutôt à ce que les spécialistes de l'export-import appellent le '*corner*'.

La subordination du commerce aux exigences du transport explique en partie les relais du fait de la possibilité limitée de déplacement des agents porteurs. Les chameaux qui descendent du Sahara ne dépassent pas le Niger (Meillassoux, 1963, p. 208), les ânes se déplacent du Sahel aux limites de la forêt. Les hommes, s'ils peuvent porter du Sahel à la Côte, sont surtout employés au sud de la savane (Binger, 1892, vol. II, p. 144). Les marchandises franchissant ces zones subissent des ruptures de charge. Les marchands, qui souvent accompagnent leurs agents porteurs, tendent à laisser leurs marchandises là où s'arrêtent ces derniers. Parfois ces relais marquent la limite de territoires ethniques, comme dans le cas plus particulier, retenu par Boutillier, de la Basse-Côte d'Ivoire.

La subordination au troc impose par ailleurs des opérations de conversion ou d'échanges successifs qui prennent place en cours de route ou aux point d'arrivée des marchandises. Ces points de rupture ou de distribution correspondent à des bourgades où se font les échanges de marchandises ou leur mise à la consommation. L'existence de ces bourgades supposent des facilités d'emmagasinage, éventuellement de stockage, pour attendre la venue des autres marchandises ou les changements de cours, ainsi que la présence de logeurs, courtiers, interprètes qui se chargent de ces opérations.

Les réseaux, surtout dans le commerce continental, représentent une forme plus élaborée d'organisation marchande par laquelle un groupe commerçant dispose d'agents localisés aux différents points d'achat et de vente des marchandises complémentaires (Amselle). La même marchandise est détenue et convoyée tout au long de son parcours par un même marchand ou son représentant. Ces marchands ont besoin d'étapes en cours de route et de relais aux points d'arrivée. Ainsi dans la réalité les deux structures se confondent en partie, les agents des relais servant aussi d'agents à certains réseaux.

Le développement du commerce continental et les conditions de son fonctionnement expliquent certains aspects sociaux de l'organisation des communautés marchandes et la nature de leurs rapports avec le pouvoir.

Elles font d'abord du marchand un étranger et un cosmopolite. La sollicitation marchande vient du Maghreb et avec elle descendent de proche en proche les marchands, très souvent d'une origine septentrionale par rapport aux populations où ils trafiquent. Le marchand est ainsi un étranger par sa culture, son ethnie ou éventuellement par son appartenance à des groupes sociaux marginaux (Kooroko). Étranger, le marchand l'est encore pas son activité, qui menace les bases sociales de la possession des richesses et du pouvoir, et à laquelle il subordonne les préoccupations agricoles.

Son implantation le long des routes marchandes lui impose d'être partout minoritaire, donc partout de se faire accepter et respecter. Mais son altérité est la condition même de son existence de marchand. Assimilé ou fondu dans la masse, engagé dans la trame des obligations prestataires ou gratuites qu'impose l'économie paysanne dominante, le marchand serait privé du statut d'étranger qui lui permet d'échanger.

Les relations qu'entretiennent les marchands entre eux découlent des mêmes circonstances. Leur faiblesse numérique, leur cosmopolitisme, de même que les besoins de leur commerce les engagent à conserver entre eux des contacts étroits. Les transactions souvent verbales reposent sur la confiance, donc sur une éthique commune; la destination du patrimoine commercial doit être désormais précisée; les conflits matériels jugés, etc., et comme le souligne Cohen, tout un appareil judiciaire et politique doit être mis en place et reconnu par la communauté marchande. Pour certaines communautés comme les Kooroko, ces garanties et ces règles procèdent surtout de l'assimilation des rapports commerciaux aux rapports de parenté, d'alliance ou de clientèle. La hiérarchie entre Dioula-Ba et Dioula-Den se calque sur celle d'aîné à cadet; la répartition des bénéfices suit les règles patriarcales de la dévolution des biens et la remise d'un capital marchand s'assimile presque à des fiançailles. Plus généralement, l'Islam, religion universaliste et déontologie, offre aux marchands à la fois le moyen de se reconnaître comme appartenant à une super-collectivité et des règles élémentaires de fonctionnement (Rodinson, 1966). En retour il accentue leur tendance à ne rechercher d'alliance qu'entre eux.

L'implantation des marchands ne revêt pas partout les mêmes formes. Plus diffuse apparemment là où le trafic est le plus ancien, comme dans le Sahel ou chez les Dioula, et là aussi où cette ancienne implantation a davantage répandu l'Islam, elle prend les apparences d'agglomérations plus compactes lorsque la pénétration marchande est plus récente et demeure plus étrangère aux moeurs et à la culture locales. Ainsi en est-il, par exemple, des Jaxanke qui sont agglomérés en villages parmi des populations soninke ou malinke; des Yarse du Mosi groupés en quartiers distincts, des Zongo hausa chez les Asante.[1] Toutefois, la solidarité sociale des marchands, qui par certains traits s'assimile à celle des minorités en général, et leur organisation politique interne, ne s'accompagnent pas nécessairement d'une solidarité économique. Elle ne supprime pas la concurrence entre eux. Curtin rapporte par exemple que les caravanes auxquelles se joignaient les Jaxanke étaient composées de marchands de diverses ethnies et que, s'ils agissaient de conserve vis-à-vis des autorités, chacun trafiquait pour son compte. Amselle signale de même que la concurrence règne parmi les Kooroko. On ne peut donc assimiler la solidarité des communautés marchandes, non plus que leur domination dans certains secteurs commerciaux, ou même leur exclusivité sur une marchandise, comme relevant d'une volonté de monopole.

La cohésion des communautés marchandes vis-à-vis des milieux sociaux parmi lesquels ils opèrent est aussi de caratère politique, mais leur relation avec le pouvoir paraît radicalement différente selon quil s'agit du commerce continental ou du commerce côtier.

Dans le premier cas, le pouvoir avec lequel composent les marchands est généralement d'origine guerrière. Il se fonde sur un ensemble de règles, d'exigences ou de codes étrangers et, parfois même, contraires au commerce. La tentation des autorités de s'en emparer se heurte souvent à leur incapacité d'en assurer l'organisation ou d'en assumer les risques. Leur participation aux échanges se limite aux expéditions, à l'acquisition de biens d'usage, mais elles ne se livrent pas régulièrement à des opérations mercantiles. L'ouverture de la traite atlantique, comme le remarque Wilks, avait permis en outre aux marchands de l'intérieur de prendre leur distance par rapport aux empires du Sahel dès le XVe siècle. Leur rayon d'action ne cessa depuis de déborder celui des autorités politiques. Les marchands

---

[1] Au Moyen-Age, c'est-à-dire au commencement peut-être de ces échanges, les marchands du Mahgreb vivaient aussi en communautés séparées à Koumbi-Saleh et dans les principaux centres commerciaux du Sahel.

disposaient de ce fait de moyens qui échappaient au pouvoir local: soutien éventuel de souverains rivaux, blocus, ou possibilité de tarir le flot marchand par leur exil. Tout le temps que cette puissance potentielle n'a pas encore les moyens de se réaliser politiquement, les marchands professent ouvertement une attitude pacifiste et se déclarent à l'écart du pouvoir. En revanche, l'attitude des souverains est, à leur égard, empreinte de caution: ils protègent leurs caravanes; exigent rarement un tribut; nouent parfois avec eux des pactes (comme entre le Naba et les Yarse chez les Mosi), qui les placent dans des rapports précis avec les autorités. Ces marchands se révoltent cependant, lorsque, comme à Salaga, leurs intérêts cosmopolites entrent en conflict avec les intérêts 'nationaux'. Révoltes qui, répétées et couvertes du voile de la guerre sainte, peuvent éventuellement aboutir à la conquête du pouvoir.

Il n'est pas apparu évident au Colloque que le commerce soit partout favorisé par l'existence de l'Etat. Le militarisme de celui-là s'oppose au pacifisme de l'autre. La protection de l'Etat est certes utile et parfois efficace, mais le plus souvent les caravanes sont armées et assurent elles-mêmes leur sécurité. On note en particulier que selon les voyageurs du XIXe siècle, les zones les moins sûres, celles que les caravanes évitent, sont aussi celles que recouvrent les Etats les plus centralisés mais agités par les guerres qu'ils se font entre eux. Par contre, dans les régions à faible formation politique, le danger vient plutôt des bandes qui sont relativement facilement tenues à l'écart. Les souverains les plus puissants exigent rarement des tributs ou des taxes fixes. Par contre, ils déroutent les caravanes pour les faire venir jusque dans leurs capitales, afin de se faire offrir, à eux et à leur Cour, des cadeaux dont on ne sait jamais s'ils sont en quantité suffisante pour satisfaire leur humeur. Les villages, au contraire, installent des collecteurs et perçoivent des droits fixes sur les marchandises.

A un stade d'organisation politique plus élaborée, tel celui de l'Asante et des Yoruba d'Oyo, l'Etat intervient directement dans le commerce, nomme des fonctionnaires chargés de le contrôler ou le pratique lui-même en s'arrogeant des privilèges ou même des monopoles au détriment des marchands. Il use même du blocus pour attirer les courants commerciaux vers la capitale ou déplacer les marchés (Wilks, Arhin).

L'Etat commence à jouer un rôle positif en faveur du commerce lorsque les moyens de son administration (routes, monnaie, sécurité publique) deviennent les moyens de la circulation marchande. Mais sa tendance est alors, comme le remarque D. Forde, d'incorporer le commerçant comme citoyen et de lui retirer son statut d'étranger. C'est le phénomène que l'on observe davantage dans les zones du golfe de Guinée, plus exclusivement soumises à la traite côtière. Une différence géographique assez nette apparaît sur la carte à l'endroit où se rencontrent les circuits côtiers et continentaux, l'un et l'autre possédant leur personnel propre. Mais l'aire d'activité des marchands de la Côte est plus limitée. Elle se heurte à la mer. Elle ne pénètre l'intérieur que d'environ 300 km, les points relais en étant Salaga, Atebubu, Bunduku, Kintampo, Kumasi. Le marchand ne dispose pas dans cette bande étroite de la latitude qui permet au marchand du nord le jeu de circuits continentaux juxtaposés. En bref, confiné sur une étendue plus petite, l'insertion du marchand dans la société est plus étroite. Elle est totale chez les Alladian ; chez les Akan, les marchands autochtones sont nombreux. Les étrangers métis ou Brésiliens du golfe du Guinée s'intègrent à titre individuel à l'appareil gouvernemental, sans former de communautés du type décrit ci-dessus. Ils ne disposent pas, comme leurs homologues continentaux, d'une idéologie religieuse capable d'affirmer leur cohésion.

Dans la société Akan (Daaku), le commerce était ouvert à tous ; c'était un des moyens d'acquérir prestige et considération. Les commerçants ayant atteint un degré exceptionnel de réussite étaient élevés au rang de doyen ou de conseillers du chef, réintégrés ainsi dans le cadre social prévalent, afin de prévenir leur accession par la richesse aux attributs de la souveraineté. Les dangers de transformation sociale étaient ainsi conjurés dans cette société, mais on encourageait cependant les citoyens à se procurer, par des expéditions organisées à cette fin, les armes à feu qui leur permettaient de s'intégrer dans les troupes du souverain. Ces derniers n'organisaient de telles expéditions sur la côte que lorsqu'ils éprouvaient le besoin d'acquérir certains articles.

On voit apparaître par contre dans les ports des couches sociales sensiblement différentes de ce que nous avons rencontré dans l'intérieur du continent. Daaku note comment le développement de la traite transforme des villages de pêche ou les salines en des ports importants ouvrant de nouvelles carrières aux habitants des Côtes tant dans le commerce que dans la fourniture de services. La monnaie circule. Les saliniers se transforment en intermédiaires, louent des canots aux traitants, ou cultivent les produits vivriers nécessaires à l'alimentation des fortins. Les travailleurs salariés, employés par les ports et les comptoirs font leur apparition. Une 'élite de transition' s'entourant de serviteurs, construisant des forts en miniature hérissés de canons et envoyant ses enfants étudier en Europe, se constitue. Dès le début du XVIIe siècle, cette 'élite' représentait déjà une puissance sociale au sein de la société côtière et elle était déjà capable d'inquiéter les souverains de l'intérieur. A leurs côtés, les mulâtres bénéficiant d'une éducation européenne, étaient employés par les établissements européens et investissaient leurs gains dans l'éducation de leurs enfants ou dans les moyens d'acquisition du pouvoir. Ce sont eux qui, à l'articulation des deux mondes européen et africain, se trouvèrent plus tard en mesure de jouer un rôle plus que proportionnel à leurs effectifs. La plus grande généralisation de la monnaie sur la Côte semble donc avoir permis la constitution d'une société où apparaissent davantage les classes sociales: prolétariat et bourgeoisie marchande. Pour cette dernière, sa plus étroite insertion dans la société la subordonnait davantage à des intérêts politiques circonscrits ou 'nationaux' dont la défense exigeait, en dernier ressort, des rapports d'identification avec l'Etat.

IV. L'IMPACT DU CAPITALISME

Avec la conquête coloniale, ce n'est plus par le seul impact de la demande qu'agit l'économie européenne mais surtout par intervention directe du capital dans la production des marchandises exportées vers l'Europe et par la substitution la plus large possible des produits du secteur capitaliste à la production locale.

L'insertion du capitalisme se fait par deux voies: d'une part, il transforme un secteur de production à sa propre image par l'introduction du capital et ses corollaires — propriété privée des moyens sociaux de production et salariat — ; d'autre part, il s'alimente sur les secteurs pré-capitalistes encore existants par le mécanisme de l'accumulation primitive, provoquant contradictoirement leur perpétuation et leur désintégration. Cette pénétration a le double effet de susciter un secteur commercial africain dépendant et de concurrencer à terme le négoce traditionnel.

La mise en place de l'impérialisme en Afrique occidentale ne fut ni immédiate ni même partout complète. Elle se fit par la conquête, l'abandon ou la reconquête de secteurs économiques successifs parmi les plus rentables du moment et le détournement croissant des capitaux accumulés vers l'Europe. Amin analyse ce phénomène dans le cadre du capitalisme mondial où il distingue les *'formations centrales'*, c'est-à-dire les pays industrialisés et colonisateurs où le développement du capitalisme se fonde essentiellement sur l'élargissement du marché intérieur, des *'formations périphériques'*, c'est-à-dire les pays colonisés, fondés principalement sur l'élargissement du marché extérieur constitué précisément par les formations centrales, et donc subordonnés à celles-ci. Il distingue en outre la période coloniale au cours de laquelle le capital formé sur place contribue à l'émergence d'une bourgeoisie locale, et la période post-coloniale caractérisée par une exportation du capital vers les formations centrales et la destruction de cette bourgeoisie, sauf dans les secteurs les moins dépendants du marché extérieur et greffés sur l'élargissement du marché interne (bétail, cola, poisson sec).

Ce processus est particulièrement bien illustré par Amin dans sa communication retraçant les tribulations de la bourgeoisie sénégalaise au cours du XIXe siècle, situation qui trouve son parallèle en Sierra Leone dans le drame de la bourgeoisie créole (Howard, 1968). Dans les deux cas c'est moins par les lois de la concurrence qu'agirent les colonisateurs que par les moyens de la politique, de la coercition et de la violence. Dans les deux cas en effet, après avoir encouragé la formation d'une couche commerçante, surtout recrutée parmi les métis ou les Créoles lettrés, le pouvoir accumula ensuite les obstacles à son développement pour faire place au commerce colonial. Cette politique aboutit à chasser cette première génération de commerçants africains issue de l'économie coloniale vers les emplois administratifs. La conjoncture présente au Sénégal a entraîné

un repli important des commerçants européens vers l'export–
import ou le commerce de gros, livrant en grande partie le
commerce de détail et le commerce rural aux Libanais et à
une nouvelle génération de commerçants africains, ceux-ci
étant surtout cantonnés dans la clientèle africaine disposant du
pouvoir d'achat le plus bas. Amin nous montre un aspect de
l'exploitation de cette situation par les nouveaux hommes
d'affaires sénégalais, par la création de chaînes de distribution
couvrant une grande partie du pays. Mais il montre aussi
comment ce capitalisme commercial national se trouve bloqué
par l'action des sociétés européennes auprès du gouvernement
sénégalais pour lui interdire d'investir dans les secteurs stratégiques où règne le capital étranger: banques, transports aériens
ou maritimes.

Ses capacités d'investissement étant ainsi limitées, cette
bourgeoisie reste confinée dans les affaires spéculatives et les
plus aléatoires ou dans les entreprises soumises aux marchés
d'Etat, les unes comme les autres étant difficilement en mesure
de constituer un secteur économique autonome solide et durable
(Amin, 1969). Totalement tributaire des fournisseurs et des
transporteurs européens, privé de contrôle sur les moyens
bancaires, placé dans la mouvance monétaire d'économies
centrales éloignées, et soumis à des décisions politiques sur
lesquelles les sociétés étrangères pèsent plus lourd que lui,
le commerce sénégalais ne se développe que dans les limites
étroites que l'Etat veut bien définir pour lui.

Greffés également sur l'écoulement des produits du capitalisme européen et sur la collecte des produits agricoles, se
constituent des circuits commerciaux de traitants, collecteurs,
colporteurs et regrattiers qu'il faut signaler pour ne pas les
confondre avec les circuits marchands, héritiers du commerce
pré-colonial qui se sont perpétués jusqu'à nos jours. La persistance de ce dernier type de commerce, apparenté à ce que
nous avons appelé le commerce à longue distance, ou négoce,
est remarquable. Chaque année encore, une caravane de plusieurs milliers de chameaux apporte le sel de Taudenit à Tum-
buktu, d'où il est réexpédié à travers l'Afrique occidentale. De
même les salines de Tichit à l'ouest, de Bilma à l'est et d'autres de
moindre importance suscitent toujours un échange de grains,
de coton tissé, de karité, de cola vers le nord. Le bétail circule

des pays des zones d'élevage du Sahel et de la savane vers les centres urbanisés et les régions côtières; le poisson sec de la vallée du Niger vers la forêt et les villes; la cola de la Côte d'Ivoire et du Ghana vers la savane. Les centres de ce trafic contemporain ne sont plus aujourd'hui les mêmes qu'autrefois. Kong, Buna, Bunduku, etc., ont été détruits par Samory. Tumbuctu et Jenne sont des villes somnolentes. Par contre, Mopti, Bamako sur le Niger, Bouaké, Gagnoa, Ibadan, Kumasi sont devenus les centres prospères du poisson sec, du bétail, de la cola, etc.

Ce commerce a conservé l'essentiel de son infrastructure traditionnelle: réseaux d'agents, de *jatigi* ou de *dillali*, de courtiers et de maquignons, structures mises en évidence par Polly Hill et qui favorisent la persistance et même renforcent la cohésion des communautés marchandes comme le montre par exemple Cohen pour les Hausa d'Ibadan (Cohen, 1969).

Organisation marchande très hiérarchisée, employant un personnel nombreux et dominée par quelques très gros marchands (Gallais, 1967; Vernière, 1969) dont le pouvoir politique pèse encore très lourd.[1]

Ce commerce a indirectement bénéficié des facilités de l'économie capitaliste. La généralisation de la monnaie et son usage comme moyen de paiement ayant cours sur de très larges portions d'Afrique occidentale, l'utilisation des services postaux, parfois même de l'infrastructure bancaire,[2] l'usage du chemin de fer, des entreprises routières, réalisant la dissociation du transport et du commerce, les besoins d'une population citadine croissante, enfin, sont autant de facteurs qui leur ont permis d'accroître leur chiffre d'affaires, d'améliorer et de perfectionner leurs méthodes commerciales et de paiement, de constituer un capital commercial et d'en améliorer la rotation.

Leur position paraît solide et les tentatives, faites jusqu'à présent par la concurrence capitaliste pour s'emparer de leurs circuits de distribution, ont échoué. Amin et Amselle citent, en particulier, le cas des Libanais qui tentèrent de s'emparer du commerce de la cola entre la Côte d'Ivoire et le Sénégal, et Cohen l'échec des tentatives européennes de conquête du

---

[1] On sait qu'au Mali la bureaucratie eut à composer avec eux puis à parer au coup de force qu'ils tentèrent en 1962 (Meillassoux, 1970).

[2] Encore que médiocrement, comme le constate Miracle.

D

marché de la viande sur les Hausa. Situation apparemment si forte donc, que certains économistes (Couty, 1968) y voient une base possible d'un développement national. Cependant ce commerce repose sur des fondements idéologiques et organisationnels qui sont autant de liens avec le secteur de production pré-capitaliste lequel lui sert encore de fournisseur et de débouché. L'Islam, par exemple, qui fut un des facteurs de la puissance passée de ces marchands, est aujourd'hui un passif. La culture musulmane n'est plus appropriée aux exigences du commerce moderne. Les formalités administratives, l'usage quotidien du télégraphe ou de la correspondance, la nécessité croissante de tenir une comptabilité écrite et l'usage d'une langue administrative, qui n'est pas la leur, les oblige à recourir à un personnel éduqué à l'occidentale. Beaucoup se résignent à envoyer leurs fils à l'école européenne et à courir le risque de les voir perdre la foi. A Bamako la secte wahabe, qui recrute surtout parmi les marchands, a créé à cet effet des écoles franco-arabes susceptibles de donner à leurs enfants une éducation adéquate. Mais cette nouvelle éducation entraîne plus souvent les diplômés à chercher des emplois administratifs, qu'à assumer les durs aléas de la vie de marchand. Certains d'entre eux sont même encouragés dans cette voie par leurs parents, conscients des difficultés croissantes que rencontrent leurs activités sous l'effet de lois et de réglementations de plus en plus strictes, et de la concurrence indirecte que leur fait le secteur capitaliste.

L'organisation sociale de ces entreprises commerçantes, décrite en détail par Amselle, est fondée sur des rapports de parenté, d'alliance ou de clientèle qui étaient autrefois le gage de la sécurité des marchandises et des moyens de paiement, de la loyauté et de la fidélité de leurs employés et aussi une façon de maintenir le coût de la main-d'œuvre au niveau le plus bas. Dès lors que l'apprentissage du jeune commerçant se fait de plus en plus à l'école et de moins en moins chez son patron, cette structure paternaliste s'effrite.

Enfin la caractéristique la plus importante de ce commerce, celle d'être greffé sur la production du secteur non-capitaliste, le condamne à terme. Cola, karité, tabac, bétail, poisson sec ou fumé sont produits par des communautés d'agriculteurs, d'éleveurs ou de pêcheurs fonctionnant encore largement sur les bases de l'économie d'auto-subsistance et ne commercialisant qu'une fraction de leur production. L'introduction du capital, même sous forme de prêts ou d'aide matérielle, y est faible sinon nulle, et la division sociale du travail, lorsqu'elle existe, repose davantage sur les séquelles de l'esclavage que sur le salariat. Or ces secteurs d'auto-subsistance sont comme partout lentement en voie de transformation ou de disparition.[1] Les uns se métamorphosent sous l'effet de l'agriculture commerciale d'exportation, les autres deviennent exportateurs d'hommes et importateurs de marchandises. Dans tous les cas l'approvisionnement du négoce se tarit à la source. C'est en changeant les conditions de la production de ces biens traditionnels ou en leur substituant des produits du secteur capitaliste que celui-ci s'emparera le plus sûrement de leur commercialisation. Ce processus, amorcé très tôt pour les textiles ou pour la vaisselle qui ont conquis la plus grande partie du marché de la poterie et de la boissellerie, pour le tabac industriel qui se substitue au tabac local et à la cola dans les milieux urbanisés, s'étend et gagne d'autres marchés comme aujourd'hui celui du poisson, par exemple, où sévit la concurrence des pêcheries industrielles maritimes, et bientôt celui du bétail. Certes, le commerce traditionnel persiste du fait de son organisation paternaliste, de sa large diffusion dans les masses rurales ou peu urbanisées, de son réseau de collecteurs qui s'étend jusque dans les campagnes les plus éloignées, du goût persistant des Africains pour ses produits, c'est-à-dire en définitive en raison de survivances de secteurs de production et de consommation qui, s'ils contribuent encore à caractériser l'économie de l'Afrique occidentale, sont voués à la disparition.

V. LES MARCHÉS ET LES AIRES MARCHANDES

Le terme de marché, indépendamment du sens qu'il possède en économie politique (lieu idéal de formation des prix; ou parfois aussi 'débouché'),[2] n'a pas chez les géographes une définition

---

[1] Selon les Jula transporteurs de Côte d'Ivoire, 'the kola trade is of declining importance' (in Barbara Lewis, to be publ.) Cette même étude montre comment les activités économiques greffées sur le secteur capitaliste ne peuvent s'accommoder des rapports sociaux traditionnels et doivent adopter ceux qu'imposent 'les affaires'.

[2] Nous l'emploierons également dans l'expression 'marché intérieur' pour désigner l'ensemble des échanges monétaires consécutifs à la division sociale du travail.

précise. Tantôt il désigne une bourgade où se font des transactions commerciales; tantôt un site restreint qui attire périodiquement acheteurs et vendeurs au détail.

Il semble utile pour définir plus précisément ces lieux d'analyser préalablement les transactions susceptibles d'être rencontrées sur ce qu'on appelle les marchés, et qui peuvent remplir au moins quatre fonctions différentes :

(1°) Le produit passe des mains du producteur à celles du commerçant et, se transformant en une marchandise, acquiert une valeur d'échange;

(2°) Les marchandises s'échangent entre marchands et conservent leur valeur d'échange;

(3°) La marchandise passe du commerçant au consommateur entre les mains duquel elle prend sa valeur d'usage définitif;

(4°) Les produits s'échangent entre eux comme des biens d'usage directement entre producteurs (échanges immédiats).

Les développements qui précèdent ont montré que le deuxième type de transaction caractérisait les relais, les points de rupture de charge, d'échange ou d'écoulements en gros des marchandises, c'est-à-dire les bourgs. Leur nombre est relativement limité et leur localisation est assez repérable en Afrique de l'Ouest : les bassins du Sénégal et du Niger, la limite nord de la cola, quelques relais et entrepôts situés à mi-chemin, enfin la Côte (Bovill, en Hill 1966a). L'existence de ces bourgs entraîne parfois un début d'urbanisation et une demande en produits de subsistance. Il s'y crée alors un marché quotidien dont le but est d'approvisionner la population ou les passagers et qui réalise donc le transaction No. 3. Le développement de la vente de mets préparés est caractéristique du développement de l'économie de marché comme Polanyi (1966) l'avait observé. On remarque, à travers le lecture de Caillé par exemple, la disparition des traditions d'hospitalité là où le trafic de caravanes est le plus important, au profit d'un petit commerce de la nourriture. Binger cite fréquemment l'existence de ces petits marchés quotidiens dans les bourgs qu'il traverse. Ils sont la préfiguration de ceux qui se multiplieront avec le développement d'un marché intérieur. Le client n'est pas tenu d'apporter sur ce type de marché une marchandise en échange de son approvisionnement, du moment qu'il dispose d'un moyen de paiement.

Outre ces marchés quotidiens d'approvisionnement urbain, on observe des rencontres périodiques intéressant des régions rurales plus vastes, mais dont la localisation ne coïncide pas nécessairement avec les bourgades. La principale fonction de ces marchés périodiques semble être la collecte des produits ruraux à destination du commerce extérieur réalisant la transaction No. 1.[1] Lorsque les produits s'échangent directement ou indirectement contre des marchandises, ce qui est le cas quand le numéraire est peu développé, le marché de collecte apparaît aussi comme un marché de distribution (transaction No. 3). Certes, la fonction de collecte n'est pas suggérée par les apparences qui révèlent davantage celle de distribution. Mais la vente de marchandises sur un tel marché est subordonnée à l'achat des produits, puisque ce sont eux qui forment les moyens de paiement de celles-ci.

Ce lieu où se concentrent des moyens d'échange favorise le commerce parallèle d'autres produits, ainsi que la multiplication d'échanges immédiats entre une foule de producteurs qui offrent des produits de toutes sortes pour acquérir des objets d'usage (transaction No. 4). Ces dernières opérations qui intéressent le plus grand nombre de chalands sur les marchés, sont les plus voyantes, mais aussi celles dont la portée économique est la moindre. Elles contribuent souvent à masquer d'autres opérations occultes mais plus importantes. Enfin la présence de cette foule suscite éventuellement un marché d'approvisionnement périodique qui ajoute les siennes aux autres transactions.

Ainsi, ces différents types d'operations: négoce, collecte, distribution, approvisionnement, micro-commerce, s'engendrent les uns les autres encore que leurs manifestations puissent tantôt se confondre, tantôt se disjoindre dans le temps ou dans l'espace.

Cette analyse rejoint l'hypothèse que j'avais suggérée dans des travaux antérieurs concernant l'origine des marchés locaux et qui se résumaient dans les propositions suivantes (Meillassoux, 1960; 1964):

[1] Cf. l'hypothèse de Hodder dans ce sens.

— la circulation des produits à l'intérieur des sociétés d'auto-subsistance s'opérant par transfert, ces sociétés ne peuvent être le centre de propagation du commerce;

— entre communautés voisines, les transactions dépendant encore de la nature des produits échangés et des rapports sociaux pré-existants entre les parties, elles tendent à prendre les formes du don et du contre-don plutôt que celui d'échanges commerciaux.

Dans ces conditions, le commerce ne pourrait procéder que de contacts entre:

(1°) des sociétés susceptibles d'offrir des produits rares ou inexistants localement, et

(2°) entre agents situés dans des relations sociales telles qu'elles excluent les rapports prestataires ou gratuits.

Le commerce local serait alors non pas endogène, mais induit de ces échanges extérieurs provoquant la production d'articles échangeables contre les biens importés, la constitution de circuits d'échange ou de troc permettant leur acquisition directe ou indirecte, enfin l'apparition d'une division sociale du travail obligeant une partie des producteurs à recourir au marché pour s'approvisionner. L'absence de marché dans les régions où les relations économiques sont dominées par les rapports de personnes et où les marchands étrangers ne pénètrent pas, de même que la localisation souvent observée des marchés aux frontières de ces régions avec des zones économiques complémentaires, semblent supporter cette hypothèse.[1]

L'introduction de l'économie coloniale et le développement

---

[1] P. Hill (1966a) ne croit pas que cette thèse ait une portée générale, mais reconnaît — citant Bovill (1922) — qu'elle trouve confirmation dans la localisation 'des marchés les plus notoires d'Afrique Occidentale'. L'histoire de Bamako (mentionnée par Bovill) révèle en particulier que l'apparition du commerce y fut consécutive à l'installation de familles maraboutiques marchandes (Meillassoux, 1963). Quant à M. Karpinski, il donne comme exemple d'un cas, qui prouverait l'existence d'échanges locaux indépendants d'un commerce extérieur, le marché décrit par Cada Mosto au XVe siècle, mais dont la localisation est douteuse. Or la seule autre mention de marchés chez l'auteur est en relation avec le royaume de Senaga et non de Gambie. 'Les Azanagh, les marchands arabes qui arrivent sur ces marchés avec chevaux et autres choses' s'y procurent des esclaves en grand nombre (esclaves également vendus aux chrétiens). Cada Mosto mentionne également l'importation de fer d'un royaume voisin (Coquery, 1965, pp. 97, 100).

des échanges généralisés va favoriser celui des marchés d'approvisionnement, influencer leur évolution vers le commerce de détail en même temps que multiplier les marchés de collecte des produits de l'agriculture commerciale. Cette évolution qui se fait surtout sous l'influence de l'administration, provoque une répartition spatiale des marchés qui ne correspond plus à celle qui prévalait lors de l'ancienne économie marchande et noie ceux de ces marchés qui persistent encore dans un ensemble beaucoup plus uniforme.

C'est dans ce cadre que se situent les études de Smith et Hodder poursuivant celles de Polly Hill (1966*a*) sur la localisation et la périodicité des marchés.

Dans une économie où l'échange est généralisé, c'est-à-dire où tous les biens s'échangent entre eux et où tous les individus participent aux échanges on peut mettre en corrélation la localisation et la périodicité des marchés avec la densité du peuplement. L'étude de Smith visant à examiner dans quelle mesure cette corrélation s'établit en Afrique occidentale permettrait de repérer les anomalies dues à l'absence d'échanges marchands, à l'interférence de phénomènes économiques résiduels ou de facteurs sociaux et politiques.

La présence de tels facteurs semble patente dans le cas des Mawri que présente Piault. L'existence de jours de repos ou de fête, permettait, indépendamment de préoccupations mercantiles, de rassembler périodiquement un grand nombre d'individus ayant en commun des relations sociales ou politiques diffuses. Ces rencontres rassemblaient des clans dispersés en un lieu rituel convenu ou la clientèle politique d'un chef autour de sa cour. De tels rassemblements représentaient naturellement des lieux privilégiés pour le commerce, donc susceptibles de se transformer en marchés. La périodicité, dans ce cas, s'inscrit davantage dans le rythme du travail social que dans un cycle commercial.[1]

L'application de la thèse de Smith suppose encore une dis-

---

[1] Binger note dans le même sens que les marchés ruraux sont surtout l'occasion de beuverie de bière de mil, alors que celle-ci est généralement proscrite sur les marchés des villes (Binger, 1892, vol. I, pp. 259, 318, 319). Piault note également que ces rassemblements sont l'occasion de consommation de viande, généralement peu fréquente dans les petites agglomérations où le petit nombre de consommateurs ne permet pas d'abattre du gros bétail. L'ambiguïté des fonctions du boucher, mi-sacrificateur mi-commerçant, est significative à cet égard.

tinction précise entre les fonctions de collecte et de distribution
des marchés. Les conclusions de Hodder, rejoignent celles de
Smith et Hill en ce qui concerne la tendance des marchés de
distribution à se transformer en institution quotidienne de
vente au détail. Mais Hodder suggère aussi que les marchés
périodiques, qui se situent en majeure partie dans les zones
rurales ou en relation avec elles, sont avant tout des marchés de
collecte assumant éventuellement des fonctions de distribution.
Leur périodicité s'expliquerait par l'étendue des zones productrices intéressées et la durée nécessaire aux déplacements des
producteurs qui ne peuvent y consacrer qu'une partie de leur
temps. Leur répartition (et leur périodicité) serait alors fonction de celle des producteurs et non de la population en général.
Selon cette thèse, qui confirmerait aussi la primauté des échanges
extérieurs sur les échanges locaux, le marché quotidien serait
la fonction distributive devenue autonome de la fonction de
collecte. On trouve le prolongement de son application dans
les phénomènes décrits par Lawson sur le commerce vivrier de
détail.

Comparant le développement du commerce de détail à
Accra et dans les zones rurales de Basse-Volta, Lawson constate
que si dans la ville la distribution est assurée à son coût le plus
bas grâce à une élasticité presque parfaite de l'offre de services
commerciaux, dans les campagnes, par contre, les marchés
tendent à ne plus assumer que des fonctions de collecte. La
distribution étant mal assurée, les prix des produits vivriers
sont en moyenne de 18% plus élevés qu'en ville. Lawson
explique ce phénomène par le coût d'opportunité du travail
féminin comparé dans les villes et dans les campagnes, mais
dans la perspective introduite par Hodder cela signifie aussi
que les fonctions de distribution des marchés de brousse se sont
détachées de leurs fonctions de collecte; dissociation due, comme
nous le faisions remarquer plus haut, à la généralisation du
numéraire qui n'oblige plus les commerçants à apporter des
marchandises en échange des produits.

Si les marchés de distribution disparaissent en brousse, Polly
Hill y découvre des substituts. Dans les campagnes hausa la
répartition des marchés par rapport à la densité de la population avait semblé anormale à l'auteur, la plupart de ceux-ci
se situant en outre sur les routes commerciales — suggérant ici

encore des fonctions de collecte ou éventuellement d'approvisionnement des passagers. Ailleurs leur petit nombre révélait que d'autres modes de répartition étaient en œuvre. Polly Hill découvre ainsi un commerce 'caché' de grains qui semble d'autant plus important qu'il est lié à des structures sociales inégalitaires. L'existence de fermiers riches et de paysans pauvres entraîne un échange conjoncturel de grains lié au mouvement saisonnier et à l'endettement des cultivateurs les moins pourvus. Cette situation permet aux gros fermiers d'acheter les grains en période de récolte pour les revendre avantageusement au moment de la soudure. Elle leur permet également d'alimenter un commerce de grains vers les centres de consommation.

Si P. Hill n'établit pas ici de relation précise entre l'inégalité sociale chez les paysans et le commerce urbain, l'examen des mécanismes liés aux marchés révèle partout ailleurs la subordination des communautés paysannes à un commerce toujours induit de l'extérieur et la dégradation consécutive du secteur rural au profit du secteur industriel et commercial capitaliste. En d'autres termes, elle démontre l'absence de cette 'dualité économique' que certains ont cru déceler entre une économie traditionnelle et une économie moderne, étrangères l'une à l'autre.

CONCLUSION

En étudiant les problèmes du commerce et des marchés, le Colloque s'inscrit dans une tendance nouvelle de l'anthropologie que confirme le nombre d'ouvrages récents consacrés à ce sujet.

Pourtant ces problèmes, s'ils ont été longtemps négligés par les chercheurs en sciences humaines, étaient au centre des préoccupations des premiers explorateurs arabes ou européens de l'Afrique, puis des administrateurs coloniaux. Le renouveau de cet intérêt pour les problèmes du commerce, aujourd'hui, dans une perspective scientifique, est important à plusieurs égards. En premier lieu, une telle perspective décloisonne l'ethnologie exagérément confinée à l'examen de sociétés apparemment isolées et mues par des institutions qui, dans ce contexte, apparaissaient plus comme idéologiques que fonctionnelles. En second lieu, elle découvre un passé, non pas limité à quelques fractions humaines, mais brassant ensemble des millions d'hommes, donc l'ouverture les unes aux autres de populations placées devant l'urgence d'accommoder leurs institutions à cette pressante sollicitation. Elle révèle les dimensions politiques de ces contacts, l'impact de ces transferts de biens et de richesses à travers le continent. Enfin elle démontre à l'évidence les relations organiques qui existent entre les économies africaines et l'économie européenne qui, depuis leurs premiers contacts, ne se situèrent jamais dans un simple rapport de dualité.

L'étude du commerce n'est pas non plus l'étude d'une institution isolée séparée de l'ensemble des structures sociales et politiques, c'est la reconsidération des phénomènes sociaux par l'insertion de données qui n'apparaîtraient autrement que comme contingentes et qui suggèrent l'existence d'une économie originale (Coquery, 1969), mais distincte du Mode de Production Asiatique (Suret-Canale, 1964). Il est remarquable que la plupart des participants ont donné à leur contribution un fondement historique et donc à quel point le commerce n'est pas envisagé comme un phénomène structural et sans vie, mais bien comme un processus mouvant, turbulent, violent même. La double voie historique et inter-relationnelle adoptée par le Colloque, l'examen complexe des effets du commerce sur toutes les composantes de la société, dans le temps et dans cet espace enchevêtré qu'il crée lui-même, représentent la contribution positive de cette rencontre à la recherche africaine.

Toutefois, le danger de se limiter à ce thème serait de voiler les phénomènes qui demeurent à la base des échanges, c'est-à-dire les rapports de production. Leur ignorance tendrait à repousser dans un vague écologisme, ou pire dans le psychologisme, des données qui correctement interprétées doivent révéler la cohérence historique de la civilisation ouest-africaine au même titre que celle des civilisations des autres continents. La contribution des historiens et la convergence des autres disciplines vers une science de l'histoire, à laquelle appelait Amin, ouvre, je crois, la voie dans laquelle ces recherches doivent s'engager. Les efforts faits dans ce sens par chacun des participants resteront l'acquis collectif de cette rencontre.

ENGLISH VERSION

I. REACTIONS AND ADAPTATION IN WEST AFRICA TO CHANGES IN THE SLAVE TRADE

In proclaiming the abolition of the slave trade in 1815 the Treaty of Vienna marked the decline of a phase in world economic history, and particularly of the history of Africa, the biggest supplier of slaves. It was certainly not achieved by diplomatic bargaining, nor even through philanthropic campaigns. The end of the slave trade came about because of changes undergone by the Euro-American economy from the beginning of the nineteenth century. Slavery, as a means of production, hindered agrarian and industrial growth, which now demanded a labour market unencumbered by personal relations, one which was contractual and mobile, where a person's labour-force and not the person himself was offered for sale.

Curtin[1] perceives a more immediate cause for the decline of the slave traffic in the crisis in Caribbean and American agrarian economies. Slavery in America had already been undergoing changes for more than a hundred years. The reproduction level of the slave population in the British colonies in North America had been below par until 1700, when it achieved an equilibrium; later it increased to the level of the rest of the population. The demand for imported slaves declined as a result. The same phenomena have been recorded for the West Indies in the nineteenth century—from 1805 in Barbados and from about 1840 in the other colonies. At the same time, as the cost of imported slaves rose due to restrictions imposed on the trade, the increase in the productivity of slave labour induced some planters to breed them for sale. The Atlantic slave trade continued in the direction of Cuba and Brazil, where, Curtin believes, modern plantations with better returns could employ more costly slaves—here also the sugar industry was a great devourer of men.

At the same time as the decline in the slave trade, European industrial development provoked a greater demand for raw materials rather than for the luxury goods of traditional com-

---

[1] The occurrence of personal names in the text without further reference relates to contributions made by participants at the Seminar.

merce. In Western Africa these changes, during the years 1820–50, resulted in an 'increase in the value and quantities of West African exchange with France, Great Britain, and other countries, which was proportionately greater than any other period before 1914' (Newbury). It was a 'staggering growth', not so much in unit-value as in the quantity of exports such as palm oil, groundnuts, wood, hides, and rice; the traditional products of commerce—slaves, ivory, wax, gum, indigo, and probably gold—correspondingly declined. The nature of imports, which were also increasing in quantity, changed. The importation of textiles continued, but the flow of shoddy trade goods and glass trinkets diminished in favour of articles of weightier economic value such as metals and hardware. Europeans also offered goods which might be used to attract the commerce of the interior towards the European trading posts: salt began to compete with local Saharan and coastal salt, and cowries were introduced as a more universal means of payment, which tended to orient the stream of trade towards those who supplied the markets with them. Newbury sees the main results of these changes in the multiplication of trading factories, the increased migration towards the coast, the adaptation of the brokerage system, the expanding number of middlemen, 'the enormous amount of imported goods advanced on credit', and the considerable increase in the number of 'traitants'. All this stimulated a number of 'separate economies', at least in the forest zone and along the river basins. The changes are such that Newbury suggests that if there was revolution, its effects must be sought before the establishment of the colonial powers.

On the other hand, Catherine Coquery, studying Dahomean material, holds that the change-over from slave trade to 'legal' trade did not correspond to any upheaval within the structure of African commerce, but that from 1820 to 1880 African reactions were adaptations rather than violent changes. New goods were traded along the old channels involving the same personnel. She admits, nevertheless, that in the mid-nineteenth century there was a 'mutation' when commodity trading overcame slave trading.

The various contributions to this book show, in fact, how the reactions of West African societies to fluctuations in European demands varied according to their dependence on the slave trade, in their capacity to supply the new commodities, as well as in their political and social organisation. It has also become clear that these reactions did not always result in an effective adaptation; there were also crises and some attempts to fall back on the continuing interior economy and commerce which were independent of European economic channels. Besides these various factors, we must distinguish the effects of the abolition of the slave trade from the demands for new produce, if we wish to judge the nature and depth of changes undergone by these West African societies.

In the first place we must consider the relative importance of the inter-African continental exchanges in relation to coastal trade. As Newbury pertinently remarks, coast trade was never a substitute for the interior trade. Furthermore, it probably never exceeded it in volume. Wilks and Daaku give details for the Ashanti. Of the eight great routes that radiated out from Kumasi in the early nineteenth century, writes Wilks, that to Salaga and thence to Hausaland had acquired a pre-eminence; according to Daaku, European commerce only constituted a diversification as far as the bulk of Ashanti trade was concerned.

The writings of travellers[1] who explored the interior of the continent in the nineteenth century, reveal at this time a dense and long-established continental traffic—both the Saharan trade through Djenne, Timbuktu, Sasanding, Nyoro, etc., and important inter-regional exchanges. Exports to the north were far from confined to slaves and gold. Agricultural and craft products, shea butter, dried fish, kola, local cotton thread, and textiles,[2] were all equally important because of the great demand for these goods in the Saharan salt mines and the commercial towns of the Sahel. For their location in the arid and semi-arid regions made them almost entirely dependent on savannah agriculture.[3] Foodstuffs were also traded to other

---

[1] See in particular M. Park (1795–1805), T. Mollien (1818), and R. Caillé (1824–8).

[2] It is odd to note that neither Mollien nor Park mentions kola. Caillé remarks its use in the Rio Ñunez area but only refers to its trade after Timé (near Odienné) (R. Caillé, vol. I, pp. 236 and 466).

[3] It is a well-known fact that in the fourteenth century salt came mostly from the Teghaza mines which were then stocked with dates from Morocco and millet from

deficit areas: in Bure, for example, where, according to hearsay and probably exaggerated information by Caillé (vol. I, p. 418) there was no agriculture and all food was brought with gold; at Cape Verde which imported grain in exchange for dried fish (Mollien, p. 68); and in all those larger towns where the people were developing an urban way of life.

These same goods, to which should be added tobacco and iron, were exchanged across West Africa between producing areas and complementary consumer zones. The Bundu, producers of iron and cotton, the Futa-Jalon, the Wasulu, the Bambuk, as well as Kankan, Kong, and Timé, all figure in accounts of these explorers as important production areas or transit centres which fed an inter-regional exchange system in tropical goods.

The interior trade carried relatively few European goods. Amber, coral, and guns went far inland but in small quantities and only reached the larger markets where they were exchanged for slaves. Newbury, on the basis of material from other travellers, writes: 'There is little reason to expect much influence of coastal commerce beyond the forest zone or a few of the river basins . . .'

The interior trade not only differed from the Atlantic trade but also provided dangerous competition. It had different economic and social foundations which gave it greater stability.

The Atlantic trade was predatory. Goods were mined, hunted, or collected. Mostly it involved slaves considered not as labourers but as commodities. Their acquisition meant a subtraction from the production of the agricultural communities, besides being an important cause of their disintegration. Slave trade rested on the most violent elements of the population (warriors and bandits) and favoured their political domination. In exchange for slaves Europeans furnished primarily firearms and luxury goods which only benefited this military aristocracy.

Sudan (Ibn Battuta). In the sixteenth century, the removal of the salt-works at Taudenit (Bovill, 1968, pp. 162–4) put the salt mines under greater dependence of the savannah area and contributed to the transformation of the trade (foodstuffs–salt–gold) previously carried out in the Sultan's favour, into a direct exchange of salt for foodstuffs (Al Bakri). This probably stimulated tropical production and commerce, and may have led to the provisioning and exploitation of new salt-works, and partly resulted in an increased salt consumption in West Africa.

The interior trade also involved slaves, it is true. However, these were to a large extent reintroduced within African production through the growing use of slave labour. This interior trade was primarily based on goods produced by local peasants, since agricultural and craft products constituted the major part of the traffic. In return, internal commerce provided a commodity of great value—salt—which could be easily sold retail. The internal trade assured the complementarity of inter-regional exchanges and provided the peasant communities with labouring slaves who were to become the main productive agents of this interior commerce.

It is probable, as Fage (1969) supposes, that the growth of the Saharan and interior trade encouraged the growth of slavery in Africa[1]. The demand for agricultural and craft goods meant that peasant communities could now produce for exchange and also put to work foreign, dependent labourers. It was a form of slavery which profited not so much kings as heads of extended families. According to Park, Mollien, and Caillé, in the mid-nineteenth century slaves were involved in the production of all kinds of goods (except, however, for goods such as iron and hides which remained the preserves of castes). This applies to salt, gum, grain, cotton, woven materials, etc. Male slaves were farm labourers, cattle herders, well-diggers, miners, weavers, porters, boatmen, and ferrymen, while the women prepared cotton, spun, cleaned and fetched water. Slaves also headloaded trade goods or transported them by canoe and in caravans.[2] Slaves were also involved in the capture of fellow-slaves since they constituted important sections of the army (Park, pp. 221–2). In 1795 Mungo Park, who travelled mostly in the Sahel, stated that 'labour is universally performed by slaves' (Park, p. 9) and estimated that three-quarters of the population were slaves. While this is probably exaggerated it indicates the importance of the phenomenon. Mollien (pp. 131, 225) con-

---

[1] 'In the ancient world, the action of trade and the development of merchant capital invariably resulted in a slave economy . . . or in the simple transformation of a system of patriarchal slavery oriented towards the production of the direct means of subsistence into a system oriented towards the production of surplus-value' (Marx, Karl, *Le Capital* [Paris: Ed. Sociales, 1950, 8 vols.], vol. III, pt. 1, p. 340).

[2] We have no precise data on gold and kola production. Caillé reports, through hearsay only, that the king of Bure employed slaves in his mines (R. Caillé, vol. I, p. 417), but M. Park only mentions women's labour (Park, p. 232).

firms the considerable number of slaves held at Futa-Tooro and Futa-Jalon. According to Caillé, who came across a number of slave villages in Malinke and Fulani country, a peasant's aspiration was to own from ten to fifteen slaves to satisfy his own needs and to produce sufficient surplus of grain and cotton for trading purposes (Caillé, vol. I, p. 460). He noted that slaves were made to work hard, were poorly clad, and had to provide for their own food. While they were not universally maltreated, they feared punishment (Caillé, vol. I, pp. 151, 312, 316, 460). Profits from slavery could be very high, if one is to believe a case reported by Mollien (p. 89), whereby a slave owner from Burba-Jolof managed in one year to double his complement of slaves through their own labour: this is an estimate close enough to that which I made on the basis of information collected in the Sahel (Meillassoux).

Thus slavery in West Africa was two-fold. On the one hand it provided the commodities of the Atlantic slave trade; on the other the producers of goods involved in the inter-African trade.

Due to the danger of social deterioration inherent in the selling and exploitation of human beings, slavery came to rely in West Africa on two institutions which were at one and the same time complementary and contradictory—warfare and trade. In West Africa, neither free commoners nor slaves born in captivity could be alienated.[1] The only persons who could be sold were those snatched from their homes and families through capture. Communities could not sell their own members nor their domestic slaves, nor breed slaves for sale. In these circumstances slaves were only produced through war or plunder.[2] In protecting themselves against the social disintegration which would result if they sold their own subjects, the slaving communities also found themselves in an inevitably insecure position.[3]

---

[1] So-called 'debt slavery' is a different institution. Here the subjection is not irreversible and does not involve the possibility of selling the pawn, as in slavery proper.

[2] Mungo Park distinguishes in precise terms these two types of warfare (Park, p. 223) as does Niaré (Meillassoux, 1963).

[3] Mollien notes: 'Kings only invaded another's country on their slave razzias. It seemed as if they had made a pact among themselves to only raid each other's subjects. In this way they enriched themselves but avoided the hatred which would

The warrior and the brigand are thus the primary agents in the traffic in slave merchandise which fed the Atlantic and Saharan trade as well as internal requirements. A slave, however, could only be exploited or converted into a producer when he was removed from his home region and deprived of any chance of escape or rescue: in other words, only after he was transported to a distant market and resold. The dealer, therefore, is the next important agent in that he made it possible to transform a commodity slave into a producing slave. Domestic slavery and the capacity of slaves to reproduce their kind meant that the need for war and trade to provide slave producers was limited. However, the insecure conditions of the time and the importance of the interior traffic in slaves show that this economic system was in a state of upheaval rather than one of equilibrium. Recourse to violent capture remained a necessary element of its development.

Warfare and trade are complementary and opposed. The former feeds the second, uses it as an outlet, yet withdraws men from production. Hence two classes develop which are both solidary and antagonistic—a class of warrior aristocrats and a class of merchants.

In Senegal and Mali (excluding the three Islamic states of Futa-Tooro, Bundu, and Futa-Jalon which should be studied apart), until the abolition of the slave trade, these two groups were distinct and rival (A. B. Diop, 1966, p. 495). Slaves were captured by a pagan military aristocracy. Near the coast they sold their booty directly to Europeans (Karpinski, 1968, p. 80), thereby preventing the appearance of a class of middle-men such as existed in the Gulf of Guinea. On the other hand, internal trade was left to Marabout families, most of whom were of foreign origin although they had been established in the country for a long time (Diop, 1966, p. 496). The Saharan trade, originating in the Maghreb, brought Islam with it. Traders, following these routes, spread throughout the villages, proselytizing their religion and exercising a growing moral

---

result in their destruction, if they ravaged their own people' (Mollien, p. 103). These pacts were not always respected.

[1] Mollien (p. 82) predicted that in the Kayor, Islam would become the only religion. See also Jobson, in Walckenaer (1842, vol. IV pp. 274, 275, 277, 279, 282).

authority.[1] Wherever they installed themselves the Marabout families provided security for itinerant traders (Meillassoux, 1963, p. 207). 'Prayer,' remarks Caillé, 'is a password.' Far from clustering into closed communities Marabout families were often invited by local chiefs to establish themselves in their village in order to attract trade and so that they might take advantage of the Moslem's supernatural wisdom (Diop, 1966, p. 499). Merchants convert people around them, create a favourable environment for permanent settlement, and build themselves up into an influential political group.

The transformation of the slave trade gave the Marabout merchants an opportunity to put their influence to use by opposing the local aristocrats and finally replacing them. In the Senegambian region the decline in the European demand for slaves deprived the ruling classes of their main source of income. Mollien also maintains that the cause of the weakening of the Damel of Kayor was his attempt to reduce his own subjects to slavery and to sell them, 'creating a great desolation throughout the country' (Mollien, pp. 39, 48, 51, 75). The end of the slave trade meant that the Moorish markets were the only outlets for captives and this resulted in the halving of slave prices. In order to keep up his revenues the Damel had no other alternative than to increase his levies. This heightened pressure led to increased resistance on the part of his subject who (as Klein notices, 1968), finding themselves in a position whereby they could sell their produce, bought guns and defended themselves.

The end of the slave trade deprived the ruling classes of their main source of revenue, leading to quarrelling among themselves and uprising of the people (Barry, 1969). The merchants, on the other hand, found less difficulty in making the changeover to the trade in new agricultural merchandise, or even to producing this through their *talibe* or their slaves (Diop, 1966, p. 500).[1] During the course of this economic transformation the Marabouts emerged as the new social and political leaders; peasant resistance to the increasing demands of the rulers grew up around them. Islam offered the people an ideological and social alternative, an economic and political means of reorganization to replace the old patterns or more simply, a way

---

[1] Newbury gives an example of this change being observed in 1848. Park noticed an earlier example in 1795 (Park, p. 272).

of demonstrating their hostility to their pagan sovereigns. Revolts, known as 'Marabout rebellions' grew apace. Already by 1798 the Lebu of Cape Verde had risen against the Damel, followed by the Walo in 1828 (Barry, 1969), Wuli in 1842, Kayor in 1859, Kombo in 1855 (Klein, 1969, p. 69). Everywhere the Marabouts appear as leaders and protective figures.

It is possible that the social and religious crisis which agitated these regions was prolonged into the holy wars which disrupted the Western Sudan from 1850 onwards, and which were led by El Haj Umar and Samory. The facts are still not sufficient to posit a direct link between these events, although it is clear that Islamic pressure originated in Senegal during a time of crisis before spreading westwards. Whatever their origins, these later wars of conquest had important repercussions on the economy of the Western Sudan. Unlike the coastal Marabouts, who had presented a determined front against enslaving, the Moslem rulers in these conquered territories became the greatest purveyors of captives to the growing interior trade. Regions which up till then had been spared the razzias of slavers, were to be depopulated by these conquests to the benefit of states and chiefdoms situated on the edges of the combat area. On the other hand the abundance of slaves thrown on to the market by the conquerors who were after firearms, horses, and provisions, entered the economy of the Western Sudan and sparked off a trading cycle which favoured the renaissance of the interior economy and trade (Binger, 1892).[1] Several contributors to the seminar note the strength of the internal economy at this time, tracing the routes used by such traders as the Jaxanke merchants (Curtin), the Ashanti (Wilks, Arhin, Daaku), the Kooroko (Amselle), the Soninke (Meillassoux), and describing the merchandise involved, the staging points, and the social and political effects of the trade. This interior trade was so intense and so rich that in some ways it was able to offer withdrawal positions to those who were deprived of their Atlantic outlets. This is true of the Ashanti trade, described by Wilks and Daaku.

[1] It is worth mentioning here that there was a sharp growth in Saharan trade between 1820 and 1875, which roughly corresponds to the period under discussion (Newbury, 1966).

In Ashanti, according to Daaku, trade to the coast was not shackled by any restrictions and was practised by the common people as well as the rulers. But, from the end of the Atlantic slave trade, exchanges with the English diminished considerably and came to be limited to gold and arms. Kola nuts, on the other hand, were in constant demand in the interior and were exchanged in ever-increasing quantities for Hausa cloth and iron (Wilks). The rulers then intervened more directly in the organization of production and trade, probably as a means of compensating for losses resulting from the abolition of the slave trade. The reorientation of traffic towards the north encouraged the immigration and settlement of a number of Moslem traders from Hausaland, particularly during the beginning of the nineteenth century when the exportation of kola nuts towards this region was growing in volume. In order to encourage this new trend King Osei Bonsu (1801–41) gave the Moslems favourable conditions. At the same time he set up administrative rules and personnel in the markets.

This withdrawal towards the hinterland put the coastal-producing zones within the economic sphere of the continental trade. The Hausa probably tried to exploit this by extending their influence in kola-producing areas, thereby impinging on the coastal traders' province. It was in the northernmost limits of the kola zone, where the great markets were found, that conflicts (such as the Salaga upheaval described by Ivor Wilks) occurred. The Hausa merchants, however, were Moslems in a pagan country, and remained clustered into separate communities which were mainly localized in towns. They do not seem to have exercised yet any deep religious or political influence on the people at large. In the circumstances, their political action was bound to be restricted to that of a faction, lacking popular support. When trouble broke out at Salaga around 1830, it was resolved in the king's favour: the Moslem merchants were expelled and trade was reorganized under administrative control, with a more influential place accorded to Ashanti traders. The Ashanti state, in driving out foreign merchants, was acting as the protector of a 'national' commerce.

The kingdom of Dahomey which only had military relations with the interior and no trade relations, illustrates a different situation. External trade was entirely dependent on the Atlantic slave traffic. It was under the control of the king and of officials with royal prerogatives. The latter did not constitute a distinctive merchant class. They were the agents of a centralised economy, controlled and taxed by the king.[1] The exploitation of the oil palm was slowly substituted for slave traffic without bringing about changes in the economic system or on its agents. The slaves, no longer sold abroad, were put to work in the palm plantations, producing oil and transporting it. The privileges the king once accorded for the capture and sale of slaves were now granted for the exploitation of the oil palm and the selling of the oil.

This was a remarkable adaptation: land was substituted for warfare. Military aristocrats were converted into planters, and slave merchandise into producers. At the same time the mass of the common people were introduced to oil production and its commerce. This adaptation did not come about because of the liberal nature of the economy or the predisposition of the people towards commerce but because there was no chance of falling back on any inland trading networks. The Dahomean economy remained dependent on that of Europe and the political structure, adapted to this relationship, was preserved. The incorporation of trading agents into the centralized administration of the state allowed the same ruling class to preserve their old privileges by taking over the new means of production and setting them to work for their own benefit.

It appears that kingdoms of the interior, such as the Mossi, also avoided crises. The strong social and political organization of the kingdom, its inland location, its long tradition of participation in continental trade, and the regulation of the relationship between the rulers and the Yarse traders, all contributed to sparing the kingdom any upheavals (Izard). This was also apparently the case in Bouna where there was no trouble between the Dioula and the ruling

---

[1] The descriptions provided by Polanyi are, according to Coquery, anachronistic; nevertheless they bring out the bureaucratic nature of the Dahomean economy, the special status of the merchants, and the nature of royal trading, more intent on acquiring goods than securing profits by their resale. Polanyi distinguishes the two economic sectors whose coexistence is specific to this type of economy. His reluctance, however, to extend his analysis to the level of production limits his understanding of the exchange system.

princes until the destruction of the town by Samory in 1896 (Boutillier).

It is clear that inter-African trade was sufficiently developed to attract exchanges over a wide region and to modify the adaptation to change. This attraction was so strong that (as Wilks notes) it worried the English; and Binger also noted, with some bitterness, the importance of indigenous African trade and the limited number of European commodities which reached the inland markets in 1887–9. This competition was patently an obstacle to the conquest of the African market by European goods. Colonial penetration was to be an indispensable instrument for destroying this autonomous economy which had developed outside European influence.

II. THE RELATIONS OF SOCIAL ORGANIZATION AND COMMERCE

Thus the involvement of African societies in commerce had often led to important social and political change in a number of the regions under study: transformations of the relations of production and spread of slavery; challenging of the aristocratic ruling classes, and the emergence of merchant communities, integrated, in different ways, into the wider community.

Social change of another kind affected the peoples of the forest and the lagoons whom we have not yet considered. Relations between trade and social organization raised a number of problems during the Seminar which can be examined with reference to the main sectors of society: peasants, slaves, aristocrats, and finally, in greater detail, the traders themselves.

(a) *Peasants*

Village communities are usually organized in lineages within which relations of production are perceived as relations of personal dependence between the elders and the junior members. They are based on both direct and indirect control of the means of human reproduction, in the last resort, subsistence and women. The economy is self-sustaining to the extent that it is based on the direct exploitation of the environment and satisfies the totality of needs, without any dependence for necessities on external trade. Goods circulate through a network of kinship, affinity, and clientage, through prestation, redistribution, or gift exchange. Wealth, as an instrument of social control, is a privilege of rank or birth. All other means of acquiring wealth—through labour, specialization, or commerce—are threats to the foundations of the community, whenever they favour elements traditionally outside the power structure. The social hierarchy and the authority system being linked to a mode of prestatory and distributive circulation, goods acquire a social and political content which makes it difficult to transform them into trade commodities. This phenomenon is also found in more elaborate social structures where certain articles, associated with chiefship can only be introduced into commercial circulation under restricted conditions (Meillassoux, 1960; 1964).

This system is incompatible with trade, and lineage communities exhibit a capacity to resist disintegration when they become involved in commercial relations through contact with trading economies. They elaborate some protective devices such as the appropriation of export goods by those in power; the conversion, within the community, of imported commodities (and even money) into prestige goods; the hoarding or neutralization of the means of exchange.

Furthermore, the nature of the changes undergone by these lineage-based communities depends on their involvement in trade: whether they contribute to the production of trade goods, limiting trading operations to their sale; or whether they are involved in trade without contributing to the production of merchandise. Terray maintains that trade is not always a factor in the disintegration of lineages, as among Guro groups I studied in the Ivory Coast (Meillassoux, 1964, p. 275). Among the Dida, trade reinforced lineage cohesion through the organization of oil transport under the control of the elders who alone had the knowledge needed for success. When a society embarks on commercial activities at the level of circulation only, the lineage system changes only in degree and not in kind, since the relations of production are not affected. The Alladian case, presented by Auge, is another case in point. The peoples of the southern Ivory Coast became active suppliers of oil during the second half of the nineteenth century. They were not producers, but middle-men between the interior producers and the European traders on the Kwa-kwa coast. As is frequently the case, the profits from the trade benefited these middle-men more than the producers, giving them the chance of obtaining women, hostages, and slaves from the producing tribes of the interior who were always in their debt. The inflow of individuals had a three-fold effect on Alladian lineages: their numbers increased and so did their capacity for transporting goods; matrimonial relations were oriented towards the constitution of subordinate kin groups to back up the dominant lineage position. Finally, it brought about harmonization of the different systems of production, circulation, and residence.

The mechanisms implied in this strategy illustrate the dynamism and plasticity of kinship relations and their capacity to adapt to a new situation. Slaves were not yet a distinct social category. They were incorporated as a means of social reproduction rather than as a means of production. Their inferior status was exploited as a way of weakening dependent lineages.

Did Alladian society undergo any changes in its basic structures? The development of permanently subordinate lineages through the introduction of foreign elements, may only have speeded up the tendency to aristocratization without any radical upheaval resulting from this adaptation to trade. Involvement in outside commerce, when limited to buying and selling, does not imply the free circulation of goods within the group or the existence of commercial exchanged between its members. It does not imply a new social division of labour, specialization, or a market economy. On the contrary, the above cases show that, while the social organization is adapted to suit trade and while political advantages are gained from it, goods may still be distributed and circulated within the lineage along the old lines of gift exchange and inheritance, while the traditional modes of production, involving subsistence, and not trade goods, remain the same.[1]

Changes of another kind occur in societies (as the Guro) which produce goods for the market; here relations of production are affected. When a junior lineage segment, dependent on a senior one, finds itself in a position to produce exportable goods and to dispose of them in return for matrimonial goods,

---

[1] The Alladian are a special case of a trading community, exploiting their tribal and geographical position as middle-men. Their confinement to a restricted territory limits their engagement in long-distance trade. There is a similarity between the Alladian case and that of the Okrika Ijo studied by Williamson (1962).

the distribution cycle within the wider lineage is broken and ties of dependence between the subordinate segment and the elder segment are upset. Here lineage solidarity is not reinforced. There is instead an accelerated segmentation. But disintegration is not brought about by trade as such, but by producing for the market.

Greater changes occur when production for the market introduces new relations of production as was the case for slavery in the areas and period under discussion.

(b) *Slavery*

While slavery appears to be one consequence of production for the market, its many forms are not all linked with it, nor does all slave labour depend on it. In West Africa we can distinguish at least three forms. The first, domestic slavery, involves the introduction of the slave into the lineage production unit as a dependent element, working alongside other junior members of the group to whom he is economically assimilated. He works lands owned by the lineage or the family and shares in return the common product distributed by the elder. Within such an institution, the product of the slave's labour is not distinct from that of other group members; nor is his share measurable. Exploitation is not obvious. On the other hand, the social advantage of this type of slavery is to increase the number of men and women who come under the authority of the head and to favour the natural and structural growth of the group. This last function seems the most important in cases such as the Alladian mentioned above. The slave, after generations have elapsed, loses his inferior status, marries within the master's family, and becomes a full member of the community. This type of slavery is most commonly found in the forest lands. In the Sudan and the sahel, domestic slavery is associated with two other types of slave labour more directly involved in production for the market. In one of them a plot is allocated to the slave to provide for himself and his family. The slave also works for his master. He does not participate in the distributive system of the lineage except when working for the master. His master benefits from a *labour rent*, quantified in a conventional number of days work. This system is found mainly in the savannah and may coexist with the former type. The status of the slave becomes hereditary even when prestations due to the master become relaxed with time. The economic interest in the slave as a producer is here more important that that of the slave as a reproducer: the male slave can only produce other slaves and only the female slave is used by the master as a possible means of reproduction of his own lineage. A third form of slavery appears when the number of slaves owned by a lineage or in a village increases to the point that their incorporation within the community is difficult. Slaves are then grouped into hamlets, sometimes with their own chiefs. Apart from occasional services, they provide prestations in goods in definite amounts from their production. The owner receives *rent in kind* and a lesser rent in labour. The slave, here, is less a personal dependent, than a member of a dependent community. Daughters of slaves may still be used for the reproduction of the dominant lineage, but ties of kinship between slaves are stronger and they gain rights over their offspring. The importance of this last form of slavery is attested by the existence of numerous villages or slave hamlets among the Mandingo and Fulani peoples described by Park and Caillé. It is also the form described to me in Gumbu which resulted from a large increase in captives in the nineteenth century.

The two latter forms of slavery are found most frequently at the end of the nineteenth century in the savannah and sahel: that is in those countries most involved in the continental trade. If one is to believe the administrative reports of the early French colonial period, slavery involved at the time and according to region, from 30 to 60 per cent of the people of West Africa (Dakar Archives, series K). Is it correct to assume that the West African economy depended on a slave mode of production and can we deduce from it the existence of conflictual classes?[1] Several factors indicate that this stage had not yet been reached: the close ties between masters and slaves; their inalienable status after the second generation; their occupations, identical to those of their masters; the fact that they did not devote themselves entirely to producing for the market; and their progressive integration into the society as minor citizens, all these elements show that a social division of labour had not yet been achieved and that the basic structures of the patriarchal society, out of

[1] On this point, see the discussion in J. Suret-Canale (1964) and E. Pollet and G. Winter (1968).

which slavery was a prolongation, had been preserved. Nevertheless the germs of a class society were there, in so far as masters objectively exploited slave labour and gained profit from their production for the market. The slaves themselves had barely developed a consciousness of class. There is hardly an example of a slave revolt among those born in captivity, although it occurred among bought slaves—this is why slave dealers preferred to buy women and children (Mage, 1968, p. 192). Reasons for this are several: psychological and religious conditioning persuaded slave people to accept their lot; they were disseminated among numerous families; there was a formal ranking hierarchy among them according to the status of their masters, or according to the number of generations which separated them from their original slave ancestor; finally, they enjoyed comparative independence where they were grouped in hamlets. All this meant a weakening of any spirit of revolt. The emancipation of slaves by the colonial powers did not result in any kind of upheaval (Pollet and Winter, 1968).

(c) *The military classes*

Since slaves are produced as an alienable commodity by an act of violent capture, warriors and brigands are at the origin of his economic existence. War, of course, is independent of the capture of slaves, but it is transformed with slavery. In a political community warriors essentially provide protection for peasant groups threatened by other warriors. The warrior being both a threat and a form of protection he is consequently self-justifiable. A military class therefore grows up which is both hostile to and solidary with similar classes in neighbouring societies.[1]

Tradition recounts that many military dynasties in Africa are of foreign origin, settled among a people divided among themselves or threatened by other political formation and within which they played the role of arbitrators or protectors. Whether the warriors originate from inside or outside the society they tend to become a distinct class. Their ideological integration is through assimilation of their role of protector and with that of father. Initially their economic integration is limited since they do not take over the means of production—in many cases the indigenous lineages maintain privileged links with the earth.

[1] See *Supra*, p. 54, note 3.

Their attitude to commerce is variable. If there is an established class of independent merchants involved in a trading network which goes beyond the bounds of their political domain, prudence is necessary. They rarely demand taxes, although presents are expected. They expect from trade the means to obtain desired goods, maybe a way to enrich the country and take advantage of it (Boutillier, Wilks). Some rulers organize their own expeditions, in order to acquire goods for their own use rather than to trade them. As far as local traders are concerned—those who are active only within their domains—the rulers exert a more direct authority and tend to consider them less as outsiders than as taxable citizens, socially and politically incorporated into the state (Forde).

The military organization is dependent on the means of obtaining firearms; it keeps its character as a militia as long as soldiers provide their own arms and supplies. But the use of warfare as an economic means of appropriating wealth gives the warrior class a chance to assert its authority. Arms captured from the enemy become their property, soldiers are maintained by the state, prestige and trade goods are appropriated in the form of booty; in this way they gain an ever-increasing autonomy and use their control of force to dominate and oppress.

The spread of slavery gave the military class a new function, while rendering their position in society a marginal one: slaves were captured outside their frontiers and sold to foreign merchants. In the hands of a soldier a slave is little more than a saleable commodity. Captives were rarely used in production, except to supply the needs of the court. However, the military became more and more autonomous from the time that slaves were used to capture further slaves or employed in the administration as agents of the establishment and of repression. From then on the interests of the military class become more and more estranged from those of the people. In extreme cases, when this separation became complete, the warrior class, as a declared enemy of the people, attempts to reduce them to slavery, as in Kayor. It loses thereby its justification as arbitrator and protector, even though it may have reinforced its position through the part played in an international economy, loses the political control of the people it claims to dominate. Its weakness can only be mitigated by embarking on more and more wars; or by an increased repression.

External warfare or social warfare, such are the alternatives open to the military class if it wishes to continue in power.

III. LONG-DISTANCE TRADE AND THE MERCHANTS

One of the most important aspects of social development linked with commerce is the growth of a merchant community. Study of this group requires clarification of the notion of 'long-distance trade', a term which usually refers to those exchanges which seem to have characterized pre-colonial West African commerce. To define the institution through physical criteria (distances involved) or the nature of the goods as 'prestige', 'luxury', or 'food' items does not seem very helpful. Relative criteria are more useful, such as the notion of complementary geographical zones producing rare or non-existent goods for export, i.e. as Amin points out, goods which do not compete with local production.[1] External exchanges, corresponding to a geographical division of production, differ from internal exchanges which result from a social division of labour within an economically integrated economy.

This second form of exchange involves the formation of a domestic market in which, not only goods circulate but also capital and the labour force and where money is not only used as a measure of value but also as a means of payment (Marx, vol. I, p. 142).[2] External exchange, on the other hand, involves separate economic formations between which there is no circulation of labour or capital, but of goods only.[3] This, plus the fact that imported goods do not compete with local produce, means that exchange-value is not reducible to the whole of the means of production.[4]

---

[1] This idea is not universally applicable. Rock-salt and sea-salt were always competing with vegetable salt, but amounts of the latter were so few and the quality so poor that the competition had little economic significance.

[2] This stage was not reached in pre-colonial West Africa.

[3] This is an analytical distinction which does not cut across the geographical distinction proposed by Vansina (1962) but approaches that of Bohannan and Dalton (1962, p. 2). See also Rodinson (1966) who calls the economic form which develops from this situation 'capitalistic'.

[4] Marvin Miracle refers to the absence of capital markets during the pre-colonial period and the consequent resistance of African economies to the economic laws of competition and market. This 'imperfect' situation is manifested, according to him by 'monopolies'. However, the weak extension of money seems to have anticipated this (*vide infra*, p. 70).

In West Africa forms of external exchange coexisted which had reached different stages of development. All are generally confused under the general term 'long-distance trading'.

Trading expeditions were one of the original forms of these far-reaching exchanges. These expeditions were undertaken by people who were not professional traders but peasants. They exchanged their own produce for goods intended for their own use. Thus, among the Ashanti (Daaku) people travelled to the coast in order to obtain firearms for their own equipment.[1] The aim of the operation is not to realize a market profit but to obtain an object on the best of terms. If the commodity purchased is hoarded or consumed, without entering into the production of the goods exchanged we have a break in the exchange cycle. Imports here are not transformed, either directly or indirectly, into a means of acquiring further goods. In this situation, use-values are exchanged for each other. It is according to Marx (vol. I, p. 104 s.) an 'immediate exchange'. The exchange rates are set up 'accidentally' on the basis, for instance, of loads against loads. There is a further variation of the 'immediate exchange' which occurs where a series of conversions ensue in order to obtain the desired commodity. In this case the initial intention to obtain it still precludes the notion of profit-seeking, and the desired commodity, once it is obtained, is not again exchanged. In both these cases the acquisition of new goods is only possible through the production of new commodities for export independently of any value of the imported goods.[2]

These expeditions embarked on by peasant cultivators are subordinate to the requirement of agricultural work. They are usually carried on in the dry season and therefore are limited in time since the participants must return before the beginning of the new farming season. Because of this indifference to profit they are content to deal within limited time and space.

The next stage involves the acquisition of goods, not for their use-value but for their exchange value. This trade allows profits to be made, when either directly or after a series of conversions,

---

[1] Similar expeditions are noted by Bohannan and Dalton (1963) and Gray and Birmingham (1970).

[2] This indifference to profit perhaps explains the difficulty of drawing up charts which would coherently explain the 'price' of exchanged goods in terms of one another.

the goods acquired are exchanged for goods in larger quantities. True commerce appears when exchange is carried out through the medium of money and when merchant profits can be converted through it into capital.

Beyond this we have a different type of economic operation whereby the goods acquired are used in the production of goods for export, the latter being used in the acquisition of the former. This occurs when foodstuffs are imported to feed the producers of exports; when raw materials are involved; and when, in particular, imported slaves are employed in the process. Exchange becomes a source of 'manufacturing' profit since the use of imported goods as a means of production and reproduction, or the existence of raw materials in the manufacture of exports, tend to set up relations of value between goods involved in the cycle.[1]

The tendency towards such an integrated market economy in West Africa was discernible through the exchange of such goods as cloth between competing regions. But slavery and barter were obstacles in this development. Indeed the use of slaves as producers for the market seems to encourage this tendency since they are polyvalent consumers and producers, capable of bringing into relations of value a greater number of commodities than any other merchandise. However, the circulation of slaves did not contribute to the emergence of a labour market since the slave was taken without counterpart from his community and reintroduced into the economic cycle, not as an item of labour force, but as a means of production.

As for money, in the nineteenth century it was in an embryonic stage of development. Most external exchanges were still made through barter.[2] Some fungible and divisible commodities were used as money of account or, as exchange mediates, either in a conversion cycle aimed at obtaining a definite commodity, or as a means of carrying out retail sales.[3] Many of these 'currencies', moreover, were made for use in limited areas

[1] 'Manufacturing' profit may also be obtained with immediate exchange (expeditions), without the necessary accompaniment of a market profit.

[2] It is enough to look at the list of goods carried as means of payment by European travellers to be convinced of this (Mage, 1868, p. 25; Binger, 1892, p. 355).

[3] In immediate exchange 'the equivalent form is applied sometimes to one commodity, sometimes to another . . . The exchange article therefore acquires no form which is independent of its use-value' (Marx, vol. I, p. 98).

and had only a restricted sphere of use. They tended to be hoarded or converted into prestige goods. This appears to have been the case of the iron bars, manillas, *sombe*, etc., used in the southern Ivory Coast relay trade.

In West Africa the cowrie was the most advanced type of currency.[1] It was a fungible and aliquot object and also a fiat money. Cowries circulated mainly in large kingdoms and in the more important market places.[2] In centralized states it was an administrative instrument, used to pay tribute, taxes, or ferry fees. Its value was backed up by this capacity of redemption towards the state. In the large markets its value rested on the trader's confidence. Still its circulation remained limited within each market-place and barely between them (Johnson, 1970, p. 46; Youssouf Cissé, verbal communication). In these 'markets' the cowrie was used as a means of making profits on retail sales, as well as in the accumulation of a commercial capital. However, it was too bulky to be of much advantage over the commodities themselves, for transport over long distances. Commercial capital, under these conditions, cannot be said to have developed except within the limits of local markets. It did not affect the conditions of production. It did not operate at the different stages of the trades. Each trader had thereby a certain latitude in fixing prices, when he managed to obtain an exclusive position in the market due to his ability to arbitrate between buying and selling places. This position, however, was temporary, and did not eventuate in actual monopoly through the elimination of competition. The absence of monetary capital prevented the development of such a situation.

Unlike 'expeditions', commerce aims to sell and buy goods under the best conditions—that is to seek the most favourable time and place to carry out transactions. Profit-seeking requires an organization, an information service, the knowledge of prices at different points on the market, the possibility of changing the direction of whole caravans, of storing the goods, etc. Above all, commerce means that the merchant should be present himself, or be represented by an agent, at selling or buying points. These

---

[1] G. Marion Johnson (1970).

[2] The cowrie was particularly common, for example, in Segu, Kaarta, Masina, Kenedugu, Dahomey . . . They hardly circulated among non-centralized tribes except along the trade-routes.

requirements are hardly compatible with agriculture. The trader, to use his time freely, was bound to become a professional.

Boutillier has attempted to distinguish two main spatial structures in the West African trade which he calls 'relay' and 'network'. These notions were elaborated during the discussion. Relay involves either that the goods pass through the hands of several merchants before arriving at their destination; or that a single merchant exchanges his goods along the route. In the network set-up, the merchant controls the goods either directly or through a representative from their acquisition until their final disposition.

The subordination of trade to the requirements of transport explains in part the existence of relays, due to the limited capacity of the carriers for travel across different ecological areas. Camels cross the Sahara but stop at the Niger (Meillassoux, 1963, p. 208); donkeys move from the sahel to the edges of the forest; men, while they may carry from the desert to the coast, are used mainly south of the savannah (Binger, 1892, vol. II, p. 144). The merchants tend to leave their goods at these relay points. Relays may also mark ethnic boundaries as in the particular case of southern Ivory Coast (Boutillier).

Subordination to barter means that successive exchanges take place along the route and again when merchandise reaches its destination. These operations take place in towns providing storage facilities for the goods in order to await the arrival of other goods or better terms of exchange; providing also landlords and brokers to look after the operations.

The network system, particularly in the continental trade, involves a more elaborate form of trading organization. Merchants must have agents settled at the various points where complementary goods are bought and sold (Amselle). Here the same commodities are convoyed along the entire route by the same merchant or his agent. These merchants require staging points along the route and relay at the point of arrival. Hence the two commercial structures merge together at times, the relay agents often acting as landlords for some of the network traders.

The history of the continental trade and the conditions of its functioning explain some of its social aspects, the organization

F

of the trading communities, and their relation to the political authorities.

The merchant is always an alien and a cosmopolitan. In the interior the pull of trade was in the direction of the Maghreb and merchants in West Africa were nearly always 'northerners' to the people among whom they were dealing. The trader is a stranger because of his culture, his ethnic origins, or because of his belonging to marginal groups (e.g. Kooroko). He is also a stranger because of his activity, to which he subordinates agricultural work, and which is felt by the peasants as a threat to their social bases of wealth and power.

Since they need to be settled along the trade-routes, traders are always minority groups, therefore in the need to have themselves accepted and respected. Besides, to be different is the condition of their existence as traders. Should they become part of the group and be involved in the prestatory obligations and gift exchange of the peasant economy, they would lose their alien their position which allows them to trade.

Relations between merchants are conditioned by the same circumstances. Their numerical weakness, their cosmopolitanism, as well as the requirements of trade, lead them to keep up close contacts. Transactions, when verbal, rest on trust hence on a common ethic. Such things as disputes over property, or inheritance of the trading capital must be settled, and, as Cohen points out, a whole judicial and political apparatus must be elaborated and accepted by the merchant community. Among certain communities—the Kooroko provide an example—these guarantees and regulations come from the assimilation of business relationships to the obligations of kinship, affinity, or clientage: the hierarchy set up between the Dioula-Ba and the Dioula-Den reproduces relations between senior and junior kinsmen; the sharing of profits follows the patriarchal rules of redistribution and the remittance of commercial capital is carried out almost as if it were a betrothal ceremony. More generally, Islam, a universalist and deontological ideology, offers merchants both the means of seeing themselves as part of a super-community and a set of elementary regulations (Rodinson, 1966). In return, Islam also stresses the tendency for seeking alliances only among themselves.

Merchant's settlements do not everywhere take the same form.

They are scattered in areas where trade is long established as among the Dioula and in the sahel, and where Islam has long been a propagating force. They remain more compact wherever their settlement is more recent and aloof from the culture of the local peoples. This was true for the Jaxanke who lived in villages among the Soninke and Malinke, for the Yarse who have separate quarters among the Mosi, and for the Hausa who lived in their *zongo* among the Ashanti.[1]

Nevertheless, the social solidarity found among traders (which in many ways also resembles that of minorities everywhere), as well as their political organization, does not suppress competition among them. Curtin reports that the caravans which the Jaxanke joined were composed of traders from different tribes and, although they presented a common front to external authority, each traded on his own account. Amselle points out that competition is a rule among the Kooroko. Therefore trader solidarity, and even specializations or control over some commercial sectors, did not mean any trend of ethnic monopoly.

The cohesion of merchant communities in their relations to their host societies was also of a political nature, but their relations with the authorities seemed quite different in the continental and in the coastal trade. In the first case the governments with which the merchants had to deal were usually of military origin. As we know, these aristocracies respect a set of regulations and values elaborated in ignorance if not in contradiction to trade. Attempts by such authorities to take it over often failed because of their incapacity to assume its management or its risks. Their participation in trade was mostly limited to expeditions in order to acquire commodities for their own use. It rarely amounted to regular mercantile activities. Back in the fifteenth century, as Wilks remarks, the opening of the Atlantic slave trade had allowed continental traders to gain a degree of independence from the empires of the sahel, since then their sphere of activities always extended beyond the borders of any political authorities. Traders benefited thereby from means of action which escaped local governments: they could counter the authority of one ruler by seeking support from a rival. They could set up blockades or dry up the flow of trade by leaving the towns.

---

[1] In the Middle Ages merchants lived in separate communities—as at Koumbi-Saleh and in the main commercial centres of the sahel.

As long as this potential power is not realized politically, they overtly profess pacifist attitudes, maintaining themselves aloof from the power structure. The attitude of the rulers, in return, is cautious; they protect the caravans, only rarely demand tribute and occasionally make pacts with them (as in the case of the Moro Naba and the Yarse). But there was always the possibility of a revolt as in Salaga when their cosmopolitanism conflicted with the 'national' interest. These revolts, should they recur, and be veiled by the ideology of holy war, may culminate in the conquest of political power.

The Seminar did not consider it established in any clear way that trade was everywhere encouraged by the existence of state systems. The militarism of the latter was opposed to the pacifism of the traders. State protection could be useful and was sometimes efficacious, but in most cases caravans were always armed and saw to their own protection. According to nineteenth-century travellers the most dangerous regions, avoided by the caravans, were found in the territory of the most centralized of the states due to the wars they fought among themselves. On the other hand, in regions of small chiefdoms, the danger came from small bands which could more easily be kept away. If the strongest kings rarely sought regular tribute or taxes, they would attempt to divert caravans to have them pass through their capitals and benefit from gifts. Villages, on the other hand, installed special collectors and received fixed dues on passing caravans (Caillé). At a higher level of political development, the state intervenes more directly in trade, appoints officials to control it. It even engages in trade, assuming privileges and monopolies to the detriment of the merchants. It may go as far as setting up blockades to attract trade to the capital or to move markets around (Wilks, Arbin).

The state starts playing a positive role in furthering trade when the means of its administration (transport, currency, public order) becomes the means of commerce. This tendency, as D. Forde has remarked, leads to the integration of the trader as a subject of the state and removes his 'stranger' status. This phenomenon is mostly to be found in the Gulf of Guinea where the slave trade prevailed. There was a marked geographical differentiation between the coastal and continental networks and both spheres had separate personnel. The activities of the coastal traders were confined to a more limited region. It was blocked by the sea and never went farther into the interior than about 300 kilometres, the major relay stages between the two spheres being such centres as Salaga, Atebubu, Bunduku, Kintampo, and Kumasi. The coastal merchant, limited to this narrow band, lacked the opportunities of his northern confrère who had a gamut of juxtaposed continental cycles at his disposal. In short, since the merchant was confined to a narrow area his involvement in society was much closer. In some cases there was no differentiation, as among the Alladian, while among the Akan the number of indigenous traders was very high. Foreign mulattos or Brazilians in the Gulf of Guinea were part of the governmental structure and did not form communities like the ones described above. They also lacked, in the coastal zones, a religious ideology able to express their distinctiveness.

In Ashanti (Daaku) trade was open to all. It was one means of acquiring prestige and authority. Traders who obtained exceptional success were promoted to the rank of headman or councillor, thereby reintegrated into the prevailing social structure. In this way the hazards of social change were avoided. On the coast, in the ports, we find very different social strata from those in the interior. Daaku describes how the growth of the slave trade transformed fishing villages and salt-works into important ports, opening new careers to the coastal inhabitants, either in trade or in providing services. Currencies circulated. Salt-workers became middle-men in commerce, hiring out their canoes to slave traders or growing crops to feed the inhabitants of the forts. Salaried workers, employed in the ports and factories, make their appearance. A 'transitional élite', surrounded by servants, built their own miniature forts, studded them with guns and sent their children to study in Europe. From the beginning of the seventeenth century, this 'élite' already acquired a degree of social importance which gave some anxiety to inland rulers. On their side, the mulattos had the benefit of European education; they were employed in European establishments and invested their savings in educating their children or acquiring political power. Later, with the growth of two separate worlds, one European and the other African, they found themselves in a position to play a more influential role than their numbers warranted. The widespread use of money on the coast seems to have favoured the growth of social classes: a proletariat and a merchant bourgeoisie. The latter, because of its closer social integration, was subordinate to more local or 'national' interests whose defence called for its identification with the state.

IV. THE IMPACT OF CAPITALISM

With colonialism, it is not through demand alone that the European economy is having an impact on West African production, but through capital now directly introduced to produce goods exported to Europe, and through the competition of merchandise from the capitalist sector with local production. Capitalism acts in two different ways. On one hand it elicits a sector of production built up in its own image through the presence of capital and its corollaries—private control of the means of production and wage-earning. On the other hand it feeds off the pre-capitalist sectors through the mechanism of primitive accumulation (cf. Marx, vol. I, VIII; R. Luxembourg)—with the contradictory results of both perpetuating and destroying them at the same time. The introduction of capitalism had the dual effect of maintaining a dependent African commercial sector and of competing eventually with traditional trade.

Imperialism in West Africa was achieved through conquest or reconquest of successive economic sectors (according to the profits immediately available) and through the increasing deflection of accumulated capital towards Europe. Amin has analysed this phenomenon within the framework of world capitalism. He distinguishes the 'central formations', i.e. the colonial and industrialized powers where the history of capitalism revolves around the development of a domestic market and 'peripheral formations', that is colonized countries, which were founded on the extension of external markets for the benefit of the 'central formation'. He also distinguishes a colonial period, when we have the emergence of a local bourgeoisie which grew up from the development of local capital, and a postcolonial period, when capital is exported to the 'central formations' and the local bourgeoisie is destroyed except in sectors less dependent on the external market (cattle, kola, dried fish).

This process is particularly well illustrated by Amin in his discussion of the tribulations of the Senegalese bourgeoisie throughout the nineteenth century—a situation which was paralleled in Sierra Leone in the drama of the Creole bourgeoisie (Howard, 1968). In both cases it was less through competition, than coercion and violence, that the colonialists acted. In both cases, in fact, after encouraging the growth of a commercial class recruited primarily among literate mulattos and Creoles, the authorities placed obstacles in the way of their development and favoured colonial commerce to their detriment. As a result of this policy the next generation of the African commercial classes sought employment in the administration. The combination of circumstances found today in Senegal has led the European businessmen to concentrate more and more on the export–import business or on wholesale transactions, leaving the retail trade and rural commerce to Lebanese and to a new generation of African traders. The latter are mainly active among African customers in the low-spending bracket. Amin shows how the situation has been exploited by the new Senegalese businessmen who have created distribution chains over the greater part of the country. He also shows how this national commercial capitalism is, however, being blocked by European corporations who have the ear of the Senegalese Government. The result is the refusal to allow local capital to be invested in strategic sectors where foreign capital is dominant: banks, air and sea transport. Since the possibilities of investment are restricted, this later African bourgeoisie is confined to speculative and hazardous ventures or to business under state control, neither of which can develop into a solid and lasting autonomous economic sector. Dependent on European supplies and European transport, deprived of any control over banking, confined to a monetary system based on a distant centre and affected by political decisions influenced by European competitors, Senegalese business has only room to develop within the narrow limits defined by the state.

There is also a commercial network of traders, hawkers, petty-traders, etc., who are involved in the circulation of European capitalist goods and the collection of cash-crops. They are mentioned here so that they should not be confused with those merchants who are the heirs of the pre-colonial trade which does continue up to the present. The persistence of this type of commerce is remarkable. Every year a caravan of several thousand camels transports salt from Taudenit to Timbuktu whence it is distributed through West Africa. Salt mines at Tichit in the west, and Bilma in the east, and others of less importance, also still provide a market for grain, cloth, fish, shea butter, and kola. Cattle also come down from the sahel and the savannah lands to the urban centres and coastal regions; fish from the Niger basins to the coast and kola from the Ivory Coast and Ghana is sold in the savannah. This contemporary traffic has new centres today. Kong, Buna, Bunduku were destroyed by Samory. Djenne and Timbuktu are sleepy towns today. On the other hand, Bamako and Mopti on the Niger, Bouake, Gagnoa, Ibadan, and Kumasi are prosperous centres for dried fish, cattle, and kola nuts.

This commerce has preserved its essential and traditional infrastructure: a network of agents, *ja tigi* and *dillali*, brokers and middle-men which has been described by Polly Hill. This favours the persistence and cohesion of merchant communities as Cohen has shown for the Hausa of Ibadan (Cohen, 1969). There is a highly hierarchized selling organization dominated by a few very big traders (Gallais, 1967; Vernière, 1969) whose political influence is still considerable (Cohen, 1969).[1] This commerce has indirectly benefited from facilities provided by the capitalist economy. The widespread use of money as a means of payment over large areas of West Africa, the introduction of postal services, banking facilities,[2] railways, roads, the growth of urban populations—all these factors have encouraged commercial growth, led to improvements in methods of payment and commerce, encouraged the formation of commercial capital and accelerated its turn-over.

The position of these merchants appears to be strong and so far attempts by capitalist competitors to take over their distributive networks have failed. Amin and Amselle describe the case of the Lebanese who attempted to take over the kola trade

[1] In Mali the administration had to come to terms with them, finally parrying their attempt at a coup in 1962 (Meillassoux, 1970).

[2] Although only in a mediocre way, as Miracle has shown.

between the Ivory Coast and Senegal, while Cohen shows how
Europeans failed to conquer the Hausa meat trade. Their situation is so strong in fact that certain economists see an opportunity here for a national economic development (Couty, 1968).

Nevertheless this commerce rests on structural and ideological
foundations which are links with the pre-capitalist sector. Islam,
for example, one of the strengths of these groups in the past, is
today a liability. Moslem culture is not appropriate to the requirements of modern commerce. Administrative formalities,
the constant use of telegraphic services and correspondence, the
growing need to keep written accounts and the use of a foreign
administrative language are all elements requiring a western-
educated personnel. Many have resigned themselves to sending
their sons to European schools, and thereby run the risk of seeing
them lose their faith. At Bamako, the Wahabe sect, which re-
cruits members from among merchants, has set up Franco-
Arabic schools which provide adequate education for their
children. But this new education often results in school-leavers
seeking administrative posts rather than taking on the hazardous
life of a merchant. Some of them are even encouraged to do
this by their parents, who are aware of the increased difficulties
their activities are coming up against, laws and regulations
which are becoming more and more strict as well as indirect
competition from the capitalist sector.

The social organization of these trading enterprises is described in detail by Amselle and is shown to be based on relations
of kinship, alliance, and clientage which formerly guaranteed
the goods and the payments, ensured loyalty from the employees
and maintained the cost of labour at the lowest rate. Now that
the young potential merchant has his apprenticeship at school
rather than with his employer this paternalistic structure is
crumbling away.

In the end the most important feature of this commerce—its
close ties with the non-capitalist sector—will condemn it to even-
tual death. Kola, shea butter, tobacco, cattle, dried and smoked
fish are produced by agricultural communities, pastoralists,
and fishermen who exist in self-sustaining economies and only
commercialize a fraction of their production. The introduction
of capital in the form of loans or material aid is unimportant, if
not non-existent, and the social division of labour, if it exists,

is based on the after-effects of slavery rather than on a wage-earning working class. Everywhere these self-sufficient sectors are slowly changing and disappearing.[1] Some change by producing agricultural goods for export, others export manpower and import products. In these cases the supplies of the old intercontinental trade are withering at their source. It is by changing the methods of production of these traditional goods or substituting new ones from the capitalist sector, that capitalism can overcome the traditional trading sector. This process began long ago for the cloth and hardware market, now industrial tobacco is replacing local tobacco and also kola in urban areas. The capitalist sector is winning other markets, too, such as fish (providing competition from industrial maritime fisheries), and it will soon affect the cattle trade. Traditional commerce rests on its paternalistic structure, its diffusion among the rural masses in villages and small towns, its network of agents in distant districts and the prevailing African taste for their commodities. It is based on the survival of old sectors of production and consumption, which, while contributing to the characteristic style of the West African economy, are doomed to disappear.

V. MARKETS AND MARKET AREAS

The term 'market', apart from its use by political economists, has a loose geographical meaning. It may refer to towns where transactions are carried on or to a delimited area occupied periodically by buyers and vendors of retail goods.

It may be useful to define more precisely such places through an analysis of the kinds of transactions which occur there. There are at least four variants:

(1) Produce passes from the hands of the producers to those of the trader, thereby becoming merchandise with an exchange value.

(2) The goods are exchanged between one trader and another thereby preserving their exchange-value.

(3) The goods pass from the trader to the consumer in whose hands it acquires its final use-value.

---

[1] According to Jula carriers in the Ivory Coast 'the kola trade is of declining importance' (Barbara Lewis, to be published). The same study shows how economic activities which are grafted on to the capitalist sector such as transport cannot adapt traditional social relations to those imposed by 'business'.

(4) Products are exchanged as use-values directly between producers.

As we have seen, the second mode of transaction characterizes the 'relays' (or trading towns) where loads are broken, passed on, converted, etc. Trading towns are limited in number and their locations are fairly clear, at least in the west: they are found in the Senegal and Niger basins; on the northern borders of kola production; half-way between the coast and the savannah; and finally, on the coast (Bovill in Hill, 1966a). The existence of these towns sometimes provide the beginnings of urbanization and a demand for subsistence produce. Daily markets develop which provide food for the local inhabitants and travellers—this is our third type of transaction. Sales of prepared food particularly is characteristic of a developing market economy as Polanyi (1966) has observed. In Caillé's writings we notice the disappearance of traditional hospitality wherever caravan traffic is intense and there is a consequent increase in the sale of foodstuffs. Binger mentions the existence of small daily markets in the towns he passed through. They foreshadow those which multiplied with the development of a domestic market. Customers no longer need to come to the market with produce to barter for supplies once there is money to pay for it.

Besides these daily markets supplying urban dwellers there are periodical gatherings covering larger rural areas but whose location does not necessarily coincide with a township. The main function of these periodical markets now seems to be the collection of rural produce for external trade, thus realizing transaction number 1.[1] When produce is exchanged for goods, which is often the case when currency is poorly developed, the collecting market also acts as a distributing market (transaction number 3). Its function as a collecting centre may not be as obvious as its role as a distributing centre. However, the sale of merchandise in such a market is subordinate to the sale of produce, since it is the latter which provides the means of payment of the former.

Places where means of exchange are concentrated are favourable to parallel trade in various other products and to those numerous immediate exchanges which take place between a

[1] Cf. Hodder's hypothesis below.

large number of producers selling miscellaneous goods in order to acquire items for their own use (transaction number 4). If these last transactions are the most obvious in the market-place they are of the least economic significance. They often hide more important but secret transactions of the above kind. Finally the presence of a large crowd encourages the setting up of a periodical food-selling market, as distinct from the daily one, if any.

These different operations: trading, collecting, distributing, supplying provisions, petty-trading, which are generating each other, may be merged or separated in time and space. This analysis supports a hypothesis I have presented in earlier studies relating to the origin of local markets. The following propositions are a summary of this argument (Meillassoux, 1960; 1964):

(1) The circulation of goods within a self-sustaining community is carried out through transfer; such societies cannot be centres of propagation of trade.

(2) Between neighbouring communities transactions depend both on the nature of the goods exchanged and on the social relationships existing between the parties; hence they tend to take on the form of gift and counter-gift rather than of commercial exchange.

In these circumstances commerce can only result from contacts between:

(1) societies who can mutually offer scarce goods to each other, and

(2) between agents who are in a social position which frees them from involvement in prestation and gift exchange.

Local commerce, as a result, would not be endogenous, but only be induced by an external demand which encourages the production of goods for exchange against imported goods, by the development of exchange cycles or a system of barter whereby they may be acquired directly or indirectly, and finally by the appearance of a social division of labour requiring a section of the producers to buy their supplies on the market. The absence of markets in regions where economic relations are dominated by person-to-person relations and where foreign traders are not active, as well as the frequently observed existence of markets on the borders of these regions with complementary economic zones, tend to support this hypothesis.[1]

The introduction of a colonial economy and the development of generalized exchanges tended to favour the growth of daily food markets and their transformation into permanent retail trading (see Lawson, Hodder). At the same time markets for the collection of cash-crops multiplied. This development, which proceeds mainly under administrative influence, leads to a spacing of markets which is different from that which prevailed in the days of the former trading economy and dissolves those of the old markets which still exist into a more uniform pattern. It is against this background that we must view the work of Smith and Hodder, following on the studies made by Polly Hill (1966a) on the location and periodicity of markets. In economies where exchange is generalized, that is to say where all goods can be exchanged against all other goods and where everybody participates in the exchange, one can correlate the location and the periodicity of the market with the density of population. Smith's study which aims at discovering how far this correlation occurs in West Africa, should put in evidence the anomalies due to the absence of exchanges, the interference of past economic phenomena or to social and political factors.

Such factors seem to be at work among the Mawri presented by Piault. Rest days and festival days provide, independently of any mercantile concern, for periodic gatherings of a great number of related but disseminated people from neighbouring communities. Dispersed clans come together on a ritual spot or clients attend a chief's court. These gatherings are of course good opportunities for trade and bound to generate market-

[1] Although she does not believe that it holds universally, P. Hill (1966a)—quoting Bovill (1922)—agrees that it finds support in the location of 'the most noted markets of Western Sudan'.The history of Bamako, which Bovill mentions, shows that the creation of a 'market' followed on the installation of Moslem merchant families (Meillassoux, 1963). M. Karpinski gives an example which is meant to prove the existence of local markets independently of external commerce: this is the market described by Cada Mosto in the fifteenth century, although we do not know where it was located. The only other mention of markets by this author was in relation to the Kingdom of Senega and not Gambia. 'The Azanagh, the Arab merchants who come to these markets with horses and other articles, bought slaves in large numbers (slaves which were also sold to Christians).' Cada Mosto also mentions the importation of iron from a neighbouring kingdom (Coquery, 1965, pp. 97, 100).

places. Their periodicity in these cases is related to the rhythm of social activity rather than a commercial cycle.[1]

The application of Smith's thesis presupposes a distinction between markets which function as collecting points and those which distribute goods. Hodder's conclusions, and we stress this point, follow those of Smith and Hill in so far as distribution markets tend to lead on to a daily organization of retail trading. But Hodder also suggests that periodic markets, which are mostly found in rural zones or in connection with them, are mainly collecting markets, with subsidiary distributive functions. Their periodicity could be explained by the size of the producing areas involved and the time that the producers may allow for the transport of their goods. On this hypothesis, which once again would confirm the primacy of external exchanges over internal ones, the daily market is an example of the distributive function becoming independent of the collecting function. An extension of this idea is to be found in the phenomenon described by R. Lawson concerning the retail trade in foodstuffs.

Comparing the situation of the retail trade in Accra and in the rural zones of the lower Volta, Lawson notes that—while distribution is carried out in the town at very low prices, due to the almost perfect elasticity of trading services—in the country, markets tend to fulfil collecting functions only. Distribution is poorly maintained and the prices of goods are on the average 18 per cent higher than in the town. Lawson explains this phenomenon by the differential opportunity cost of female labour in the city and in the country. On Hodder's argument this would also mean that the distributory function of the bush markets have become independent of their collecting functions: this separation, as we saw earlier, is due to the widespread use of currency which means that traders are no longer impelled to bring goods in exchange for local produce.

If markets for distribution are disappearing in the bush,

---

[1] Binger indeed notes that rural markets are often occasions for drinking bouts (millet beer) which are usually forbidden in town markets (Binger, 1892, vol. I, pp. 259, 318, 319). Piault also notes that these gatherings are often an opportunity to eat meat, infrequent occurrences in small villages where the few inhabitants do not provide sufficient consumers to warrant the killing of an ox. The ambiguity of the butcher's role—both sacrificer and merchant at the same time—is significant here.

Polly Hill has discovered a substitute. In the Hausa countryside the distribution of markets in relation to the density of population seemed abnormal to the author. Most of them were to be found on trade-routes. Elsewhere, their small number suggested that there were other means for exchanging goods. And Polly Hill discovered a hidden trade in grain which seems to be more important the more it is bound up with inegalitarian social structures. The existence of rich farmers and poor peasants leads to exchanges in grain linked to seasonal changes and to the indebtedness of the poorest cultivators. This situation allows the big farmers to buy grain during the harvest, to sell it back at a profit during the hungry period and to supply the consumer centres as well. If P. Hill does not establish here a direct link between the social inequality among the peasants and the urban trade, the studies of the mechanism associated with the markets show anywhere else the subordination of the peasant communities to a trade, always induced from outside, and the subsequent deterioration of the rural sector to the benefit of the commercial and industrial capitalist sector. In other words, it demonstrates the irrelevance of the notion of a 'dual economy' made of two distinct sectors, traditional and modern, foreign to each other.

CONCLUSION

In studying problems connected with trade and markets, the Seminar was in line with a new development in social anthropology. These problems, while they have long been neglected by students of the subject, were a constant preoccupation of early Arab travellers and European explorers in Africa, as well as colonial administrators. The renewal of this interest from a scientific angle, is important in several ways. In the first place, it frees anthropology from its exaggerated concentration on the study of apparently isolated societies resting on institutions which, in this context, appear more ideal than functional. Secondly, it discloses a past history which is not limited to a few human groups but which links together millions of men faced with the need to adapt their institutions to new and pressing circumstances. It reveals the political dimensions of these contacts and the impact of the conveyance of goods and wealth across an entire continent. Finally it demonstrates the compelling relationship between African and European economies, a relationship which was from the first never simply one of duality.

Nor can the study of trade be restricted to the examination of an isolated feature, set apart from social and political structures. It is a reconsideration of the social phenomena in the light of facts which were formerly considered contingent but which now suggest the existence of a particular type of economy (Coquery, 1969), one which is, moreover, distinct from the Asiatic mode of production (Suret-Canale, 1964). It is noteworthy that many of the participants in the Seminar made their contributions in an historical context. It is clear that trade is not to be treated as a timeless structural phenomenon, but as a continuing process, and often a turbulent, even violent one. The dual approach, historic and inter-relational, adopted by the Seminar; the detailed examination of the effects of trade on all the components of society, both over time and across the very intricate space that trade itself helped to shape, represents a positive contribution of these discussions to African research.

None the less we should recognize a danger in restricting ourselves to this theme. It could obscure the phenomena which are basic to trade, i.e. the relations of production. To ignore these would lead us back into a vague ecologism or, even worse, into psychologism, while correctly treated, such economic data can uncover the historical coherence of West African civilization as has been done for other continents. The contributions of historians and the convergence of other disciplines towards the development of a science of history (such as Amin has called for) indicate, I believe, the path for future research. It is hoped that the steps already taken in this direction by the participants in the Seminar will prove to be a collective contribution.

PART II. SPECIAL STUDIES

THE ADAPTATION OF AFRICAN ECONOMY AND TRADE TO CHANGES IN THE NINETEENTH-CENTURY EUROPEAN TRADE

I. Prices and profitability in early nineteenth-century West African trade

COLIN W. NEWBURY

Probably no other factor in West African history is taken quite so much for granted as the growth of trade in tropical staples. Yet, since the appearance of McPhee's classic work on the 'Revolution' in West African markets, there has been little attempt to explore the modalities of commercial operations at the period of transition from sale of slaves to sale of vegetable cash-crops.[1] This paper, therefore, will attempt (*a*) to examine some examples of changes of magnitude and structure in the Atlantic entrepôts, and (*b*) to stress some of the linkages with interior forest and savannah markets which were encouraged by price differentials between European and African goods.

It is here assumed from a detailed examination of European metropolitan trade statistics that the decades 1820–50 saw an increase in the value and quantities of West African exchanges with France, Britain, and other countries which were proportionally greater than any other period before 1914. After 1850, the values of European and West African trade tended to level off, particularly during the so-called 'Depression' in Europe, 1873–96, till the next remarkable period of expansion from about 1900.[2] In brief, the real value of British and French total

---

[1] McPhee, 1926.

[2] Statistical sources for this paper are contained in Public Record Office, series Customs 8, 4, and 10, for Exports of British manufactures and foreign goods, and British imports of tropical products; printed returns of trade in Customs and Excise, London; Blue Books of colonial trade and the *Annales du commerce, Tableau décennal du commerce de la France*, 1837–1876, Paris; and statistical series in Archives Nationales, series F¹² and F¹⁴, and *section d'Outremer* (hereafter, ANSOM) series Sénégal.

trade, for example, in markets from Senegal to the Congo, can
be set at about £3·5 million to £4 million annually, 1850–5.
When due allowance has been made for misleading 'official,'
values in the metropolitan statistics before 1853, it is clear that
this order of magnitude in the trade of West Africa's two principal customers was an increase over total trade for 1820 by a
factor of about six or seven.[1] It is certain from a partial investi-
gation of other sources that American, German, Dutch, and
Portuguese trade values would raise this factor and the low
base-line, but it is not known by how much.

For our purposes, here, the more striking feature of West
African trade, 1820–50, is not so much the rise in values at
European price levels, but the staggering increase in the *quantities* of imports and exports handled in the West African markets.
This can be seen in the well-known examples of British imports of
West African palm oil (1820: 17 456 cwt. rising to 1850:
434 450 cwt.), French imports of groundnuts (1845: 66 802
quintals rising to 1849: 134 500 quintals). This kind of rapid
increase in quantity is also present in United Kingdom imports
of West African 'teak' (African oak) which rose from 297 loads
(50 cubic feet) in 1817 to 23 251 loads in 1837, while the tonnage
of barwoods, camwood, ebony, and mahogany tripled from 1·7
thousand tons over the same period. Other important increases
in bulk commodities took place for hides and rice. More traditional products—slaves, ivory, gums, indigo, and possibly gold,
remained steady or declined.

Parallel with the expansion of exports in volume was an
increase in the quantities of European-imported goods which is
partially disguised in the statistics of trade values by falling
prices in the early nineteenth century. For United Kingdom trade with West Africa the most important examples
are:[2]

---

[1] British statistics of exports to Africa are given in real, or declared values from
about 1814; exports of foreign goods and imports of African products are given
'official' values (based on eighteenth-century or early nineteenth-century prices)
before 1853; French statistics of African trade give declared values from 1847.
French African trade is generally over-valued at official rates, and British African
imports under-valued before 1850. British exports are similarly over-valued, where
given in official values (as in many of the *Parliamentary Papers* and *Blue Books*).
For a discussion of the problem, see Imlah, 1958.

[2] Calculated from Customs 8 and 10. These items represented 70 to 75 per cent of
British exports to West Africa.

Cotton, calicoes, and prints (*yds*)	Brandies, Gin, and Rum (*gals*)	Salt (*bushels*)	Iron (*tons*)	Woollens (*pieces*)
1820: 355 077	1827: 109 084	1827: 151 418	1827: 656	1827: 655
1850: 16 929 026	„ : 155 483	„ : 469 207	„ : 3 691	„ : 9 050

Lesser items which showed large bulk increases were brass and copper, hardwares and cutlery, linens, silks, casks and staves (for palm oil), and cowrie currency. British exports of foreign tobacco also increased, but much of this commodity was purchased at entrepôts on the coast. French exports to West Africa displayed similar aggregates in bulk goods—especially for brandies, wines, Indian cottons and blue bafts (*guinées*), powder, and munitions.

The main outlines of the early nineteenth-century West African coast trade, then, were the development of bulk-handling of European and African goods, and the rapid rise in quantities in the space of three decades (while the slave trade continued) from a low base-line in the early 1820s. If 'Revolution' there was (to use McPhee's term), we should look for its effects before the European colonial powers were extensively established.

There was, of course, a remarkable rise in prices for imported African staples in Europe. It would seem that the major staples such as palm oil, kernels, goundnuts, and timber, found high levels fairly quickly after 1820, assisted by the removal of cumbersome import duties and better transport. After 1850, prices for palm oil stabilize and even begin to decline slightly. Prices for groundnuts rise more slowly from 35 fr. per quintal (1847) to 36 fr. (1861) and 43 fr. (1865) on the Marseille market.[1] Gum copal prices increased by about 100 per cent, 1791–1830, then levelled off. Ivory (which is generally undervalued in 'official' statistics) increased four-fold over eighteenth-century prices, but fluctuated erratically after 1830. Timber prices were also very erratic in the United Kingdom market, after relatively high levels in the 1820s.

The price history for European exports, however, is very different. Whereas the 'boom' in West African commodity values stimulated bulk trading, but ceased by 1850, the real values (or prime cost) of European exports to West Africa fell dramati-

[1] These are average annual prices: there were big fluctuations in monthly prices and differences between Marseille and other ports. A. N. F.[12] 7106; Marseille Chamber of Commerce archives, series OK, Ministry of Agriculture and Commerce, 29 May 1860 (reports from Bathurst traders).

cally in the first half of the nineteenth century and continued to fall at a reduced rate for several decades thereafter. High values in the statistics are the product of quantity, as the industrial production of the United Kingdom and other nations gathered momentum. A few examples of the fall in prime costs in British exports to West Africa are: calicoes and prints which fell from 10½*d*. and 1*s*. 2*d*. per yard (1817) to 3½*d*. per yard (1850); salt: 6*d*. per bushel (1817) to 3½*d*. (1850); powder: 8½*d*. per pound (1817) to 5*d*. (1825); iron and steel: £8 per ton (1830) to £7 12*s*. 0*d*. (1850). In French trade prime costs fell for cottons, pottery, woollens, bafts; they remained stable for brandies, corals, powder, and arms.

Finally, in this brief summary it should be noted that the bulk of British and French trade was unevenly distributed, in terms of real values, between the Niger Delta and Senegal–Gambia, respectively. But after 1840, French trade south of Senegal, exceeded trade with the old colony, while British trade with areas outside formal European control always remained preponderant till the 1890s. Indeed, the European administrative posts may be regarded as entrepôt markets supplying commercially important areas by cabotage and caravan. Local customs records do not adequately demonstrate the development of trade in the 'independent' African markets,[1] though some idea can be derived from metropolitan general statistics— especially for the United Kingdom—in which the West African coast is divided into sectors.

II

The primary effect of increased West African trade was to multiply the number of shore and river factories available as bulking centres. In general, there was a shift from ship to shore, from hulks to merchants' stores—such as those already established in the Ñunez areas as early as 1790 for trade in salt, gold, ivory, slaves, tobacco, and cloth with Fulbe caravans.[2] There are exceptions—the hulks at Bonny, or Bristol traders off Assinie. But the handling of bulk staples necessitated permanent

[1] Cox-George, 1961, pp. 142–5.
[2] 'Journal of Mr. James Watt in his Expedition to and from Teembo in the Year 1794', MS, Rhodes House Library, Oxford, ff. 1–9. For trading methods, see the excellent discussion in Schnapper, 1961, pp. 128–33.

shore stations. We have no inventory of posts for the early period, but we know they sometimes continued eighteenth-century functions (Senegal, Gambia, Ñunez, Gold Coast, Delta), and in other cases were new creations to replace trade in slaves (Scarcies-Melakori, Freetown, Ivory Coast, Lagos). Occasionally, both slaves and new staples were traded together well into the nineteenth century, as in southern Dahomey, or across the Sahara.

It would be wrong, however, to regard these new posts as a 'traders' frontier'—as though no other markets existed.[1] Rather, they were linkages and extensions of existing trade circuits within the forest and savannah zones. The fact that many exports were furnished from areas adjacent to the coast does not alter this pattern of internal supply markets and Atlantic entrepôts, connected by middle-men. The main circuits are fairly easily identified from early nineteenth-century evidence and can be extrapolated from later sources:[2] the Senegal–Gambia–Casamance basins linked to the Upper Senegal and Niger markets; the South Rivers, Sierra Leone linked to the Futa-Jallon and Upper Niger; Liberia, Ivory Coast, Gold Coast, Volta, Dahomey complex linked to Mossi–Dagomba and Niger markets; the Gun and Yoruba coast and Hausa–Fulani markets; the Delta and Niger complex linked with Hausa–Fulani markets. Old and important trade routes provided lateral communication, particularly between Mande and Hausa trading circuits.

There are several features of the coast and river markets which call for examination: labour and food supplies, brokerage systems, and the structure of credit.

The bulking centres were closely associated with the growth of retail and food markets. This was noticed by travellers through Port Loko in the early 1820s and by those who followed the Fulbe caravan routes from the Ñunez to Timbo.[3]

---

[1] Cf. Hancock, 1937–42, *Problems of Economic Policy*, Chap. 2.

[2] Capt. Thomas Campbell, '21 Memorandums, relating to Africa—Tombuctoo etc.' CO 2/5: Binger, 1882 and 1886; Barth, 1890; and for excellent maps, CO Confidential Print, *Account of the Origin and Organisation of the States of the Western Sudan*, trans. from the German of Dr. Paul Constantin Meyer by Major E. Agar, RE African (West) No. 541; Levtzion, 1968a, Part I and bibliography; see also other sources cited, Newbury 1969.

[3] CO 267/53. Brian O'Beirne 'Journal', 1821, ff. 9, 4, 160; Hecquard, 1855, pp. 243–4.

The same observation can be made of older interior markets: the great bulk of African internal trade was in foodstuffs and livestock, however important certain staples such as kolas and gold or ivory may have been to a small number of long-distance merchants and pedlers. Moreover, much of the commercial activity of the bulking centres arose from population migration —reflected to some extent in the earliest census figures for Freetown, Lagos, or Dakar. Such population shifts were noted, for example, during the development of the timber trade in Sierra Leone, where the Temne eagerly engaged in

cutting, squaring and floating to the trading stations, the immense bodies of heavy teak timber . . . It is well known, that during the time that the timber trade was in activity, several native towns were formed on the banks of the [Rokelle] river and many natives came from a distance in the country to engage in it.[1]

The first recorded observations on the migratory cultivation of groundnuts in the Gambia, in 1848, emphasize a new and long-lasting feature of staple production:

The Sera-Wollies and Telli-Bunkas . . . frequently coming from distances of not less than 500 or 600 miles in the interior, and on paying a small custom to the chief of the country in which they settle, are permitted to cultivate the ground under his protection for one or more years, according to their agreement, and to sell the produce to the European merchant or his trader. The greater proportion of the groundnuts exported is raised in this manner . . .[2]

Another observer in the Casamance noted that these seasonal migrations were conducted by those who formerly had traded to the coast with wax, ivory and slaves:

Le commerce des arachides a eu cette influence dans l'intérieur de l'Afrique, qu'un chef ou un autre marchand forme une sorte d'association soit avec des travailleurs libres, soit avec ses esclaves; il ne considère plus évidemment son esclave comme une marchandise qui en porte une autre. La charge en arachides d'un homme, venu de pays éloigné, ne l'indemniserait pas . . . le chef de caravane rapproche le lieu de production du lieu de vente pour éviter des transports, et au lieu de vendre ses serviteurs, quand il retourne

[1] Laing, 1825, pp. 77–8.
[2] *Colonial Reports*: Gambia 1848, p. 319. Sic, Serahuli.

dans son pays, il cherche à augmenter leur nombre et à remener à lui de nouvelles caravanes.[1]

Thus the new bulking centres had demographic, as well as commercial implications, providing concentration of labour: intensive projects which (in the case of groundnut production at least) were an extension of caravan portage from internal trading circuits.

The second linkage between suppliers and the import–export merchants was the coast brokerage system. This, in the early nineteenth century, seems to have been partly an adaptation of traditional slave brokerage, swelled by the entry of new groups of migrant Africans (liberated slaves, Hausa and Mande traders who reached the coast). 'Brokerage' must also be understood to include political corporations which had a monopoly of supply—such as the Susu at Falaba, the Ashanti or Dahomey royal houses and specialized corporations such as the Ivory Coast Jack Jacks or the Niger Brassmen and the Delta House states. But, however defined, it is clear that brokerage included expanding numbers of middle-men, as the bulk produce market grew.

For example, the traditional gum markets of the Senegal river provided seasonal work for small African traders (*traitants*), as intermediaries between St. Louis merchants and the Moors. The number of *traitants* grew from forty in 1818 to 160 in 1842, employing a further 2000 ship hands and transporters (*laptots*).[2] And gum did not expand as fast as the timber trade near Sierra Leone or the Delta palm oil trade which employed thousands of merchants and traders. The commercial categories of the Sierra Leone, Yoruba, or Ivory Coast communities have received ample commentary elsewhere.[3]

The third feature of the coastal markets touched on here contrasts markedly with internal trade, as we know it from travellers' records. Early nineteenth-century West African commerce on the coast was characterized by the enormous amounts of imported goods advanced on credit, or 'in trust', to the brokers, against seasonal provision of staples. This would

[1] Bertrand-Bocande, 1856, p. 412.

[2] Bouët-Willaumez, 1848, pp. 11–15; ANSOM, Sénégal, XIII/31/b, and 2, 3 for the *Commission des comptoirs*, 1850–1.

[3] Kopytoff, 1965; Fyfe, 1962; Atger, 1962, pp. 88–91.

seem to be a major structural innovation arising from the new bulk produce trade, whereas changes in the number of posts on shore or intermediaries merely increased the aggregate of exchanges. But this very aggregate involved huge amounts of bulk imports and represented capital investment in markets traditionally short of capital. Such bulk supplies could not be usefully held in stock to await the operation of the supply market. Instead they were loaned as working capital to the brokers.

Information on the scale of 'trust' is scattered, but indicates it was common practice. At Old Calabar in 1851 the British Consul estimated that at least £70 000 of imported goods were in the possession of the brokers, and a further £130 000 had been advanced and already traded to suppliers.[1] Another observer found that 'With the utmost confidence a fellow nearly naked will ask you for three to four, or even five thousand pounds worth of goods on credit, and individuals are often trusted to that amount. I have trusted more than one man goods, the returns of which were worth between two and three thousand pounds.'[2] Trust formed an essential part of agreements between Sierra Leone traders and King Docemo of Lagos in 1854.[3] The king of Dahomey was not above demanding credit (though he was not a reliable risk).[4] In the Gambia the scale of trust in the 1850s was about £200 to £2000 per agent, and there were eight or ten agents for each French firm.[5] Coast trade could not function without it in the political conditions of markets under African control.

A more detailed example is provided by the Senegal gum trade. In 1821 the invoice price of goods landed at St. Louis is given in periods of credit—thirty barrels of flour 'vendus a 10 Gourdes [a unit of account] payables a 4 mois'; tobacco was sold in lots 'au crédit de 2 à 3 mois'; bars of iron had five months credit, and powder two months.[6] The system may, therefore, be

[1] FO 84/353. Beecroft to Palmerston, 27 October 1851, cited in Newbury, 1965, p. 389.

[2] J. Smith, 1851, p. 187.

[3] FO 84/976. Campbell to Clarendon, 30 August 1855 (enclosing an agreement signed by nineteen African and Brazilian traders and seven European agents).

[4] Dos Santos in Brazilian traders to Baeta, 19 January 1865, cited in Verger, 1953, p. 93.

[5] Marseille Chamber of Commerce archives, series OK, Ministry of Agriculture and Commerce to Chamber, 29 May 1860 (enclosing traders' reports from Bathurst).

[6] ANSOM, Sénégal XIII/72. And for other early examples, Cox-George, p. 146.

older than the more usual credit advance of blue bafts (*guinées*), valued, as units of currency, in terms of the gum they were expected to return to the merchant—between 25 and 30 kilos in the 1830s. The entry of an increased number of *traitants* and dispatch of paid agents by some firms quickened competition and forced down the price of the *guinée* in the St. Louis market —a fall assisted by over-importation of cheaper bafts.

In these unsettled conditions, when the terms of credit advances were in dispute, opinions about African traders' profits were divided. One observer thought they made as much as 40 per cent profit on a season's operations. Another analysis in 1841 indicates that the trader bought the *guinée* at about 16·5 kilos of gum per piece and sold it to the Moors at between 24 and 30 kilos to cover costs and leave the African trader about 6 kilos, or 7 fr. 80 c. per piece.[1] What is lacking is information on the size of a gum broker's turnover. In some years they had been hard hit by depreciation of the guinea. A semi-official report on the position of the intermediaries suggests they incurred seasonal debts of a total of $2\frac{1}{2}$ million francs and averaged only about 80 francs per trader for 1845.[2] Later the pattern was for the small African traders to carry their blue bafts on credit outside the traditional gum markets and to enter the groundnut market as brokers.

The Senegal example indicates that credit could decline in conditions of severe price fluctuation, when administrative controls regulated the number of licensed traders. The Delta markets, on the other hand, remained high risk areas for merchant importers—the risk being that goods advanced could be defaulted on, or even sold for cash on other ships 'on ready money terms'.[3] But so long as acceptable currencies remained in short supply and cash sales were few outside of the dollar and cowrie markets of the Slave Coast, credit with its train of seizures for debt persisted.

[1] ANSOM, Sénégal, XIII/25/b, Montbrun, 'Observations sur le commerce du Sénégal', 1840; Sénégal, XIII/25/c, Montguery to Director of Colonies, 4 September 1841.

[2] Bouët-Willaumez, p. 11.

[3] Smith, p. 194.

III

The final feature of nineteenth-century trade expansion examined here concerns the estimate of profit in some of the coast markets and linkages with interior circuits. It is useful to distinguish between the merchant-importer/exporter (in the main Europeans); secondly, the brokers or intermediaries who broke bulk and dealt with the producers; thirdly, the itinerant traders who were sometimes themselves principals or principals' agents, and pedlars. We cannot pretend to evaluate the turnover and profit margins for all groups. But for the merchants there are sufficient indications that their two main sources of return were comfortably high, though the risks of the credit system were great. Timber purchased from Sierra Leone brokers in the South Rivers at 50s. a load sold at about £8 per load in England in the 1820s. The local price remained steady, while the European price rose to £11 in the late 1840s. The purchase price of groundnuts in Sierra Leone was between £3 8s. 0d. and £6 3s. 0d. per ton, at this period, compared with a European price of £10 to £14. The profit margins for palm oil seem very large in the 1850s—some 300 per cent on sale of goods for one ton of oil at Grand Bassam, though certainly less for oil from the Delta and Slave Coasts.[1] Lagos cotton, however, bought at 3d. or 4d. per pound in the early 1860s (a period of acute shortage in world supplies) sold at 1s. 11d. per pound in Liverpool.[2]

More information is still needed on quantities and freights to determine how much small firms and partnerships were making. In the case of the gum merchants, more seems to have come from the monopoly sale of *guinées* than from the sale of exports. Bafts cost only 1 fr. 49 c. each at Bordeaux in 1841 and were sold by the St. Louis merchants at the rate of 13 fr. (in gum price)—a net profit of 11 fr. 26 c., after deduction of transport and duty.[3] Gum collected in this way sold at St. Louis for 13 fr. for 10 kilos and at 16 fr. in France. The position of the gum exporters, therefore, was not so different from Slave Coast palm-oil merchants who also imported cowrie currency as a staple item of

---

[1] Prices from *Parliamentary Papers*, x (1830), pp. 68–9; Bouët-Willaumez, p. 78; Schnapper, p. 126 and note.

[2] *Parliamentary Papers*, v, 412 (1865), p. 2933.

[3] ANSOM, Sénégal, XIII/25/c.

exchange on which they made additional profit.[1] Elsewhere, the general practice of marking up coast prices for imported goods by 50 per cent to 100 per cent is well attested. What is not so well known is that marking up continued, while the markets retained old units of account—trade ounces, bars, packets, krus, etc., and prime costs were falling—especially for cotton goods. This time-lag in depreciation of local currencies must also have operated in the merchants' favour.

The position of the brokers is less clear. There is evidence of men of wealth whose business was similar to that of wholesale importation—'in bales of cotton cloth, chests of armour, and cases of beads, knives, etc.'. Other brokers in the Delta purchasing up to £200 worth of goods operated the 'sortings' system in which lots of goods were valued in local units of account—'puncheons of bars; that is, a little of each kind of article amounting in value to a puncheon of oil'.[2] This is familiar enough on all parts of the coast. But details of how much brokers paid producers are rare. From the example of the gum traders, operating margins would seem to be small, though 'overheads' were light. Much depended on how coast units of account and currencies were evaluated in the interior markets.

On this point we have some evidence from Lagos palm oil brokerage in 1855. There, it is claimed, the Egba and Ijebu middle-men insisted on payment in cowries, rather than trade goods at marked up prices.[3] The price of imported cowries rose rapidly from £13 to £40 per ton, 1853–5, though this currency soon began to depreciate against goods and dollars. The estimated local price in imported goods for a ton of palm oil in 1855 was £20 (against £40 in England) one-quarter of which went to the African broker and three-quarters to the African suppliers.[4] Estimated in current rates for cowries (4s. per head of 2000 cowries), the local price was somewhat higher—some £36 per ton—as cowries retained a higher purchasing power in interior markets. There were similar price fluctuations for the dollar, nominally 4s. on the Slave Coast, but as high as 6s. 6d. when in short supply, and higher, in terms of produce or cowries,

---

[1] See Hopkins, 1966, pp. 472–4. For profits in Sierra Leone trade, Cox-George, pp. 148, 150.
[2] Smith, p. 192.
[3] FO 84/976. Campbell to Clarendon, 30 August 1855.
[4] FO 84/976. Campbell to Clarendon, 2 June 1855,

in interior markets.[1] This tends to confirm an observation made by the explorer, Campbell, in 1818, that the price differential between coast and interior markets was very great—'half a Bar on the Coast—one Bar in the Country'.[2] This notion of progressive value along the trade circuits, then, must be kept in mind, when attempting to estimate the profits of intermediaries.

A short example from the Sierra Leone interior in about 1822 makes this point clear. The explorer, Laing, noted an interesting circuit in tobacco, cloth and rice between the Temne of the Rokel river and the inland Koranko:

> The natives who reside near Sierra Leone, through whose country [cloth] passes to the market, gain in a three-fold degree more than the manufacturers. They purchase tobacco at the waterside for about one shilling and sixpence per pound; and travelling to Kooranko, will barter one hundred pounds, or bars, of that commodity for two hundred country cloths; returning to Rokon, they exchange their cloth for rice at the rate of one cloth, or nine-pence sterling, for a tub of rice, the average price of which used to be at Sierra Leone, from five to six shillings . . . the expenses of the traders are small, a five shillings worth of beads are amply sufficient to supply a man with rice for a month . . .[3]

At Laing's quoted prices, this meant an outlay of about £7 10s. 0d. purchased some £50-worth of rice at the end of the circuit, resulting from the high differential on bar values of tobacco in the interior (and, in reverse, high values for country cloth on the coast).

A further consideration, as in the case of cowries, is that the 'bar' depreciated as a unit of account on the coast, fairly quickly after 1820 from about 2s. 6d. in 1831 (measured against the bar values of imported goods), to about 1s. or less in 1852.[4] The cause was principally the fall in the prime cost of trade goods making up the assortment in 'bars' or trade 'ounces'. This would mean that the traditional standard ratio of 2 : 1 for the trade and gold ounce would also have been upset, where

[1] FO 2/7. Fraser to Palmerston, 15 May 1852.

[2] Capt. Thomas Campbell, '21 Memorandums', CO 2/5, f. 25.

[3] Laing, p. 203.

[4] Capt. Thomas Campbell, '21 Memorandums', CO 2/5, ff. 13–23 for 'bar' values in the Ñunez and Rio Grande; CO 267/187, Ferguson to CO, 18 July 1845; Kennedy to Packington, 21 December 1852. CO 267/229. And for a similar decline in manilla values, see M. Augé, in the present volume.

not totally replaced by imported currencies (as on the Slave Coast by the 1850s).[1]

These considerations do not mean that we can establish tables of exchanges between coast and interior markets (although a fair attempt was made by Campbell in 1818, comparing prices in the Ñunez area with prices on the Upper Niger). The variables in measures, even for standard items like gold, and the lengthy transport factor between markets are too many for simple profit equations to be worked out. Moreover, statistics of quantities, even from the interior to bulking centres such as Freetown or Lagos which have records, are lacking. What we do know is that the circuit traders made small profits by transporting staples—salt, gold, ivory, kolas, or cloth—between markets where price differentials were high. The Mossi trader encountered by Binger on his way from Yatenga with a kola basket 'renfermant un peu de poivre tond, une dizaine de pierres à fusil, quelques grains de soufre... en outre un ou deux milliers de cauries', is not on the scale of Hausa caravans to Salaga or Mande caravans to Port Loko. But the principle of attractively high exchange rates accumulated over long periods of time seems to be a common factor.[2]

One case of a universal staple—salt—which found its way into many of these exchanges is of interest for the record of differential values. Powder-salt which increased in quantity in the coast markets in the nineteenth century found its way inland, as far as the northern limits of the forest. Already on the coast the European prime cost of salt which fell from 30*s.* a ton in the 1820s to about £1 in 1840 quadrupled when sold by merchants in British or French factories. Its price in interior markets increased at least ten-fold, by analogy with salt bars from the Sahara which fetched 10–15 francs for a bar of about 12 kilos on the Upper Senegal in the 1870s. This agrees with the extremely high prices cited by Barth for desert salt at Sokoto— 2–3 dollars a *kantar* of 50 kilos (or about £100 to £150 per ton). At Kong a bar of 20 to 25 kilos was priced by Binger at 160 francs.[3]

---

[1] For a general consideration of 'ounce' values, see Marion Johnson, 1966*c*.

[2] Binger, vol. I, p. 176. Other examples are analysed in Newbury, 1969, pp. 72–6.

[3] Anderson, 1870, pp. 104–5; PRO, Customs 8; Mage, 1868, pp. 33, 42; Soleillet, 1887, pp. 80, 94, 222–3; Barth, vol. I, p. 209; Binger, 1889–90. And see

H

Such calculations are not, of course, a substitute for accounts of real trading operations. But they lend understanding to the complex exchanges undertaken by very small groups of traders, such as the caravan encountered by Mage between Kita and Segu, led by a Serahuli who had been on circuit for about five years:

il en était sorti pauvre et revenait avec une certaine fortune... Il s'était d'abord rendu avec du sel au pays de Bouré, où il l'avait échangé contre de l'or. De là, passant par Timbo, il s'était rendu à Sierra Leone, où il avait travaillé longtemps à la culture des arachides; alors, possesseur d'une petite fortune, il s'était mis en marche achetant d'abord une esclave dont il avait fait sa femme; celle-ci lui avait donné un enfant et s'était ainsi élevée au rang de femme libre...[1]

Such family undertakings have occasionally been recorded in more recent oral evidence from Sierra Leone for the end of the nineteenth century, when taxes were an added stimulus to sale of cash-crops down the river markets and import of salt, tobacco. spirits, beads, 'small black skull caps', and other goods for redistribution in the interior villages.[2]

IV

It has been argued elsewhere that the rapid expansion of West African trade in the nineteenth century on the coast paralleled a lesser expansion of exchanges across the traditional desert routes—at least till the 1880s, when both market complexes were adversely affected by European recession.[3] That is to say, coast trade was not a substitute for Sahara–savannah trade: the development of Dakar or Lagos did not necessarily spell the decline of Jenne or Kano. Indeed, given the relative isolation of large areas of interior production and the small scale of long-distance trade, there is little reason to expect much influence of coastal commerce beyond the forest zone or a few of the river basins such as the Senegal, Scarcies, Rokel, Volta, and Niger.

---

other examples in Izard's paper in the present volume for Yarse profits from the salt and kola trade.

[1] Mage, p. 39.
[2] See Mitchell, 1962, pp. 215–16.
[3] Levtzion, 1966, p. 211; Newbury, 1966.

It may well be, however, that the advantages offered by price changes along the coast and the increased circulation of blue bafts, cowries, dollars, and staple imports, as well as the demand for forest and savannah produce for export stimulated a number of separate economies. To a certain extent, the groundnut trade increased labour mobility. All of the new bulking centres attracted traders and producers of foodstuffs and livestock. The major structural change of increased credit facilities offered an opportunity to acquire capital and, in some cases, to enter the export market as a principal. The point of this essay is to show that prices in the early decades of the nineteenth century need re-examination, if the profit motives among African and European traders who built up new business communities are to be fully understood.

Résumé

PRIX ET RENTABILITÉ DU COMMERCE OUEST-AFRICAIN
DU DÉBUT DU XIXᵉ SIÈCLE

L'article ouvre à nouveau la discussion sur les structures de croissance des marchés ouest-africains de l'Atlantique au cours des premières décades du XIXe siècle. Il est montré que la valeur et la quantité des échanges européens avec l'Afrique Occidentale, telles qu'elles ressortent des statistiques françaises et anglaises, partirent d'un bas niveau et crûrent rapidement entre 1820 et 1850 et que cette croissance rapide eut les conséquences suivantes sur les marchés côtiers:

(*a*) En raison des moyens de stockage énormes, nécessaires au trafic des marchandises européennes, les comptoirs se multiplièrent, et le nombre des facteurs de commerce — marchands et courtiers — s'accrut.

(*b*) Les nouveaux comptoirs prolongeaient les circuits commerciaux de l'intérieur.

Les conséquences annexes en furent la mobilité de la main-d'œuvre, les changements démographiques, l'accroissement de la commercialisation des produits vivriers et du bétail (qui constitue toujours un produit essentiel dans les circuits commerciaux de l'intérieur) et des innovations dans le système de courtage grâce à l'extension du crédit. Le fonctionnement du crédit sur le marché de la gomme du Sénégal est analysé en détail ainsi que quelques autres exemples de l'importance des fournitures de marchandises à crédit.

La discussion des profits sur les marchés ouest-africains aborde l'analyse des prix européens pour les produits de base africains, la chute des prix coûtants des marchandises européennes avant 1850, et l'effet de ces deux évolutions liées entre elles sur les unités de compte et les monnaies locales. Les marges bénéficiaires des négociants importateurs et exportateurs sont analysées ainsi que celles des producteurs et des courtiers africains du commerce de la gomme et de l'huile de palme.

Dans l'évaluation du profit, une distinction est établie entre les valeurs des marchandises et des monnaies sur les marchés de la côte et de l'intérieur. Des exemples d'un changement progressif de la valeur depuis la côte jusqu'à l'intérieur sont donnés pour les étoffes, les cauris, le sel. Il est montré que les commerçants itinérants tiraient avantage de ce phénomène en dépit ou à cause de la dépréciation des monnaies côtières. Il est suggéré en conclusion que les changements rapides de la structure des prix des centres de groupage de la Côte Atlantique, au début du XIXe siècle, stimulèrent les circuits intérieurs, de même qu'ils attirèrent les traitants européens et les courtiers africains, bien que les liens unissant le commerce de la côte à celui de la savane et du Sahara aient été faibles.

II. De la traite des esclaves à l'exportation de l'huile de palme et des palmistes au Dahomey: XIXe siècle

CATHERINE COQUERY-VIDROVITCH

Le Dahomey présente, pour l'historien, un cas relativement privilégié. Cet état centralisé, qui éveilla chez les Européens contemporains un intérêt non dénué d'une certaine admiration, suscita un grand nombre de récits de voyageurs britanniques et français depuis le début du XVIIIe siècle et surtout au XIXe.[1] Ces textes furent à leur tour exploités par des études récentes de synthèse.[2] Les relations entre le Dahomey et l'Europe ont été analysées par C. W. Newbury[3] et B. Schapper[4] et, pour certains aspects particuliers, par P. Verger.[5] A l'intérieur du pays, les marchés périodiques ont surtout fait l'objet d'études sociologiques ou géographiques qui, travaillant sur le temps présent, n'ont fait qu'accessoirement référence à l'héritage historique.[6]

Il reste à déterminer le jeu des relations existant entre l'organisation interne du commerce dahoméen et la traite atlantique. Non que le problème n'ait pas été déjà envisagé. Mais il a eu tendance à être résolu par la négative. Karl Polanyi dont le travail récent, déjà cité, fait autorité en dépit de quelques réserves, a conclu à l'existence d'une *économie archaïque* typique de transition entre l'économie primitive et l'économie de marché caractérisée par l'intégration des échanges, du com-

---

[1] Nous ne reviendrons pas sur leur énumération. Consulter par exemple la bibliographie citée par Argyle, 1966, pp. 201-7.

[2] Notamment: Akinjogbin, 1967; Polanyi, 1966.

[3] Newbury, 1961.

[4] Schnapper, 1961.

[5] Verger, 1968.

[6] Clerc *et al.*, 1956; Brasseur-Marion et Brasseur, 1953.

merce et des prix. A l'en croire, rien de tel au Dahomey: Il y aurait eu césure brutale entre, d'une part, une traite négrière étatisée, tout entière aux mains du souverain et dépendant d'une institution originale, le *port de traite* (Ouidah) soigneusement isolé du reste du royaume et, d'autre part, un commerce local de marchés exclusivement vivriers, sans aucune liaison avec le précédent.

Cette vue nous paraît trop schématique. Elle correspond certes à la vision traditionnellement admise du royaume du Dahomey: d'un côté le roi, 'despote' africain, seul propriétaire et, partant, seul marchand des esclaves fournis par ses razzias annuelles sur les marges du royaume, qui n'auraient fait, en somme, que traverser le pays sans le pénétrer. De l'autre côté, une masse paysanne vivant en communautés d'auto-subsistance, soumises mais peu concernées. A supposé même que ce schéma fût acceptable au temps de la traite négrière, il ne l'est plus dès le début du XIXe siècle, vers 1820/5 et surtout à partir de 1840: à côté du commerce des esclaves, de plus en plus combattu par les humanitaristes européens, apparut en effet au Dahomey le commerce 'licite' de l'huile de palme, puis des palmistes, appelé en une vingtaine d'années à prendre la première place. Or celui-ci était évidemment intégré au pays, ne serait-ce que parce que l'intervention des producteurs paysans — ceux-là même qui se manifestaient aux marchés traditionnels — devenait déterminante.

La rapidité et la facilité avec lesquelles s'opéra le passage ne s'expliquent que par l'existence *préalable* de structures d'accueil favorables — aussi bien du régime politique que de l'organisation sociale et des habitudes commerciales — . Il n'y eut pas rupture d'une économie archaïque à une économie de traite, mais transition progressive au sein d'un système assez souple pour se prêter sans heurt à cette évolution. C'est, en tous les cas, ce qu'il nous paraît possible d'inférer d'une relecture attentive des textes, quelque fragmentaires et dispersées qu'y apparaissent les observations portant sur le commerce.

I. LA TRAITE DES ESCLAVES AU DÉBUT DU XVIIIe SIÈCLE

Organisation interne.

1. *Régime plus tributaire que despotique*

Les Européens ont mis l'accent sur le centralisme étatique dahoméen, lentement élaboré au cours du XVIIIe siècle. A l'avènement de Ghézo (1818), le roi avait, théoriquement, tous les pouvoirs : héritier des ancêtres, chef militaire suprême, grand justicier, il avait seul droit de vie et de mort. Il était officiellement le seul vendeur d'esclaves puisque le roi Kpengla (1774–89) avait érigé la traite en monopole royal, interdisant ce commerce aux étrangers au sein de son royaume et à d'autres que lui-même dans les ports.[1]

En fait, le 'despotisme' royal nous paraît avoir exagérément subi la contamination d'une notion occidentale. En termes africains, l'autorité du roi était plus éminente que réelle. Certes, il était le seul propriétaire légal des esclaves, qu'à la fin de chaque campagne il rachetait cinq francs à ceux qui les avaient capturés. Mais, héritier d'un royaume de l'intérieur, il n'avait pour des raisons religieuses pas le droit de voir la mer. Il n'agissait à Ouidah que par l'intermédiaire de ses grands dignitaires (cabécères) : le *Yovoghan* ou 'Chef des Blancs', chargé des relations avec les Européens, et le fameux Cha-Cha (le Brésilien Francisco Felix da Souza mort en 1849) dont l'influence fut remplacée ensuite par celle d'un nouveau favori, l'ancien esclave *Kenum*.

L'obligation, pour le roi, de passer par leur intermédiaire, est attestée par la présence d'une classe restreinte, mais essentielle, de riches marchands à Ouidah : anciens Portugais (comme le Cha-Cha) ou matelots de fortune (comme Domingo Martinez),[2] 'Brésiliens' — généralement anciens esclaves d'origine Yoruba ou Mahi revenus pratiquer sur la côte un commerce dont ils connaissaient les tenants et les aboutissants —, mais aussi négociants Dahoméens dont Forbes énumère les cinq plus riches.[3] Tout le commerce était au milieu du siècle contrôlé par

---

[1] Dalzel, 1793, pp. 201–3.   [2] Ross, 1965.
[3] Ahjovee, Narwhey, Quenung (Kenum) et deux autres. Forbes, 1851, vol. I, p. 109.

le Cha-Cha. Le prix des esclaves ou de l'huile était proclamé par une loi, et modifié seulement avec l'approbation du vice-roi assisté d'une commission de six marchands nommés par le roi — auxquels il déléguait donc son pouvoir — .

Officiellement, Cha-Cha était le revendeur de Ghézo qui, en remerciement de l'aide apportée pour supplanter son rival Adandozan, lui avait octroyé le privilège du commerce royal. En fait, il apparaît que le seul lien effectif du roi avec le commerce fut le tribut et les octrois perçus par les grands dignitaires. Autrement dit, le régime se serait rapproché davantage d'un système tributaire ou 'féodal' (étant entendu que l'on utilise par extrapolation ce terme, en fait impropre, pour qualifier la prépondérance d'une poignée de grands 'vassaux') que d'un gouvernement despotique. Nous doutons en effet de l'hypothèse émise par un jeune chercheur américain, suivant laquelle l'élimination d'Adandozan au profit de Ghézo, en mettant fin à vingt années de troubles, aurait traduit le triomphe définitif du roi sur ses grands vassaux par l'élimination du commerce indépendant.[1] Tout au plus peut-on dire que le système pyramidal, avec le roi à son sommet, avait dorénavant pris sa forme définitive. Rien ne permet d'affirmer, en revanche, que les activités des négociants de Ouidah en aient été amoindries. Au contraire, elles reprirent de plus belle après la récession de la fin du XVIIIe siècle. Car le roi dépendait autant du Cha-Cha que celui-ci ne lui devait. C'est probablement grâce au Cha-Cha que Ghézo bénéficiait d'une plus stricte perception des droits organisés autour du port de traite.[2] A la suite de l'alliance conclue entre les deux hommes, il paraît plus légitime de conclure au triomphe du clan des *grands commerçants* sur celui des chefs traditionnels patricarcaux.

Plusieurs témoignages tendent à faire concevoir comme plus éminent que réel le droit exclusif de propriété royale sur les esclaves. Car le roi ne levait pas directement tous les hommes qui l'accompagnaient dans ses razzias annuelles. Chaque cabécère avait son armée, levée dans la zone qui lui était dévolue.[3] Akindélé-Aguessy énumèrent la résidence des huit cabécères principaux — les *Tôgan* de Le Hérissé, ou chefs de pays, c'est-

---

[1] Woodruff Smith, 1968.
[2] Newbury, op. cit., p. 37.
[3] Duncan, 1847, p. 283, et Akindélé et Aguessy, 1953, p. 43.

à-dire les dignitaires responsables d'une région.[1] Toute ville conquise était considérée comme appartenant au cabécère dont les soldats l'avaient prise. Il recevait le droit d'en monopoliser le commerce (à l'exception des commerçants 'libres', garantis par le paiement d'une taxe), contre seulement un 'léger droit', proportionnel au montant du commerce effectué, réservé au roi. En outre, les chefs du pays Mahi, au Nord du Dahomey, *gardèrent leur propre commerce*, moyennant les mêmes taxes que les Dahoméens: à Dthemo, au Nord d'Abomey, une foule de commerçants n'attendaient, pour commencer leurs affaires, que d'avoir reçu leur permis en échange de leur taxe.[2]

Quant aux esclaves, Ghézo précisa bien à Duncan que, *contrairement à ce que croyaient les Blancs*, c'étaient les cabécères dont les soldats les avaient capturés qui en étaient les propriétaires. Le fameux 'rachat' de cinq francs ne peut-il être considéré comme un acte symbolique du roi, qui ne s'appropriait pas nécessairement pour autant, dans les faits, l'esclave correspondant? Il y aurait là, de la part des Européens, une confusion analogue à celle commise sur les héritages: le droit de propriété du roi sur les terres ne l'incitait pas, sauf exception, à les récupérer à la mort d'un dignitaire, mais seulement à percevoir des héritiers une taxe significative. En effet, si théoriquement les Dahoméens n'avaient le droit de rien *posséder*, ils avaient, en fait, la faculté d'exploiter et le droit d'usage. Le maître d'un esclave pouvait donc en disposer à son gré — le gager, l'échanger, le *vendre*, et le punir — .[3]

Seuls étaient propriété *effective* du roi les esclaves pris par ses femmes. Mais, même dans ce cas, il sous-traitait le droit de commercer en son nom. Il distribuait des esclaves en cadeaux: les négociants africains de Ouidah en possédaient 'des milliers'.[4] Il donnait aussi fréquemment le privilège de bénéficier de ses propres remises envers les marchandises européennes.[5]

Pourquoi, enfin, ne tenir aucun compte des assertions cons-

[1] Le Hérissé, 1911, p. 43.

[2] Duncan, op. cit., vol. I, p. 283, et vol. II, pp. 265–8. Même si Duncan ne fit pas, en personne, une partie du voyage qu'il décrit vers le Nord, son texte rédigé sur oui-dires n'en reste pas moins partiellement révélateur.

[3] Le Hérissé, op. cit., p. 53.

[4] Forbes, vol. I, p. 112.

[5] 10% selon Forbes, vol. I, p. 111. 50% selon Le Hérissé, pour une époque tardive.

tamment réitérées par Ghézo[1] ou Glélé[2] quand on leur demandait de supprimer la traite? Le roi était, pour sa part, disposé à lui substituer tout autre commerce, à condition de percevoir des droits équivalents, nécessaires au paiement des dignitaires et aux largesses manifestant son pouvoir effectuées aux Coutumes, fêtes des ancêtres. Mais il ne pouvait imposer cette révolution aux cabécères sans risquer des troubles graves. Ghézo alla même jusqu'à proposer en 1846 aux Anglais de s'installer à Ouidah, où ils seraient mieux à même d'agir que lui, qui devait beaucoup à un grand négrier de la place (le Cha-Cha).[3] Il venait effectivement, en 1843, d'accorder ce privilège aux Français.[4] Autrement dit le roi, dont le prestige religieux était immense, garant du maintien des traditions, et ce faisant de l'unité et de la prospérité du royaume, n'était par définition pas en mesure de modifier de sa propre autorité l'organisation économique du pays.

2. *Commerce de traite et marchés locaux*

Il reste le problème de la césure entre le commerce international et les marchés locaux. Polanyi affirme hâtivement qu'on ne trouvait sur ces derniers que des vivres préparés (kassava, huile de palme, etc...). Certes, les objets en vente, regroupés par quartiers, étaient surtout de facture traditionnelle (vivres, tissages, bijoux, médicaments et fétiches, etc...). Mais on y trouvait toujours deux éléments révélant au moins l'existence d'un lien avec le commerce à longue distance: d'une part, des produits africains d'autres régions (beurre de karité, mil et sorgho venus du Nord, poterie et vannerie de l'Est, gari — farine de manioc — poissons et crevettes des lagunes de l'Ouest).[5] D'autre part, des objets manufacturés d'origine européenne. Jalonnant sa route vers le nord, Duncan aurait vu partout des mouchoirs anglais, du tabac et du rhum.[6] Son témoignage laisserait supposer un trafic existant, de relai en relai, jusqu'au Niger: à Zabakane, il aurait vu de nombreux bracelets du Bornou apportés par caravanes; à Adofoodia,

---

[1] Duncan, vol. II, pp. 265–8.
[2] Burton, 1846, vol. II, p. 26.
[3] Duncan, loc. cit.
[4] Schnapper, op. cit., p. 165.
[5] Quenum, 1938, pp. 135 *et seq.*
[6] Duncan, vol. II, pp. 20 et 48–9.

bien approvisionné (sauf en tabac) y compris en esclaves, il aurait recueilli des informations sur Tombouctou, situé à dix jours de là (environ 300 miles).[1] Effectivement, malgré l'interdiction de principe du commerce étranger, les Européens remarquèrent toujours à la cour d'Abomey la présence de marchands musulmans qui, depuis le XVIIIe siècle, venaient du Nord en nombre et poussaient 'jusqu'à Angola'.[2] Peut-être, à la suite de l'intervention monarchique, certains renoncèrent-ils au XIXe siècle à dépasser vers le Sud les limites du pays Mahi. Mais il n'en était pas de même de leurs marchandises qui, de marché en marché, parvenaient à la côte avec un certain nombre d'esclaves, plus réduit cependant que ceux ramenés par conquête.

En sens inverse, les marchandises européennes suivaient bien quelque filière pour aboutir sur les marchés de l'intérieur. Polanyi cite, à l'appui de sa thèse, un exemple qui nous paraît pouvoir être exploité bien différemment, celui de l'existence, en pays Mahi, à Babakanda, de deux marchés parallèles: à l'intérieur de l'enceinte le marché local et, hors les murs, le marché d'esclaves, fréquenté par des commerçants venus de fort loin et monopolisé par le cabécère qui fixait le prix des denrées. Les femmes du cabécère, agissant comme de véritables grossistes, achetaient sur le marché extérieur un choix de denrées revendues ensuite à la ville ou dispersées aux alentours par des équipes de colporteurs.[3]

Le système, peu ou prou, fut probablement appliqué partout. Autrement dit, tout tournait autour d'une classe privilégiée de 'seigneurs-marchands' qui participait du pouvoir politique tout en tenant les rênes de l'organisation commerciale. A la fois serviteurs du roi et agents du contact avec la masse paysanne, cette 'classe — tampon' assurait le relai entre les deux réseaux commerciaux du pays — interne et externe —. Pratiquement, la connexion était garantie à la fois par les relations entre 'grossistes' du cabécère et villageoises des marchés, et par une multitude de métiers annexes gravitant autour des deux foyers d'attraction — porteurs des caravanes, piroguiers, percepteurs locaux, etc... —.

---

[1] Ibid., p. 137.
[2] Snelgrave, 1734, pp. 92–3; Norris, 1789, pp. 116–17; Forbes, vol. II, pp. 37; Skertchly, 1874, p. 194 *et seq.*   [3] Duncan, vol. II, p. 100.

3. *Les aptitudes commerciales du peuple dahoméen*

Les agents de liaison furent les femmes. Les marchés, dont Polanyi semble avoir, pour des raisons économiques (faible valeur globale des transactions), sous-estimé l'importance sociale, commençaient tard dans la matinée, en raison de la distance que les gens, partis de leur village durant la nuit ou à la pointe du jour, avaient à parcourir.[1] Tous les observateurs ont été frappé de l'animation de ce commerce très vivace et de la foule qui y participait. Leur fréquence était généralement celle des quatre marchés principaux, correspondant aux quatre jours de la semaine:

— Ajyahi à Abomey, fondé par les rois en souvenir de leurs pères.[2]
— Miyokhi à Kana et Uhum-jro à Abomey.
— Adogwri à Kana.
— Zogbodomen près d'Agrimé et Ako-do-ji-go à Abomey.[3]

Traditionnellement, tout se commercialisait au marché, lieu de carrefour, occasion de rassembler, à jour fixe, les produits de l'industrie locale. L'habitude ancestrale s'est d'ailleurs conservée, pour le forgeron ou le potier, de venir régulièrement exposer leurs ouvrages, parfois à plusieurs kilomètres de leur domicile, même si l'acheteur devait être leur voisin le plus proche.[4] On n'achetait rien au dehors: 'All trade is carried on here', dit Forbes du marché de Ouidah.[5] La notion du vendeur était floue: on vendait pour acheter. Et ce caractère industrieux de la population dahoméenne, manifestement prête à s'adapter à tout commerce qui fît davantage appel aux ressources du pays, s'oppose à la vision schématique de Polanyi d'une masse paysanne indifférente aux échanges à longue distance.

II. L'INTRODUCTION DE L'HUILE DE PALME

On comprend mieux, dans ce contexte, le passage sans heurt à l'*économie de traite* de type occidental, c'est-à-dire à l'économie

---

[1] Foà, 1895, p. 194 *et seq.*
[2] Quenum, op. cit., p. 133 *et seq.*
[3] Newbury, introduction à Burton (1° ed. 1864), 1966.
[4] Brasseur, op. cit., pp. 111-17.
[5] Forbes, vol. I, p. 109.

commerciale d'un produit d'exportation. Dans un premier temps, les grands négriers devinrent les principaux traitants d'huile de palme. La population dahoméenne s'inséra tout naturellement dans le nouveau circuit. On a insisté jusqu'à présent sur l'influence déterminante de l'initiative d'un négociant français, Régis, qui obtint en 1843 du roi Ghézo l'autorisation de s'établir dans l'ancien fort français de Ouidah. Mais le commerce de l'huile de palme, développé seulement à partir du milieu du siècle au Dahomey, avait déjà centuplé de 1800 à 1850 sur le reste de la côte occidentale d'Afrique, vers le marché britannique du savon, des bougies à la stéarine et des lubrifiants industriels.[1] Certes, Régis fut le premier à utiliser le nouveau procédé chimique de décoloration qui, en permettant en 1852 la fabrication d'un savon blanc et non plus jaune, ouvrit à l'huile de palme le marché français. En 1851, un traité avec le roi du Dahomey assura un monopole virtuel à la firme marseillaise jusque vers 1890.

Cependant, ni l'ouverture de ce nouveau marché, ni le déclin supposé de la traite négrière ne suffisent à rendre compte de la rapidité de l'adaptation interne. La vente des esclaves au Brésil était encore des plus prospères; le recul, intervenu seulement dans les années 50, fut momentanément résorbé en 1853 par le nouveau débouché de Cuba et ne fut définitif qu'en 1865.[2]

1. *Les milieux marchands de Ouidah*

Pendant une période transitoire d'une vingtaine d'années au moins, le nouveau commerce, loin de se substituer à la traite, lui fut *complémentaire*. Non pas seulement parce que l'huile de palme permettait d'obtenir des Européens les marchandises que l'or brésilien ne suffisait plus à payer,[3] ni parce que les marchandises importées par Régis servaient précisément à acheter les esclaves dans le Nord,[4] mais parce que les structures mêmes de la classe marchande de Ouidah l'habilitaient à affecter ses esclaves au nouveau trafic.

Il y eut bien quelques remous: à l'origine, le Cha-Cha,

---

[1] Schnapper, pp. 121-2.
[2] Ross, op. cit.; Ch. Lloyd, 1949, pp. 140, 160, 165.
[3] Schnapper, pp. 168-72
[4] Newbury, introduction à Burton, 1966, pp. 40-1.

hostile à cette mutation, aurait déconseillé au roi de laisser sortir de son état un produit qui, au même titre que le maïs, assurait la subsistance de ses troupes en campagne. Mais l'avîs favorable de Houénou, prince de Wémé et ministre du commerce, l'aurait emporté.[1] Bien que discuté,[2] l'épisode est plausible: il serait confirmé par un fait analogue survenu dans le Nord, où l'action des négriers aurait entravé la commercialisation concurrentielle du beurre de karité.[3] Quoi qu'il en soit, les cabécères de la palmeraie organisèrent rapidement de vastes plantations. Au milieu du siècle, Forbes en vit trois:[4] une seule, près d'Abomey, relevait du roi, mais était également dirigée par un cabécère. Des deux autres, près de Ouidah, l'une appartenait à un 'Brésilien' d'origine mahi, l'autre au Dahoméen Ahjohvee. En 1871, Skertchly visitait à son tour la plantation de 'Quinum' (Kenum) qui venait de recevoir du roi (ou avec l'autorisation du roi?) de nouveaux mortiers.[5]

Les plantations comptaient de nombreux esclaves préposés à la cueillette des régimes et à l'affinage du produit: les captifs invendus servaient, dans le cadre des mêmes structures guerrières, à exploiter et à transporter le nouveau produit. De même, probablement, que la taxe de cinq francs représentait le droit de propriété du roi sur l'esclave, le *kouzou* symbolisait son droit éminent sur les terres octroyées en récompense à ses dignitaires au même titre que les esclaves. Perçu en nature depuis Agadja (en maïs, mil et nété), le *kouzou* des palmeraies fut versé, dans la région de Ouidah, à un dignitaire créé à cet effet par Ghézo, le *tavisa*.

Ainsi les grandes familles existantes constituèrent-elles au cours du siècle un patrimoine dont elles avaient la possession précaire, mais durable. Certaines sont restées dans l'indivision jusqu'à nos jours, confiant au chef de famille la gestion des biens de plusieurs milliers d'ayants-droits. Ces derniers apparaissent comme les survivants d'un système tributaire en vigueur depuis l'époque de la traite négrière, mais dans lequel s'est inséré sans problème un élément nouveau: la terre.

Ni le roi, ni les cabécères n'avaient donc intérêt à s'opposer

[1] Quenum, pp. 134–5.
[2] Schnapper, p. 166, n.2.
[3] Duncan, vol. I, pp. 285–6.
[4] Forbes, pp. 31, 115, et 123.
[5] Skertchly, vol. II, p. 23 *et seq.*

au nouveau trafic qui, sans porter atteinte à l'organisation antérieure, se traduisait seulement par un accroissement de leurs revenus.[1] Tous avaient intérêt à faire appel à son autorité pour imposer un contrôle rigoureux des palmeraies. Le *topo* — ministre de l'agriculture et du commerce — faisait appliquer une réglementation minutieuse. Les détenteurs de palmeraies étaient obligés, sous peine d'amende ou de reprise de terre, de nettoyer le sol et de récolter les fruits. Ils n'avaient pas le droit de couper un palmier sans autorisation.[2] Mais cette exploitation territoriale, aux mains des mêmes privilégiés, exigeait dorénavant l'étroite collaboration commerciale de la population.

2. *La commercialisation de l'huile de palme*

Les grands traitants de Ouidah expédiaient directement leur production jusqu'au fort de Régis. Mais leurs factoreries, comme celle du négociant marseillais, étaient également encombrées d'une masse de petits commerçants venus écouler leur huile: celle du Brésilien Dos Santos était pleine de ces apports.[3] Dans la cour du fort français, 'des habitants de l'intérieur entraient à chaque instant apportant de l'huile de palme dans de grandes jarres de terre rouge'.[4] Ouidah était, en effet, le point d'aboutissement d'un réseau animé par les femmes qui, en caravanes croisées partout sur les chemins, assuraient l'écoulement du produit 'pour lequel on peut toujours trouver un marché'.[5] Les femmes, qui traditionnellement ne s'occupaient ni des travaux des champs, ni de la récolte, achetaient les noix au marché, les transformaient elles-mêmes ou avec des aides rétribués, et revendaient l'huile au marché de la semaine suivante:[6] 'Partout et sans quartier distinct, l'huile de palme est en vente.' Elle servit bientôt de monnaie courante.[7] L'étalement de ce commerce était bien supérieur à la durée de la traite proprement dite (pendant les saisons sèches, janvier-mai et septembre-octobre).

---

[1] L'accord avec Régis de 1851 garantissait à l'un comme aux autres de substantiels cadeaux annuels. Schnapper, p. 178, n. 3.
[2] Coquery-Vidrovitch, 1961, p. 384.
[3] Forbes, vol. I, p. 114.
[4] Repin, 1863, p. 66.
[5] Duncan, vol. I, pp. 187, 262, 280.
[6] Brasseur, p. 104.
[7] Foa, pp. 143 et 146.

Le producteur, après avoir d'abord prélevé la part nécessaire à sa propre consommation, écoulait en effet le reste progressivement, selon les besoins du moment, en fonction des objets désirés en échange. Ce trafic de faible volume s'adaptait bien aux conditions du transport, effectué de façon artisanale, le long des pistes, par paniers de quatre à cinq régimes, ou par pirogues dans les lagunes, à l'aide de récipients en terre qui donnèrent lieu à un actif commerce complémentaire: à Allada toute poterie qui passait, 'grande jarre comme petit pot', était frappé d'une taxe.[1] Les gens de l'intérieur ne faisaient jamais plus de huit à dix kilomètres pour vendre leurs produits, qui passaient de marché en marché. De même, au bord des lagunes, l'huile se concentrait de relai en relai entre les mains des transporteurs: les 'pirogues de foire', chargées d'huile et d'amandes, sillonnaient jour et nuit les lagunes de la côte. Il existait, à la fin du siècle en tous les cas, dans les centres riverains, de véritables *corporations de piroguiers* à cet effet.[2]

Aussi, rapidement, tout le monde fut-il touché par ce commerce dont la progression ne se démentit pas: Ouidah, qui n'exportait guère plus de 800 tonnes d'huile avant 1850,[3] en exportait 500 000 gallons (soit environ 1700 tonnes) en 1876.[4] Cotonou compris, l'exportation d'huile du Dahomey, malgré la concurrence de Lagos, passa de 4000 tonnes environ à cette date à 6616 tones en 1891.

De même qu'à la période précédente la classe des cabécèresnégociants avait assuré la liaison entre le pouvoir monarchique et le commerce traditionnel, la catégorie des marchandes au temps de l'huile de palme fut le lien entre le monde commercial et le monde paysan.

Autrefois comme de nos jours, les femmes achetaient leur production aussi bien à leur mari qu'à d'autres paysans. L'épouse, pourvoyeuse d'argent liquide, était ainsi remboursée en nature par son conjoint qui, en échange, pouvait aux saisons de récolte la faire bénéficier de délais de paiement.[5]

La production des amandes était, en effet, le fait des hommes, dont les témoins ont fréquemment vanté l'habileté à grimper

[1] Schnapper, p. 192.
[2] Foà, p. 303 *et seq.*, et N. Savariau, 1906, p. 27.
[3] Newbury, p. 43.
[4] Rapport du Cdt. Serval, Ouidah, 22 avr. 1878, Arch. Marine, BB4-1091.
[5] Clerc, Adam et Tardits, p. 51.

aux palmiers, à l'aide d'une corde nouée, pour couper les régimes avec une hache portée entre les dents ou à la ceinture, puis les descendre, attachés à une cordelette, au compagnon resté en bas à raison d'une cinquantaine par matinée.[1]

La mise au travail de l'homme, nécessaire à l'approvisionnement du commerce des femmes, fut favorisé par les aptitudes agricoles traditionnelles du paysan dahoméen[2] et les habitudes collectives du travail: tous les cultivateurs, réunis sous la direction de chefs régionaux, agissaient d'un commun accord et envoyaient annuellement des délégué à la Cour.[3] Nul doute qu'ils n'aient connu au XIXe siècle l'organisation décrite au XXe siècle par Herskovits du *dokpwê* (association de travail) et n'aient élaboré à cette époque, à l'occasion des marchés, la pratique des *tontines* (utilisation successive, par un seul, de la totalité de la cagnotte constituée par les apports de chacun).[4]

III. L'ÉVOLUTION DU COMMERCE DE TRAITE SOUS LA DOMINATION COLONIALE

La conquête, en dépit des apparences, ne bouleversa pas les structures du commerce dahoméen.

Sur les grandes plantations, la suppression de la traite — amorcée dès 1865 — puis celle de l'esclavage achevèrent de transformer les esclaves en travailleurs de la terre, devenus aujourd'hui les fermiers des grandes exploitations collectives. L'évolution fut d'autant plus naturelle qu'à la seconde génération un esclave, né sur la terre dahoméenne, devenait automatiquement Dahoméen.[5] D'où l'existence, fin XIXe siècle, des *Glési*, presque tous descendants d'esclaves du roi, attachés à la terre.

Jusqu'au début du XXe siècle, le commerce de l'huile de palme et des palmistes resta aux mains des femmes. Les grandes maisons de commerce, qui n'en avaient d'abord pas reçu l'autorisation du roi, essaimèrent tardivement leurs factoreries.[6]

[1] Foà, 138. [2] Savariau, op. cit., p. 18 *et seq.*
[3] Quenum, pp. 146–7.
[4] Herskovits, 1938, vol. I, pp. 63–77; Brasseur, p. 105.
[5] Clerc, Adam et Tardits, p. 77.
[6] Il y en avait en 1876 six à Ouidah, une à Godomé, une à Abomé-Calavi, huit à Porto-Novo. Voir leur liste et nationalité dans C. Coquery-Vidrovitch, op. cit., p. 390.

Certes, les Européens songèrent à aller au-devant des produits en créant des succursales à l'intérieur. Mais c'était 'une grosse erreur dont ils sont revenus'.[1] Les réseaux internes du commerce, très développés, suffisaient à la tâche. D'où l'absence tardive, dans l'arrière-pays, de traitants Blancs. Dans les villes, surtout à Porto-Novo, on assista seulement à une hypertrophie du commerce traditionnel. C'est seulement après 1920 que de nombreux traitants africains, Nago pour la plupart, allèrent, grâce à leur camions, chercher directement chez le producteur huile de palme et palmistes.

Les transformations ne datent pas de l'ère coloniale. Elles étaient bien antérieures. Dans les ports, le déclin des 'Brésiliens' en faveur des maisons européennes était devenu irrémédiable depuis 1843 : en essayant — s'il le fit — d'entraver l'évolution, le Cha-Cha avait prouvé sa clairvoyance. Capables de se transformer en revendeurs d'huile de palme, les négriers n'étaient cependant pas en mesure de tenir tête aux Européens sur leur propre terrain.[2] Le Cha-Cha mourut dans les dettes. Martinez fut aux bords de la faillite après 1854.[3]

A partir du moment où l'objet du commerce était un produit de la terre, la société évolua nécessairement vers le *salariat* et *l'appropriation privée*. La conquête, en introduisant le droit romain, ne fit qu'accélérer une mutation déjà irréversible. D'ailleurs, l'administration, dans un premier temps, se contenta de confirmer l'organisation préexistante. Elle substitua son autorité à celle du roi, et reconnut, à côté des droits acquis par les Européens sur la côte, ceux des métis Brésiliens et des 'indigènes' dans les grands centres.[4]

La résistance désespérée du Dahomey ne traduisait pas un refus d'adhérer aux impératifs modernes de la 'civilisation'; c'était au contraire la réaction d'un pays relativement équilibré, jouissant d'un régime politique solide et d'une économie marchande intégrée et bien rodée. D'où l'existence d'une résistance monarchique, d'abord, mais aussi d'une résistance nationale, celle d'une population dont les activités mercantiles menaçaient d'être entravées. De fait, le protectorat sur Porto-Novo

[1] Foà, p. 303 *et seq.*
[2] Skertchly, p. 67.
[3] Ross, p. 87.
[4] Savoriau, p. 22 *et seq.*

(1863), devenu effectif en 1878, défavorisa, en faveur de Lagos, Ouidah et surtout Cotonou où pendant une dizaine d'années les marchandises furent taxées doublement, par les Français et par le roi.[1] La conquête freina plus qu'elle ne favorisa le progrès de l'huile de palme. C'est la constitution *antérieure*, au cours du XIXe siècle, d'une aristocratie terrienne et, par contre-coup, d'un prolétariat rural, contrebalancés par l'existence d'une catégorie marchande remarquablement active, qui fut décisive.

CONCLUSION

L'idée dominante serait donc que le passage de l'économie négrière à l'économie de traite de la fin du siècle ne correspond pas à un bouleversement radical des structures. Il y eut, certes, une série de transformations progressives résultant de l'accroissement du volume et de la rentabilité des échanges; mais il n'y eut pas révolution dans la nature de ces échanges. L'économie a continué d'utiliser peu ou prou les mêmes procédés jusqu'à la prise en main des commandes par l'autorité coloniale aux alentours de la première guerre mondiale. La réponse africaine à l'essor de la demande européenne fut au XIXe siècle une adaptation plutôt qu'une rupture. Cependant, il arrive un moment où les transformations progressives de l'organisation socio-économique impliquent le passage d'un seuil qualitatif. Dans cette mesure, on peut parler d'une mutation intervenue vers le milieu du XIXe siècle, à partir de l'époque où la traite des marchandises l'emporta définitivement sur la traite des esclaves. Mais la rupture fondamentale fut provoquée, beaucoup plus tard, par l'intervention déterminante de l'impérialisme économique. Dans le cas français au moins, la solution de continuité ne se situe pas avant le tournant du XXe siècle, parfois une vingtaine d'années après la conquête politique. Celle-ci, en effet, ne désorganisa pas nécessairement dans l'immédiat les circuits économiques précoloniaux, même si tel était son objectif à long terme.

Ce thème est fondamental. Il permet de remettre en cause, pour l'étude de certains phénomènes économiques, la rupture traditionnelle entre situation précoloniale, c'est-à-dire antérieure à 1880, et situation coloniale. Le commerce africain ne

[1] Newbury, p. 126.

fut pas bloqué par la conquête. Au contraire, celle-ci favorisa le triomphe, et non plus seulement la croissance, de l'*économie de traite* mise en place dès le début du XIXe siècle, et même bien auparavant si l'on y inclut la traite des esclaves.

Le point de rupture fut plus tardif: il se situe au moment où la domination politique autorisa réellement la métropole à substituer à des échanges jusqu'alors théoriquement égaux, ou à peu près, des échanges inégaux. Les responsables du commerce africain se trouvèrent alors dépossédés. Les grandes firmes de traite (S.C.O.A., Unilever, etc.) prirent tout en mains, sauf aux niveaux inférieurs. Cette nouvelle phase qui, elle, bouleversa les structures africaines et stoppa net une évolution jusqu'alors relativement cohérente, intervint assez tardivement et s'épanouit entre les deux guerres mondiales.

Les sociétés africaines n'étaient sans doute pas moins que d'autres capables, quitte à assimiler des éléments venus de l'Occident, de surmonter leurs contradictions et de s'intégrer, sans rupture fondamentale d'équilibre, à un système économique rénové. Mais l'intervention brutale de l'impérialisme économique les fit basculer vers un système adultéré de type colonial ou néo-colonial. Alors seulement, en effet, cette possibilité de progrès des structures internes, déjà amorcé dans certains cas, entra en conflit irréductible avec l'épanouissement d'une économie de traite définie puis entièrement dominée par les puissances coloniales.

Summary

FROM SLAVE TRADE TO PALM-OIL EXPORTATION IN NINETEENTH-CENTURY DAHOMEY

In Dahomey recently expounded theories present, on the one hand the Atlantic trade under the control of a despotic state, and on the other a traditional market commerce in foodstuffs which hardly affected the mass of the farming population living in self-subsisting communities. This scheme would appear to be unacceptable, at least from the beginning of the nineteenth century.

(1) The slave trade was involved in a 'tributary' rather than a despotic relationship with the regime. The king delegated

power to a class of 'merchant-nobles' who were the actual owners of the slaves and received an important percentage of the taxes and dues. These merchants played the role of wholesalers in local markets using their wives as intermediaries. These markets, the traditional domain of women, were distributing points for many goods involved in long-distance trading.

(2) The palm-oil trade was introduced with ease into this situation and provides an example of the integrative capacity of Dahomean commerce. Both the opening of this new market and the supposed decline of the Negro slave trade resulted in a swift internal adaptation.

The new trade in oil was complementary to the slave trade and involved the same privileged persons. The 'caboceers' became large land-holders and used their slaves as labourers. The buying and selling of oil was taken over by the women who assured the link between the trading centres and the peasant communities, which were aided by their traditional agricultural skills and their methods of collective farming.

(3) The colonial conquest only accelerated a change which had begun much earlier. The conditions brought about by wage-earning and private property had already existed previously, with the presence of a landed aristocracy and a rural proletariat, balanced by an active market sector. The whole contained the basis of a favourable situation for the development of a modern trading economy.

III. Asante policy towards the Hausa trade in the nineteenth century

IVOR WILKS

PART I: SALAGA

When and how this place first became a market I found a difficulty in getting accurate information . . . Whether it became a place of importance prior to the Ashanti era, or whether the Ashantis made the market, is a question the answer to which it is difficult to drag out of the obscurity enveloping the past history of this and all the countries in this part of Africa . . . Whether the Ashantis established the market or not, there is no doubt that they appreciated its value, and by their trade were chiefly instrumental in supporting it'—Special Commissioner Lonsdale, Salaga, 1881.[1]

That by 1820 the north-eastern road from Kumasi had become a major outlet for Asante trade

Of the eight great roads that radiated out from Kumasi in the early nineteenth century,[2] that to Salaga (a journey of about two weeks), and thence to Hausaland, had acquired a certain pre-eminence. Dupuis referred to it as 'one of the most beaten roads in Africa'. The Asante, he observed, travelled over it freely to Salaga and Yendi, and sometimes as far as the Niger in the Busa area. They moved, he added, under the protection of Muslim escorts, for the Muslim trader enjoyed highly favourable conditions:

On the journey from Coomassy to Haoussa, he seldom disburses a mitskal of gold or cowries (the value of ten shillings) but, on the contrary, is frequently a gainer by the generosity of princes, and his daily wants are moreover liberally supplied at their expense, and oftentimes with unbounded hospitality.[3]

---

[1] Parliamentary Blue Book, C.3386, Affairs of the Gold Coast, 1882, No. 42.
[2] Bowdich, 1819, p. 162; Dupuis, 1824, pp. xxvii *et seq.*
[3] Dupuis, 1824, pp. civ, cviii, cx.

In the eighteenth century the southern parts of this road had been of administrative and military importance in linking the central government in Kumasi with the Gonja provincial capital of Kpembe and the Dagomba capital of Yendi (first occupied by Asante in 1732/3 and *ca.* 1745 respectively). There is no evidence, however, that the road was of commercial importance in that century. The principal external outlets for Asante trade were the markets on the Gold Coast to the south, dominated by European mercantile companies, and those in the north-western hinterland, such as Bonduku in Gyaman and Gbuipe and Yagbum in western Gonja, dominated by the Dyula. Such trade as did come into the region from the north-east appears to have followed a traverse of the hinterland of Asante, to the markets of the north-west.[1]

That political unrest in the north-west at the beginning of the nineteenth century was the occasion of an Asante decision to develop the north-eastern road commercially

The period of the brief reign of Asantehene Opoku II (*ca.* 1801), and of the early years of that of his successor Osei Bonsu, was one of much unrest in western Gonja. Asante control in the area was threatened by the support given to local secessionist movements by the rulers of the powerful Watara state of Kong. In or about 1802 an Asante army occupied Gbuipe and took captive its ruler.[2] As a result, it would seem that caravans accustomed to using the northern traverse to the markets of western Gonja were re-routed southwards from Yendi along the road linking it, via Kpembe in eastern Gonja, with the Asante capital.

In the late 1820s Osei Bonsu's successor, Osei Yaw (1824–34), sent another punitive expedition into western Gonja as a result of the refusal of the ruler of all-Gonja, in or about 1824, to

[1] See the evidence of Sharif Imhammed, factor in the slave trade to the ruler of the Fezzan, in *Proceedings of the Association for Promoting the Discovery of the Interior Parts of Africa*, London, 1791, pp. 329–32, and map facing p. 311. For the northern traverse, see the route in Bowdich, 1819, pp. 483 and 491, and in Walckenaer, 1821, pp. 453–4. It ran from Zabzugu through Yendi ('Balaghu'), Tampion ('Tanbi') to Daboya ('Burughu') and thence to Yagbum ('the town of the Sultan'). From Yagbum Sharif Imhammed proceeded south to Gbuipe ('Keffee'), Gbonipe ('Gondufee'), and Nkoranza ('Kalanshee').

[2] Dupuis, 1824, p. 248.

supply his quota of fighting men to the Asante armies.[1] On this occasion Yagbum itself was sacked and burned; neither it nor Gbuipe appear ever to have regained commercial importance.

That the development of trade along the north-eastern road was stimula-
ted by a major movement of Hausa and other Muslim traders into
Dagomba and eastern Gonja

In 1817 Bowdich learned that 'Moors' had been settling in Dagomba in great numbers, and that the king, Andani, was much influenced by them.[2] Binger was told of Hausa immigration there at about the time of the *jihad* of ⁱUthman dan Fodio in 1804.[3] Field-data from Yendi suggests that in the period a number of the older-established Muslim offices, including the imamate of Dagomba, came to be held by Hausa immigrants.[4] Maidugufon, in Yendi, and subsequently near-by Gamaji, developed as important entrepôts in the caravan trade. The movement of strangers into the region extended beyond Yendi to Salaga, less than three miles from Kpembe. A late-nineteenth-century history of the growth of the Muslim community there, the *Qissat Salagha* is extant.[5] It reports the arrival in Salaga of an 'Arab from Hausaland' who built a small market-place, and the arrival of a Malam Cediya from Katsina who constructed the first mosque, after which a flood of immigration from the north-east occurred, so that Salaga became 'a town with a population of many races'. Malam Cediya's arrival is dated to the time of the Katsina war, that is, to *ca.* 1807 when the town fell to the forces of the *jihad* and when many of its citizens are known to have fled elsewhere.[6]

[1] See Lander, R. and J., 1832, II, pp. 191–4. But see also Johnson, 1966*b*, for a different interpretation of these events.

[2] Bowdich, 1819, p. 178. 'Inana Tanquaree' may be construed as a Twi rendering, Na Ntan Kwari, of the Dagbane Na Andani Kururi. Andani is known to have been ruling at the time, see Cod. Arab. CCCII, I, f. 107, Royal Library, Copenhagen.

[3] Binger, 1892, vol. I, pp. 187–8.

[4] Phyllis Ferguson is presently engaged upon an intensive study of the Muslim community in Yendi, and I am indebted to her for comments.

[5] El-Wakkad, 1961–2.

[6] See Barth, 1857, vol. I, p. 478.

That the growth of Salaga as a commercial centre was an early nine-teenth-century phenomenon

Eighteenth-century Salaga appears to have been no more than a Nanumba village under the Kpembe ruler's jurisdiction. The mid-eighteenth-century *Tadhkira li'l-Muta'akhirin,* which reports extensively on Kpembe divisional affairs, makes no reference to Salaga.[1] Sharif Imhammed visited various Gonja towns in the 1770s or early 1780s, including Kaffaba less than 20 miles from Salaga, but made no mention of the latter.[2] It was presumably still of no commercial importance. The earliest reference to it, merely as on the route from Daboya eastwards, seems to be that by Abu Bakr al-Siddiq of Timbuktu who passed through Asante in the first decade of the nineteenth century.[3] By 1817, however, Bowdich could describe it as 'the grand emporium' of Gonja, and three years later Dupuis understood that it was twice the size of Kumasi.[4]

The emergence of Salaga as a market-centre seems, then, to have been concurrent with the breakdown of Asante civil administration in its north-western territories, and with the new wave of immigration of Hausa and other Muslim traders into its north-eastern ones. The argument will be that these three occurrences are interrelated.

That the development of the Salaga market was in accordance with Asante government policy

The first Asante military occupation of Gonja appears to have been ordered by the Asantehene Opoku Ware in 1732/3, and a Gonja notice of the king's death in 1750 is evidence of the harsh nature of the early overlordship:

may Allah curse him and cast his soul into hell. It was he who harmed the people of Gonja, oppressing them and robbing them of their property at will. He reigned violently as a tyrant, delighting in his authority. People of all the horizons feared him greatly.[5]

---

[1] *Tadhkira li'l-Muta'akhirin,* Institute of African Studies, University of Ghana, Arabic MSS, IASAR 10–12, etc. Edition in preparation by N. Levtzion and I. Wilks.
[2] *Proceedings,* 1791, map facing p. 311.
[3] Wilks, 1967, p. 168.
[4] Bowdich, 1819, p. 341; Dupuis, 1824, p. xl.
[5] *Tadhkira li'l-Muta'akhirin,* op. cit.

In 1751 the new Asantehene Kusi Obodum dispatched another army into eastern Gonja. The Kpembewura was arrested and taken to Asante where a contract was made regularizing the payment of tribute; thereafter resident Asante officials were stationed in Kpembe.[1] The central government in Kumasi came to exercise close control over the affairs of the division: in 1818, for example, on the occasion of a chieftaincy dispute there, the case was transferred to Kumasi and the disputants obliged to plead before the Asantehene.[2]

It is, then, highly improbable that the early nineteenth-century immigration of Muslim traders into the north-eastern territories, and the development of the Salaga market, could have taken place without the approval of the Asante Government. Moreover, since frontier conditions had come to prevail in the region where the old market of Gbuipe was situated,[3] and since Salaga was located well within the area of effective Asante control, it might seem that Asante chose as a matter of policy to develop the latter at the expense of the former. In this context it is highly significant that the author of the *Qissat Salagha* wrote that the market of Salaga *was* the market of Gbuipe, which was moved first to Mpaha near the confluence of the Black and White Voltas, and thence to Salaga.[4]

That the development of Salaga market was crucially linked with the kola trade

Bowdich shows that, in trade between Kumasi and the northern markets of Salaga and Yendi, kola and salt were the principal commodities exported by the Asante:

the preference of the Ashantees for the Dagwumba and Inta [Gonja] markets, for silk and cloth, results not merely from their having been so long accustomed to them, but because they admit of a barter

[1] Ibid. See also Reindorf, *History of the Gold Coast and Asante*, 2nd ed., p. 133. Reindorf confuses Asante campaigns against Dagomba with those against Gonja, but his 'Nakawa' must be the 'Nakwa' of the *Tadhkira*, i.e. the Kpembewura Napo, who was in office in 1751.
[2] Hutchison, in Bowdich, 1819, pp. 396, 401. The continual struggles for the Kpembe skin throughout the nineteenth century, see also Johnson, op. cit., 1966, and Goody, 1967*b*, *passim*, probably reflects its increased desirability with the growth of the Salaga market.
[3] Gbuipe is shown in De l'Isle's *Atlas*, map dd. 1714.
[4] El-Wakkad, 1961, pp. 26–7.

trade. The Boosee or Gooroo nut [i.e. kola], salt, (which is easily procured, and affords an extravagant profit,) and small quantities of the European commodities, rum and iron, yield them those articles of comfort and luxury, which they could only purchase with gold and ivory from the settlements on the coast.[1]

One of the earliest accounts of the Salaga market was that given in 1822 by a former Kano natron trader, who referred to the Asante bringing salt there, and to collecting kola and storing it in underground pits while awaiting the arrival of the Hausa caravans.[2] When Clapperton joined a Hausa caravan from Gonja in 1826, he noted that the principal cargo of its thousand or more beasts was kola.[3]

In the middle of the century Barth gave an account of the intricate nature of the business operations at Salaga:

As regards Selga, the district to which the Hausa traders go for their supply of this article, three points are considered essential to the business of the kola trade; first, that the people of Mosi bring their asses; secondly, that the Tonawa, or natives of Asanti, bring the nut in sufficient quantities; and thirdly, that the state of the road is such as not to prevent the Hausa people from arriving. If one of these conditions is wanting, the trade is not flourishing. The price of the asses rises with the cheapness of the guro. The average price of an ass in the market of Selga is 15,000 shells; while in Hausa the general price does not exceed 5000. But the fataki, or native traders, take only as many asses with them from Hausa as are necessary for transporting their luggage, as the toll, or fitto, levied upon each ass by the petty chiefs on the road is very considerable.[4]

That the rapid rate of growth of the Asante–Hausa trade was made possible by a steep rise in demand for kola

Politically, as we have noted, it was greatly to the advantage of Asante to relocate the Gonja market within the Kpembe area. That this event was concurrent with an expansion of the kola trade with Hausaland points to one obvious correlation between the two: that in relation to the main centres of kola production,

[1] Bowdich, 1819, pp. 331–4.
[2] Account by Sgt. Major John Frazer, 2nd West India Regiment, in *Royal Gazette and Sierra Leone Advertizer*, 227, 28 September 1822.
[3] Clapperton, 1829, pp. 67–8; 75.
[4] Barth, 1859, vol. III, p. 364.

which lay to both north-west and south-east of Kumasi, Salaga
was ideally positioned for the export trade as Gbuipe was not.

An effect of the wave of Islamic reform that swept Hausaland
in the late eighteenth century, and culminated in ᶜUthman
dan Fodio's call for *jihad* in 1804, was that as communities were
increasingly denied the resort to alcoholic stimulants, so the
demand for kola rose. It is perhaps significant in this context,
that one of the *karamat* or wonders attributed to ᶜUthman dan
Fodio was that he had made an 'incorporeal' journey to Gonja
and had returned with kola.[1]

*That the development of the Asante–Hausa trade was part of the res-
ponse of the Asante Government to the decline in the Atlantic slave
trade in the early nineteenth century*

The collapse of the Atlantic slave trade, following the withdrawal from it of Britain in 1807 and Holland in 1814, does not
appear to have been so damaging to the Asante economy as many
writers have supposed.[2] Certainly none of the several visitors
to Kumasi between 1816 and 1820 gives a picture of an economy
subject to acute strains. Indeed, since Asante could only make
purchases at the coast with gold, which it wished to reserve, or
with ivory, of which it possessed comparatively little,[3] the
Government rapidly reduced trade with the Gold Coast to a
necessary minimum (mainly guns and gunpowder), and turned
instead to the development of its northern outlets. Such was its
ability to mobilize resources that, within a short space of time,
the level of kola collection had been stepped up to meet the
demands of the Hausa caravan traders, and Salaga had been
expanded to handle the greatly increased volume of trade. By
the 1810s the supremacy of the northern trade had been established, and cloth and silk and a range of other manufactured
goods flowed into Asante from the north-east in exchange for
kola.[4] Trade on the Gold Coast fell in volume so disastrously that
the European companies had to abandon many of their lodges
and forts, and both Dutch and British hastened to send trade
missions to Kumasi in an attempt to retrieve the situation.

[1] Gidado Dan Lima, *Raud al-Jinan*, f. 2. For this work on the *karamat* of the
Shehu, written *ca.* 1840, see Last, 1967, p. 210.

[2] For a recent statement, see Fage, 1969, p. 403.

[3] Bowdich, 1819, pp. 334–5; Dupuis, 1824, p. 62.

[4] See, e.g., Bowdich, 1819, pp. 331–4.

There, in 1817, Bowdich rightly recognized the Muslim merchants as the main competitors in trade.[1]

That the Asante Government maintained a general framework of rules within which the Salaga market was operated

Salaga remained under Asante administration until 1874, when the central government's control over the region was destroyed by a series of rural uprisings. An embargo on the export of kola to Salaga was imposed, and thereafter the town declined in commercial importance and the market finally collapsed at the time of the Kpembe civil war of 1892.[2] The Asante Government fostered instead the development of Kintampo, about 100 miles north of Kumasi, as an alternative kola mart, and by the early 1880s it had already taken over much of Salaga's trade.[3]

In the period prior to 1874 the resident population of Salaga was estimated to be between 40 000 and 50 000.[4] This included a large Asante community, many of whom were described in an anonymous Hausa work as 'influential servants [*bayi*, literally slaves] of the king'.[5] Included in this official class was the governor 'Amaki', the head-weaver (*sarkin saka*), and the town warden (*mai jirangari*). An earlier governor of Salaga had been the talented Boakye Tenten who subsequently rose to become the Asante senior councillor for foreign affairs, and in that capacity conducted the negotiations of 1881 with the governor of the Gold Coast.[6] While detailed accounts of the system of administration are lacking, certain of its broad features are known. In order to protect the caravans by reducing brigandage to a minimum, trade in firearms in the region was banned: the Kpembewura himself was denied them,[7] and caravans were searched at various check-points on the roads manned by government officials, the *nkwansrafo* or road-wardens.[8] The administrative officers in Salaga were made responsible for the collection of tax throughout the district, and this was transmitted annually

[1] Ibid., p. 53.
[2] Braimah and Goody, 1967, *passim*.
[3] For Kintampo, see Arhin, 1965.
[4] Bonnat, III, 1876.
[5] See Gottlob Adolf Krauses Haussa-Handschriften, in *Mitteilungen des Seminars für Orientalische Sprachen*, XXXI, 1928, 24 : S35–6; also Opoku, 1885.
[6] I. Wilks, 1966*b*, pp. 224–5.
[7] Hausa MS, op. cit.
[8] See Lonsdale's report of 1882, op. cit.

to Kumasi.[1] The market of Salaga was monetized as a matter of policy: a law was enforced that all transactions had to be in cash, i.e. cowries.[2]

In the eyes of the British political agents active in the region after 1874, Asante control became equated with tyranny, taxation with extortion, and in their reports the Asante administration was presented as one of 'all the unjustness, imperiousness, and brutality which characterized the Ashantee nation'.[3] In the same period, however, Bonnat maintained that 'the Salagas know that only in submitting to Ashantee will the town recover its former importance'.[4] Bonnat, however, was in the service of the Asante Government at the time. A witness without obvious bias was the Mogho Naba of Wagadugu who, after the final destruction of Salaga in the civil war, observed:

that when Ashanti was in power the Gonjas and Dagomba dared not break the market regulations there, and he hoped that the English as successors to Ashanti power in Salaga will regulate Salaga affairs . . .[5]

PART II: KUMASI

'I continued to call on Baba three or four times a week; these visits afforded much information, for at each I found strange Moors just arrived from different parts of the interior, sojourning with him'— Bowdich, on the *shaykh* of the Kumasi Muslims, 1817.[6]

That to stimulate development of the northern trade, the Asantehene Osei Bonsu offered highly favourable conditions of trade to Muslims

Both Bowdich in 1817 and Dupuis in 1820 were perplexed by the economic policies of Osei Bonsu, and both remarked how very little the Asante proper engaged in commerce.[7] But the Asante, explained the king to Dupuis, 'did not understand these things like the inhabitants who lived nigher the great water (Niger)'. The clear implication of the king's remark was that

---

[1] PRO, London, CO 879/52, African West 549, report by Armitage dd. 1 January 1898.

[2] Rattray, 1929, p. 110, citing the testimony of an aged trader.

[3] PRO, CO 96/119, 5162, no. 2: report by Gouldsbury dd. 27 March 1876.

[4] J. Bonnat, *Liverpool Mercury*, 12 June 1876.

[5] PRO, CO 96/277, African West 506: report by Ferguson enclosing notes on proceedings at Wagadugu, 10 July 1894.

[6] Bowdich, 1819, p. 91.

[7] Ibid., p. 335; Dupuis, 1824, p. 167.

non-Muslim Asante traders had little hope of penetrating the
extraordinarily complex network of commercial relations that
the Muslims had built up, over the centuries, throughout
West Africa and the desert.[1] It was, therefore, to stimulate
Asante trade with the north that Osei Bonsu took the decision
to encourage Muslim settlement in Kumasi itself. Dupuis suggested to the king that the immigrant traders should be taxed,
to yield revenue for his government. 'The Ashantee fashion is
different,' maintained the king. The traders who came to Kumasi
were men of substance with whom he might exchange gifts.
'I cannot tell them,' he added,

to give me gold, when they buy and sell the goods . . . but I must
give them gold and provisions, and send them home happy and rich,
that it may be known in other countries that I am great king, and
know what is right.[2]

That the movement of Hausa and other Muslim traders into the north-
  eastern territories in the early nineteenth century was continued into
  Kumasi itself

A Muslim community, largely Dyula by origins, had grown up
in Kumasi in the course of the eighteenth century. Dominated
by immigrants from Asante's northern provinces, who were
therefore in a broad sense Asante nationals, this community
became known as the *Asante Nkramo*, 'Asante Muslims', though
few Asante in the narrower (ethnic) sense became converts. In
the early nineteenth century a new wave of Muslim immigration into Kumasi occurred: Bowdich referred to it as 'the comparatively recent establishment of the Moors',[3] and wrote of
'the hourly arrival in Coomassie of visitors, merchants, and
slaves' from the north.[4] The newcomers were not Asante nationals, and were essentially transient: temporarily resident but
not domiciled in the capital. The high status of many of the
visitors, as pointed out by the king to Dupuis, is exemplified in
such persons as the Katsina *hajj*, 'a tall, athletic, and rather

---

[1] See the example of Abu Bakr al-Siddiq of Timbuktu and Jenne, whose
immediate family was represented in Bornu, Katsina, Massina, Kong and Buna,
in Wilks, 1967*b*, pp. 152 *et seq.*

[2] Dupuis, 1824, p. 167.

[3] Bowdich, 1819, pp. 228, 232.

[4] Bowdich, 1821, p. 2.

corpulent man, of a complexion resembling an Arab, or Egyptian', who commanded a Muslim contingent in the Asante army that arrived on the Gold Coast in 1807;[1] the Bornu *sharif*, Ibrahim, who arrived in Kumasi *ca.* 1815 and left in 1818 in charge of a Meccan caravan;[2] and the Katsina merchant 'recently arrived [in 1820] at Coomassy on a trading speculation from the former city'.[3] Such visitors may be supposed to have been concerned, in conjunction with the Asante authorities, in the high-level planning of trade: in attempting to relate supplies to demands. Their political counterpart was the resident ambassador from 'Malabar', i.e. Hausaland, whom Huydecoper met in the capital in 1816.[4] In view of the importance of the Mossi donkey-trade in the development of the north-east traffic, it may also be that the beginnings of the annual exchange of gifts between the Asantehene and the Mogho Naba of Wagadugu are to be sought for in this period.[5]

That the growth of Muslim power in Kumasi in the earlier nineteenth century became inimical to the interests of the Government

Both Bowdich and Dupuis testified to the extraordinary influence which the Muslims had acquired in Asante affairs by the 1810s. The correspondence in Cod. Arab. CCCII between Osei Bonsu and various imams in the northern provinces shows vividly the extent to which the king, 'the saviour of the Muslims', had come to depend upon these subjects.[6] Yet, in a period when militant Islamic reform movements were sweeping many parts of the western and central Sudans, the king and his councillors could not have been unaware of the risks in the situation: that the Muslims would regard their loyalty to Islam as transcending that to Asante in circumstances where the two were in conflict.

---

[1] Meredith, 1812, pp. 157–8.

[2] See Wilks, 1966a, pp. 323, 332.

[3] Dupuis, 1824, p. cxxxiii, and also p. 137 for what may be the same person.

[4] State Archives, The Hague, papers of the Dutch possessions on the Coast of Guinea, 349: Journal of a visit to Kumasi, entry for 16 June 1816. 'Malabar' is the Twi *mmarwa*, from Dyula *maraba*, 'Hausa'. Huydecoper described the ambassador as 'royal'.

[5] See Koelle, 1854, p. 6: evidence of Andrew Dixon, a Mossi from Kupela, 'Wardyga (Wagadugu), the Mossi capital, whither the king of Asante often sends presents'. See also E. P. Skinner, 1964, p. 97.

[6] See Levtzion, 1965.

The first recorded instance of such conflict was in 1818, at the time of the campaign against Gyaman. A contingent of Muslim troops was commanded by Baba, head of the Kumasi community. Finding himself required to fight against his co-religionists, however, Baba deserted from the army. The king threatened him with death, but spared him since he was a holy man, and by 1820 he appears to have been largely restored to favour.[1]

Few sources exist for the study of central Asante over the next two decades. During the early years of the reign of Kwaku Dua (1834–67), however, the then *shaykh* of the Kumasi Muslims was involved in a conspiracy against the king in collusion with the Gyaasewahene Damte, head of the bureaucracy. Damte was executed, but in 1839 the Muslim leader was still held prisoner, presumably awaiting trial.[2] Unfortunately nothing is known of the nature of the Muslim interest in the attempted *coup*.

That Kwaku Dua closed Kumasi to the immigration of non-Asante Muslims

The author of the *Qissat Salagha* makes it clear, that in the period preceding 1874 Hausa traders were not permitted to proceed further into Asante territory than Salaga:

The Hausa used to come to Salaga with their belongings, and trade in kola. They could not cross the Yagi river [i.e. the Volta at Yeji] because the Asante would not let them do so.[3]

A fuller account of the matter is given by al-Hajj ᶜUmar b. Abi Bakr (d. 1934), himself a member of an old-established Hausa trading family:

My knowledge of Asante affairs is not great, but I know it to be true that there was not one Zongo [i.e. stranger Muslim community] in the whole land of Asante until Kumasi was conquered at the time of the Sultan of Asante, Karikari [i.e. 1874]. Up to that time the land of Asante was closed. No Hausa entered it, and no-one else except slaves who the Asante bought. The market was at the town of Salaga . . . Hausa, Mossi, Dagomba, Borgu, Nupe and Wangara took their goods to Salaga to sell, and bought kola from the Asante,

---

[1] Dupuis, 1824, p. 98.
[2] Beecham, 1841, p. 93, using evidence from the missionary J. B. Freeman.
[3] El-Wakkad, 1961, pp. 28–30.

K

and returned to their own lands. They did this until the time of the
war between Karikari and the Christians.[1]

Barth's account of the structure of trade at Salaga (see above)
suggests that the exclusion of the stranger Muslims from Kumasi
had occurred before 1850. It seems reasonable to suppose that
the policy was initiated by Kwaku Dua in the early years of his
reign, and that Muslim participation in the conspiracy against
him in the late 1830s was either an immediate cause of, or
consequence of, the new policy. It is on record that in or about
1844 Kwaku Dua prohibited the residence of coastal traders in
Kumasi:[2] it seems not unlikely that this edict, and that effecting
the northerners, were of the same date.

Although exclusion of the Asante Nkramo from Kumasi was
never at issue, its member being Asante nationals, later in his
reign Kwaku Dua incorporated the community more fully
within the Kumasi political establishment. His Nsumankwa-
hene or chief physician was made directly responsible for its
affairs, and immediately superordinate to the Asante Nkramo
imam, an office that was vested in a Dyula Kamaghatay lineage
from Gonja. The outcome of Kwaku Dua's Muslim policies was
effectively to prevent the consolidation in his capital of a distinctly Muslim interest.

That increasing 'bureaucratization' of trade between Kumasi and
Salaga was made possible by the exclusion of the stranger Muslims

There is no evidence to suggest than any major dislocation of
trade, or of the Salaga market, resulted from the exclusion of the
Hausa from metropolitan Asante. Indeed, Kwaku Dua's
policies may be seen as a logical outcome rather than a reversal
of those of Osei Bonsu: the one ruler was concerned with stimu-
lating a new enterprise, and the other with maximizing the
Asante interest in an already developed one. One result of the new
controls was that the Asante Government was able the more
effectively to regulate the passage of kola between the collection
centres and the Salaga market. Rattray obtained information
on the marketing system from an aged informant who testified

[1] Ahmad Baba al-Wa'iz, 1950, pp. 84–6, citing al-Hajj ᶜUmar.
[2] State Archives, The Hague: archives of the Dutch possessions on the Coast of
Guinea, KvG 365, Elmina Journal, entry dd. 31 December 1844.

to the high degree of bureaucratic control to which it was subject. Much of the trade was conducted by lesser public functionaries, the *batafo*, and the *nkwansrafo* or road-wardens were empowered to close the roads to all other traders while the *batafo* reached the early market where prices were high.[1]

It is worthy of note that the Mogho Naba of Wagadugu similarly sought to establish his control over trade between his capital and Salaga:

The king of Mosi considers it undesirable to have a market near his capital, as he is desirous to monopolize the Salaga trade by sending as heretofore his four or five great caravans every year and selling the goods he receives to neighbouring tribes.[2]

That the policy of Kwaku Dua towards the stranger Muslims was relaxed by Mensa Bonsu after 1874, and finally rejected by the British in 1896

In the aftermath of the brief British occupation of Kumasi in 1874, the Asantehene Mensa Bonsu (1874–83) launched a programme to modernize the Asante army. Numerous Hausa were recruited into service, and by 1879 'the Ashanti corps of Houssas' was thought to number between three and four hundred, and was still being expanded. The higher posts in it, however, were held by Asante, since, so it was reported,

there was a jealous fear that they [the Hausa] might, in time, get too much the upper hand (like the Pretorian Guard of Rome) or enter into negotiations with the strong Mahommedan population of Salaga.[3]

Despite such fears, there is some evidence that the policy towards the Muslim traders was being relaxed somewhat, a few being allowed even to pass through Asante to the Gold Coast. 'If Ashante inspires fear,' observed the Acting Administrator of the Gold Coast,

she is also undoubtedly respected; and it may be here remarked that the few Mohammedans who pass by Kumassi to the coast towns seem especially to like her.[4]

[1] Rattray, 1929, pp. 109–11 and 187.

[2] PRO CO, 879/38, African West 448, p. 35: Ferguson to Governor dd. 19 November 1892.

[3] National Archives of Ghana, Accra, ADM/1/642, Dudley to Hay dd. 25 March 1879. See also Wilks, 1967a, p. 227.

[4] Salmon, 1882.

Nevertheless, it is clear that it was only after the British occupation of Kumasi in 1896, and the deportation of Asantehene Prempeh, that the capital was opened once more to unrestricted immigration. The rapid growth of the Zongo, and the rise to power in Kumasi of its Hausa leaders, has been excellently described by Schildkrout.[1]

In 1900 the Asante fought their last war with the British. The fears which had beset successive kings about the loyalty of the stranger Muslims towards Asante was shown on this occasion to be real enough: while the Asante Nkramo remained faithful to the Golden Stool even though its occupant was in exile, the Muslims of the Zongo supported the British. But well they might, for one of the main items in the manifesto of the Asante leaders was, 'All Coast traders and civilian Haussas to leave the country.'[2]

POSTSCRIPT

It is beyond the scope of this paper to consider the policies adopted by British colonial administrators towards the Muslims, though in the period 1900–57 the Zongo community in Kumasi grew to one of upwards of 60 000 persons. Nor can the important part played by the Muslims in the political struggles preceding the advent of Independence in 1957 be more than mentioned. It is worthy of comment, however, that the Muslim question has become a critical one in post-independence Ghana. Today the interests of the stranger Muslims are largely though not exclusively represented by the body known as the Muslim Community, while the much smaller Muslim Mission claims to represent those of indigenous Ghanaian origins. Violence erupted after the death of the Hausa imam of the Kumasi Friday mosque in 1968, and the view was increasingly voiced by members of the Mission, that the stranger Muslims, as 'aliens', should be encouraged to leave the city.[3] In late 1969 the Ghana Government decided to expel from the country *all* non-Ghanaians not in possession of residence permits, and this led to an immediate and massive exodus of, among others, stranger Muslims. Where-

---

[1] Schildkrout, 1968 and 1969*a*.

[2] Armitage and Montanaro, 1901, p. 65.

[3] See Schildkrout, 1969*b*. I am indebted to Miss Schildkrout for access to her unpublished papers.

as the policy of Kwaku Dua's government conserved for Asante the entrepreneurial skills of the strangers by allowing them to remain in such provincial towns as Salaga, that of Dr. Busia's government has been based on the calculation that such skills can now largely be dispensed with. It is hoped, however, that the brief analysis of the nineteenth-century origins of the problem offered in this paper may seem not completely irrelevant to the present-day situation: for the issue which has faced successive Gold Coast and Ghana governments in the twentieth century is both causally related to, and structurally analogous with, that of concern to the rulers of nineteenth-century Asante.[1]

Résumé

LA POLITIQUE ASANTE A L'ÉGARD DU COMMERCE HAUSA AU XIXe SIÈCLE

Les sources montrent que, vers 1820, le débouché principal du commerce à longue distance Asante était la route du Nord-Est conduisant au pays Hausa et au Bornou. Un des événements qui contribuèrent à l'accroissement de ce débouché fut la désorganisation du commerce qui s'effectuait sur une ancienne route du Nord-Ouest partant de Kumasi, consécutive aux révoltes des environs de 1802 du Gonja occidental, que cette route traversait. Au début du XIXe siècle, une importante migration de commerçants hausa et musulmans venant du Nord se produisit vers le Nord-Est de l'arrière-pays Asante. Nombre d'entre eux s'établirent à Yendi, la capitale Dagomba, tandis que d'autres fondaient le marché de Salaga dans l'Est du Gonja, sur la route allant de Yendi à Kumasi. Le développement du commerce, dirigé vers le Nord-Est et la croissance de Salaga, devaient entrer dans les vues de la politique du gouvernement Asante, car le Dagomba était placé alors sous un protectorat Asante et la province de Kpembe du Gonja, à laquelle Salaga appartenait, était étroitement contrôlée par l'administration Asante.

Le rôle joué par les marchands étrangers de Salaga dans le commerce de la cola vers le pays Hausa et au-delà fut décisif,

---

[1] I wish to acknowledge the considerable assistance in the preparation of this paper of Phyllis Ferguson of Newnham College, Cambridge. My debt to Marion Johnson of the Centre of West African Studies, University of Birmingham, is also great: her *Salaga Papers* have proved an invaluable source of information.

car la demande de cola augmenta brutalement à la suite de l'essor des mouvements militants de réforme musulmane qui balayèrent le Soudan central et occidental à la fin du XVIIIe et au début du XIXe siècle. Les provinces intérieures Asante du Nord-Ouest et du Sud-Est de Kumasi étaient des régions grosses productrices de cola. Après le déclin de la traite maritime des esclaves, au début du XIXe siècle, le gouvernement Asante encouragea l'exportation de cola vers le Nord, afin de réajuster l'économie en fonction de la perte que représentait la disparition de la traite des esclaves vers le Sud. Le commerce sur la Gold Coast avec les compagnies européennes fut réduit au minimum et la plupart des marchandises importées, telles que l'étoffe, furent acquises désormais sur les marchés septentrionaux en échange de cola. Le gouvernement Asante entretint un dispositif réglementaire dans le cadre duquel fonctionna le marché de Salaga où de nombreux fonctionnaires du gouvernement central furent installés. La migration de commerçants hausa et autres, en provenance du Nord-Est, se poursuivit au début du XIXe siècle, au-delà de Yendi et de Salaga et même jusqu'à Kumasi. Le roi Osei Bonsu (*ca.* 1801–24) leur offrit des conditions éminemment favorables pour le commerce et une organisation hautement centralisée du commerce fut probablement mise en place à Kumasi, afin de coordonner l'offre et la demande.

A mesure que la puissance des immigrants musulmans s'affermissait, certains événements révélèrent que leur fidélité à l'Islam pouvait entrer en conflit avec les intérêts Asante. En 1818, le shaykh des musulmans de Kumasi, enrôlé dans une armée Asante, déserta quand on lui demanda de combattre ses coréligionnaires et, vers la fin des années 1830, le shaykh d'alors fut mêlé à un complot contre le roi Kwaku Dua (1834–67). Ces situations conflictuelles aboutirent à la modification de la politique Asante à une date antérieure à 1850 (et peut-être en 1844), et tous les musulmans qui n'étaient pas Asante furent expulsés de Kumasi et se virent interdire le droit de pénétrer en territoire Asante au-delà de Salaga.

Désormais le commerce entre Kumasi et Salaga fut effectué par des Asante, opérant fréquemment sous contrôle administratif tandis que les Hausa et les autres musulmans étrangers continuaient à organiser des caravanes le long des routes convergeant vers Salaga.

La politique d'exclusion se relâcha légèrement sous le règne du roi Mensa Bonsu (1874–83) mais ce n'est qu'au moment de l'occupation anglaise de l'Asante en 1896 que Kumasi fut de nouveau ouverte à une immigration illimitée. L'expulsion des Hausa de la ville était l'un des points les plus importants des revendications présentées par les chefs Asante, au temps de la dernière guerre Anglo-Asante en 1900.

Entre 1900 et 1957, sous l'administration coloniale, la communauté musulmane étrangère à Kumasi compta jusqu'à plus de 60 000 personnes. Aujourd'hui le problème musulman, à Kumasi et au Ghana dans son ensemble, est en passe de devenir l'objet de vives controverses politiques et cet article traitant de ses origines au XIXe siècle est proposé comme contribution à la compréhension des problèmes y afférant.

TRADE AND SOCIAL ORGANIZATION

IV. Commerce pré-colonial et organisation sociale chez les Dida de Côte d'Ivoire

Nous voudrions mettre en lumière, à partir de l'exemple des Dida de Côte d'Ivoire, quelques uns des effets que le commerce pré-colonial peut entraîner sur l'organisation sociale d'une population vivant en économie d'auto-subsistance, au sens donné à ce terme par Claude Meillassoux (Meillassoux, 1964), et montrer que ce commerce ne peut en aucun cas être regardé comme une activité accessoire, à laquelle la structure sociale resterait indifférente.

Pour reprendre la terminologie de P. Bohannan, l'économie traditionnelle dida est une économie multicentrique. Bohannan écrit :

A multicentric economy is one in which a society's exchangeable goods fall into two or more mutually exclusive spheres each marked by different institutionalization and different moral values. In some multicentric economies these spheres remain distinct, though in most there are more or less institutionalized means of converting wealth from one into wealth in another (Bohannan, 1963).

Bohannan appelle 'conveyances' (transferts) les échanges à l'intérieur d'une sphère et 'conversions' (conversions) les échanges d'une sphère à l'autre. Transferts et conversions peuvent être régis par différents principes. Rappelons la distinction proposée par Polanyi entre trois formes principales d'organisation des échanges : (1) échanges par l'intermédiaire du marché. (2) échanges par voie de redistribution, une instance centrale prélevant les richesses au moyen de tributs, taxes, corvées, etc., et les redistribuant sous forme de services économiques ou rituels, de fêtes, d'assistance en cas de détresse etc. (3) échanges par voie de réciprocité, c'est-à-dire prestations réciproques entre groupes symétriques de même statut.

Ces définitions posées, on peut distinguer au sein de l'économie traditionnelle dida quatre sphères de circulation des biens, ou quatre circuits d'échange hiérarchisés. Les terres n'en font pas partie: d'une part elles sont inaliénables; d'autre part chacun peut avoir librement accès aux terres 'vierges'. Par ordre de prestige croissant, nous avons donc:

— La sphère des biens de subsistance, au sein de laquelle les échanges s'opèrent par voie de réciprocité. Cette sphère est la moins valorisée des quatre, et, exception faite des cabris et du gibier, elle est réservée aux femmes.

— Une seconde sphère associe aux Dida un certain nombre de partenaires étrangers: les Avikam et les Godié d'une part, les Gouro d'autre part. Font également partie de cette sphère les transactions qui lient les Dida aux colporteurs Apolloniens venus de la côte. C'est sur cette sphère que nous allons nous attarder.

— Une troisième sphère est celle des pagnes de funérailles: les échanges s'y opèrent par voie de réciprocité.

— La quatrième sphère est celle des biens matrimoniaux: les femmes s'y échangent contre des bœufs et des manilles. Au sein de cette sphère, les échanges entre groupes s'opèrent par voie de réciprocité, la répartition à l'intérieur de chaque groupe étant faite par voie de redistribution sous la responsabilité des aînés.

Comme on va voir, seule la seconde sphère peut être désignée du terme de commerce. Le mouvement des biens s'effectue selon une direction générale Nord-Sud. Les Dida 'descendent' vers la côte en apportant des captifs, du caoutchouc et de l'ivoire, et ils 'remontent' vers l'intérieur avec des 'marchandises', des armes, des pagnes et des manilles. On peut distinguer en pays dida deux routes commerciales principales: l'une conduit de la région de Divo à Yokoboué en passant par Tableguikou et Guitry, l'autre de la région de Lakota à Fresco en passant par Kazeriboué et Gbagbam. C'est donc à Yokoboué et à Fresco que les Dida rencontrent leurs partenaires Avikam et Godié. Les transactions entre Dida et colporteurs Apolloniens portent sur les mêmes biens, mais elles s'accomplissent à l'intérieur du pays dida, les colporteurs remontant du Sud au Nord. En particulier, ce sont ces colporteurs qui ravitaillent en lingots de fer les forgerons dida, dont le rôle se borne à raffiner et façonner le métal. Ce circuit a un prolongement vers le Nord : les Dida se procurent des pagnes en pays gouro et en pays baoulé avec des manilles. Enfin les Dida disposent d'une dernière façon de se procurer des manilles : le transport du sel du Sud vers le Nord. Dans cette seconde sphère, les échanges s'opèrent par la voie du marché : ce circuit constitue en quelque sorte un marché périphérique aux frontières de l'économie d'auto-subsistance qu'est pour l'essentiel l'économie traditionnelle dida ; les manilles y jouent le rôle de moyen d'échange ; elles sont ce que P. Bohannan appelle 'a special purpose money'.

Bien que, dans la hiérarchie des sphères, le commerce avec la côte soit, comme on l'a vu, placé assez bas, il joue un rôle décisif dans la vie sociale. C'est en effet grâce à lui que les Dida se procurent une partie importante de leurs moyens de production, à savoir l'ensemble des outils en fer, haches, machettes, coutelas etc. C'est lui d'autre part qui leur fournit les fusils, les balles et la poudre : il conditionne par conséquent la poursuite de cette activité essentielle pour les Dida qu'est la guerre. Enfin c'est lui qui alimente la circulation des biens dans les deux sphères économiques les plus prestigieuses : celle des pagnes de funérailles et celle des biens matrimoniaux. Comme P. Bohannan l'a montré, les échanges entre sphères, ou conversions, sont soumis à des règles sociales strictes : en pays dida, ces règles sont les suivantes :

— La première sphère, celle des biens de subsistance, est rigoureusement isolée des autres.

— Les pagnes reçus dans la seconde sphère peuvent entrer dans la troisième ; de même les manilles reçues dans la seconde sphère peuvent servir à acheter des pagnes qui entreront dans la troisième ; elles peuvent également entrer dans la quatrième sphère ; un 'père' peut vendre comme captif son fils cadet (seconde sphère) et, avec les manilles reçues, procurer une femme à son fils aîné (quatrième sphère).

— En revanche lorsque des biens — pagnes ou manilles — sont entrés dans la troisième ou dans la quatrième sphère, ils n'en peuvent plus sortir: ils font désormais partie du patrimoine du lignage, et quiconque tenterait de les convertir en sens inverse, de prélever des pagnes de funérailles ou des manilles reçues en dot pour se procurer du fer ou des armes, par exemple, serait regardé comme un dilapidateur et bientôt privé du contrôle de ses biens.

C'est donc le commerce avec la côte qui assure la continuité de la circulation des biens dans les troisième et quatrième sphères: or cette circulation est en quelque sorte la base matérielle de relations sociales d'importance capitale, puisqu'il s'agit d'une part des cycles d'échanges funéraires qui lient entre eux les lignages dida, et d'autre part des alliances matrimoniales par lesquelles ces lignages se reproduisent. Le commerce avec la côte réalise donc les conditions matérielles de ces relations: pratiquer ce commerce est par ailleurs la principale méthode dont dispose un lignage dida pour accroître son patrimoine, et renforcer sa position dans la compétition sociale, en particulier dans la compétition autour des femmes. On ne s'étonnera donc pas des effets qu'il peut avoir sur l'organisation sociale des Dida.

Ces effets peuvent être classés sous trois rubriques, selon qu'ils concernant la structure lignagère, les échanges matrimoniaux ou l'organisation politique.

I. EFFETS DU COMMERCE AVEC LA CÔTE SUR LA STRUCTURE LIGNAGÈRE

Nous avons montré ailleurs qu'un lignage dida dispose de deux voies d'accès aux épouses, l'une facile, l'autre difficile. Il peut d'une part utiliser sa réserve de filles à marier, et se procurer des femmes avec les dots qu'il recevra pour elles: c'est la voie facile; mais cette réserve peut être insuffisante; le nombre des 'sœurs' peut être parfois inférieur à celui des 'frères', et du fait de la polygamie on peut estimer que l'offre de 'sœurs' est généralement inférieure à la demande d''épouses'. C'est alors le commerce avec la côte qui permet au lignage de combler son déficit. Mais ce commerce ne saurait être qu'une entreprise collective: une expédition à Lahou ou à Fresco est une opération hasardeuse que seuls des groupes importants peuvent réussir; les biens convoyés dans une direction ou dans l'autre doivent être placés sous bonne escorte — un voyageur isolé

court en effet grand risque d'être 'saisi' et vendu comme captif
— tandis qu'un nombre suffisant de gardiens doivent être
laissés au village. Les nécessités du commerce avec la côte contribuent donc à empêcher cette dissociation du lignage en
cellules plus étroites que tant de facteurs — la rivalité autour
des femmes, les querelles d'héritage, les accusations de sorcell-
erie — favorisent. D'autre part l'expédition vers la côte exige la
coopération de tous les membres du lignage: car si les jeunes
disposent de la vigueur nécessaire pour affronter les fatigues du
chemin, seuls les vieux possèdent le savoir social indispensable
au succès: seuls ils peuvent indiquer les routes sûres, les villages
alliés où l'on pourra trouver aide et assistance, etc. Bien loin de
permettre l'éclatement des communautés et l'émancipation de
ses membres les plus ambitieux, comme c'est souvent le cas
ailleurs, le commerce avec la côte nous semble en pays dida
jouer un rôle important dans le maintien de la cohésion du
lignage. La conduite de ce commerce suppose la participation
de tous les membres de la collectivité, et plus celle-ci est importante et solide, plus les chances de succès sont grandes.

II. EFFETS DU COMMERCE AVEC LA CÔTE SUR LES ÉCHANGES MATRIMONIAUX

En étudiant la configuration de l'aire matrimoniale des villages
où nous avons travaillé, nous avons découvert une remarquable
dissymétrie: les filles nées dans le village vont se marier vers le
Sud, tandis que les femmes mariées dans le village viennent du
Nord.[1] Pour le village de Zokolilié, par exemple, nous avons
obtenu en ajoutant à notre recensement les indications fournies
par les généalogies, les résultats suivants: (1) une zone centrale,
s'étendant à l'est et à l'ouest du village qui a fourni 35 pour cent
des épouses et accueilli 38 pour cent des 'sœurs' (filles nées dans
le village); (2) une zone Nord qui a fourni 54 pour cent des
épouses et accueilli 5 pour cent des 'sœurs'; (3) une zone Sud
qui a fourni 4 pour cent des épouses et accueilli 42 pour cent des
'sœurs'.[2]

Selon nos informateurs, cette dissymétrie s'explique par les
effets prolongés du commerce pré-colonial, et en particulier du

---

[1] Le mariage en pays dida est viri-patrilocal.
[2] Les cas restants concernant les filles qui se sont mariées soit dans le village, soit
dans des villages lointains et dispersés (région de Divo, de Gagnoa, etc.).

commerce des captifs. Celui-ci était orienté du Nord au Sud; un village n'envoyait donc pas ses filles vers le Nord: on ne donne pas volontiers sa fille à un homme que l'on pourrait acheter comme captif: en revanche, il avait tout intérêt à les diriger vers le Sud: il se procurait ainsi des alliés et des neveux utérins dans les régions qui le séparaient de la mer; les hommes du village s'arrêtaient chez ces alliés et ces neveux lorsqu'ils se rendaient sur la côte. Au cours de ce voyage périlleux dans une contrée hostile, chacune des localités où s'était mariée l'une de leurs sœurs constituait pour eux une étape où ils étaient assurés de trouver aide et assistance.

Cette dissymétrie aurait dû conduire à une accumulation des femmes dans les villages situés près de la mer. Nous n'avons pu vérifier s'il en était bien ainsi, mais on peut remarquer que les Avikam matrilinéaires épousent volontiers des femmes dida, afin de transmettre leurs biens à leurs fils, alors que l'inverse n'est pas vrai.

III. EFFET DU COMMERCE AVEC LA CÔTE SUR L'ORGANISATION POLITIQUE

Un certain nombre d'institutions en pays dida ont parmi leurs fonctions celle d'assurer la sécurité du voyageur. La société dida est une société segmentaire dépourvue de tout pouvoir politique centralisé; avant la colonisation, la guerre y sévissait de façon endémique. Or le commerce ne peut se développer sans qu'un minimum de sécurité soit garanti à ceux qui y participent. A défaut d'un pouvoir central capable de maintenir l'ordre, les Dida se sont donnés des institutions spécifiques pour obtenir cette garantie. Nous avons décrit ailleurs le rôle des *yuru*: l'ensemble des Dida serait réparti en quatre catégories appelées *yuru*, chacune caractérisée par un interdit déterminé se transmettant par la mère. Le *yuru* joue un certain rôle dans la régulation des échanges matrimoniaux, puisqu'il est déconseillé aux membres du même *yuru* de se marier. D'autre part — et c'est ce point qui nous intéresse — les membres du même *yuru* se doivent aide et assistance. Voici comment nous a été décrits cette obligation: 'Quand tu vas dans les villages qui sont au delà de Lakota, on te demande de quel *yuru* tu es, et tu diras: je suis de ce *yuru*; on te dira alors: voici ton frère. Il t'emmènera et il suppliera les villageois de ne pas te faire de mal; s'ils veulent te saisir pour te vendre, c'est lui qui leur donnera l'argent afin qu'ils te relâchent.' Dans les villages où Ego a des parents, des alliés ou des 'camarades', ceux-ci se chargent de l'accueillir et de le protéger. Mais dans les zones où il ne connaît personne, il court grand danger d'être saisi et vendu comme captif; c'est alors que le *yuru* intervient pour lui fournir un recours contre ce danger.

Cette obligation d'hospitalité et d'assistance constitue également un aspect important des relations d'alliance politique qui lient les villages dida entre eux et les Dida aux peuples voisins. Certes, les alliances intérieures au pays dida ont pour fonction principale la régulation de la guerre et celle du mariage. En revanche les alliances qui unissent les Dida aux Abbey, Attié, Abidji, Adioukrou, Godié, Neyo et Krou — quelles que soient les circonstances de leur conclusion — n'interviennent dans la vie sociale qu'à l'occasion des voyages que les ressortissants de ces différents peuples font en pays dida, ou que les Dida font chez eux. On remarquera d'une part que le pays dida est le centre unique de ce réseau d'alliance, chacun des peuples constituant le réseau n'étant lié qu'aux seuls Dida, et d'autre part que les quatre dernières populations de notre énumération habitent la côte et servent d'intermédiaires entre les Dida et les commerçants européens qui fréquentent Fresco ou Sassandra. On peut donc penser que ces alliances ont pour effet, sinon pour but, de permettre la sécurité du commerce.

Certes, l'économie traditionnelle des Dida est pour l'essentiel, nous l'avons dit, une économie d'auto-subsistance. Cependant, des aspects très importants de l'organisation sociale dida ne sauraient être expliqués sans référence au rôle que jouent les Dida dans la veste commerce intertribal qui unit dès le XVIe siècle la côte de Guinée aux régions de l'intérieur de la Côte d'Ivoire. Après avoir été longtemps sous-estimées, l'importance du commerce pré-colonial et l'efficacité de son action sur les structures sociales sont aujourd'hui largement reconnues, et nous avons simplement voulu en apporter un nouveau témoignage.

L

Summary

PRE-COLONIAL TRADE AND SOCIAL ORGANIZATION
AMONG THE DIDA OF THE IVORY COAST

Dida society is segmentary and self-subsisting. However, the Dida played an important part in the trade between the littoral of the Guinea Coast and the Ivory Coast interior. The trade involved slaves, ivory, and rubber which were exchanged by the Dida for the salt, iron, arms, cloths, and manillas of the coastal peoples. It was this trade which provided the Dida with means of production and also the wherewithal to fight the wars which were such an important activity. Trade also provided goods involved in funerary and matrimonial exchanges. In different ways it affected Dida social organization: it was a factor in lineage cohesion and it led to a marked dissymmetry in the configuration of matrimonial relations. Married women in any one village come from the north, while girls born in the village go south to marry. Finally there are various institutions which among other functions serve to provide security for trading.

V. L'organisation du commerce pré-colonial en Basse-Côte d'Ivoire et ses effets sur l'organisation sociale des populations côtières

MARC AUGÉ

La bande littorale comprise entre l'actuel Fresco et l'actuel Grand-Bassam fut dès le XVIIe siècle le lieu d'un commerce actif. Nous nous intéresserons ici aux courants commerciaux dont la région de Grand-Lahou (avikam) et celle de Grand-Jacques et Jacqueville (alladian) furent les aboutissements. Les échanges entre les côtiers et les Européens furent nombreux dans ces régions qui constituaient, grâce au Bandama, le débouché maritime naturel de Tiassalé et du pays baoulé. Avikam et Alladian se trouvaient en situation d'intermédiaires entre les Européens et les populations de l'intérieur; certains d'entre eux eurent des relations commerciales directes avec Tiassalé, mais la remontée des produits vers le Nord s'effectua aussi par l'intermédiaire des Dida, Adioukrou et Ebrié, eux-mêmes relayés par des populations plus septentrionales: Gagou, Abidji, Abé, Atié. Naturellement, les Dida et les autres populations de l'intérieur pratiquaient aussi le commerce de traite, assurant la 'descente' des produits de l'intérieur et la 'remontée' des produits européens et du sel. Mais ils étaient également producteurs. Les grands lignages des côtiers (Avikam et Alladian) furent presque exclusivement commerçants.

L'existence de relais[1] assez courts d'une part, l'absence de

---

[1] Le terme 'relais' doit se comprendre ici par référence à une distinction entre relais et réseaux qui nous a été suggérée, à J. L. Boutillier et à moi même, par l'exemple des circuits commerciaux repérables en Côte d'Ivoire. Au nord de celle-ci le transport des marchandises transitant depuis la périphérie du Sahara jusqu'au golfe du Bénin était effectué sur de longues distances par un même convoyeur; au sud, de la côte vers l'intérieur, ou inversement, les frontières entre ethnies ou entre

véritables marchés d'autre part caractérisent l'organisation commerciale traditionnelle, chaque traitant de la Côte ayant des clients attitrés a l'intérieur. Il faut ajouter que pour certains produits — et toujours par l'intermédiaire des côtiers — les échanges se firent exclusivement ou presque entre Européens et riverains des lagunes: Le bois et surtout l'huile venaient des pays dida, adioukrou, ébrié et atié, principalement, et le rôle de l'huile de palme s'accrut au XIXe siècle, contribuant à la richesse de la Basse-Côte. Enfin, l'existence d'une population à forte démographie et à organisation patrilinéaire (les Dida) et de populations comme les Adioukrou et Ebrié, toutes appartenant aux régions productrices mais facilement endettées à l'égard des traitants alladian et avikam, explique les caractéristiques particulières de certains échanges matrimoniaux, et de diverses procédures de mise en gage, dont les implications économiques sont loin d'avoir été négligeables.

Après avoir tenté une évaluation de la nature et de l'importance du commerce de traite, et esquissé les grandes lignes de son évolution au cours du siècle dernier, nous essaierons de donner une idée de son organisation et des incidences de celle-ci sur les structures socio-familiales des populations considérées.

Les activités premières des Avikam et des Alladian furent la pêche et la fabrication du sel. Les traditions locales et les renseignements recueillis par Dapper confirment l'importance du sel dans les transactions avec l'intérieur. Les captifs originaires du pays dida ou de Tiassalé n'ont constitué qu'une partie modeste des 'marchandises' fournies par les 'Kwa Kwa'[1] aux commercants européens. Pour le reste, l'ivoire la maniguette (variété d'épice locale) le bois constituait l'essentiel des exportations; la traite de l'or commencait un peu plus à l'est dans la région de Bassam et Assinie.[2]

Après la période de dépression du XVIIIe siècle, le commerce de traite avec les Européens a pris au XIX siècle un autre aspect. L'huile de palme est devenue peu à peu le principal produit d'exportation, surtout dans la seconde

---

tribus étaient le lieu d'un échange entre convoyeurs; ceux-ci voyageaient peu à l'extérieur de leur société d'origine.

[1] Nom donné par les anciens navigateurs aux Alladian et Avikam (cf. Delafosse, 1900).

[2] Voir à ce sujet les témoignages rassemblés dans Roussier, 1935.

moitié du siècle; les Français ont pris pied dans le pays, et les maisons de commerce européennes comme les maisons rivales Verdier (française) et Swanzy (britannique) ont essayé de ravir progressivement aux traitants indigènes leur monopole, au besoin en se cherchant des alliés différents sur place. La résistance des côtiers, principalement des Alladian, à leurs entreprises a duré près d'un demi-siècle, aboutissant à la création de puissants lignages commercants dont l'existence a modifié l'organisation sociale traditionnelle.

Un rapport du 'commandant particulier des Etablissements Français de la Côte de l'Or', Bour (1885), donne un aperçu assez saisissant de cette réussite: '... Les indigènes Jack-Jack[1] qui occupent le littoral situé entre les rivières de Grand-Bassam et du Lahou, font un très important commerce d'huile de palme avec les trois-mâts de Bristol et Liverpool, qui viennent chaque année et très régulièrement jeter l'ancre devant les villages Jack-Jack. Huit de ces navires se trouvaient récemment au mouillage devant Grand-Jacques et Half-Jack. Le nombre des bâtiments anglais qui viennent périodiquement trafiquer en rade des Jack-Jack est de 12 à 15 et le séjour de chacun d'eux de 4 à 5 mois.

'Depuis un certain temps les Jack-Jack se sont constitués les traitants et les intermédiaires des populations de la rivière Lahou et des pays de l'Ebrié. Ils vont dans tous les villages par terre ou par pirogue, recueillir l'huile de palme et les autres produits qu'ils vendent ensuite aux trois mâts anglais; les Jack-Jack n'ont jamais voulu entretenir des relations commerciales avec les établissements de Grand-Bassam, cependant si rapprochés d'eux.

'L'on peut évaluer à 5000 tonnes la quantité d'huile de palme exportée chaque année par les navires anglais. Les autres produits de la contrée, tels qu'amandes de palme, cuirs, ivoire et or sont aussi exportés.'[2]

Les Avikam n'ont pas résisté avec autant d'efficacité aux entreprises de l'extérieur. Les Alladian les ont aisement supplantés auprès des riverains du Bandama: 'La totalité des

---

[1] Nom donné aux Alladian par les navigateurs britanniques; d'où les noms de villages: Half-Jack (actuel Jacqueville) et Big-Jack (actuel Grand-Jacques).

[2] En 1889 Binger (1892) évalue à une dizaine de millions le chiffre des affaires traitées annuellement par les Alladian.

productions de la rivière est apportée chez les Jack-Jack, et aucun commercant ou traitant n'y est installé, sauf les petits et nombreux traitants Jack-Jack qui se répandent partout' (Bour, rapport cité). Les maisons européennes se sont installées en force à Grand-Lahou dès la fin du siècle dernier; d'autres courtiers, généralement Apolloniens, ont progressivement remplacé les Avikam dans la traite de l'huile et du bois.

L'huile se vendait contre des 'manilles'. La manille est définie par un rapport de 1885 comme 'un bracelet en fonte, fer et cuivre, que les maisons de commerce font fabriquer à Swansea (Angleterre)'. Elle a sans doute été adoptée par les Anglais à partir d'un modèle indigène pré-existant, peut-être lui même dérivé de la manille portugaise. A cette époque la manille avait une valeur commerciale de 30 centimes. Le *Krou* d'huile (équivalent à 9 gallons ou quarante deux litres) était acheté en 1885 50 manilles le *Krou* par les établissements commerciaux européens. La même année les maisons Verdier et Swanzy de Grand Bassam ramenèrent ce prix à 40 manilles, puis à 30 manilles. Un rapport administratif de janvier 1886 signale l'opposition des populations locales à cette réduction et la menace que font peser les Alladian sur le commerce européen s'ils tiennent leurs prix. Il faut dire que les produits manu-facturés s'achetaient obligatoirement avec des manilles et que le cours de la manille aissait régulièrement (Binger l'évalue à 20–23 centimes en 1889).

Quant à la menace des traitants Jack-Jack elle fut annihilée par plusieurs moyens de pression. Les maisons européennes s'implantèrent à Jacqueville, les notables furent intéressés à une certaine collaboration avec les Français; pendant un temps ils s'instituèrent intermédiaires entre les producteurs et les maisons européennes; mais les producteurs s'adressèrent bientôt directement aux maisons de commerce; si certaines familles parvinrent un temps à consolider leur fortune, pour l'ensemble l'équilibre économique du littoral alladian fut rompu au début du siècle; en pays avikam cette rupture avait déjà eu lieu. L'administrateur Lamblin écrit en 1907: '… la situation des gens qui habitent la plage est beaucoup moins brillante qu'il y a quelques années… le métier de courtier des gens de la plage ne trouve plus à s'exercer, et les jeunes gens qui secondaient les notables ont perdu les bénéfices qu'ils en tiraient.'

Dans l'esprit des Alladian et des Avikam leur prospérité perdue est liée à la traite de l'huile, tradition prestigieuse dont l'éclat contribue à l'effacement d'une tradition plus ancienne; ce que l'observateur actuel peut reconstituer ou retrouver, c'est l'organisation commerciale du siècle dernier — certains de ceux qui travaillèrent pour les traitants sont encore vivants — mais on sait que le droit de commercer avec les Européens était le privilège de certaines familles dès avant l'essor de la traite de l'huile.

La différence fondamentale entre les deux formes de traite, indépendamment de l'inégale intensité des échanges, réside dans le fait que le seconde forme fut rapidement monétarisée: les manilles se répandirent dans toute la zone lagunaire, et leur usage se généralisa; elles entrèrent dans la constitution des dots; le prix des captifs fut fixé en manilles.

Les échanges furent traditionnellement importants entre Avikam et Dida d'une part, Alladian et Dida, Adioukrou, Ebrié d'autre part. Chaque traitant de la côte avait des correspondants attitrés dans l'arrière pays, sur la rive nord de la lagune ou plus à l'intérieur. De la même façon, les traitants européens ne s'adressaient pas à n'importe quel commerçant indigène. On trouve encore sur la côte des bracelets d'ivoire portant le nom de capitaines anglais, qui servaient aux partenaires, d'un voyage à l'autre, de signes de reconnaissance. De Braffedon,[1] Grand-Lahou, Groguida et Ebonou, les Avikam pénétraient en pays dida par la voie fluviale: par le Boubo ils atteignaient le région de Téhiri, Brahiri, Guitry, où ils trouvaient, outre l'huile, des captifs originaires de la région de Divo; par le Go ils se rendaient à Yocoboué où la production de palmistes et d'huile était considérable, de même qu'à Tioko et Lauzoua sur la rive nord des lagunes Tadio et Makey. Par Nandibo, Ahouanou et Tiévissou s'écoulait l'importante production d'huile de la région du Bandama. Tiassalé constituait le terme des voyages les plus longs des Avikam comme des Alladian: on y trouvait or, pagnes et captifs. Il ne semble pas y avoir eu de relations commerciales intenses entre les Avikam et leurs voisins occidentaux les Godié.

Tioko et Lauzoua constituèrent pour les traitants avikam

[1] Village aujourd'hui pratiquement confondu avec Grand-Lahou et situé initialement plus à l'est.

et assez vite pour les Apolloniens de véritables relais commerciaux; ils y avaient non seulement des clients et fournisseurs, mais des installations fixes et des courtiers en permanence. Il en était de même du côte alladian pour les principaux villages adioukrou et ébrié, au nombre desquels Toupa, Tiagba (ahizi), Dabou, Débrimou, Songon, Niangon, Locodjro, etc. Une partie de l'huile de pays atié transita vers la fin du siècle par le littoral alladian par l'intermédiaire des Ebrié. Les Alladian s'approvisionnaient en captifs dans le pays dida, souvent par l'intermédiaire des Avikam.

Les convoyeurs des traitants pouvaient avoir trois origines: parfois ils appartenaient au matrilignage du traitant; celui-ci pouvait également, et plus normalement, travailler avec ses fils; mais la plupart des convoyeurs étaient des captifs ou des fils de captive, hommes de confiance du traitant qui savait récompenser leur fidélité. Des informateurs ont pu, sur place, nous communiquer le nom des principaux traitants de Jacqueville, Grand-Lahou et Braffédon au début du siècle, des convoyeurs qui travaillaient pour eux et de certains de leurs correspondants de la rive nord des lagunes. A Jacqueville il y avait à la fin du siècle quatre traitants principaux; l'un d'eux, Adjé Bonny, fut le premier chef de canton nommé par les Français. On a pu nous citer neuf de ses convoyeurs, sans compter naturellement ceux qui aidaient les convoyeurs en titre pour le transport des barrils d'huile. Sept étaient des captifs, un faisait partie de son matrilignage (mais on verra plus bas ce qu'il faut entendre par 'matrilignage'), un dernier était un avikam spécialiste de la traversée de la 'barre'. Parmi les cinq convoyeurs cités de Mbwa Deigni, on compte trois captifs, un homme du lignage et un fils d'un homme du lignage également membre du lignage. Parmi les neuf convoyeurs cités de Beugrétié, grand rival d'Adjé Bonny, on compte quatre captifs, deux membres du lignage, un fils d'un homme du lignage et un individu en gage, fils d'une captive de Grand-Jacques. On cite encore trois convoyeurs d'Eté Boumbro, le dernier traitant: deux captifs et le fils d'un homme du lignage. Parmi les convoyeurs des trois principaux traitants de Grand-Lahou, on compte des individus de même origine que chez les Alladian et aussi un certain nombre d'individus en gage originaires des populations voisines; il n'est pas exclu que dans le décompte des convoyeurs alladian on ait considéré comme 'captifs' de tels individus. Il semble en effet que certains de ces individus en gage étaient chargés des relations commerciales avec les familles mêmes dont ils étaient issus et qui les avaient livrés en manière de garantie. En pays alladian des femmes adioukrou de familles endettées ont été cédées en assez grand nombre aux lignages alladian, mais pour certaines d'entre elles cette cession peut avoir sanctionné un accord commercial plus qu'une reconnaissance de dette. De toute manière il est frappant de constater que ce sont toujours les populations productrices qui cèdent des femmes (ou des hommes ou des biens: le terme *awoba*, gage, s'applique indifféremment aux personnes et aux choses) aux populations commercantes ou plus exactement en position d'intermédiaires commerciaux par rapport aux producteurs: les Atié aux Ebrié, les Ebrié et les Adioukrou aux Alladian, les Dida aux Avikam. La pratique de la mise en gage, par certains aspects, semble pallier l'absence d'une autorité politique commune et garantir un minimum de sécurité aux commercants et de stabilité au commerce. S'appliquant aux femmes, intermédiaire entre l'alliance et la captivité, elle exprime une relation de dépendance mais aussi de complémentarité entre populations de l'intérieur et côtiers.

On rencontre à ce point le problème de la stratégie matrimoniale des peuples côtiers.[1] Celle-ci ne se comprend que si l'on met en regard les exigences de la traite de l'huile et les possibilités qu'elle offrait aux traitants d'une part, l'organisation sociale et économique traditionnelle d'autre part. Les témoignages cités plus haut montrent assez l'ampleur sans précédent du commerce tel qu'il se développe à partir de 1840. Dans la région limitée qui nous intéresse ici cette ampleur s'est traduite pour les traitants par une double nécessité: nécessité d'aller chercher l'huile ou les graines dans des endroits relativement éloignés les uns des autres (les Alladian ont pu à un certain moment faire transiter par Grand-Jacques et Jacqueville aussi bien l'huile du Bandama que celle du pays atié); nécessité, en conséquence, d'une main d'œuvre abondante et employée à temps plein: les opérations de ramassage près des lieux de production, de transport par voie lagunaire — en grandes pirogues à plusieur pagayeurs fabriquées à Tiagba et Lauzoua

---

[1] Nous avons déjà abordé ce problème dans Augé, 1969*a* and 1969*b*.

— et à travers le cordon lagunaire, de stockage et de transport en mer enfin, s'étalaient pratiquement sur toute l'année.

Chez les lagunaires comme ailleurs les exigences de la production ont commandé la division du travail et de ce fait les grands principes de l'organisation sociale: c'est ainsi que chez les Ebrié on peut distinguer entre la pêche en pirogue et la culture des vivriers d'une part, la pêche en pêcheries familiales et la cueillette des palmistes d'autre part, la pêche en grande pêcherie collective enfin; à chacun de ces trois types d'activité correspondent des besoins en main d'œuvre de plus en plus considérables, ce qui explique que la famille élémentaire, le lignage et le village soient respectivement responsables de chacun d'entre eux. Or, en pays alladian, l'essentiel de l'activité économique, abstraction faite du commerce, était la pêche individuelle en mer et l'extraction du sel, toutes activites qui pouvaient facilement être organisées et menées à bien par la 'cour'. La cour (alladian *èbu*, avikam *èva*) est l'ensemble des cases entourées par une même clôture et habitées par un chef de segment de lignage, ses enfants et normalement les enfants de son prédécesseur à la tête du segment de lignage. Ni le lignage ni le village n'étaient en tant que tels producteurs. En pays ébrié, un homme demandait normalement à son beau-frère (au mari de sa sœur) l'aide de son fils (son héritier virtuel) pour la cueillete des palmistes, la fabrication des pêcheries et la capture du poisson dans les chambres. Une telle demande était bien plus exceptionnelle sur la côte — ou ce sont des différences dans la *répartition* des biens produits (du poisson pêché) qui sanctionnaient, avec l'accord du père, la promotion d'un individu à la dignité d'adulte à part entière faisant bénéficier son propre matrilignage des prestations réservées jusqu'alors au matrilignage de son père. L'héritier qui venait habiter la cour de son prédécesseur exerçait sur ses fils les mêmes droits que lui, assurant la continuité de la cour comme unité de production. Ainsi la règle de résidence rend manifeste l'organisation de la production qui veut que ce soit les *ébiui* (fils des hommes du lignage) qui contribuent par leur travail à la fortune du lignage (le poisson de mer était acheminé au nord des lagunes, le sel remontait jusqu'à Tiassalé). Ce qu'on vient de dire des Alladian vaut pour les Avikam (pour qui la pêche en lagune est une spécialisation tardive), à ceci près qu'ils semblent, par insuffisance démographique, s'être alliés plus tôt que les Alladian à des familles dida patrilinéaires.

L'unité de production type était donc constituée dans cette société dysharmonique mais par la 'cour', associant un chef de lignage ou de segment de lignage, ses enfants et éventuellement les enfants de son frère utérin ou de son oncle maternel et leur descendance. Une telle cour ne suffisait pas aux tâches multiples exigées par la traite de l'huile; l'appel à la main d'œuvre du lignage ou aux jeunes gens du village ne pouvait avoir, indépendamment des difficultés qu'il aurait soulevées, le caractère impératif et continu qui s'imposait. Les captifs ont pu constituer cette main d'œuvre supplémentaire, bien de production, au moment où ils cessaient de constituer une marchandise exportable. Ils ont ainsi joué le rôle de 'condition inorganique de la reproduction' des lignages commerçants, pour reprendre l'expression de Marx;[1] mais dans le même temps, intégrés au lignage, ils ont aussi été les agents organiques de cette reproduction, cumulant ainsi deux rôles que d'autres sociétés ont distingués,[2] comme en témoignent les généalogies des descendants des grands traitants et, encore à l'heure actuelle, la composition des cours rattachées à leurs lignages. Il faut signaler que si les unions d'hommes libres avec des captives furent nombreuses, les mariages de femmes libres avec des captifs (permettant le maintien de la descendance directe dans la cour) ne furent pas rares, surtout chez les Alladian. La surabondance de captifs, de descendants de captives, de femmes étrangères dotées ou 'engagées', l'endogamie de lignage qu'elle permet et exprime distinguent les côtiers des riverains septentrionaux des lagunes, et sur le cordon littoral Grand-Jacques, Jacqueville et Grand-Lahou des autres villages, les lignages commerçants des autres lignages.

Production et reproduction étaient condition l'une de l'autre: le commerce accroissait la fortune des traitants qui vis-à-vis de l'intérieur contrôlaient le prix de l'huile et celui des produits manufacturés; l'accroissement de cette fortune permettait d'acquérir de nouveaux captifs qui permettaient une extension de la prospection et une intensification des échanges.

[1] Marx, 1967. Fondements de la Critique de l'Économie Politique. I. Anthropos, Paris.
[2] cf. Rey, 1969.

Par ailleurs les femmes du lignage donnaient des enfants à celui-ci sans quitter leur cour d'origine lorsqu'elles épousaient des captifs; les hommes du lignage, de leur côté, épousaient des captives ou des étrangères dida, ou encore des femmes 'engagées' dont le nombre augmentait avec l'endettement des populations voisines: les enfants nés de ces unions étaient intégrés au lignage de l'acquéreur, du doteur ou du créancier. Quant aux fils des hommes du lignage, force de travail du lignage de leur père, ils recevaient à terme de celui-ci ou de son héritier une femme étrangère dont la dot ou le prix était prélevé sous forme de biens prestigieux et de numéraire (manilles) sur le trésor de lignage à l'accroissement duquel ils avaient travaillé — la 'dot' alladian, elle, ne consistait qu'en biens de consommation. Là encore les enfants seraient membres du lignage du doteur ou de l'acquéreur: en principe leur grand-père paternel, au moins dans le cas d'un premier mariage.

On voit comment au bout d'un certain temps cette extension du matrilignage entrainaît une 'homogénéisation' de la cour. Descendants de captives, descendants d'étrangères se mariaient entre eux et avec des représentants de la descendance directe du lignage; cette politique d'endogamie de lignage, combinée au fait que les traitants et leurs protégés contractaient eux-mêmes de nombreuses alliances avec des femmes étrangères, eut rapidement pour effet d'identifier le 'lignage' à la cour, les fils d'un individu se trouvant appartenir au même lignage que lui.

La réussite des traitants fut manifestée par un autre phénomène, qu'on ne repère, assez significativement, qu'à Grand-Jacques et Jacqueville: d'une part des segments de lignage originaires d'autres villages vinrent s'associer aux lignages commercants; d'autre part ces lignages eux-mêmes donnèrent naissance à de nouvelles cours et de nouveaux segments de lignage. La création de nouvelles cours était le signe et la conséquence de l'accroissement démographique. Dans les deux cas l'initiative du chef de lignage traitant était déterminante: ou bien il autorisait un homme de l'extérieur à venir s'installer près de lui; ou bien il détachait de sa propre cour un individu auquel il confiait la surveillance et la responsabilité d'une partie de la descendance indirecte; il ne s'agissait en aucune manière d'un processus classique de segmentation: toujours c'était la générosité du traitant, pourvoyant la cour en captifs, captives et étrangères, qui permettait la restructuration du lignage, tout en lui assurant le contrôle des nouvelles unités de production. Les nouveaux chefs de cour lui étaient en effet liés, ils ne tenaient que de lui l'autorisation de commercer, quand ils ne se contentaient pas, malgré leur promotion, d'être ses employés et hommes de confiance. Le chef du lignage d'origine octroyait ses dons selon son bon plaisir; fortune du lignage et fortune personnelle furent très tôt distinguées sur la côte, et il était normal d'attendre d'un homme riche des cadeaux personnels, tels que fusil, poudre et même captifs. L'intensification du commerce et sa monétarisation rendaient difficile la distinction entre ce que le chef du lignage devait au trésor du lignage et sa part propre. Si donc le trésor du lignage servait à la reproduction de celui-ci en lui permettant d'intégrer la descendance des fils de ses hommes, la fortune personnelle des chefs de lignage leur servait à tisser entre leurs protégés et eux des liens de dépendance personnelle. De manière générale on considéré chez les côtiers comme chez les Ebrié qu'un homme riche ne peut-être seul : un riche n'est riche par définition que s'il y a des moins riches que lui qui le 'soutiennent'. Ce soutien qui peut revêtir plusieurs formes, et qui est l'un des signes de la force, avait en l'occurrence une signification économique précise puisqu'il permettait de mieux répondre à la demande d'huile européenne et d'exploiter de façon tout à la fois plus extensive et plus intensive l'arrière pays.

Les échanges matrimoniaux entre les différentes cours issues du ou adjointes au même lignage étaient systématiques, au point qu'encore à l'heure actuelle dans une village comme Jacqueville on dénombre très peu de mariages entre représentants des 2 clans fondateurs. Mais la politique d'intégration des éléments étrangers au lignage ou au clan nous invitée à préciser le sens de ces termes pour échapper à une ambiguïté créée par les langues alladian et avikam elles mêmes. Il existe dans les deux langues un terme pour 'lignage' (*étioco* et *egboutou*) et un terme pour 'clan' (*èmé* et *émi*); 'lignage' et 'clan' répondent aux définitions proposées par Radcliffe-Brown. Or ces termes furent conservés pour désigner des groupes qui n'eurent bientôt presque plus rien à voir avec des groupes de descendance unilinéaire: Par '*etioco*' on désigne à la fois les membres de l' '*étioco proo*' (descendance 'directe' du lignage, par les femmes alladian libres) et ceux de l'*étioco*, non spécifié, regroupant la descendance des captives et des étrangères; chez les Avikam, on l'a vu, la situation était un peu différente, car des nécessités démographiques avaient suscité de longue date des alliances avec les Dida: il n'y existe pas de terme pour distinguer la descendance directe de la descendance indirecte. Dans les deux cas le 'lignage' tend à devenir une unité résidentielle dans laquelle, du fait d'une politique d'endogamie systématique, la filiation peut se compter indifféremment à partir du père ou à partir de la mère sans faire intervenir d'autre lignage. Parallèlement le terme *èmé*, qui ne s'appliquait à l'origine qu'à un ensemble de lignages issus de la segmentation d'un même groupe fondateur, et généralement répartis sur plusieurs villages, est employé pour désigner le groupe résidentiel constitué par l'agglomération autour d'un lignage commerçant des segments de lignage d'origines diverses.

Ainsi les Mambé et les Kacou de Jacqueville constituent deux *èmé*, alors qu'ils se rattachent eux-mêmes à deux vrais *èmé* dont le siège est à Grand-Jacques, et qu'ils sont composés de représentants de tous les clans d'origine alladian ou presque.

Indépendamment de sa finalité économique, une telle réorganisation avait pour effet de substituer à la primauté théorique de l'âge celle de la naissance. Les membres de la descendance indirecte n'ont droit en principe ni à l'héritage de la chefferie de lignage ni à celui du doteur ou de l'acquéreur de leur mère; le fait qu'ils appartiennent en général au lignage de leur père leur ôte tout moyen de pression ou de défense éventuel: ils peuvent d'autant plus facilement être mis en gage que nulle querelle dans cette éventualité n'opposera leurs parents paternels et maternels (si leur père n'a pas lui-même ce droit de mise en gage, pour avoir fourni lui-même la dot ou le prix de la mère, il est dépendant de celui qui a fourni cette dot ou ce prix); ils sont à la fois fils et neveux, c'est à dire qu'ils cumulent vis à vis de leur lignage les devoirs des *èbiui* (fils des hommes) et des *èbuui* (fils des femmes) sans avoir ni l'indépendance relative ni les droits virtuels attachés à l'une et l'autre conditions. Cela est encore plus vrai des captifs et de leurs descendants, très systématiquement unis les uns aux autres et qui fournissent la 'matière' des cours détachées du lignage principal.

On peut donc dire que s'est constitué au XIXe siècle un groupe de 'cadets à perpétuité', cadets sociaux dont la situation se distinguait de celle des cadets réels non seulement parce qu'ils n'avaient aucun espoir de promotion à l'intérieur de leur lignage (ce qui, après tout, était le cas pour bien des cadets réels) mais aussi parce qu'ils ne dépendaient que d'un lignage — alors que la double dépendance des cadets réels, vis-à-vis de leur matrilignage et vis-à-vis du matrilignage de leur père, pouvait leur fournir le moyen d'une indépendance relative dont témoignent bien des querelles villageoises. Cependant le chef du lignage pouvait favoriser personnellement tel ou tel de ces cadets sociaux dont il appréciait les services; certain s'enrichirent ainsi et purent faire eux-mêmes l'acquisition de captifs : les promotions individuelles de captifs ou fils de captive ont précédé celles dont la colonisation fut parfois l'occasion. Ces promotions correspondaient à une individualisation de la richesse et à une personnalisation des rapports de dépendance.

La fin du monopole économique des côtiers entraîna naturellement une atténuation de leur hyper-endogamie de lignage, comme en témoignent les généalogies; la matière première de cette endogamie fait défaut en totalité (cas des captifs) ou en partie (cas des biens et du numéraire nécessaires au paiement de la dot); sa finalité à partiellement disparu avec le commerce dont elle assurait et exprimait la réussite.

Summary

THE ORGANIZATION OF PRE-COLONIAL TRADE IN SOUTHERN IVORY COAST

The district between present-day Fresco and Grand-Bassam was active commercially from the seventeenth century. Here we shall primarily deal with the region of Grand-Lahou (Avikam) and Jacqueville (Alladian). We shall attempt an evaluation of trade, particularly in the nineteenth century when the oil trade flourished, and give an idea of the geographical and social organization.

There is some evidence on what might have been the trade on the ancient 'Kwa-kwa' coast, in the work of Dapper and material presented by Paul Roussier; we have evidence to supplement fragmentary information which has been somewhat overshadowed by the memories from a recent, more brilliant period. It was in the second half of the nineteenth century that certain trading lineages were able to profit from their role as intermediaries between European traders and riverain peoples of the lagoons, the palm-oil producers. The Alladian, rather than the Avikam, succeeded in maintaining their traditional monopoly, in spite of the attempts of European houses to deprive them of it after the settlement of the French in the Ivory Coast. A political report in 1885 estimated the amount of oil being exported on English ships through the Alladian at 5000 tons. This achievement on the part of the Alladian was even more remarkable when one considers that the European factories installed at Grand-Bassam, sank their rivalries, and in 1885 agreed to lower the price of oil from 50 manillas a 'krou' (42 litres) to 30 manillas a 'krou'. The European merchandise which was sold at their factories could only be bought with manillas and the manilla continued to fall in value (its commercial value was 30 centimes in 1885 and about 20 in 1889). The Alladian were able to threaten the European merchants for a time by keeping the prices higher. But pressure exerted on local elders and the building of European houses on the mainland put an end to this threat and, at the same time, the exceptional prosperity of the region.

The Avikam and Alladian regions were linked with Tiassalé and the Baoulé region by the Bandama which is navigable for the greater part of its length. The coastal peoples maintained direct relations with Tiassalé where they bought cloth, gold, and slaves with the salt they extracted. On the whole the coastal peoples were not great travellers and the trade was carried out from south to north in short stages. Traders at the coast had associates in the hinterland, on the northern side of the lagoons. Carriers in the service of the traders transported the European goods from the south to the north and native goods from north to south.

It seems that the Adioukrou, Ebrie, and Dida associates of the coastal people had their own commercial links to the north. Some villages were important trading posts (although not real markets since the carriers always went straight to a special client-tradesman). Examples of these villages are Tioko and Lauzoua opposite the Avikam coast, in Dida country, Toupa, Mopoyem (Adioukrou), and the villages of Songon and Niangon (Ebrie) opposite the Alladian littoral. The Avikam went to Dida country by river; along the Boubo they entered the Guitry region where they found oil and slaves originally from the Divo region; along the Go and the Bandama they also reached oil-producing regions. Along the banks of the Bandama they met Alladian competition. The Alladian themselves, through the intermediary of the Ebrie, had access to the oil of the Atié.

The carriers of the traders played an essential role in the nineteenth century. They often belonged to the traders' lineage or the lineage of his wife, but mostly they were slaves, the descendants of slaves or pawns. Two remarks should be made on this subject:

(1) The practice of pawning linked oil-producing families, usually in debt, with a coastal trader. It was a kind of alliance, a recognition of a debt and a sanction for an agreement. It tended to guarantee security and stability in commerce, making up for the lack of political authority or a common administration.

(2) The systematic practice of marriage with Dida women (patrilineal), slaves, or female pawns, allowed the Avikam and Alladian to attenuate the disharmonic nature of their society. Thus individuals lived in the same compound (the unit of production) who were of the same lineage, in a wide sense, but of a different status, and all of whom were interested directly in the economic success of their patron or family head. In these conditions the slaves or descendants of slaves, who were once the merchandise, have in fact become in this second trading period a means of production. And they were also, through their role in the endogamous policies of the wider lineage of the coastal people, a means of reproducing the new social structure, a dependent structure which however preserved the egalitarian language of the lineage system.

M

VI. Trade and trading patterns of the Akan in the seventeenth and eighteenth centuries[1]

KWAME Y. DAAKU

INTRODUCTION

The trade in gold, guns, and slaves, the principal items in the transatlantic trade with the Gold Coast (Ghana) from the late sixteenth to the nineteenth century had long been preceded by the trans-Saharan trade in gold, kola nuts, and salt.

In the pre-European period it was to the Northern Sudanese states of Ghana and its successors that trade was orientated. This led to the growth of the important trading centres of Begho and Kempbe/Salaga in the transitional zones between the forest and the savannah. It was to these trading points that the Akan traders brought their forest products like kola and gold to be exchanged for the manufactured cloths and other goods from the Mande and Hausa traders.

By the late fifteenth century when the Europeans arrived on the Gold Coast, even the coastal states which were at the southernmost tip in this trading network had been drawn into the northern trade. But because of the long distances which separated the coast from the Sudanese states few of the northern goods percolated to the coast. Nevertheless the coastal villages played an important role in the pre-existing trade because they

[1] This paper is based on my own research into the oral histories of the Akan forest states of Adanse, Assin, Denkyira, Mampong, and Twifo. Since July 1965 I have been collecting the histories of these states. The unprocessed field notes in Twi and English as well as the tape-recorded interviews are now available in the Library of the Institute of African Studies, Legon. Although they consist of interviews from more than eighty towns and villages, for the purpose of this paper the towns will be referred to by the names of the traditional states, e.g. Traditions of Mampong, etc.

were the source of the valuable salt and fishing industries. It was from here that large quantities of salt and fish found their way into the Akan states in the interior.

The arrival of the Europeans on the coast did not completely change but merely diversified the old patterns of trade. Old and tried methods continued to be used by the Akan traders. It was still along the intricate network of major and minor footpaths linking one town to the other that trading was carried on. But without doubt the concentration of a large number of European trading houses along the coast brought into existence many new paths to connect towns, villages, and hamlets to the important coastal trading centres.[1]

Along the coastal strip the most obvious development resulting from the Atlantic trade was the growth of former fishing and salt-panning villages into busy trading centres. Whereas formerly the trade to the north might have been an affair of a few intrepid men working mainly for the chiefs and elders, trading on the Gold Coast now became an affair for virtually the whole population through which many people improved their social standing. It also led to the rise and fall of such Akan states as Adanse, Denkyira, Akwamu, and Asante (Ashanti).

In the coastal towns like Elmina, Cape Coast, Annomabo, Axim, and Accra, there emerged a group of people who owed their new positions to trade. Some of them had come down to the coast specifically to sell their commodities but there were many who came to these towns to sell their services as canoemen, masons, soldiers, bricklayers, interpreters, etc. The fact that these people received regular monthly wages for their services gave them a completely new status in the traditional set up. Although a wage of 2 or 3 akeys (10*s*. or 15*s*.)[2] normally offered them may appear small yet the fact that the payments were regular made them attractive.

Side by side with the emergence of this new wage-earning group there came into the fore new 'merchant princes' who established their trading and other businesses, like salt manufacturing and canoe hiring, around the trading forts and soon came to overshadow the traditional rulers. The lives of men like the Akrosang Brothers and Edward Barter of Cape Coast,

---

[1] Dickson, 1969, pp. 96–100.
[2] Daaku, 1970, pp. 103–6.

Aban and John Kabes of Komenda, John Kurankye of Annomabo, Asomani and Peter Passop of Akwamu and Accra, and
John Konny of Ahanta; and their rise to prominence in coastal
societies may be cited as fairly typical of the new age. Although
the exact numerical strength of such people in relation to the
local population may never be known they came to wield
influence which was out of all proportion to their number.[1]

It is the object of this short paper to find out how the Africans
organized their side of the trade which was to sustain the transatlantic commerce for several centuries. It will concern itself
with the role of the traditional authorities, the chiefs and their
elders, *vis-à-vis* the ordinary people in matters of trade. Attempts
will also be made to find out how the local commodities were
procured for the markets. These question will enable one to
ascertain the truth in the assertion that 'trading was the business
of kings, rich men and prime merchants to the exclusion of the
poorer blacks . . .' as well as the oft-repeated phrase that those
who did the actual trading with the Europeans were trusted
slaves.[2]

CONTROL OVER LOCAL COMMODITIES

In spite of the importance which was attached to the coastal
trade by the Akan, there is no evidence to suggest that the chiefs
and their elders exercised any monopoly over it in the same
way as the Aja kings established complete and absolute control
over all aspects of trade in Dahomey. Unlike Dahomey where
the rulers possessed their well-equipped standing army,[3] on the
Gold Coast the Akan states depended on an *ad hoc* arrangement
for defending their states. Hence it became necessary to encourage all subjects to participate in trade in order to obtain the
means to procure the arms necessary for defence. There were,
however, some commodities which could be sold mostly by
chiefs. Slaves were a typical example. This was because the
declaration of war and the conclusion of peace were vested in
the chiefs and their elders. The chief could therefore reward
some captains with the proceeds of war which were mainly

---

[1] Ibid., chapters V and VI.
[2] Barbot, 1746, pp. 268–9; Bosman, 1907, p. 92; G. Loyer in Astley, *Collections*,
ii, (London), 1745, p. 443.
[3] Polanyi, 1966, pp. 33–53; Polanyi *et al.* (eds.), 1957, pp. 154–86.

slaves. But even in the slave trade chiefly monopoly was not complete since rich and prosperous merchants could travel to other trading centres like Salaga and Bontuku to buy slaves. Although most of the slaves bought from such markets were primarily used as domestic hands who were eventually absorbed into the owner's family, the uncontrollable ones could always be resold by their new masters. It was therefore not unlikely that some of the slaves who reached the coast were brought down by ordinary people. Nor should one dismiss the equally invidious practice whereby unwary strangers were either enticed or forcibly kidnapped by some unscrupulous coastal merchants into slavery.[1]

Similarly, in the ivory trade the chiefs appeared to have exercised a near monopoly. The reason being that hunters were expected by custom to give part of the ivory of their game to the ruler of the state. Some of the ivory was used for ornaments and state horns and the remainder sold on the coastal markets. And like slaves ivory could be bought on distant markets to be resold at the coast.

It has often been said that chiefs exercised virtual control over gold-mining in their states. The mines were said to have been worked by slaves. Indeed it is claimed that the king of Asante at one time exercised complete control over the mines of Akyem after the latter had been brought under Asante rule.[2] Perhaps in their demand to meet the need of the European traders on the coast and to have enough gold ornaments the kings of Asante increased the amount of gold tributes from the subject states and sent regularly to collect them. It is not unlikely that this practice made it appear that gold-mining was being controlled by the Asante. But however close the control, oral evidence seems to postulate a situation in which gold-mining was never completely brought under state control. It is true that by tradition everything underneath the ground, in theory, belonged to the stool (throne) hence the popular saying *Boodee ase ye ohene dea* meaning that the roots beneath the plantain belong to the chief; which may be interpreted as the chief owning all the minerals. But, in spite of this, traditions of Adanse, Assin, Denkyira, and

---

[1] Wilks, 1957.
[2] Isert, *Voyages en Guinée*, p. 217. Quoted by Dickson, op. cit., p. 88; Bowdich, 1819, p. 3.

Mampong are emphatic that gold-mining was open to all subjects of a state.

However, by tradition all gold nuggets belonged to the state and had to be given to the chief. Nuggets apart, chiefs, at times, imposed taxes ranging from a third to a half on gold mined in their states. In addition special days could be set aside on which all gold mined was given to the stool. The rationale in opening up gold-mining to all subjects was to enable them not only to buy firearms to defend the state but also to be in a position to pay such extraordinary taxes as *Apeatoo*, war tax, in times of need. It may be pointed out that the chief's wealth was potential rather than real and the ability of the subjects to pay taxes helped to make him prosperous.[1]

THE ROLE OF THE TRADITIONAL AUTHORITIES

In the organization of trade the evidence suggests that no Akan state monopolized it to the exclusion of its subjects. On the contrary all subjects were encouraged to take a hand in it. What was required by the rulers and what they always did was to provide a peaceful atmosphere within which trading could be transacted. In pursuit of such a policy wars were fought and agreements reached between neighbouring states in order to secure free and easy passage for their subjects who came to the coast to trade. The frequent wars which were fought in the seventeenth and eighteenth centuries were meant to secure such ends. The wars between Denkyira and Assin, Akwamu and Akyem, Asante, and Denkyira, and Asante and the Fante states in the seventeenth and eighteenth centuries may be partly explained as trade wars. In the early eighteenth century, for instance, Akyem was forced to enter into a treaty agreement with Akwamu to enable the farmer's subjects to have easy access to the forts. And in 1715 one Ante Bene, the Asante representative at the coast, was asked by the king of Asante to use his office to settle a Kommenda–Twifu disagreement to enable Asante traders to gain a through passage to Kommenda. Chiefs also stationed their representatives at the coastal towns to watch over their own interests and those of their subjects. Men like Nimfa of Assin, Ampim of Denkyira in the seventeenth century, to

---

[1] Daaku, Oral traditions of Adanse (Legon), 1969; Oral traditions of Denykira (Legon), 1970.

mention but a few, were the forerunners of a long line of state representatives at the coast.[1]

Who actually participated in trade? An illustration from the northern trade as it was organized in the late nineteenth and at the beginning of the twentieth century may well illustrate the trade to the coast. In spite of the lateness of the evidence there is no reason to believe that the organization of trade in the seventeenth and eighteenth centuries was any different. In the kola trade to the north both the chiefs and their subjects actively participated in it. But whereas some of the subjects made trading their main occupation and undertook regular expeditions to both the northern and coastal centres of trade, court trading was an occasional affair. After the chiefs had purchased kola from the producers, or collected what was due them in taxes, this was sent to the northern markets to be sold.

HEAD PORTERAGE

At the courts of a paramount chief there existed a special officer who was specifically entrusted with trading. This was the Batahene, head of the traders, who was directly under the *Gyaasehene* (head of the chief's household). When the amount of kola could not be easily carried to the market by the servants at court—the hammock carriers, horn blowers, or drummers—other subjects freely gave their services to act as the king's men. This was because such porters were permitted to carry on their own private trading side by side with their official duties. Enjoying special privileges accorded to these 'king's men', such as the temporary closing of the trade paths to other kola traders to the north, as well as being ferried free of charge across rivers, they could thus dispose of their own commodities more profitably than they normally could have done if they had gone to the markets on their own.[2] In addition to working for the chiefs able-bodied men freely sold their services to some wealthy merchants as porters. This is clearly noticeable in the coastal trade.

One of the pressing problems which had initially faced the traders on the Gold Coast was adequate porterage. It might well have been the reluctance of the Akan to carry goods into the

---

[1] Wilks, 1959; Daaku, 1970, chapter V.
[2] Rattray, 1929, pp. 99–105.

interior which had necessitated the importation of slaves from Benin to the Gold Coast by the Portuguese.[1] But certainly by the beginning of the seventeenth century porterage had become a respectable vocation keenly competed for by the able-bodied men. There were several reasons for this. Apart from affording freemen the means to lay by a little capital to set themselves up in trade, it enabled one to be regarded as a '*Batafo*', a traveller, and thus fulfilled an important convention among the Akan which expected all able-bodied men to travel at least once in a lifetime to the northern or coastal trading centres.[2]

Whatever may have been the social positions of people who first transacted the actual business with the Europeans, it appears that by the middle of the seventeenth century the practice whereby slaves had mainly been entrusted with their master's trading concern at the coast had given way to freemen transacting their own business. This is not to deny, however, that slaves accompanied their masters as porters to the various centres of trade. Indeed, on some occasions trusted domestic slaves rose to take charge of the family's trading concern, but this was the exception rather than the rule. Unless 'the slave' had been thoroughly absorbed into the family it is difficult to see how he could have resisted the temptation to effect his escape with the gold and other valuable goods entrusted to his care. It appears that most of the people who were described as slaves by the European observers were those who had hired out their services to some inland traders.

TRADING PARTIES

It is interesting to note that apart from the occasional trading organized for and on behalf of the chiefs, trading like all other vocations was primarily an affair of individuals. Much of it was conducted by a man and his immediate family, that is, his wives and children and/or with his sisters' sons. It was never an affair of state nor of a few principal merchants who organized it on the model of the East African trade in which well-armed trading caravans were fitted out to journey into the interior.[3]

---

[1] Pacheco Pereira, 1505–20, pp. 126, 128–9; de Marees, 1602, p. 184; Blake, 1942, p. 93.

[2] Boaten, 1969, p. 83.

[3] Oliver and Mathew (eds.), 1963, pp. 253–351.

Individual traders often set out on their own or with friends to try their fortunes on either the coastal or northern markets. As they journeyed they might fall in with traders from other towns and thereby augment their numbers. It must be emphasized that these people were never preceded nor followed by armed bands, although some might have carried sheath knives or cutlasses which could be used in self-defence against highwaymen. On the whole traders never carried firearms from place to place to defend themselves since it was contrary to custom to go through neighbours' territories under arms in times of peace. Not even the occasional traders who traded for the chiefs were accorded any such protection. Whenever firearms were to be conveyed into the interior they were not allowed to be loaded as they passed through other states.

Whatever the accuracy of De Marees' interesting observation of inland traders travelling armed to the coast,[1] the evidence seems to suggest that this was not a regular feature of Gold Coast trade. Both oral and documentary evidence in the post-De Marees period do not support this claim. What is certain is that those who came down to conduct trade for the chiefs were at times heralded by either a special sword or one of the many court servants with their peculiar hair-cut which stamped them out as the king's men. In 1714, for instance, one Krama, the Asantehene's drummer, arrived at the coast at the head of a large group of people to purchase firearms.[2]

TOLLS AND TAXES

Another intriguing aspect of the trade is the question of taxation on goods which passed through neighbouring territories. One would have expected that when trading became the main productive activity on the Gold Coast, the rulers would attempt to exercise a closer control by imposing taxes on traders. Although at the beginning of the seventeenth century De Marees had again observed that inland traders coming to the coast paid taxes on their goods,[3] this practice does not appear to have been adopted in the later period. On the contrary, everything was

---

[1] De Marees, op. cit.; Barbot, op. cit., pp. 274–5.

[2] T70/1464: From Cape Coast Castle to the Royal African Company, 8 December 1714.

[3] De Marees, op. cit., pp. 58–9.

done to encourage traders to pass freely from one state to another. This was because such a policy of encouragement ensured that the traders' wealth would be indirectly passed on to the people living along the trade paths. The larger the number who regularly passed through a town the greater the benefits which were derived by the state through which they passed. Among other things their presence afforded women an opportunity to sell cooked meals, hunters to dispose of their game, and gave landlords the prospect of forging lasting friendships with some of their temporary tenants who, in most cases, presented the kind-hearted host with a few presents such as salt and fish on their outward journey from the coast.[1]

It has been suggested that the Asante attempted to control trade by establishing special 'custom houses' at some convenient points like Edwira, Akomadan, Donkro-Nkwanta, Asokore, and Kusa, to mention but a few, where traders were taxed.[2] It is true that special officials were stationed in these places who, at times, levied extraordinary taxes on traders but it must be emphasized that the primary purpose of these 'custom houses' was political rather than economic. It was at these points that travellers going out of Asante were detained for a few days so that inquiries could be made on their past records. This was because in the old days offenders who crossed either the Pra or Volta rivers went beyond the pale of Asante jurisdiction. These points also served the equally important purpose of preventing undesirables from entering the Asante kingdom. It must be pointed out, however, that apart from the Asante no other Akan state is known to have adopted this practice. The only places where regular tolls were known to have been paid by travellers were at ferrying points across rivers. Nor were traders using the trade paths called upon to pay tolls towards their upkeep. What normally happened was that those who fell in with the townsfolk clearing the paths were asked to lay down their loads and help with the work or to pay a small contribution in kind to the workers in lieu of their services.[3]

[1] Daaku, Oral traditions of Adanse, Denkyira, Twifo, Assin; Daaku and Darkwah, Traditions of Mampong (Legon), 1968.

[2] Ramseyer and Kuhne, 1878, p. 51; Boaten, op. cit., p. 81; Daaku, Traditions of Adanse (Kusa).

[3] Daaku, Oral traditions of Adanse, Denkyira, etc.

PATTERNS OF TRADE

By the beginning of the seventeenth century three different patterns of trade had evolved. First there were local community marketing places where most of the local foodstuff, crafts, and a few necessaries were sold. Almost invariably trading at this level was the women's affair, for the Akan made a subtle distinction between what was to be sold by the different sexes, which was epitomized in the popular saying *Obaa ton nyaadoa (ntorowa) na onton atuduro*; meaning that it is the business of a woman to sell garden eggs and not gunpowder. In other words, a woman does not attempt to do a man's job. It is in accordance with this neat dichotomy in the items of trade for the sexes that De Marees and other seventeenth-century European writers always reported groups of merry-making women travelling from place to place to sell vegetables.[1]

In addition to local community marketing there grew up districts or regional trading centres where several varieties of goods like cloths, shea butter, and pans which had come from the northern and coastal markets supplemented the locally produced goods. These were weekly or fortnightly fairs. It was one of the cardinal desires of rulers to endeavour to establish such marketing centres in their towns. The traditions of Efidwaase and Edubiase in Asante are full of the praises of those of their chiefs in whose time the markets grew in importance.[2]

In such regional markets the responsibility of maintaining peace and order rested with the local rulers, whose agents were always available in the markets to settle any disputes that arose. On the regional markets or weekly fairs market tolls were collected. These were mainly paid in kind to the court servants or *Nhenkwaa* who cleaned the market-places. These tolls were given to the Queen mother who, with the *Gyaasehene*, distributed them to the various servants at court, and, at times, sold part of them for the upkeep of the chief and the Queen mother's households.

In addition to the local and regional trading centres, there was the inter-state trade which involved travelling long distances

---

[1] De Marees, op. cit., p. 57.
[2] Daaku, Oral traditions of Adanse, Daaku and Darkwah Oral traditions of Mampong.

to the coastal and northern centres. It was only at the coastal centres of trade that firearms, the most important single item of trade, could be obtained. By the middle of the seventeenth century a group of speculators had emerged in the inland states known as the *Akonkofo*. These men purchased most of the inland gold to be sold on the coast and, in turn, brought some coastal goods into the interior. It is interesting to note that these people never sold firearms in the inland markets. The necessity for all and sundry wanting firearms to travel to the coastal centres for them led to the popular saying *enye Prasu na yeto otuo*, one does not buy firearms at Prasu. The need for firearms therefore forced many people to come down to the coast as occasional traders specifically to buy them.

THE SYSTEM OF EXCHANGE

In these local and regional markets the currency was gold dust, which by the seventeenth century had superseded the iron currency *Nabuo* which had been used by the Akan. The use of *Nabuo* went out of vogue when the Europeans brought large quantities of iron bars to the coast in the sixteenth and seventeenth centuries. Normally, people weighed their gold dust at home before they went to the market-places. But to facilitate trade there were always special people with their scales, *futuo*, to be called upon to weigh gold for doubtful buyers for a small fee.[1] In addition to gold dust cowry shells appear to have been used by the Akan, but on the whole cowries were not as popular in the gold-producing areas as they were in the north or on the Slave Coast.

The system of trade at the forts was a little different. Not only was the trader expected to understand the bastard Portuguese which long remained the trading language but he had to know the intricacies of the commodity currency sometimes referred to as the ounce trade or sorting. There is no doubt that the use of gold weights pre-dated the arrival of the Europeans. This is evidenced by the fact that all the names of the gold weights used on the Gold Coast at the time of De Marees are in Twi, except for *quinta*.[2]

Whereas in the local markets the commonest denomination

---

[1] Boaten, op. cit., p. 84.
[2] Polanyi, 1964; Marion Johnson, 1966c; Ott, 1968.

in use was the *damma* weight (valued at about twopence) in the transactions with the Europeans, especially in the slave trade, the ounce of gold became the main denomination. This was adopted to provide the principle of 1:1. The use of the commodity currency by which all goods were sorted out and calculated on the basis of gold dust facilitated trade at the turn of the seventeenth century. This was because gold was becoming scarce owing to the African reluctance to part with the valuable commodity.[1] It may be said that by the beginning of the seventeenth century trading on the Gold Coast had progressed beyond the stage of barter. Complicated weights on which the commodity currency came to be based facilitated trade for all parties.

CONCLUSION

Throughout the seventeenth and eighteenth centuries trading was effecting a near revolution in Akan society. It allowed for easy social mobility. Those who so desired and ventured into distant places in pursuit of trade could rise to higher positions in the traditional set up. Along the coastal towns successful traders began to display their affluence by surrounding themselves with a host of servants. Some were raised to the status of headmen or elders. These men could have their own horns blown in their honour on special occasions. They built themselves magnificent houses on which some of them even mounted a few cannon. The rise of these people was not only a coastal phenomenom. In practically all the forest states there came into prominence men like Kwame Anteban of Nyameso in Denkyira whose wealth became proverbial.[2]

In the organization of trade the Akan did not depend mainly on their slaves. Trading was a respectable vocation for all. It enabled people to extend their scope of experience by travelling into distant parts. It was therefore necessary for rulers to encourage their subjects to take a hand in it. Trading among the Akan was certainly never a state of chiefly monopoly, not even the trade in firearms.

[1] Tenkorang, 1964, pp. 40–2.
[2] Daaku, Oral traditions of Adanse and Denkyira.

Résumé

COMMERCE ET STRUCTURES COMMERCIALES CHEZ LES AKAN AU XVIIe ET XVIIIe SIÈCLES

Le commerce transatlantique de l'or, des fusils et des esclaves, qui formait la base des relations européennes avec la Gold Coast depuis la fin du XVe siècle, s'édifia sur le commerce antérieur de l'or et de la cola avec les Etats du Soudan Occidental. L'arrivée des Européens ne changea pas ces structures commerciales, elle ne fit que les diversifier. La concentration des forts, donc d'une nombreuse population, le long de la côte, multiplia les réseaux et les routes commerciales. De nombreuses personnes vinrent sur la côte pour vendre leur service. Beaucoup bénéficièrent des nouveaux débouchés, offerts par le commerce. Certains devinrent des salariés, tandis que d'autres s'établirent comme 'princes marchands' et rivalisèrent de pouvoir avec les chefs traditionnels. Les villages de pêcheurs et de saliniers se développèrent en centres commerciaux importants. En dépit de l'importance attachée au commerce, les autorités ne tentèrent jamais de le monopoliser. Au contraire, tous les sujets étaient encouragés à y participer, la richesse du chef, plus apparente que réelle, étant considérée comme dépendante de celles de ses sujets. Les seuls biens sur lesquels le souverain exerçait un semi-monopole étaient les esclaves et l'ivoire, encore que même en ce qui les concerne, de nombreux et riches sujets en eussent fait le trafic. Il est donc difficile de voir comment le commerce aurait pu devenir le domaine reservé du roi, de ses notables ou des principaux marchands à l'exclusion des autres Noirs, comme certains auteurs contemporains auraient voulu nous le faire croire. Le commerce n'était pas davantage réservé aux esclaves travaillant pour leurs maîtres. Quelle qu'ait été la résistance des Akan, au début de leurs contacts avec les Européens, à s'engager comme porteurs, dès la moitié du XVIIe siècle, le portage était devenu une occupation honorable recherchée par de nombreux et vigoureux jeunes hommes. A la différence de l'Afrique de l'Est, où les expéditions commerciales vers l'interieur étaient organisées par de riches marchands, les Akan pratiquaient le commerce sur une base individuelle. De petits groupes composés d'un homme et de sa famille immédiate ou de membres de sa famille élargie, partaient d'eux mêmes vers les centres commerciaux. Ces groupes n'étaient pas armés, car il était contraire à la coutume de porter des armes en temps de paix à travers des territoires étrangers. Deux sortes de marchands se développèrent surtout: les commerçants réguliers et les commerçants occasionnels. Ces derniers commerçaient surtout pour les chefs qui depêchaient des expéditions spéciales pour réaliser des transactions précises, comme acheter des armes pour eux.

Il est intéressant de noter que les Akan ne taxaient habituellement pas les commerçants qui traversaient leur territoire et qu'aucun droit n'étaient perçu pour l'entretien des routes. Le seul endroit où des droits étaient perçus était au passage des rivières. Quand plus tard les Akan installèrent des points de contrôle sur les routes commerciales, ce fut afin d'empêcher les fuyards d'échapper à la justice.

Vers le milieu du XVIIIe siècle, une triple structure commerciale s'était développée: le commerce local, qui se pratiquait surtout entre gens de même tribu à des endroits où des objets d'artisanat et quelques denrées étaient normalement achetés et vendus. De là, il se développa des centres régionaux qui peuvent être décrits comme des foires hebdomadaires et où, aux produits locaux, s'ajoutaient des marchandises venues des marchés côtiers ou septentrionaux. Enfin le plus important étant le commerce pratiqué dans les centres côtiers et du Nord. Alors que le moyen d'échange, dans les marchés du Nord et régionaux, était la poudre d'or et le cauris, sur la côte on en vint à utiliser des marchandises-monnaies, connus sous le nom de 'ounce of trade', ou 'assortiment'. On peut dire qu'en raison du système compliqué de pesage de l'or et d'assortiment le commerce Akan, en particulier celui de la côte, avait au XVIIe siècle depuis longtemps dépassé le stade du troc.

VII. Le commerce pré-colonial et le développement de l'esclavage à Gũbu du Sahel (Mali)[1]

CLAUDE MEILLASSOUX

Gũbu, capitale de l'ancienne seigneurie guerrière des Sonĩke[2] du Wagadu, se situe au Mali, au centre de la plaine dunaire qui s'étend entre le Kĩgi et le Masina, à hauteur de 14e degré de latitude nord qui marque presque exactement la limite du peuplement des agriculteurs sédentaires.

La région qui l'entoure, de Nioro à Sokolo, est à l'écart des grandes routes marchandes du XIXe siècle, qui empruntaient les bassins du Sénégal et du Niger pour converger vers la région de Segu et de Sikaso; l'une en provenance de la côte ouest (Saint-Louis en particulier) par Médine, Kayes et Nioro; l'autre venant de Tombouctou par Bãjagara et Jenne. Au Sud, les principaux centres collecteurs de ces deux courants étaient Banãba, Ñamina et Bamako.

Plusieurs facteurs jouaient contre la participation de Gũbu à

---

[1] Les renseignements relatifs à cet article ont été recueillis au cours de missions entreprises entre 1963 et 1969 au Mali, sous l'égide du CNRS, dans le cadre d'une étude plus générale sur les clans, castes et classes en Afrique Sahélo-Soudanienne. Bien que le présent travail se réfère surtout à Gũbu, les enquêtes sur le commerce et l'esclavage ont été entreprises depuis le Gajaga jusqu'à Jenne. Les informations concernant les régions en contact avec les Maures ont été recueillies à Gũbu (Wagadu), Ñogumera (Gijume), Turugũbe (Kĩgi), Sofara (Kusata), Jige-Jariso (Lãbalaxe), Alaso (Girgãke); celles concernant les marchés de savanes à Banãba, Tuba, Kibã (Markaduguworoula), Bamako, Duguba, Sasãdin, Ja, Jenne. En outre, J. L. Amselle a bien voulu me communiquer les informations qu'il avait recueillies sur ce sujet à Nara, Gũbu, Banãba et Tuba. Nous devons les principales informations sur le commerce et l'esclavage à Gũbu, à MM. Amadou Doucouré, Diadié Tamoura, Barkary Doucouré, Lassana Doucouré, Ibrahima Tounkara, Tidjani Dicko et Bassi Coulibaly.

[2] L'utilisation du ~ pour marquer la nasalisation des voyelles ne correspond plus aux normes adoptées, depuis la rédaction de cet article, par la convention de Bamako et le Centre de Linguistique Appliquée de Dakar.

ces courants: sa position excentrique par rapport à l'axe principal Nioro-Banãba; la faible densité de la population (de 3 à 20 habitants au km 2 dans la zone décrite ci-dessus) (Brasseur et Le Moal, 1963); les difficultés d'approvisionnement en eau et la présence d'une région désertique au sud de Gūbu qui l'isole des régions peuplées de la vallée du Niger au sud et du Masina à l'est. Située hors de la zone d'influence des royaumes de Segu et du Kaarta, la région n'offrait aux commerçants ni la protection d'un Etat policé, ni système monétaire.[1]

Pourtant, en dépit de ces conditions défavorables, Gūbu représentait jusqu'à la colonisation un centre prospère[2] et l'un des rares marchés de cette région.[3]

Sur leur carte des voies commerciales d'Afrique Occidentale, Binger et Baillaud (Baillaud, 1900), placent Gūbu sur une bretelle qui relierait Nioro à Tombouctou par Sokolo.[4] En réalité, la prospérité de Gūbu ne s'explique pas par cette localisation, car le trafic entre Nioro et Tombouctou était très faible, de même que les relations entre Gūbu et Sokolo. Les investigations menées dans cette région montrent plutôt que la participation de Gūbu au commerce précolonial dépendait à la fois des rapports d'économie symbiotique entretenus avec les pasteurs nomades, et de la production esclavagiste locale de biens agricoles et artisanaux alimentant la demande extérieure. Le commerce était dans cette conjoncture non pas tant une activité d'intermédiaires que le moyen de se procurer la main-d'œuvre servile affectée à la production et celui d'assurer l'écoulement de cette dernière.

[1] Les cauris ne circulaient que dans les régions soumises à l'influence politique des royaumes de Segu et du Kaarta. Le point le plus proche de Gūbu où ils avaient cours était Murja. Les Gūbuke s'y arrêtaient pour en acquérir lors de leurs déplacements vers le sud et pour les échanger avant de rentrer chez eux.

[2] D'après Lartigue, qui lui-même jugeait les populations du Wagadu 'excessivement riches' (Lartigue, 1898, p. 125), le lieutenant Marchand qui était passé à Gūbu en 1891 'estimait déjà que les gens de ce pays étaient assez riches pour payer un impôt de 15 000 frs.' (*idem*). La prospérité de Gūbu fit un temps illusion sur le colonisateur qui crut avoir affaire à 'une agglomération de marchands' (Archinard, in Meniaud, vol. II, p. 344) alors que la ville était dominée par le clan guerrier des Dukure. Ce n'est qu'en 1907 qu'un administrateur note que 'les indigènes du cercle ne sont pas commerçants' (Rapport commercial, 2e trimestre 1907: Archives Bamako, 1Q).

[3] En tant que marché, Gūbu fait exception dans cette région. Les plus proches marchés étaient Nioro à 140 km à l'ouest, Murja à 65 km au sud, au-delà d'une zone déserte, et Sokolo à 140 km à l'est, dont 80 inhabités (Voir Bayol, 1888).

[4] Les auteurs de ce document ne sont pas passés par Gūbu.

N

Les divers échanges dans lesquels s'étaient insérés les Gŭbuke
et leurs modalités particulières (qui excluaient presque complètement le recours au marché-lieu) illustrent cette vocation
productrice, due à une conjoncture historique, géographique et
sociale favorable, qui permit à cette société de s'engager dans
un double processus d'accumulation et de transformation de
son mode de production.

LES ÉCHANGES

Le plus ancien commerce, pratiqué par les habitants des villages
de cette zone, est celui qu'ils entretiennent encore avec les
fractions maures du Sahara méridional, en particulier les
Taleb Moqtar, les Zenarig, les Ul Mahamed et les El Ayahin.

Gŭbu représente, à l'est de Nioro, la plus grosse[1] et probablement la plus ancienne agglomération d'agriculteurs sédentaires
situés septentrionalement vers le Sahara. Elle se situe au milieu
d'une cuvette fertile, productrice de mil et relativement bien
pourvue en eau. Elle occupe de ce fait une position privilégiée
dans les échanges qui ont lieu entre agriculteurs et pasteurs.

Chaque année, à la saison sèche, aux environs de janvier, les
pasteurs maures quittent le désert pour rapprocher leurs
troupeaux des pâturages et des puits de la zone humide. Des
échanges de biens et de services s'instaurent à cette occasion avec
les agriculteurs, échanges qui jouent dans l'économie des deux
parties un rôle complémentaire essentiel. Le plus important est
celui par lequel les uns reconstituent leur réserve alimentaire
pour la saison sèche, les autres leurs terres cultivables.

Les caravanes maures sont accueillies dans le village par des
familles agrestes qui les installent sur leurs champs et leur
désignent les puits et les mares où abreuver le bétail. Les bêtes
des troupeaux paissent les tiges de mil coupées, en même temps
qu'elles fument la terre. Lorsque les premiers pâturages — qui
correspondent aux champs permanents — sont épuisés, les
troupeaux sont emmenés, le jour, sur les terres cultivées plus
éloignées et, la nuit, parqués dans des enclos construits à
proximité du village, d'où le fumier sera extrait pour être
épandu. La fumure des terres est un service suffisamment
apprécié par les agriculteurs pour qu'ils s'estiment encore re-

---

[1] Le premier recensement de 1898 comptait 5 200 habitants. Notice géographique
et historique du Cercle de Goumbou, 1902 (Archives Bamako, 1 D).

devables à l'égard des nomades, lesquels bénéficient pendant leur séjour de cadeaux en mil et arachide destinés à leur alimentation immédiate. Afin de recueillir les quantités de grains nécessaires pour assurer leurs besoins pendant l'hivernage, les Maures louent leurs animaux porteurs pour rentrer les récoltes contre 10% des quantités de mil transportées; leurs femmes troquent dans les rues de la ville une mesure de lait contre deux de mil ou offrent des articles de cuir ou des dattes. Les forgerons réparent les outils des logeurs de leurs patrons. Les fractions dépourvues de gros bétail, en particulier les *haratin*,[1] louent leur force de travail, les hommes pour tisser, les femmes pour piler ou vanner ou encore pour glaner dans les champs contre la moitié de leur collecte.[2]

A ces échanges, portant sur des produits de base, s'ajoute enfin le négoce.

Avant la conquête coloniale, le trafic vers le désert était exclusivement réservé aux Maures — il l'est encore largement aujourd'hui — car il eût été aventureux, sinon fatal, disent les habitants de Gūbu, pour les commerçants étrangers d'y pénétrer. Les Maures apportaient à dos de chameaux ou de bœufs porteurs des barres de sel gemme (*harde*) en provenance de Taudenit, du sel en vrac des environs de Tichit et des pièces de guinée d'importation (*besa*). Ils vendaient aussi leur bétail, mais peu apprécié des Soninke parce que généralement trop bien maquillé, et surtout des chevaux de monte de grande valeur. En échange, leur demande portait d'abord sur deux produits du cru: le mil et les bandes de coton tissé (*irame*) utilisées pour la confection des tentes, parfois pour celle d'habits grossiers. Elle portait aussi autrefois sur un produit d'importation, l'esclave, mais de moins en moins, car, nous le verrons, il devint plus avantageux pour les Maures d'atteindre eux-mêmes les marchés des rives du Niger où cette marchandise était abondante.

Ainsi les produits du cru, fourrage, eau, mil, *irãdoora*,[3] représentaient l'essentiel des fournitures des agriculteurs aux nomades. Grâce à ces produits, les agriculteurs recevaient, outre une matière première auxiliaire nécessaire à la reproduction agri-

[1] Fractions asservies des Maures.

[2] Ces offres de travail devinrent plus importantes après la suppression de l'esclavage en 1908.

[3] *irãdoora: irame* = bande de coton; *doora* = rouleau; bande roulée d'environ 24 mètres.

cole, des marchandises répondant à une demande plus large
(en particulier les barres de sel et les pièces de guinée) susceptibles d'entrer dans la traite interafricaine lorsque celle-ci se
développa à partir du XIXe siècle. Ces marchandises étaient
utilisées en premier lieu pour se procurer des esclaves sur les
marchés soudaniens.

Bien que la traite atlantique eût été abolie en 1815 et que
l'exportation des esclaves vers l'Amérique ait pratiquement
cessé au milieu du XIXe siècle, ce commerce subit une forte
recrudescence en Afrique Soudanienne sous l'effet des guerres
entreprises à cette époque par El Haj Umar et Samory. Elles
alimentèrent en captifs les Etats et seigneuries qui se situaient
à l'abri des dévastations. Si la position de Gũbu l'écartait des
grandes voies commerciales, en revanche elle la protégeait
des empires de la savane et des guerres qui y sévissaient:
l'influence de Segu s'arrêta toujours aux limites de la zone
désertique qui protège le Wagadu au sud et lorsque les troupes
d'El Haj Umar passèrent par Gũbu, la ville se rallia sans
résistance et accepta qu'un poste de perception y fut installé.
Gũbu demeura ensuite à l'écart des combats qui se déroulaient
au sud et à l'est.[1] Cette situation plaçait donc les Gũbuke dans
une position favorable pour exploiter la main-d'œuvre captive
que procuraient en abondance ces guerres.

Le commerce vers la savane était entrepris à la fois par les
habitants de Gũbu et par des marchands étrangers.

Du sud venaient, les Sêpera de Banãba, les Sila de Tuba, les
Kone et les Saxo de Ñamina, qui apportaient, avec des esclaves, le karité et le piment de Kutiala. Mais l'essentiel du
trafic méridional était entre les mains des habitants de Gũbu.
Annuellement, ou plusieurs fois par an, ceux-ci organisaient des
expéditions armées pour rejoindre les grands marchés aux esclaves de Banãba, Segu, Ñamina, Banãbile, rarement au-delà.

Ceux qui ne participaient pas à ces expéditions, et en particulier les femmes qui pouvaient difficilement voyager en
raison de l'insécurité, confiaient des marchandises aux partants

[1] El Haj Umar conquit le Kaarta en 1857, Segu en 1861, le Masina en 1862. Il
meurt en 1864; son fils Ahmadou régna sur Segu jusqu'en 1898. Samory s'installe
à Bisãdugu en 1866, prend Kankan en 1873; repoussé par les Français vers l'est,
il quitte Bisãdugu en 1891, détruit Kong, Bũduku et Buna en 1894–5. Il est finale-
ment battu par les Français en 1898 (Trimingham, 1962; Cissoko, 1966).

avec mission de leur rapporter tel ou tel type d'esclave. Ces expéditions emportaient, comme moyens d'échange, des guinées, des barres de sel obtenues des Maures, et des *irãdoora*. En outre, des convois de chevaux étaient organisés, auxquels participaient surtout les familles guerrières. Les chevaux provenaient soit de l'élevage local, soit d'échanges avec les Maures. Ils s'échangeaient en savane contre 10 à 20 captifs au temps de Samory. Les captifs ainsi acquis étaient destinés pour la plupart aux habitants de Gūbu. Une faible partie était recédée aux Maures ou réexportée vers l'ouest. Si les familles guerrières et maraboutiques participaient à ces expéditions, ce sont ces dernières surtout qui pratiquaient la revente des esclaves.

Un commerce portant davantage sur les produits de luxe et de prestige s'orientait vers la Côte et le Masina. A l'ouest, les Gūbuke allaient chercher jusqu'à Lãbatara (à l'est de Koñakari), Gori, Nioro, parfois Kayes, les marchandises qu'apportaient les habitants du Gajaga et du Gidimaxã venus en pirogue de Bãjulu, c'est-à-dire les fusils, l'ambre, le corail, les *tama* (Napoléon d'argent servant à fabriquer des bijoux),[1] contre des guinées, des *irãdoora* et des barres de sel.

De l'est parvenaient, avec les marchands *futãke* du Masina qui avaient accompagné El Haj Umar, des esclaves que l'on échangeait contre des chevaux ou des *irãdoora*. De l'est encore, d'un lieu dit Lobigao[2] provenaient des fusils anglais, du corail, et les plus belles perles d'ambre, apportés par des Masinãke que les Gūbuke rencontraient à Sã ou Segu avec des chevaux, des esclaves et des *irãdoora*.

Du début de la pénétration française au Soudan, c'est-à-dire vers 1880, jusqu'à l'abolition de la traite des esclaves par les Français (1896), le commerce s'intensifia et se modifia quelque peu. On note par exemple que la guinée parvient désormais par les comptoirs de la Côte et non plus par l'intermédiaire des Maures. Des marchands peuls venus à pied du Futa-Tooro apportent maintenant l'ambre, le corail et les fusils qu'ils échangent contre les esclaves achetés au sud contre des chevaux ou à l'est aux marchands peuls venus du Masina, contre le

---

[1] Le *tama* fut successivement le nom de cette pièce de monnaie, puis de la mesure de longueur des *irãdoora*, (c'est-à-dire 20 coudées de ces bandes de coton), enfin du franc-argent.

[2] Lobigao, lieu situé par nos informateurs dans une région aurifère qui fut un temps sous administration britannique. Sans doute Gawa en Haute-Volta.

corail et la guinée. Le trafic des esclaves s'accentua encore
pendant tout le temps de la conquête française car l'armée coloniale recrutait des 'irréguliers' auxquels elle accordait le droit
de piller les vaincus et de les réduire en esclavage. Des marchands
suivaient les colonnes pour racheter aux troupes leur butin
humain (Suret-Canale, 1961, p. 239).

Il semble encore qu'un plus grand nombre de marchands
étrangers, surtout venant de l'est, aient fréquenté Gũbu à
cette époque. Quant au commerce avec les Maures, en dehors
de la disparition de la guinée des transactions, il ne semble pas
s'être considérablement modifié.

L'occupation française en 1893 n'apporta pas de transformations immédiates à l'économie de Gũbu.[1] Les courants commerciaux furent en partie divertis et d'autres devinrent clan-
destins, en particulier ceux qui intervenaient entre les Sonĩke
et les Maures et qui ont persisté jusqu'à ce jour. C'est l'abolition
du commerce des esclaves en 1896 et l'émancipation des captifs
en 1908 qui marquèrent la fin de cette période de l'histoire
économique de Gũbu à laquelle nous nous sommes limité ici.

LES MODALITÉS DU COMMERCE

Les opérations commerciales s'accomplissaient par le moyen de
diverses pratiques excluant presque totalement le marché,
entendu comme un système d'échanges institutionalisé à localisation et périodicité fixes, par lequel les marchandises sont exposées
et offertes au tout-venant.

La plupart des familles de Gũbu participaient aux expéditions
lointaines par lesquelles les produits, lorsqu'ils étaient destinés
à leur propre approvisionnement où à celui de leurs parents ou
voisins, échappaient au marché. C'était en particulier le cas
des fusils et, jusqu'après la colonisation, des bijoux. Lorsque les
marchandises s'échangeaient les transactions s'engageaient plus
souvent autour de rapports personnels et parfois statutaires,
que par le truchement du marché.

Nombre d'articles faisant l'objet de transactions à Gũbu
étaient à valeur individuelle élevée et, dans beaucoup de cas,
sujets à variation selon les qualités et les défauts de chacun: un

---

[1] Gũbu fut reconnu la première fois par le lieutenant Marchand en 1891 et une
perception y fut installée cette même année. Pillée peu après, elle fut réinstallée par
Archinard en 1893, date de la soumission réelle de la ville.

cheval, un captif, le bétail ne s'achetaient pas sans discussion. Leur valeur d'échange était donc l'objet d'un marchandage, d'un *négoce* qui exigeait des rapports prolongés entre vendeurs et acheteurs. L'écoulement de la marchandise était lent et requérait un séjour durable sur les lieux.

Nous avons vu que les Maures venaient à Gũbu dans l'intention première de faire paître leur bétail en saison sèche; leur long séjour se prêtait à ces transactions. Chaque famille maure était accueillie par son *ja tigi*[1] habituel, un chef de famille sonĩke de Gũbu avec lequel elle entretenait d'étroits rapports d'amitié. Le chef de famille maure installait ses tentes sur les champs, mais lui-même pouvait venir à son gré dans la demeure de son *ja tigi*, choisir la case qui lui plaisait, même agir comme le chef de famille s'il était plus âgé que le *ka gume*.[2] Il apportait en cadeau du sel, des dattes, de la viande séchée. Certaines familles maures et sonĩke étaient liées par le *diya*[3] et échangeaient entre elles leurs enfants. Le *ja tigi* bénéficiait, comme nous l'avons vu, du séjour des troupeaux sur ses champs. Il était en retour le garant de 'son Maure' auprès de ses concitoyens. Ce type de relations pouvait facilement s'étendre au commerce. Le *ja tigi* était amené à emmagasiner chez lui les marchandises de son Maure, à en devenir le dépositaire et, éventuellement, le gestionnaire lorsque son hôte se déplaçait vers d'autres pâturages ou lorsqu'il repartait dans le désert à la fin de la saison sèche.

Il n'est pas impossible de penser que l'origine de l'institution marchande du *ja tigi* vienne de cette première relation entre agriculteurs et éleveurs. Certains des services rendus aux Maures étaient étendus aux marchands de passage, quand bien même ceux-ci ne séjournaient pas à Gũbu dans les mêmes conditions. A leur départ les marchands laissaient à leur *ja-tigi* des cadeaux d'ambre ou de corail. Des rapports parfois étroits se nouaient avec certains d'entre eux, et l'on connaît à Gũbu une famille aujourd'hui prééminente dont l'ancêtre, marchand d'esclaves futãke, fut à l'origine adopté par son *ja tigi*.

Si les nobles recevaient chez eux nomades et marchands et

---

[1] *ja tigi, ja*: bien-être; *tigi*: celui de; hôte, en bamana.

[2] *ka gume, ka*: foyer; *gume*: chef.

[3] *diya* (hassanya) prix du sang. Certaines familles s'associaient entre elles pour supporter en commun les amendes infligées à l'un des leurs en cas de meurtres ou de blessures.

exerçaient à leur égard les lois de l'hospitalité, si leurs fils et leurs esclaves de confiance participaient aux glorieuses caravanes, ils répugnaient à exercer les fonctions d'intermédiaires et de commissionnaires, surtout en ce qui concerne le commerce des esclaves. Le commerce en lui-même était considéré par les nobles comme une activité dérogatoire à leur condition de guerrier; le trafic des esclaves dégageait en outre un relent d'enfer: il était livré à d'autres couches de la population.

Le principal du commerce des esclaves à longue distance était entre les mains de quelques familles maraboutiques qui, plus proches sans doute du Seigneur, se sentaient mieux protégées. Sur place, à Gŭbu, des *komexoore*[1] ou des *ñaxamala*[2] se chargeaient de la vente des captifs par démarchage auprès d'éventuels acquéreurs. Ils opéraient pour leur compte et non pour leur maître ou leur patron. Ils recevaient une commission pour chaque captif vendu (en général 5 coudées de guinée). Certains de ces agents — on m'en cite trois — se livraient exclusivement à cette occupation et ne cultivaient même pas.

LES MARCHÉS

Beaucoup de transactions se faisaient à domicile. Il n'y avait pas à Gŭbu de marché aux esclaves, ni aux bestiaux. De même, le sel qu'achetaient les habitants de Gŭbu était souvent revendu dans les maisons particulières. Seule une part restreinte du commerce portant sur des articles de faible valeur ou mesurables — donc ne nécessitant pas de marchandage — se faisait sur les marchés.

Il y aurait eu à Gŭbu un marché dans chacun des deux principaux quartiers. Mais ce nombre tient davantage à la rivalité qui séparait ces derniers qu'aux exigences du commerce. Ils n'avaient ni l'un ni l'autre une grosse importance encore qu'ils aient été quotidiens. On y vendait des produits vivriers : piment, karité, oignon, mil, maïs, arachide, viande fraîche ou séchée. Le mil, le maïs et l'arachide étaient des produits du cru vendus par les femmes du pays ou par des chefs de familles, qui confiaient des marchandises à leurs épouses ou à des intermédiaires, les *saxa-ñaxala*[3] qui se tenaient en permanence sur le marché

---

[1] *komexoore*: voir infra p. 192.

[2] *ñaxamala*: gens de caste (griots, forgerons, peaussiers, etc.).

[3] *saxa*: marché; *ñaxala*: milieu.

et qui recevaient 1 ou 2 *mud*[1] du produit vendu selon l'importance des ventes. Le piment ou le karité étaient rapportés par
les caravanes ou achetés au *jula* par les femmes qui le revendaient contre du mil offert ensuite aux Maures contre du petit
bétail. Enfin on y vendait aussi des tissus (guinée ou *irãdoora*)
destinés surtout aux étrangers, car les Sonīke de Gūbu ne por-
taient pas le *besa* et fabriquaient eux-mêmes leur tissu de coton.

Les marchés étaient surtout fréquentés par les marchands
de passage et les habitants des villages les moins éloignés:
Kalūba, Koli, Barsala, Saabugu. Ils n'étaient l'objet d'aucune
régulation particulière. Le chef de quartier en était responsable.
Les conflits qui y surgissaient étaient portés devant lui, mais il
ne disposait pas d'une police spéciale. Il ne percevait pas de
taxes, n'imposait pas de prix, n'interdisait la vente d'aucun
article. Leur existence fut sans doute brève, car ils ne purent
fonctionner qu'une fois la sécurité des routes relativement assurée. Or déjà en 1903 le témoignage du commandant de
Cercle d'Arboussier semble indiquer leur disparition.[2]

LE MÉCANISME DE L'ACCUMULATION

Les bénéfices que rapportait le commerce aux habitants du
Gūbu sont difficiles à apprécier en raison de l'incertitude des
informations concernant les termes des échanges. Les contre-
valeurs en nature indiquées pour différents articles par le
même informateur ne sont jamais cohérentes entre elles (l'étaient-
elles d'ailleurs dans la réalité?). Les termes donnés par plusieurs
informateurs varient considérablement, de même que ceux que
rapportent les voyageurs contemporains. Si les bénéfices se
faisaient par une série de trocs successifs, les écarts donnés pour
chacune de ces opérations accroissent considérablement la
fourchette finale. Si, sans prendre en considération la chaîne des
conversions, l'on s'en tient à la simple comparaison de la valeur
d'échange d'une même marchandise entre son lieu d'acquisition
et Gūbu, prix entendu en termes d'une marchandise plus volontiers utilisée comme étalon, ceux-ci variaient entre 2 et 5 fois.
Ces proportions ne représentent cependant pas le taux des
bénéfices qui dépendent encore de la conversion de la marchandise-étalon en celle que l'on souhaite acquérir en dernier ressort.

[1] *mud*: mesure de capacité d'environ 2 litres, ou 2kg 250 de mil.
[2] Archives Dakar, 1 G 309.

En outre, il faudrait déduire du bénéfice brut les frais des expéditions et la valeur du temps passé par leurs nombreuses escortes. Il n'est pas certain que toutes ces expéditions aient été profitables et que le goût de l'aventure n'ait quelquefois primé l'attrait des bénéfices.

Pour les quelques familles maraboutiques cependant, rompues aux pratiques marchandes, le commerce représentait une source de grands profits. Ces familles n'ont cessé d'avoir la réputation d'être parmi les plus riches. Mais pour les familles nobles plus nombreuses, qui répugnaient au commerce d'intermédiaire — encore qu'elles ne l'écartaient pas complètement — les profits tirés de l'exploitation des esclaves (à laquelle se livraient aussi les marabouts) semblent avoir au moins égalé les bénéfices rapportés par les activités marchandes.

On aura noté que les *irãdoora* n'étaient pas réservées au seul commerce avec les Maures mais expédiées sur tous les marchés. Les autres marchandises d'échange étaient obtenues auprès des Maures contre ces mêmes bandes de toile et le mil. Or ces deux produits étaient presque exlusivement le résultat du travail des esclaves qui cultivaient pendant l'hivernage et tissaient en saison sèche, cette dernière activité leur étant strictement réservée. C'est par l'exploitation des producteurs, c'est-à-dire des esclaves, que la majorité des familles de Gũbu s'enrichissait.

L'esclavage à Gũbu date de temps immémoriaux. Les esclaves (*komo*) y jouissaient de statuts différenciés dont les principaux étaient celui de captifs de guerre ou de traite, aliénables, et celui d'esclaves domestiques (*woroso*) descendants des précédents, mais désormais non-aliénables. Certains parmi les esclaves de vieille souche (*komexoore*) jouissaient d'une forme d'émancipation qui les libérait de presque toute obligation matérielle à l'égard de leur maître, bien que conservant un statut inférioré. Captifs et *woroso* étaient tenus de travailler pour leur maître quatre jours par semaine, les trois autres jours leur étant réservés pour subvenir à leurs besoins. Bien qu'ils fussent autorisés à jouir de la production de ces trois jours, les esclaves ne possédaient rien en propre, leurs biens, comme leur personne, étant la propriété du maître. La condition d'esclave était irréversible et héréditaire.

L'esclavage s'accrut considérablement à Gũbu, selon tous les témoignages, au cours des années qui précédèrent et suivirent l'occupation française. Lors de la colonisation certaines familles de Gũbu possédaient de 30 à 200 esclaves, parfois regroupés en hameaux de culture placés sous les ordres d'un intendant. Gũbu comptait probablement alors 1000 à 1500 esclaves[1] sur une population totale de 5200 habitants environ.

Les guerres qui sévissaient au sud et à l'est et le développement du commerce permirent un approvisionnement plus abondant et bon marché en captifs, en même temps que l'écoulement de la production de ces derniers. Les profits tirés de cette exploitation du travail ne peuvent être qu'estimés grossièrement. En fonction des rendements agricoles probables et des capacités de travail d'un adulte actif, on peut évaluer à 700 kg de mil le surplus net produit par un ménage d'esclaves composé de 2 adultes et de 5 enfants à charge, soit la consommation annuelle d'au moins deux autres adultes. En outre, on estime à deux ou trois *tama*[2] la production journalière d'un tisserand. En réduisant cette production au minimum (deux *tama* par jour) et en estimant que l'esclave tisse 4 jours par semaine pendant 4 mois de l'année, il pouvait produire environ 128 *tama* d'*irãdoora* par an. Si l'on admet que la culture du coton et le filage représentent le complément de la valeur-travail contenue dans l'*irãdoora* et que ce travail était accompli par la femme-esclave, 128 *tama* représentent la production textile annuelle nette du ménage esclave.[3] Or, en termes de guinée, le captif valait à Sikaso au maximum 30 pièces de guinées (entre 2 et 30 selon l'âge et le sexe, 30 représentant le prix le plus élevé qui m'ait été cité). A Gũbu, la pièce de guinée était échangée contre 10 *tama*, le prix le plus élevé enregistré. Le captif valait donc de 20 à 300 *tama* d'*irãdoora*. Ainsi, sans tenir compte de l'important travail domestique accompli par les femmes et des travaux divers confiés aux enfants, la possession d'un ménage esclave permettait au propriétaire de subvenir à une partie de ses besoins alimentaires et de recueillir la contre-valeur d'un esclave au cours d'un période de 1 à 3 ans.

Gũbu apparaît ainsi moins comme un centre commercial ou un 'marché' au sens plein du terme, que comme un pôle de

---

[1] Les descendants des *woroso* représentent aujourd'hui 24% de la population.
[2] Voir note 1 p. 187
[3] Une partie du coton était importé de la savane, par échange de sel gemme sur les marchés de Borõ ou Banãba.

production. Le commerce y fut surtout un instrument de croissance économique et de différenciation sociale.

C'est par la sollicitation du marché extérieur que, s'appuyant sur les formes d'esclavage domestique déjà existantes, se développent la division sociale du travail et l'exploitation d'une classe croissante de producteurs asservis, consacrés à la satisfaction de cette demande. Classe capable non seulement de satisfaire aux besoins de la classe exploiteuse et de se reproduire elle-même à long terme, mais encore de reproduire rapidement sa valeur marchande.

Le cas de Gũbu n'est pas unique dans la zone sahélienne où la plupart des villages se livraient aux mêmes activités, encore que le développement de l'esclavage y ait été particulièrement important:[1] le processus brutal d'accumulation primitive engendré par la guerre avait fait baisser le coût des captifs que les Gũbuke, en raison de leur organisation sociale, de leur isolement géographique et de la fertilité de leurs terres étaient en mesure d'exploiter dans des conditions très favorables. L'accroissement du nombre de captifs et l'organisation de leur exploitation soulevaient certes de nouveaux problèmes et en particulier celui de la transformation des rapports de domination. Ces problèmes trouvaient déjà un commencement de solution lorsque le colonisateur, en abolissant le commerce des esclaves (1896) puis en décrétant la libération des captifs de traite, en 1908, mit un terme à ce développement.

Summary

PRE-COLONIAL TRADE AND THE GROWTH OF SLAVERY IN GŨBU DU SAHEL (MALI)

Gũbu is today a large agricultural settlement located on the border of the Sahara, outside the main currents of trade. But it was, at the time of the French Conquest, a flourishing town whose prosperity was ascribed, by the first observers, to trade. Indeed, the wealth of Gũbu was primarily due to productive activities such as agriculture and textile manufacture, while trade was used to secure slaves, a means of production, and as

---

[1] Ce développement semble en effet avoir été moindre dans d'autres pays sonike comme le Jahunu, par exemple (E. et G. Pollet, 1967).

an outlet for the production. Trade was a means of both economic growth and of social differentiation.

Several factors favoured this development in the last half of the nineteenth century. Gũbu had long maintained close relationships with Moorish cattle-keepers who came during the dry season to pasture on the farms, providing manure in return. This arrangement gave an opportunity for the Gũbuke to trade their staples for goods in great demand on outside markets: salt, guineas, and horses. With these goods they penetrated the trade circuits, acquiring prestige goods from both west and east but, above all, slaves from the savannah markets. They benefited from the wars of El Haj Umar, Samory, and the French, which threw large quantities of slaves on the market who were used to produce millet and cotton cloth to obtain more slaves.

Most of the trade was undertaken by the Gũbuke themselves who travelled long distances and also acted as *jatigi* to the Moors and to passing merchants. Nearly all families in Gũbu participated in the expeditions, but people of noble birth were reluctant to act as middle-men. This activity, particularly in relation to slave traffic, was left to marabout families. Most transactions were effected through personal contacts or within the houses. The markets, which probably lasted a short time, were small and comparatively unimportant.

While commercial gains may have been considerable, profits from the exploitation of slave labour were probably equally high and more in accordance with the nobles' code of honour. The number of slaves increased rapidly during the late nineteenth century, but, before a slave economy could be fully established, compulsive manumission ordered by the French in 1908 brought this development to an end.

LONG-DISTANCE TRADING AND
THE DEVELOPMENT OF
SPECIALIZED TRADING GROUPS

VIII. Atebubu markets: *ca.* 1884–1930[1]

KWAME ARHIN

INTRODUCTION

The markets of Atebubu (1884–1930)[2] are of interest for three main reasons. Firstly, the establishment of the nineteenth-century market presents a problem, since Atebubu was neither in a kola-producing district nor favoured as a market by the Ashanti, the main kola producers for the markets in the Ashanti hinterland[3] and the dominant military power, who preferred as markets, Salaga, north-east, and Kintampo, west, of Atebubu. A discussion of how Atebubu became, and flourished as a market, based mainly on kola exchange, throws some light on the geographical and political aspects of market formation, and also on the importance of markets to the polities in which they were situated. Secondly, as a unit in the market network of long-distance trade in the northern parts of modern Ghana, the nineteenth-century market illustrates the types of goods, traders, and institutions associated with the trade between the savannah countries of the western Sudan and the forest and coastal areas of the Guinea coast, and also the tendency of the market centres of the Ashanti hinterland to become centres of heterogeneous populations. Thirdly, the establishment of a com-

[1] My thanks are due to Professor Daryll Forde, who directed my doctoral studies at University College London, for very useful advice on an earlier draft of this paper. Any deficiencies, however, are my own.

[2] Data for this paper were obtained during fieldwork at Atebubu over a three-month period in the Lent Term of 1966 and during the academic year of 1967/8. Documentary research was done in the Public Record Office, London, and in the Ghana National Archives, Kumasi, during the academic year 1967/8. Funds for both fields of research were provided by the Institute of African Studies, Legon.

[3] I mean by the 'Ashanti hinterland' the territories north-east and north-west of Kumasi which were within the commercial and political influence of the Ashanti Government of the nineteenth century. So defined, the hinterland included Bonduku, eastern Ivory Coast, Salaga, and Yendi in the northern region of modern Ghana.

mercial settlement at Atebubu is closely connected with the developments of new markets in the early colonial period.

Besides a sketch of the geographical and socio-political framework of trading and marketing at Atebubu, this paper will consist of two main parts. The first will deal with trade in the Ashanti hinterland as a background to the establishment of the nineteenth-century Atebubu market and then the goods, traders, and institutions involved in the market. The second will be concerned with the economic sequel to the nineteenth-century market in the early colonial period: Atebubu cattle and food markets and retail shops.

ATEBUBU: THE GEOGRAPHICAL AND SOCIO-POLITICAL FRAMEWORK OF TRADE AND MARKETS

Atebubu according to the 1960 Ghana Census, has a population of 4216 and lies 99 miles north-east of Kumasi, on the main trunk road between central and northern Ghana. It is the traditional capital of the Atebubu chiefdom and also the headquarters of the north-eastern administrative district of the Brong–Ahafo Region. The Atebubu chiefdom of 43 000 persons is contained in an area of 3028 square miles, in the transitional zone between the rain forest of central Ghana and the savannah north of the Volta river. The area is subject to the harmattan, a north-easterly desiccating annual wind, so that it suffers high water evaporation and chronic water shortages and has probably long been open savannah country.

As G. E. Ferguson, an official visitor to Atebubu in 1890, pointed out in a Report on the Atebubu district (1891), the open vegetation permitted travel in the district by the donkeys and horses used by the Hausa and Mossi caravans which visited the Atebubu market. The Atebubu area is unsuitable for the growth of kola and cocoa, the essential elements in peasant external (that is to the autonomous political unit) trade in past and present times. The establishment of the nineteenth-century market and the contemporary weekly market must be related to this relative natural poverty. It will be shown below that the Atebubuhene founded the nineteenth-century market as a means of indirect participation in external trade which was responsible for the flow of a large variety of goods into Ashanti and its hinterland. It is also said at Atebubu that the Omanhene established (1948) the contemporary weekly market for yam growers as the main economic link between his people and the rest of the Gold Coast and, therefore, as a means of sharing in modern economic development.

Owing probably to the chronic shortage of water in the area and also to its suitability only for non-permanent crops, the area has been rather sparsely populated. The present population density of the Atebubu chiefdom of about 14 per square mile is only slightly higher than Ferguson's (1891) estimated density (11) of 4374 in thirty-one villages he passed through in an area of 395 square miles. The significance of the low density of population has lain in the absence of pressure on land at Atebubu. In the nineteenth century there was no land shortage to impede the settlement of the people of the Zongo. In this century such disputes over land rights as have occurred have been over conditions on which land is held, and the absence of friction over land accounts for the relatively smooth transition of the people of the Zongo from distributive trade to commercial agriculture.

THE SOCIAL AND POLITICAL ORGANIZATION OF ATEBUBU

The history and commercial role of Atebubu as a market centre have influenced its social and political organization.

According to the people's own traditions, the Atebubu area was originally occupied by a Guan-speaking people who were joined, certainly before the beginning of the eighteenth century, by an Akan group from Saman, a village still extant and situated in the modern Kumasi district. The Guan and the Akan have since merged into a single people who call themselves and are called by others 'Brong'. The establishment of the nineteenth-century market and the early attainment (1890) by Atebubu of British-protected status, which guaranteed security for resident traders, attracted immigrants away from the neighbouring market towns, Salaga and Kete-Krachi. The peoples of the commercial settlement of Zongo, are collectively called Ntafo, a name by which the Akan identify their non-Akan neighbours, north of the Volta river.

Since 1890 the basic socio-political division at Atebubu has been between the Brong and the Ntafo who are spatially separated, though population growth has since the nineteenth century blurred the boundaries. The Brong speak a dialect of Twi, one of the Akan languages of central and southern Ghana. Their principles of social organization, inheritance, and succession are matrilineal. They are predominantly non-Muslim and non-Christian and adhere to traditional religious beliefs which centre round ancestral and other spirits. These are the object of the rituals of the annual Foyawah and Meukyifie (yam and water-yam) festivals, which have both recreative aspects and socially and politically integrative effects on the Brong under the Atebubuhene.

In contrast, the Ntafo of the Zongo who at present include Bussangsi, Chakosi, Dagarti, Dagbon, Frafra, Gonja, Grunshi, Gurma, Hausa, Konkomba, Kotokoli, Kusasi, Mamprussi, and Mossi, have a virilocal residential pattern and correlative inheritance rules. They are predominantly Muslim and thus debarred from participation in the rituals of Brong chiefship. Differences in inheritance systems, in residential patterns and in general cultural outlook have prevented intermarriage and spatial and social integration between the Brong and the Zongo peoples. From the Brong point of view, the Zongo remains the same commercial outpost that it was in the late nineteenth century; the peoples of the Zongo tend to emphasize their primary allegiance to their tribal headmen and secondary allegiance to representatives of central government.[1]

---

[1] Because of lack of space I cannot discuss the question of 'market peace' at Atebubu before the colonial era, nor an interesting conflict that arose between the head of the erstwhile commercial settlement and the Atebubuhene in 1921-7. On the first point, it appears from the claims of the Atebubuhene and the present Hausa sarkin Zongo that the inter-tribal disputes were settled by the Atebubuhene but that detailed supervision of the market was done by the sarkin Zongo while the sarkin Kasuwa, market master, appointed by the sarkin Zongo, collected market dues for the Atebubuhene. The relationship between the head of the commercial settlement and the Atebubuhene was one of accommodation. As Weber (1958, p. 67) has pointed out in connection with medieval European market centres: 'Often the existence of a market rests upon concessions and guarantees of protection by a lord or prince interested in such things as a regular supply of foreign commercial articles and trade products, in tolls, in monies for escorts and other protection fees, in market tariffs and taxes from lawsuits.' On the second point, the Gonja sarkin Zongo attempted to set himself up as an independent authority and failed because of Hausa opposition and intervention of the colonial authorities: for details of administrative report on the conflict, see File 96, *Atebubu Native Affairs*, Ghana National Archives, Kumasi.

THE NINETEENTH-CENTURY LONG-DISTANCE TRADE IN THE ASHANTI HINTERLAND

Nineteenth-century trade in the Ashanti hinterland typifies pre-colonial long-distance trade based on geographical and ethnic specialization in natural and craft production. Its essential basis was the exchange of kola, a forest product albeit consumed mainly in the savannah areas, for savannah products and craft works. But the forest peoples' trade with the European establishments on the Gold Coast, and Dyula, Hausa, and Mossi caravans' connections with the entrepôts of the middle Niger provided additional goods for exchange. According to Bowdich, a visitor to Kumasi in 1817, the goods normally available for exchange, for example, in the Yendi and Salaga markets were as follows (Bowdich, 1819, pp. 334–42):

Goods	*Areas of Origin*
Kola	The forest areas of Ashanti
Salt, rum, ironware	European trade forts
Cattle, sheep, fowls, shea butter, tobacco, white cotton cloths, iron bars, slaves	Gonja, Dagomba, and Mossi: slaves were captured by the Gonja and Dagbon people from their acephalous neighbours, such as the Grunshi and Dagarti and exchanged for goods from passing Hausa and Mossi caravans
Leather goods (bags, cushions, and sandals), blankets (now a rare piece of property in Ashanti), and locks	Hausa
Beads, coarse thick scarves, silk cloths (unravelled), and the thread used for making the *kente* cloth	The entrepôts of the middle Niger

Information from Bonnat, a prisoner (1869–74) and later a commercial adventurer in Ashanti and on the Gold Coast (1875) and also from Lonsdale, an official of the Government of the Gold Coast who went as far as Yendi from Cape Coast

(1882) shows that as a consequence of their military domination of their hinterland, Ashanti traders held a monopoly of trade in kola and in European goods with the northern caravan traders before 1874. Salaga and Yendi were their main commercial outlets and their principal trade-route from Ashanti-Mampong to Salaga lay through Atebubu country (for a description of Ashanti trade-routes, see Bowdich, op. cit., pp. 482–3.)[1]

Lonsdale (op. cit.) described Dyula, Hausa, and Mossi caravans as 'moving market(s)' operating at market centres on the routes between the termini on the middle Niger on the one hand, and on the other, Bonduku (eastern Ivory Coast) on the north-western, and Salaga and Yendi on the north-eastern, peripheries of the Ashanti 'empire'.

The long-distance trade required resting-places where provision and information on route and market conditions could be obtained and which often served as intermediary collecting centres: hence Zongos, which a former Senufo itinerant trader at Kintampo, a nineteenth-century market centre in north-western Ashanti, defined as 'places where groups of traders pitched their camp for the night'. Dupuis, who followed Bowdich to Kumasi in 1820, reports (1824, appendix, lviii) on information received from Muslim, travellers, and Binger, the French traveller saw for himself (1892, vol. II, ch. xii) that the caravan routes in the Ashanti hinterland were dotted with such Zongos; Freeman also, writing on his visit to Kumasi and to the Gyaman kingdom (now divided between Ghana and the Ivory Coast), notes (1898, p. 351) that the Zongos close to the northern edges of the Ashanti forest served as kola depots. Before 1874 most of these settlements were situated beyond or close to the Volta river.

THE ESTABLISHMENT AND GROWTH OF THE ATEBUBU MARKET

Ferguson (1893) states that the Atebubu market was established some time after 1874 and connects it with the breakdown of Ashanti control over its hinterland following the invasion of Kumasi by British forces in that year. The effect of the invasion, relevant to this paper, was disunity in Ashanti and

[1] For routes and market centres, see Fage, 1958, p. 40.

a consequent paralysis so that it was no longer able to police the 'interior' trade-routes. Blockades by the Brong, including those of Atebubu on the main trade-route to Salaga prevented Ashanti traders' access to Salaga, as Gouldsbury, an official of the Government of the Gold Coast Colony, reported (1876) after a visit to Salaga and Kete Krachi. The market system of the Ashanti hinterland was disrupted and new markets including those in Kintampo (for Ashanti traders) and Kete (Lonsdale, 1882) were established. In a report on a visit to Atebubu, the Reverend Ramseyer, a missionary stationed at Abetifi, south-east of Atebubu, makes it clear that the market was the result of a blockade by the Atebubuhene of the route to Salaga used by traders from the northern Ashanti districts and Ashanti Akim (south-east of Kumasi); Ramseyer points out that the Atebubu-hene had been charging what he called 'transit dues' on kola.

The market flourished for two main reasons. Firstly, Atebubu was advantageously situated south of Kete which, according to Lonsdale (1882), was already a flourishing market, and Salaga, so that the piles of kola created by the Atebubuhene's blockade were bound to attract both resident and caravan traders from the two towns, a short step to regular marketing at Atebubu. Secondly, the Government of the Gold Coast Colony, which wanted to use Atebubu as a base both for a possible rear attack on Ashanti and for further explorations into the territories north of Atebubu, provided a prop for Atebubu's 'blockade capacity' and offered security to prospective resident traders by its patronage of the chiefdom. Refugees from a civil war in Salaga in 1892 and from Kintampo after it was burnt by Kumasi forces in a civil war 1892–3 with Nkoranza (which included Kintampo) settled at Atebubu. By 1890, according to Ferguson, a third of the 1000 inhabitants of Atebubu town were resident traders of savannah origin. In 1897 Bircham-Parmeter, the colonial Resident at Atebubu, reported that the Zongo, the traders' settlement, was a third larger than the local Brong settlement and that what he called the 'various races' to be found in the Zongo included Ashanti, Adansi (within 40 miles south-west of Kumasi), and Fanti from Anamabo, south-west of the Gold Coast.

Given the background of earlier trade in the Ashanti hinterland sketched above, the Atebubu market may be seen as a consequence of the geographical situation of Atebubu and the post-1874 political situation in the Ashanti hinterland.

TRADE GOODS, TRADERS, AND MARKET INSTITUTIONS

From accounts by Ferguson (op. cit.), Bircham-Parmeter (op. cit.), Kenney-Herbert, a surveyor operating behind the Atebubu district (1898), and Tweedy, Bircham-Parmeter's successor as colonial Resident (1899), the trade goods and their origin in the Atebubu market (1890–9) may be listed as follows:

Goods	*Source*
Kola, rubber	Before 1896 the Sekyere (Mampong and Nsuta) and Nkoranza districts of Ashanti; after 1896, other areas of Ashanti
Gold	Sehwi (south-western hinterland of the Gold Coast
Salt, knives, copper rods, grey baft, beads, flints, guns, shot powder, cutlasses, cotton, and silk cloths[1]	Lome (German Togoland), Accra by way of the Volta river
Horses, asses, donkeys, bullocks, sheep, goats, fowls, shea butter, leather goods, and metal locks	Hausa and Mossi caravans
Slaves	Samory war camps (1895–6), Hausa and Mossi caravans

The relative importance of these goods to the Atebubu may be considered from two related viewpoints. First, the maintenance of the Atebubu market as a going concern, and second, the

---

[1] The Atebubu market contained more European trade goods than the Salaga and Yendi markets in the period before 1874; a significant addition is arms and ammunition which the Ashanti had prevented from reaching the 'interior' markets before that date. The personnel supplying European articles also changed; they now included the Ada people on the banks of the Volta river in south-eastern Gold Coast, the Kwahu (Akan in the south-eastern hinterland of the Gold Coast) and the Fanti of the Gold Coast colony. Both changes were due to the British presence.

supply and demand basis of the participation of the various groups of traders, the caravans and the suppliers of forest and European goods, in the Atebubu trade. From both points of view, kola was the most important commodity. It attracted the caravan traders to Atebubu and also provided the means by which the forest people obtained slaves and the various natural and craft products from the north. Although the supply of European goods was the basis of Atebubu's trade connection with the coastal people, trade in European goods was secondary to that in kola to the extent that caravan traders, whose main interest was in kola, provided most of the demand for the European goods: caravan traders ceased to attend a market for which there was not a regular kola supply. Captain Craven, the Commissioner of the Atebubu (north-east Ashanti) district, made this clear (1905) when he gave as reasons for the decline of the Atebubu market the fact that the Mossi caravans were then able to go to the forest areas to obtain their kola supplies, while the people of the Atebubu Zongo were unable, following the abolition of domestic slavery in 1904, to obtain carriers to bring loads of kola to the market from the south.

In view of current theories of African pre-colonial and transitional markets (Bohannan and Dalton, 1962, pp. 1–26) it must be pointed out that all the goods listed here were produced, and largely intended for consumption areas, outside the Atebubu district; also that the majority of traders in the market, resident and non-resident, were not 'target' marketers but professional traders engaged in obtaining goods in bulk and cattle in heads for re-exchange. The value of the goods did not lie in whether they were for 'subsistence' or 'prestige' purposes but in that they were the basis of large-scale enterprise for the traders. The supplies of goods had nothing to do with incentives for the local people to produce but with external political conditions which determined access to the market for long-distance traders. The Atebubu market was external to the local productive system: it was a 'transit' market, a unit in the market network of the Ashanti hinterland. This becomes clearer with the following review of the exchange and other institutions of the market.

BARTER AND COWRIES

Today at Atebubu one is shown some *sedee*, cowries, and told 'this was our money' but given no details about the circumstances in which they were used. Ferguson (1891) stated that trading at Atebubu had not advanced beyond the 'mere principle of barter' that 'cowries, used as currency, is the local medium of exchange among the tribes in this part of Africa' but that 'in Ashanti, slaves, gold dust, sheeps, or bullock would, I am informed, be accepted in exchange for kolanuts'. It may be the case at Atebubu, as Binger reported (op. cit., p. 141) of the contemporary Kintampo market that goods were first valued in units of cowries before direct exchange between them.

Barter and payment in cowries were common to the markets of the Ashanti hinterland (Bowdich, op. cit., p. 330; Dupuis, 1824, appendix, cix). Cowries were an all-purpose money in the market centres and in the savannah countries between the Volta and the Niger. But they lost all value in the forest and coastal areas; for the traders from these areas, therefore, cowries served merely as a unit of accounting in the interior markets.

MARKET-PLACE AND ZONGO AS COMMERCIAL INSTITUTIONS

During the trading season (November to March or early April) in the period 1884–1904, a market was held daily in a large open space, *guaso*, with irregularly built sheds. Food, small quantities of kola, and the rest of the goods listed above, excepting slaves, were exchanged in the market-place; the din of the market-place was unsuited to the sorting and counting of large quantities of kola sent into Atebubu in *mpakan*, adult head loads, of 2000 nuts each; the presence of the British colonial agent did not permit open dealings in domestic slaves. Neither oral tradition nor written sources report such non-economic activities as are said to be characteristic of African traditional and transitional markets (Bohannan and Dalton, op. cit., 'Introduction') to have occurred in the Atebubu market-place. The obvious explanation for this is that it was the centre of purely economic activities; also that since the Atebubu market was inter-tribal, it was unrelated to any specific socio-political order and could not serve the non-economic purposes attributed to market-places in other parts of Africa.

Of greater commercial importance than the market-place was the Zongo which, as Binger states (op. cit., p. 141), was the hub of marketing in the market centres of the long-distance trade. It was in the Zongo compounds that bulk exchange in kola and dealings in domestic slaves occurred. Most of the peoples trading at Atebubu were represented among the residents of the Zongo so that a long-distance trader had a compatriot to act as landlord and 'contact' man, that is, to find his prospective exchange partners.

Zongo resident traders consisted of two groups. The first were middle-men who obtained European, forest or savannah goods for re-exchange at Atebubu. Among these were agents acting as advance 'buyers' for long-standing absent guest traders and speculators who stored goods, particularly kola, which they disposed of in the lean period. The second group consisted of long-distance traders, travellers along the relatively short distances to Kete, Kintampo, and Salaga, the longer distance to Wagadugu or, as one is proudly told, to Kano. Both groups of resident traders acted as agents or suppliers for traders in other market centres within or beyond the Ashanti hinterland, and, together with the caravans, made the Atebubu market a unit of the market network of the sub-Saharan long-distance trade.

ECONOMIC SEQUEL TO THE NINETEENTH-CENTURY
MARKET, 1904–30

Atebubu in transition:[1] The period of transition in which the British colonial authorities laid foundations for new economic activities in the territories of modern Ghana meant for Atebubu the 'dissolution' of the nineteenth-century type of market and a change from distributive trading to commercial agriculture. I have assigned the period 1904–30 for an indicative purpose only since one cannot date with rigid accuracy switches in economic pursuits. The establishment of a single superordinate political authority in the territories of modern Ghana removed nine-

[1] Documentation for this section is to be found in the Gold Coast *Annual Reports* (1896–1930), published by the Government of the Gold Coast. Detailed argument can be found in Chapter V of my Ph.D. thesis, 'The Development of Market-centres at Atebubu and Kintampo since 1874', University of London, 1969.

teenth-century political barriers to long-distance traders' movements; this, together with the making and policing of a network of wider roads and the introduction of a uniform currency, created a different political and technical framework of trade. Caravan traders were able to enter kola-producing areas; shops retailing imported European goods established themselves in areas dominated in the nineteenth century by long-distance traders. Associated with the shops were changes in the consumption habits of the peoples of the interior; and, with the new mobility, the disappearance of transit markets such as that of Atebubu, trading became more sedentary. In place of the transit market three separate though connected, distributive sectors developed: cattle and food markets and retail shops.

The cattle market: This differed from the nineteenth-century market in being dependent on the 'investment capacity' of the Zongo residents and not on the 'blockade capacity' of the Atebubuhene: it shows the extent of 'capital accumulation' from nineteenth-century trading.

Cattle in Atebubu were supplied by two groups: Mossi cattle drovers and Atebubu Zongo importers who went with their sons and 'boys' (unpaid trade apprentices) to Bolgatanga (Northern Territories of the Gold Coast), Wagadudu (Upper Volta), and Mopti (Niger) to buy cattle for distribution at Atebubu and the main population centres of Ashanti and the Gold Coast Colony. Cattle were bought at Atebubu by butchers, Atebubu brokers, and resident agents representing major cattle dealers in the southern towns. The dependence of the market on the investment capacity of the Zongo people is shown by its collapse in 1927 when the Gonja Sarkin Zongo withdrew with his supporters to Prang, north of Atebubu (during a quarrel with the Atebubuhene).

The main institutional features of the cattle market were as follows: kraals, privately owned and income-earning, were the site of the market; purchases were now made in Gold Coast coins; landlords were rewarded 1s. on a cow and 6d. on a sheep or goat for witnessing transactions.

Food market: In his Annual Report for 1904 (Ashanti *Annual Report*), Craven, the Commissioner of the Atebubu district, stated that the 'Hausa' (used here to refer generally to Zongo residents) had taken mainly to cash-cropping and that the area then under cultivation was twice as large as 'two years ago'.

Three conditions favoured increased cultivation of yams, rice, and corn. The first was that the dissolution of the nineteenth-century market deprived the lesser brokers of their normal occupation so that they took to farming as an alternative means of livelihood. The second was connected with the intensification of colonial administrative activity involved in 'opening up' the country: administrative, technical, and army personnel, stationed at Atebubu, passing traders and 'gangs' of government porters increased demand, and hence market opportunity, for food. Thirdly, shops retailing European imported goods presented glittering challenges to productive effort.

Retail shops: Atebubu's position on the trunk road between Kumasi and Tamale and as district and sub-district administrative headquarters made it both a cultural and market centre for the surrounding country and the ideal location of shops retailing European imported articles. These shops were first established by three large European firms and Kwahu traders, who took over the distribution of imported European articles from long-distance traders.

There was a straightforward connection between the nineteenth-century market, the cattle and food markets and the location of European-owned retail shops at Atebubu. Without the Zongo whose residents—Gonja, Hausa, and Mossi—provided supplies for the cattle market, and who, by taking goods to the cattle supply areas, provided the biggest clientele for the retail shops, Atebubu would not have attracted these shops: hence the European-owned shops were closed upon the collapse of the cattle market in 1927. Their place was taken by Kwahu (Akan people in the south-eastern hinterland of the Gold Coast) traders whose custom came from food producers, the majority of whom were the people of the Zongo. The presence of the Zongo population at Atebubu influenced the choice of the town as an administrative headquarters with the consequence that a stranger-component of the population, who increased demand for food and imported goods, was introduced into it.

CONCLUSION

The nineteenth-century Atebubu market had unusual characteristics. It was not based on local production but on artificially created supplies of goods by the Atebubuhene's exploitation of the geographical situation of his town between forest and the coast on the one hand and the savannah on the other, and also of the political circumstances of the last quarter of the last century, as well as for fiscal reasons, to ensure his people's indirect participation in the external trade. It was a 'transit' market; the traders, and the scale of their activities, the determining factors of supplies of goods and the exchange institutions were such that the market does not fall clearly within the market typology described by Bohannan and Dalton (op. cit., p. 16).

Trade and marketing were so advanced at Atebubu in the nineteenth century that cattle trading and the marketing of farm produce in the early twentieth century were an adaptation to new circumstances rather than an economic reaction to the 'impact' of colonialism: an inquiry into incentives for cattle trading or food production seemed to me a pointless exercise especially as far as the peoples of the Zongo were concerned. The period of transition for Atebubu was marked by a search for new forms of enterprise rather than the absorption of the capitalistic spirit.

Résumé

LES MARCHÉS D'ATEBUBU: 1884–1930

J'ai essayé dans cet article de mettre en évidence les facteurs sous-jacents qui ont facilité l'installation d'un marché à Atebubu dans le Nord-Est du Ghana central actuel au XIXe siècle, de décrire les principaux traits des institutions relatives au commerce et au marché et de montrer les liens qui unissent le marché du XIXe siècle à l'évolution économique et commerciale du début du XXe siècle.

Il est montré que le marché fut installé par l'Atebubuhene dans le but de percevoir des impôts et d'assurer à ses gens une participation, encore qu'indirecte, au commerce extérieur qui existait entre la forêt Ashanti, la côte et la savane. Les facteurs qui ont facilité l'installation et le développement du marché sont, d'une part, la localisation du marché d'Atebubu, situé entre la forêt et la savane, ce qui permettait au chef d'imposer un blocus aux marchands en transit et de créer ainsi une offre artificielle de marchandises européennes, de cola, de produits de la savane et d'objets d'artisanat, et, d'autre part, les intérêts expansionnistes britanniques qui firent que le gouvernement de la Gold Coast exerça un protectorat de fait sur la chefferie d'Atebubu et par-là même renforça l'aptitude de cette dernière à maintenir le blocus.

Les principales caractéristiques du marché du XIXe siècle étaient les suivantes: les marchandises étaient produites et en grande partie consommées hors de la région d'Atebubu, les marchands étaient des professionnels qui échangeaient les marchandises en grosses quantités; les cauris et le troc étaient utilisés comme moyen d'échange, les premiers comme unité de compte par tous les marchands tandis que le second était une pratique nécessaire aux marchands de la forêt et de la côte pour qui les cauris ne possédaient pas de valeur économique en dehors des marchés du Nord; enfin le marché d'Atebubu était un marché de transit et ne rentre donc pas dans la typologie des marchés de Bohannan et Dalton.

De nouvelles conditions liées à l'installation du pouvoir colonial donnèrent lieu à la décomposition du marché tel qu'il existait au XIXe siècle. L'installation des Zongo, de provisoire devint permanente tandis que la population s'adonnait au commerce du bétail ou à la production vivrière qui devinrent de plus en plus lucratifs avec l'intensification des activités administratives coloniales. Ces activités économiques témoignent d'une adaptation aux nouvelles circonstances et non d'une réaction économique à l'impact colonial.

IX. Les Yarse et le commerce dans le Yatênga pré-colonial

MICHEL IZARD

Nous présentons ici une première analyse de résultats partiels d'une enquête en cours sur la métallurgie, l'artisanat et le commerce dans le Yatênga pré-colonial,[1] en nous attachant à mettre en evidence l'activité commerciale du groupe des Yarse (sg. Yarga), élément constitutif de la société du Yatênga formé de lignages d'origine principalement mandé, dont les ancêtres se sont installés dans le pays vraisemblablement entre le XVIe et le XVIIIe siècle, introduisant l'islam dans un pays traditionellement hostile à cette religion.[2]

On sait que le Yatênga est l'un des principaux royaumes mossi et celui où l'institution politique centralisée a atteint sa plus exemplaire mise en œuvre. Fragment septentrional du Rawa-

[1] L'enquête générale sur l'histoire du peuplement du Yatênga cercles de Gursi moins les cantons de Busu et de Nyesega, Ouahigouya (Waygyo), Titao et Segenega s'est deroulée de 1965 à 1967. L'enquête sur la métallurgie, l'artisanat et le commerce a commencé en 1968. Ces matériaux concernent 52 groupes résidentiels ou quartiers de village yarse. Ils ont été recueillis avec le concours de MM. Seidou Bonkongou et Yakouba Ouedraogo, collaborateurs techniques du Centre Voltaique de la Recherche Scientifique (Ouagadougou).

[2] Les premiers Yarse étaient des Mandé occidentaux (par opposition, par exemple, aux Fulse, qui sont des Mandé orientaux, le terme 'Mandé' ayant deux acceptions géographiques distinctes au Yatênga) mais, par la suite, des lignages d'origine diverse prirent des nom claniques (*sônda*, sg. *sôndre*) yarse et adoptèrent le mode de vie économique et social des Yarse. Parmi ces groupes devenus Yarse signalons ceux de *sônde* Sore, qui sont d'origine mossi. Il ne sera pas question ici des Marânse (sg. Marânga), d'origine sonrai, qui, comme les Yarse, sont des musulmans pratiquant l'artisanat (principalement la teinturerie) et le commerce. Bien moins nombreux au Yatênga que les Yarse, les Marânse sont surtout représentés dans l'est et le nord-est de l'ancien royaume. Les Mossi du Yatênga appellent Kâmbônse (sg. Kâmbônga) les étrangers d'origine bambara. Dans l'entourage du roi, les Kâmbônse sont des forgerons spécialisés dans la fabrication des fusils, mais, dans l'ouest du Yatênga, on appelle Kâmbônse les Bambara et les Dafing ou Marka du nord-est du pays samo, dont le rôle économique est tout-à-fait comparable à celui des Yarse du pays mossi.

tênga, vaste État aux limites imprécises et à l'organisation politique encore rudimentaire, fondé sans doute au XVe siècle par Naaba Rawa, le Yatênga doit son nom au fondateur de la dynastie actuelle, Naaba Yadega, qui, sans doute vers le milieu du XVIe siècle, s'installa à Gursi à la suite de son éviction du trône du royaume de Ouagadougou (Wogdgo) et y créa l'embryon d'une formation politique nouvelle, qui devait bientôt se développer indépendamment du royaume de Ouagadougou, pour une large part au détriment des descendants de Naaba Rawa.

La société mossi du Yatênga se compose essentiellement de deux grands groupes: les conquérants venus du sud et les autochtones. Les premiers constituent, en principe, un des rameaux de la descendance de l'ancêtre commun à tous les conquérants mossi, Naaba Wedraogo: c'est à ce groupe qu'appartiennent la dynastie royale des Yatênga Nanamse (sg. Yatênga Naaba) et les lignées issues de cette dynastie à partir du Yatênga Naaba Sugunum dont les membres sont appelés *nakombse* (sg. *nakombga*). Les autochtones, détenteurs des droits sur la terre et, à ce titre, detenteurs du pouvoir religieux, sont, majoritairement, d'origine kurumba (les Mossi appellent les Kurumba 'Fulse', sg. Fulga) ; ils sont collectivement désignés par le terme *têng-biisi* (sg. *têng-biiga*), 'fils de la terre' ou *têng-demba* (sg. *têng-neda*), 'gens de la terre'. En relation de complémentarité avec les *têng-biisi*, les Mossi (Moose, sg. Mooga) sont les détenteurs du pouvoir politique: pouvoir royal du Yatênga Naaba, pouvoir local des chefs de village d'origine *nakombga* ou non, pouvoir délégué des chefs de guerre, des dignitaires royaux et des serviteurs royaux.

A ces deux grands groupes de référence se sont ajouté, au cours des siècles, divers groupes étrangers dont le degré d'intégration dans l'ensemble politique que constitue le royaume est variable. Parmi eux, et au premier rang par leur importance numérique et économique, se trouvent les Yarse, nommés d'un terme qui correspond davantage à une mise en perspective fonctionnelle au sein de la société mossi qu'à une référence à une identité ethnique ou à une origine historique précise.

P

I. HISTORIQUE

Les traditions royales mossi et les traditions yarse (celles, notamment, de Zoogona, important centre yarga aujourd'hui intégré à la ville de Ouagadougou) s'accordent pour situer l'arrivée des premiers Yarse en pays mossi sous les règnes des tout premiers descendants de Naaba Wubri, fondateur du royaume de Ouagadougou (Nabollé, 1969, p. 3). Les informateurs de Michel Nabollé (1969, p. 3), et notamment les dignitaires yarse de Zoogona, précisent que si les Yarse avaient déjà pénétré en pays mossi à l'avènement de Naaba Kumdumye, celui-ci favorisa leur installation dans l'est de son royaume, que dominaient ses fils (Nabollé, 1969, pp. 3–4; Chéron, 1924, p. 647). Sur la base des hypothèses chronologiques récentes (Fage, Levtzion, Echenberg) et du cadre chronologique que nous proposons dans une étude à paraître (Izard, 1967) on peut situer l'arrivée des Yarse en pays mossi au XVIe siècle, peut-être dès la première moitié du XVIe siècle, c'est-à-dire au tout début de l'histoire du royaume de Ouagadougou, immédiatement avant la formation du royaume de Gursi, qui allait devenir le Yatênga.

Lorsque, à l'avènement de Naaba Kumdumye, Naaba Yadega fit sécession et s'installa à Warma (Gursi), il favorisa l'installation auprès de lui de Yarse, dont les descendants forment aujourd'hui le quartier Mânde-Yargo, qui est la plus ancienne unite résidentielle yarga du Yatênga. Ces Yarse, de *sondre* Mânde, jouent un rôle coutumier important au moment de l'intronisation du Yatênga Naaba, à Gursi: ils tissent le vêtement de coton blanc que porte le souverain le jour de son intronisation et, depuis Naaba Tuguri (1806–22), lui donnent une épouse, la Yarpoko ('femme yarga') (Izard, 1965, pp. 74–5).

Au cours des siècles, de nouveaux groupes mandé se sont ajoutés aux premiers Yarse. En ce qui concerne le Yatênga, il semble même que la formation de nouvelles unités yarse se soit accélérée à partir du règne de Naaba Kângo (1757–87).

Rares sont les groupements yarse dont les traditions font état d'ancêtres fondateurs non-musulmans. Ainsi, Sum, l'ancêtre fondateur du quartier Mânde-Yargo de Gursi, se rendait en pèlerinage à La Mecque quand il fut retenu par Naaba

Yadega (Izard, 1965, p. 74). Si les Yarse ont joué un rôle non négligeable dans la pénétration de l'islam en pays mossi, leur influence, dans ce domaine, a été bien moins grande au Yatênga que dans le pays mossi central.[1]

Une caractéristique remarquable de la sous-ethnie yarga est son caractère 'international'. L'histoire du peuplement yarga comme l'inventaire des groupes de lignages apparentés révèlent une extrême mobilité des Yarse au sein de l'ensemble Samo-Gourounsi-Mossi-Mamprusi-Dagomba-Bisa. La forte cohésion clanique propre aux Yarse a permis à des groupes familiaux apparentés mais installés dans des villages souvent fort éloignés les uns des autres, de maintenir entre eux des liens très forts qu'entretenaient les incessants passages de caravanes.[2]

II. LES YARSE DANS LA SOCIÉTÉ MOSSI DU YATÊNGA

Les Yarse sont, comme tous les autres groupes constitutifs de la société mossi, à l'exception des Silmi-Mossi (Silmi-Moose), des agriculteurs sédentaires organisés selon un double principe, lignager et résidentiel, en quartiers de villages. Les quartiers yarse sont généralement isolés au sein d'un village[3] constitué par des unités résidentielles appartenant aux divers éléments constitutifs de la société mossi : le terme Yargo (le lieu des Yarse) sert généralement à désigner un tel quartier. Il n'est pas rare, cependant, de rencontrer des groupements de quartiers yarse, de même origine ou d'origine différente, qui forment de véritables et parfois importants villages homogènes. L'existence de tels ensembles a conduit l'administration française, à l'époque coloniale, à scinder certains villages et à donner aux villages

---

[1] Sur la pénétration de l'islam en pays mossi, particulièrement dans le pays mossi central et méridional, et sur le rôle des Yarse dans cette pénétration, on consultera la mise au point de Levtzion, 1968.

[2] Nous ne disposons pas de données permettant d'apprécier valablement l'importance numérique des Yarse par rapport à l'ensemble de la population mossi. En 1930 le recensement administratif du cercle de Ouahigouya fixait à 20 500 le nombre des Yarse. En 1958 (archives de Ouahigouya) d'après une des dernières ventilations de la population de l'ancien cercle de Ouahigouya on estimait à 26 000 le nombre des Yarse pour une population totale de 360 000 habitants, si l'on ne considère que le Yatênga proprement dit.

[3] Le village (*tênga*) mossi est, avant tout, une unité de commandement : un petit territoire placé sous l'autorité d'un chef. C'est le quartier (*saka*) qui est le lieu des relations économiques et sociales fondées sur l'appartenance à une même section de clan (*buudu*), les relations de voisinage et l'organisation collective du travail.

yarse une autonomie administrative qu'ils n'avaient pas traditionnellement.

Les Yarse parlent aujourd'hui le moore et leur organisation sociale est tout-à-fait comparable à celle des Mossi. On remarque cependant que, chez eux, l'exogamie s'étend à l'ensemble des lignages portant le même nom clanique. Les Yarse n'entretiennent pas de relations matrimoniales avec les Peul (Silmisi) et les forgerons (*saaba*); certains lignages ne pratiquent pas l'échange des femmes avec les fossoyeurs (*laraadba*) et avec les *nakombse*.[1] Plus généralement, on doit considérer le groupe des Yarse comme très largement endogame, du fait notamment de son ancienne situation de groupe musulman minoritaire en pays de fort tradition animiste.

Les Yarse n'ont pas d'organisation politique propre et ne jouent pas de rôle politique dans le système politique mossi traditionnel. Un quartier yarga a pour chef le doyen du quartier, c'est-à-dire l'homme le plus âgé dans la génération la plus ancienne représentée; la transmission de l'autorité du chef de quartier est donc automatique et est une affaire intérieure au groupe. On note cependant que dans certains quartiers, l'autorité, détenue par une famille, se transmet selon le mode de transmission du pouvoir en vigueur chez les Mossi, soit, au sein d'une même génération, du frère aîné au frère cadet avec passage, au changement de génération, à l'aîné de la descendance du frère aîné. De même, si dans la plupart des cas l'interim du commandement, de la mort d'un chef de quartier à la nomination officielle de son successeur, est assuré par ce successeur lui-même, on rencontre parfois l'institution de la *na-poko*, typiquement mossi, qui consiste à la mort d'un chef à confier l'interim du commandement à la fille aînée du chef défunt.

Au sein d'un groupe de quartiers yarse dépendant d'un même chef de village mossi, l'existence d'un chef de quartier représentant auprès de l'autorité mossi la communauté yarga ne correspond nullement à l'existence d'une véritable hiérarchie yarga, mais plutôt au souci, pour le chef mossi, d'avoir un seul

[1] Le fait, signalé plus haut, que le Yatênga Naaba reçoive une femme du groupe yarga le plus anciennement installé dans le royaume, correspond bien evidémment à une inversion de la norme sociale, parfaitement justifiée par l'idéologie du pouvoir, et non à une manifestation exemplaire de son instauration.

représentant de la communauté yarga avec lequel traiter dans ses relations avec cette communauté. Les relations entre les lignages de même origine semblent beaucoup plus fortes chez les Yarse que chez les Mossi et, corrélativement, est plus forte chez ceux-là que chez ceux-ci l'autorité, qui s'exerce notamment en matière matrimoniale, du doyen d'un ensemble de lignages apparentés.

Groupe bien caractérisé d'étrangers, de musulmans, de commerçants et d'artisans, groupe endogame, on l'a vu, les Yarse avaient au sein de la société mossi un statut privilégié que leur conférait leur puissance économique et peut-être aussi leur religion. On cite peu d'exemples, dans l'histoire des royaumes mossi, de Yarse persécutés; les souverains mossi ont généralement favorisé l'installation des Yarse sur leur territoire et leur ont généralement accordé une protection efficace: des pillages subis par des caravanes yarse ont souvent été à l'origine de guerres de représailles déclenchées par les souverains des royaumes dont les caravaniers étaient originaires.

La grande majorité des groupes yarse pratique le tissage; un certain nombre d'entre eux pratiquent la teinturerie. Rares sont ceux qui n'ont aucune tradition artisanale.

Les Yarse sont des cultivateurs de coton, des tisserands et des tailleurs et leur activité commerciale locale consistait à acheter du coton-graine sur les marchés, à y vendre des bandes du cotonnades blanches ou teintes à l'indigo, ou, pour les commerçants caravaniers, à acheter aux petits producteurs des bandes destinées à l'exportation, les bandes constituant le principal produit exporté du Yatênga, notamment vers les marchés du delta intérieur du Niger et l'unité de mesure, la coudée, servant souvent d'unité de compte dans les échanges.

Les ateliers de teinturerie ne se rencontrent, au Yatênga, que dans les quartiers marânse et yarse. La teinture la plus couramment pratiquée est celle à l'indigo, mais l'on pratiquait aussi la teinture au *siga* (*Anogeissus leiocarpus*, Al.) qui donne au tissu de coton une couleur kaki brun, particulièrement appréciée des Peul.

Les Yarse sont des commerçants et leur activité productrice de bandes est complémentaire de leur activité commerciale. Dans la vaste zone de savane vouée à la paix mossi, les Yarse ont eu, depuis le début de l'histoire dynastique mossi, le quasi-monopole du commerce intérieur et du commerce avec le nord, fournisseur de sel, et le sud, fournisseur de noix de kola. Les rares grosses places commerciales du pays mossi sont des villages à population yarga majoritaire.

L'intensité de ces échanges, dont font foi la tradition orale et les textes dont nous disposons, a contrebalancé, une fois passée la phase maximum de l'expansion mossi que nous situons au XVe siècle (période pré-étatique), ce qu'on a parfois présenté comme un isolationnisme mossi, en éxagérant d'ailleurs les traits. Le pays mossi n'a pas été aussi isolé qu'on s'est plu à le souligner : les hommes, les marchandises et les idées (les idées religieuses notamment) y pénétraient et, à l'inverse, on trouvait des Mossi aussi bien à Tombouctou qu'à Salaga.

L'idéologie mossi est trop sensibilisée aux faits de division collective du travail et de spécialisation technique des lignages pour qu'on ne soit pas tenté de présenter la société mossi comme un système à castes qui n'aurait pas été achevé : les Yarse sont dans ce système les commerçants et ceci est si vrai que devenir commerçant ou devenir Yarga est une seule et même chose, ce qui permet de comprendre qu'on trouve parmi les Yarse des lignages d'origine mossi ou autre.

III. LE COMMERCE DANS LE YATÊNGA PRÉ-COLONIAL

Les marchés du Yatênga

Le pays mossi, s'il avait de très nombreuses petites places où avaient lieu les échanges de produits locaux, ne comptait que peu de véritables marchés, et sans doute un seul marché de réputation internationale, Pwitênga, mentionée par Barth et par tous les voyageurs après lui, et qui demeure aujourd'hui l'un des plus gros marchés de Haute-Volta. Le principal marché du Yatênga était, et demeure pour le commerce traditionnel, Yuba, gros village yarga-marânga et centre musulman important, situé non loin de Ouahigouya, principale résidence royale du Yatênga depuis la fin du XVIIIe siècle.[1]

---

[1] D'autre marchés avaient une grande importance : Gursi, Zomkalga, Kera-Dure, Kalsaka, Berenga, principalement, mais aussi Nôngfaire, Kosuka, Ouahigouya et aux confins du Yatênga et du pays samo, Lâkwe (Zahan, 1954); une dizaine d'autres marchés de moyenne importance pourraient encore être énumérés. Dans toutes les localités citées, à l'exception de Ouahigouya, l'implantation yarga est importante.

Le fonctionnement de ces marchés était contrôlé par les chefs des villages où ils étaient installés et par les dignitaires royaux (*nesomba*) servant d'intermédiaires entre le souverain et les chefs de village. Chaque marché (*raaga*) avait son 'chef' (*raa naaba*), souvent un captif,[1] chargé de la police du marché et de la perception, pour le compte du chef de village, de petites quantités de produits vivriers prélevées à chaque éventaire, ou, pour les autres marchandises, d'une taxe en cauris. Les taxes prélevées sur les marchandises vendues à Yuba, dont le chef dépendait du Rasam Naaba, chef des captifs de la Cour du Yatênga Naaba, allaient pour une large part au souverain.

Sur ces marchés, les commerçants yarse se procuraient des bandes, du coton-graine, et d'autres produits locaux comme le miel ou les céréales. Ils y vendaient les produits de leur artisanat mais aussi des marchandises importées: sel, nattes, poisson séché, etc. Les noix de kola faisaient l'objet d'un commerce particulier: vendues à l'unité, à un prix très élevé, elles étaient proposées principalement aux chefs. Les vêtements d'apparat, réservés aux chefs, étaient principalement vendus par des commerçants hausa itinérants.

Le commerce caravanier [2]

Tous les groupes yarse pratiquant le commerce organisaient des caravanes en direction du Mali, qui emportaient des cotonnades et revenaient avec du sel mais aussi du poisson séché et des nattes; quelques groupes seulement partaient en direction du sud, vers les grands marchés du pays mossi central et du Nord Ghana actuel. Ils allaient y vendre du sel et, plus généralement, des produits maliens, des cotonnades et du coton non cardé en provenance du Yatênga et des animaux, ânes et chevaux; ils revenaient du sud avec des noix de kola et des tissus.

Un groupe yarga organisait au plus une caravane vers le nord et une vers le sud dans l'année, en saison sèche, plus précisément en début de saison sèche s'il agissait d'aller dans le Nord Ghana chercher des noix de kola.

[1] La perception des taxes sur les marchés est, avec la boucherie, une des activités les plus méprisées par les Mossi; un homme de statut libre ne saurait être percepteur de taxes sur les marchandises.

[2] Sur les relations commerciales entre le pays mossi et les régions voisines, notamment le Nord Ghana actuel, on consultera l'importante étude de Skinner, 1962.

Les caravanes comprenaient les commerçants et leur escorte et des animaux porteurs, des ânes en grande majorité mais aussi des bœufs, pour les voyages vers le nord. Une caravane importante comprenait quelques cavaliers mais la majorité des voyageurs allait à pied. S'il arrivait que des commerçants partent en petit nombre pour un voyage long et qui n'était pas sans risques, les gros quartiers yarse mettaient en route une forte troupe d'hommes et une longue file d'animaux: 20 à 50 hommes pour un nombre d'animaux généralement égal à une fois et demie ou deux fois le nombre d'hommes. Pour l'ensemble des 18 quartiers yarse de la région de Gursi pratiquant le commerce, c'est, chaque année, 300 à 400 Yarse qui partaient vers le Mali avec plus de 600 ânes et bœufs. Un âne portait deux plaques de sel ou 4000 à 5000 noix de kola. Un bœuf pouvait porter jusqu'à cinq plaques de sel.

Ces caravanes étaient composées de gens bien armés et robustes, ayant à leur tête un commerçant expérimenté, connaissant bien les itinéraires et les marchés.

Chaque groupe yarga avait son circuit habituel de marchés septentrionaux ou méridionaux; en fait, peu de différences apparaissent d'un groupe d'informateurs à l'autre dans l'énumération des marchés et des itinéraires.[1]

La principale marchandise achetée par les Yarse sur les grands marchés du nord et particulièrement à Tombouctou était le sel en plaque des mines sahariennes. Rarement acheté avec des cauris, le sel était plutôt échangé contre des bandes, des captifs ou des animaux (moutons et chèvres); sur ces marchés, les Yarse apportaient encore des noix de kola et des produits vivriers (mil, maïs, haricot). Une petite caravane ne rapportait pas moins d'une dizaine de plaques de sel; les caravanes de moyenne importance rapportaient de 20 à 50 plaques; les grosses caravanes organisées par les centres yarse importants comme Gursi en rapportaient beaucoup plus.

[1] Les gros marchés du nord étaient principalement Douentza, Bandiagara, Saraféré, Tombouctou, Mopti et Djenné. La grande route du sel, du Yatênga à Tombouctou partait de Yuba et passait par Douentza, Boré, Korienza, Saraféré et Diré. Plus rarement est signalée la route Ouahigouya–Bângo–Tyu–Bandiagara–Kona–Korienza–Saraféré–Diré–Tambouctou. La route du poisson, de Ouahigouya à Mopti par Koro, Bankas et Bandiagara était également très fréquentée; à Mopti, les Yarse poursuivant leur route sur Korienza, Saraféré, Diré et Tombouctou, chargeaient leurs marchandises sur des pirogues.

Le point d'arrivée des caravanes yarse du sel étaient les grands centres comme Yuba, Zomkalga et Gursi.[1] Une faible partie du sel importé était destinée à la consommation locale; le reste des plaques stockées sur les places yarse était transporté vers le sud: pays gurunsi, pays mossi central et méridional et Nord Ghana. Les Yarse du Yatênga, qui n'étaient évidemment pas les seuls en pays mossi à faire le voyage à Tombouctou, allaient vendre leurs plaques de sel sur les gros marchés du sud: Mané, Téma, Yako, Salmatênga, Pwitênga, Ouagadougou, Koupéla (Kugupela), Tenkodogo (Tênkudugo), également à Niou, Bousé, Lai, Kombisiri, Nobéré, en pays mossi, Po, Léo, Diébougou, Gaoua et les grands marchés de la kola. Outre le sel, les Yarse descendaient vers le sud avec des bandes, des animaux (chèvres, moutons, ânes, parfois chevaux) et des produits vivriers surtout vendus en pays gurunsi. Sur les places du pays mossi et du Nord Ghana, les échanges se faisaient avec des cauris, sauf pour les chevaux et les produits de luxe (vêtements d'apparat, armes à feu) qui étaient échangés contre des captifs.

Sur les marchés du Nord Ghana, les Yarse achetaient des noix de kola, très recherchées dans toute la Boucle du Niger, malgré leur prix très élevé. Alors que Yuba était le principal point de départ des routes du sel, Gursi était le principal point de départ des routes de la kola. Les principaux marchés de la Kola étaient Wenchi, Kintampo, Bolgatanga.[2] Sur ces marchés, les Yarse achetaient aussi des tissus locaux ou européens.

Si les caravanes couraient toujours le risque d'être pillées par des groupes d'irréguliers mossi, telle la troupe de brigands qu' entretint, aux confins du pays gurunsi et du royaume de Ouagadougou, avant son accession au trône, le futur Moogo Naaba Wobgo, ami de Binger, leur sécurité était garantie par les souverains et chefs locaux du pays mossi. En contrepartie, une caravane ne pouvait traverser un territoire mossi sans envoyer des émissaires auprès du chef de ce territoire pour lui remettre des présents. Il n'y avait pas d'octrois aux frontières

---

[1] Frobenius (1924, p. 281) rapporte une intéressante tradition selon laquelle Naaba Kângo, le fondateur de Ouahigouya, capitale créée de toutes pièces à la fin du XVIIIe siècle, voulait faire de sa capitale un entrepôt de sel.

[2] La route aboutissant à Wenchi passait, de Gursi, par Samba, Léo, Tumu et Bole. La route de Kimtampo passait par Yako, Ouagadougou, Kombisiri, Po, Navrongo, Wale-Wale et Tamale.

des royaumes mossi et le seul pasage obligé des caravanes yarse où, d'après tous les informateurs, une taxe était perçue sur les marchandises, était Douentza, en pays dogon. Si les chefs mossi respectaient le droit de passage des caravanes, ils ne protégeaient véritablement celles-ci que rarement. Les caravanes du Yatênga partant vers Tombouctou étaient souvent accompagnées par des guerriers qui les escortaient lors de la traversée de la partie septentrionale du pays, où les groupes de pillards peul étaient nombreux.

Les prix

L'unité de vente de la bande de coton tissé est la coudée ou distance allant du coude au poing fermé; le prix de l'unité est uniformément fixe par les informateurs à 50 cauris pour une bande blanche; pour une bande teinte (à l'indigo ou au *siga*), le prix de la coudée est généralement de 100 cauris, mais, sur certains marchés, le prix de la bande, blanche ou teinte, était uniformément fixé à 50 cauris, à ceci près que l'unité de mesure de la bande teinte était d'une coudée moins une main. L'existence d'une mesure unique et uniforme pour la bande blanche, la remarquable convergence des informations sur le prix de la coudée de tissu blanc sont caractéristiques d'une marchandise-étalon. Ces prix sont ceux qui étaient pratiques sur les marchés du Yatênga et ceux auxquels l'achetaient tant les utilisateurs locaux que les commerçants caravaniers qui en allaient revendre de grosses quantités dans le nord-ouest de la Boucle du Niger.

Les informations relatives au prix de la plaque de sel sont faiblement convergentes. Le prix moyen d'une plaque de sel parvenue au Yatênga s'établit autour de 30 000 cauris. De la comparaison entre les prix sur les marchés maliens et les prix au Yatênga, il ressort que les commerçants réalisaient un bénéfice considérable sur le sel: à Daga-Yargo, on fixe les prix, respectivement à Sarafere et au Yatênga, à 20 000 et 30 000 c.; il en va de même à Tângazugu-Yargo (Gursi) et à Muri-Yargo (Masbore); pour les informateurs de Karapeesego-Yargo, ces prix sont de 7500 et 30 000 c.; il en va de même pour les informateurs de Kanânkada-Yarse; pour ceux de Sorogo-Yargo, les prix sont de 15 000 et 30 000 c.

Le sel n'était pas nécessairement payé en cauris; il semble

même que les marchands du nord aient longtemps préféré le troc entre sel et cotonnades; les informateurs de Karapeesego-Yargo donnent l'équivalence: 1 barre de sel = 144 coudées soit, au prix de la coudée sur les marchés du Yatênga: 1 barre de sel = 7200 cauris. Les mêmes informateurs précisent: 'le sel ne se vendait pas, il s'échangeait contre des bandes de coton ou des captifs'; un point de vue identique est exprimé à Raumde-Yargo; de toutes façons, les captifs étaient échangés contre des marchandises et non payés en cauris, mais les caravanes yarse en provenance du Yatênga emmenaient rarement des captifs avec elles pour les échanger contre du sel, ce qui explique sans doute que si nous avons pu obtenir une équivalence barre de sel —bandes, nous n'avons pu obtenir une équivalence barres de sel-captif.

Les prix des captifs donnés en cauris varient beaucoup d'un informateur à l'autre, ce qui indique bien que l'achat des captifs en espèces était chose rare. Les prix indiqués pour un homme varient de 10 000 à 100 000 c., le prix de 70 000 ou 75 000 c. étant le plus souvent cité; une jeune captive était payée sensiblement plus cher; un adolescent était payé moitié moins cher que l'adulte de même âge; les enfants en bas âge n'étaient pas séparés de leur mère.[1]

Les noix de kola étaient vendues à l'unité: la noix de kola était un produit de luxe dans le Yatênga et, *a fortiori*, dans le Boucle de Niger. Les prix qui nous sont donnés sont remarquablement homogènes: le prix d'achat sur les marchés nord-ghanéens varie généralement de 3 à 5 c., tandis que les prix sur les marchés du Yatênga varient de 15 à 25 c.; après avoir traversé le pays mossi, la noix de kola coûtait cinq fois son prix de départ.

Quelques autres prix sont intéressants à considérer et d'abord celui des animaux. Le bœuf valait 20 000 à 60 000 c.; une vache coûtait sensiblement plus cher. Les prix donnés pour l'âne s'établissent autour de 25 000 à 30 000 c. Le prix d'un cheval autour de 70 000 c., mais on nous cite des prix beaucoup plus élevés, atteignant 100 000 et même 150 000 c. En fait, le cheval était très rarement acheté avec des cauris; il était échangé contre des bœufs ou plus fréquemment contre des captifs; le

---

[1] Les Yarse avaient des captifs de statut privé, ce qui n'était pas le cas général pour les Mossi, à l'exception des chefs.

cheval était vendu dans le sud où il valait le double de son prix dans le Yatênga.[1]

Les dimensions limitées de cette note ne permettent pas d'aller bien avant dans l'étude du rôle des Yarse dans la vie économique mossi. Outre qu'il serait souhaitable de présenter de façon plus détaillée le commerce yarga, il conviendrait d'examiner les problèmes suivants: (1) la relation entre l'artisanat et le commerce yarga; (2) la place de l'artisanat et du commerce yarga dans le système économique du Yatênga; (3) la nature des relations entre les agents économiques et le pouvoir. L'achèvement de l'enquête en cours et l'exploitation systématique des matériaux recueillis permettront de donner à ces problèmes leurs véritables dimensions.

Summary

THE YARSE AND PRE-COLONIAL TRADE IN YATENGA

The Yarse (sing. Yarga) are a group of Mande-speakers who first settled in the region of the White Volta in the sixteenth century. In the northern kingdom of Yatenga, in the midst of the Mossi population, they form the traditional Moslem sector; they trade and weave cotton, and to a lesser extent dye the cotton cloth with indigo. On the basis of estimates made ten years ago the Yarse number about 26 000 out of a total population of 360 000. In the Yatenga villages they have their own separate wards (Yargo), inhabited by members of a single clan. They have no political organization in the true sense, although the French administration formed independent Yarse villages with a head known as the Yar Naaba. Usually the head of a Yarga quarter is the oldest member. Within the Mossi population of Yatenga the Yarse are an endogamous group.

Yarga trade is both local and international. In Yatenga the main markets are found where large numbers of Yarse live. In each of these markets dues were formerly collected by slaves of the chief. Taxes collected at the Yuba market went to the king, the Yatenga Naaba. At local markets the Yarse bought cotton strips, cotton-seed, and foodstuffs; they sold imported goods,

---

[1] Rappelons que le Yatênga, et particulièrement le nord-est du pays (région de Titao) est de longue date une zone d'élevage de chevaux très appréciés dans le reste du pays mossi.

particularly Saharan salt. All the Yarse trading groups organized caravans in the direction of Mali; but only a few of them went to the large markets in central Mossiland and northern Ghana. Annual caravans organized by the Yarse wards included several dozen men and animals, mostly donkeys.

The main salt route went from Yuba in Yatenga and extended as far as Timbuktu. Slabs of salt, bought in the markets at the bend of the Niger, were mostly exchanged for strips of cotton rather than paid for in cowries. It was transported by donkeys or oxen as far as Yatenga where one part of the imported salt was kept for local consumption. The rest was transported to the large southern markets in the south and to northern Ghana. At the northern Ghanaian markets the Yarse bought kola nuts. Douentza, in Dogon country, was the only obligatory caravan halt where they were regularly taxed. In Mossiland there were no automatically imposed taxes on goods transported in these caravans, but the traders were obliged to make presents to the kings and local chiefs in the main Mossi territories they passed through.

The goods which the Yarse procured in the external markets were exchanged for cotton strips, in the north, or paid for in cowries, in the south. Back in Yatenga the price of a slab of salt could be multiplied one and a half, two, or three times; that of kola nuts five times.

These facts have been drawn from inquiries still in progress; the final results will provide a general picture of economic activities in Yatenga and a base for the study of the relationship between economic structure and political power.

X. Pre-colonial trading networks and traders: the Diakhanké

PHILIP D. CURTIN

The Diakhanké (phonetic *jaxanke*) were a trading people inhabiting a number of scattered villages and towns in the hinterland of the Senegambia, especially in Wuli, Tanda, Niokholo, Futa Jallon, Bundu, Dentilia, and Bambuk. Their period of greatest commercial success stretched over two centuries and a half, from about 1600 to about 1850, when they appear to have been the pioneers and were certainly the most important carriers along the east–west trade-route from the Upper Niger to the navigable Senegal and Gambia rivers.

They had much in common with the Dioula, whom they regard as being a related people. Both claim Soninké origins but now speak a dialect of Malinké; both trace their origins to Dia on the Niger; both were specialists in commerce during the pre-colonial period; and they share a similar tradition of Islamic learning. The Diakhanké also have a great deal in common with the Soninké-speaking commercial and clerical towns in Gadiaga, with which they have often been associated as trading partners and competitors.

The Diakhanké have not been a political entity in recent centuries, and they may never have been. Their villages were independent of one another, often with a special relationship of quasi-independence from whatever secular political authority existed in the region. Their identity as Diakhanké comes from common culture, language, traditions, and a sense of solidarity with other Diakhanké. They consider that all Diakhanké belong to a single *sio*, which could be translated as race or nation. When speaking in a broad sense, the Diakhanké defined their *sio* linguistically, even though the Diakhanké language is mutually intelligible with Malinké. In this sense it includes all the

Diakhanké-speaking people in a village—the endogamous upper or noble class, the specialized craft workers (*ñamaxalo*) such as smiths and leather workers, and the slaves (*jõ-o*). In a narrower sense, the Diakhanké are only the dominant free families (*xabilo*) Kaba, Fofana, Gassama, Dramé, Dibasi, Silla, Cissé, and others. Most of these families claim Soninké origin and claim to have once lived together at Diakaba (phonetic *jaxaba*) or Bamboukhou Diakha (*bambuxu jaxa*) on the Bafing before their dispersion.[1]

The cultural features that set them off most decidedly from their neighbours are a combination of pacifism, avoidance of political power and worldly rule, devotion to Islamic teaching as a profession, and a similar devotion to commerce. These traditions are not unique to the Diakhanké, though they occur elsewhere in other forms and combinations. They apparently come from North African *sufi* traditions, and they turn up in Gadiaga political structure, in the Moorish distinction between *zwāya* and *hassanīya*, or in the occurrence of double cities—one for Muslims and merchants, the other a capital of the secular ruler.

Diakhanké towns were, in effect, the religiously oriented part of such a double city. According to the *Ta'rikh al'fattāsh*, Diakaba itself was independent of the rulers of Mali, even though it lay within Malian territory. It was ruled only by its religious leaders, and it enjoyed a privilege of sanctuary.[2] Later Diakhanké towns enjoyed a similar status. Goundiourou in Bundu was a place of sanctuary. The Diakhanké of Bundu also enjoyed a form of judicial independence from the Almami, and they were exempt from the obligation of military service.[3] One of the recurrent themes in Diakhanké traditions is that of the *waliu* or saint who is offered the kingship, which he rejects as contrary to his religious principles—a curiously un-Muslim position in

---

[1] I have attempted to spell place-names as they are spelled on current maps, and personal names as the present generation spells them. One exception to this rule is Bundu (phonetic *bundu*), in preference to the map spelling of Bondou.

[2] Wilks, 1968, p. 178.

[3] Mamadou Maimouna Sy, 1966, Oral narration, Dakar, CC T 1 (1); Ibrahima Diasigui, 1966, Oral narration, Soutouta, CC T 10 (1). (References to the sources of unpublished materials are abbreviated as follows: CC = Curtin Collection of Oral Traditions of Bundu, deposited at IFAN, Dakar, and at the African Studies Association, Center for African Oral Data, University of Indiana, Bloomington; AN = Archives Nationales, Paris; AM = Archives de la Marine, Paris.)

the light of *sunni* Islam, or the example of the Prophet himself.
The commercial value of this attitude is obvious. As Jobson reported of the Diakhanké on the Gambia about 1620: '. . . they
have free recourse through all places, so that howsoever the
Kings and Countries are at warres and up in armes, the one
against the other, yet still the Marybucke [marabout] is a privileged person, and many follow his trade or course of travelling,
without any let or interruption of either side.'[1]

All the Diakhanké look to their common residence in Diakaba
as the formation of their cultural identity, and this identity is
closely associated with the person and teachings of al-Hājj
Salīmou Soarné, called Mbemba Laye (Arabic: al-Hājj
Salīm Suwāri), who probably flourished in the late fifteenth
century.[2] Some accounts say that Salīmou Soaré founded Diakaba,[3] which seems unlikely. All traditions of the Diakhanké agree
that he lived there and that he set the cultural tradition they
still carry on, though they also agree that their earliest origins
lie still farther away at Dia on the Niger.

Dia was a natural centre for early commerce south of the
Sahara, able to serve both as a river port and a desert port, like
Gao and Timbuktu in later centuries. Both Islam and long-
distance commerce appear to have moved outward from Dia.
The founders of Jenne, the Dioula, and the Soninké colonies in
the desert at Walata and Tichitt all trace their origins to this
point,[4] and it is easy to see the outward movement reaching
along natural trade-routes—up the Niger and on towards the
goldfields of Ashanti, into the desert towards the salt deposits,
or, for the Diakhanké, towards Diakaba and the gold of Bambuk.

In the broadest sense of the term, all these peoples were
Diakhanké, or men from Dia, but the historical Diakhanké of
the seventeenth century and later were no longer in regular
touch with their home base on the Niger. All their towns were
to the west of Diakaba, and the history of their dispersion can be
largely reconstructed; even though most of the relevant docu-

[1] Jobson, 1623, p. 106.
[2] Wilks, 1968, pp. 176–80.
[3] Anonymous, 1967. The names of the 'Ulama of Diakha', Fonds Curtin, IFAN,
Dakar. Unpublished translation and collation by Lucy Quimby from MSS. Nos.
3, 23, and 26.
[4] Monteil, 1929, p. 397; Monteil, 1932, pp. 29–32.

mentation in Arabic is still to be collected. For merchants situated in Bambuk, the lure of the west is clear enough. By the sixteenth century, the Portuguese were active on the Gambia and tried to reach the Bambuk goldfields themselves. Gold could be sold on the coast for salt and European products. The timing of the movement is uncertain, but, in 1620, Jobson found the Diakhanké firmly established at Sutuko in Wuli.[1] Their town was an important centre and transfer point where goods were passed to the Africanized Portuguese of the Gambia for the final leg of the journey to the coast.

It is not yet possible to date the foundation of other Diakhanké towns between Sutuko and Diakaba. In any event, the Diakhanké travelled widely. They were inclined to set up new colonies whenever political and trading conditions made settlement attractive, and they were just as likely to pull up stakes and move on, if their political neutrality were seriously threatened. But at least three main centres of settlement had appeared between Sutuko and Diakaba by the end of the seventeenth century, and all were strategically placed to serve trade.

Some Diakhanké were already present in Bundu even before Malik Sy's *jihad* in the 1690s, and their earliest towns of Goundiourou and Didé appear to have been founded in that decade if not earlier.[2] These were attractive sites from which to tap the gold trade of Bambuk, and the establishment of the Almamate under Muslim rule made Bundu doubly attractive. In time, other Diakhanké villages were founded in central and southern Bundu, most of them by settlers from Didé.

A second centre, in Dentilia may have been founded somewhat earlier at the town of Diakha Madina,[3] which was well placed to draw gold from southern Bambuk and was also on the principal east–west trade-route from the Niger to the Gambia. A third centre was farther west along this same route, in Niok-

---

[1] Jobson called the town 'Setico'. It is shown on modern Gambian maps as Sutukoba, and its older name, Sutuko, is given to another locality directly north of Basse. Jobson does not identify it as a Diakhanké settlement, but it is so identified by Anon., History of the Gassama.

[2] Hammady Madi Sy, 1966, Oral narration, Madina Kodialani, CC T 7 (1 and 2); Anonymous, 1967, The history of the Gassama, Fonds Curtin, IFAN, Dakar. Unpublished translation and collation by Lucy Quimby from MSS. Nos. 1, 27, and 29.

[3] Carried erroneously on the present Kita sheet of the Carte de l'Afrique de l'Ouest, 1:500 000 as Dioka Madina.

Q

holo. Its core was the three towns of Sillacounda, Laminia, and Samécouta, all on the upper Gambia just to the east of Kédougou. Traditions of the Bundu Diakhanké claim that all three were settled from Didé in Bundu, but local traditions collected by Smith claim settlement directly from Diakaba.[1] Whichever the case, they flourished during the eighteenth century in close touch with their fellow-Diakhanké of Bundu.

A fourth centre of Diakhanké influence was not founded until the nineteenth century. This was the town of Touba in Futa Jallon, and it became in its turn a source of Diakhanké dispersion still farther south towards the coast. Its founder was al-Hājj Salimou Gassama, known as Karamokho Ba. Coming originally from Didé in Bundu, he travelled and studied widely before settling Touba with permission of the Almamies in about 1804.[2]

In spite of some shifting settlement and resettlement, all the western Diakhanké kept in contact with Diakaba until the end of the eighteenth century, though the rise of Bambara rule in Kaarta threatened Diakaba itself. It was finally destroyed in the reign of Tiginkoro of Kaarta (*ca.* 1808–11), and the remaining inhabitants were driven into Gadiaga or west to the existing Diakhanké settlements. According to tradition, it was five hundred years from the foundation of Diakaba to its destruction.[3]

The Diakhanké position weakened further in the course of the nineteenth century. With the end of the export trade in slaves, many Diakhanké moved off as individuals and small groups and took up residence in non-Diakhanké towns, especially in the Futa Jallon.[4] Others were caught up in the religious wars in the second half of the century. Though most opposed the *jihad* of Sheikh Umar, some followed him from Bundu to Nioro.[5] Still others followed Mamadou Lamine to the Gambia after his defeat in 1885–7, and remained there as refugees. As the tradition of pacifism weakened, some Diakhanké took to statebuilding on their own, like Fodé Kaba, originally from Goum-

[1] Smith, 1965, p. 251.

[2] The town was moved to its present location in about 1815. See Marty, 1921, pp. 106–7; Smith, 1965, p. 246; Anon., History of the Gassama.

[3] Anon., Ulama of Diakha; dates of reign of Tiginkoro are from Tauxier, 1942, p. 133.

[4] Marty, 1921, p. 133.

[5] Rancon, 1894a, pp. 632–9.

bayel in Bundu, who was a force in lower Gambian affairs from his base in Kombo until the 1890s.

With the twentieth century, the Diakhanké trade network finally crumbled. The colonial powers forced the emancipation of their slaves, making the single-minded pursuit of learning and commerce impossible. Their role in long-distance trade was taken over by railways, trucks, and Lebanese; the commercial tradition is now only a memory in most Diakhanké towns. Religious leadership held out more strongly, but the resolute Qadiri position of the Diakhanké now competed with newer and more active ways of Islam.

The Diakhanké trade network may, in fact, have reached its peak as long ago as the first two or three decades of the eighteenth century, if not still earlier. Diakha was then synonymous with merchant on both the Senegal and the Gambia, and the half-century before the great famine of the 1740s and 1750s was the period of greatest prosperity for the pre-colonial Senegambian export trade. Herein lies a danger for the historian. Our best data about the network and its operations come from a much later period, from men still living who can remember what their fathers and grandfathers told them of the days when Diakhanké merchants followed the armies of Samori, buying slaves to repopulate Bundu and other regions after the ravages of Sheikh Umar's *fergo*.

The data about earlier periods come mainly from European records, made on the coast and the rivers. These at least give a picture of the movement of goods. The eighteenth-century Europeans bought ivory, gold, beeswax, some hand-woven cotton cloth, and especially slaves. They sold Indian and European textiles, arms, gunpowder, iron bars, hardware, spirits, silver, cowrie shells, copper, brass, and pewter. But not all Diakhanké trade was with Europeans. West-bound caravans carried goods to Gadiaga or the Gambia for local consumption, including shea butter, African iron, textiles, and kola from Futa Jallon. East-bound caravans brought mats, some African textiles, and especially salt from Salum and the lower Gambia and Senegal. These goods were carried by slaves in transit, hired porters, donkeys, and occasionally pack oxen.

The Diakhanké were long-distance traders, with a maximum

normal range of about 350 kilometres from north to south and
1000 kilometres from east to west, but theirs was only a sector in
longer trade-routes. To the east, they normally stopped at
Ségou or Sikasso, where they tied into the trade networks of the
Niger valley. To the west, caravans went all the way to coastal
points like Joal and Portudal at some periods, but they usually
stopped short and sold their goods for river transport on the
Gambia or Senegal. In the early eighteenth century, this would
have been to the Africanized Portuguese on the Gambia, who
exchanged with the overland caravans at some point between
Kau-ur and Barracunda. On the Senegal, the point of exchange
was always somewhere in Gadiaga, and the 'French' from St.
Louis took the goods to the coast. Gadiaga was also a northern
terminus at most times, though the Diakhanké could also go on
to the edge of the desert to trade with the Moors. To the south,
they rarely went beyond Futa Jallon until the nineteenth
century.

In any case, Diakhanké trade formed a network, not a series
of through routes from one end of their territory to the other,
though a single caravan would sometimes pass through from
Ségou to a point like Kau-ur on the Gambia. It was also a
flexible network, capable of shifting rapidly with the fortunes
of war and trade, and the movement of a trading journey often
responded to a sequence of economic possibilities.

In 1689 Cornelius Hodges' report on his trip to Gadiaga provides an example of this complexity for at least a part of the
network. The principal market for purchasing slaves at that
time was the town of 'Tarra'[1] in the sahel. Slave-traders from the
east and south brought slaves there for sale to the Moors against
salt. The Diakhanké tapped into this trade, but in a round-
about way. They had tried taking European goods to Tarra, to
find that only textiles were directly exchangeable for either salt
or slaves. The non-textiles had first to be traded for textiles.
Textiles could buy salt, and salt could buy slaves. But this process required a long stay in Tarra, with high costs for lodging,
provisions, and probably brokerage as well. By the time of
Hodges' visit, they had settled on a better method. They took
the European goods directly to Bambuk for exchange against
gold, then took the gold to Tarra, where it could be exchanged

---

[1] This could be either Diara, close to Nioro, or Nara, farther east.

directly for slaves, and a full complement could be assembled in a few days.[1]

This series of transactions is an interesting case of arbitrage between markets. Both gold and slaves were exported across the Sahara, and both were sold on the Gambia for export by sea. In this case, a difference in price between the seaport and the desert port apparently made it profitable to take the gold to Tarra instead of the Gambia, even though the distance from Bambuk was greater. The movement of slaves from Tarra to the Gambia was a shipment from one port of export to another, again made economic by price differences. The profitability of these moves may also be partly explained by the fact that slave caravans on the march carried head loads, offering by-product transportation for heavy goods. The sale of Bundu cloths on the coast was apparently subsidized by the slave trade in this way over many decades.

Other variations on the theme involved the interrelation of different currency regions. Most of the Diakhanké country was a cloth-currency region, using the bands of cloth from narrow looms, and cloth currency was used on the Senegambian coast as well. The Diakhanké of Bundu capitalized on this fact by organizing cotton production in their own villages, having the cotton grown by slaves and then woven by slaves or Fulbe weavers (*maabube*).[2] After having literally made money, they could spend it anywhere in the region or convert it to gold in near-by Bambuk.[3] The gold was, of course, monetized on sale to the Europeans; but one of the major purchases from the Europeans was silver coin, which was promptly shipped inland and demonetized for the manufacture of silver jewellery. Still another kind of money in Diakhanké trade was cowrie shells, which were not money to

[1] Hodges, 1690, *passim*.

[2] Bakou Kaba, 1966, Oral narration, Toumboura, CC T 13 (1); Arfan Alkassana Gassama, 1966, Oral narration, Toumboura, CC T 13 (2); Hammady Madi Sy, 1966.

[3] One French report gives the price of Bunduke cloth in Bambuk in 1729 as 3·82 grammes of gold for a cloth 1·75 metres long and 1·13 metres wide, this weight of gold being equivalent to about 12 shillings in nineteenth-century sterling. (Boucard, Rélation de Bambouc, June 1729, AM MSS. Vol. 50, ff. 22–3.) Bunduke cloth was also famous as far away as the Atlantic coast, and one French trader calculated that the price difference allowed a profit of 100 per cent on Bunduke clothes bought in Gadiaga and shipped for sale in St. Louis. (La Courbe, Mémoire sur le commerce, dated 26 March 1693, AN, Colonies S⁶ 3.)

the Europeans nor to the immediate hinterland of the Senegambia. The Europeans nevertheless brought them to the coast,
where the Diakhanké bought them and shipped them east to the
Niger valley, where they were monetized.

To confuse the currency situation still further, transactions
with the Europeans were carried out in a currency of account
called the bar, originally a bar of iron weighing about 7 kilo-
grams. By the late seventeenth century, however, bar prices for
all major imports had become fixed by custom at each port or
group of ports. Bar prices of exports, such as ivory, slaves, or
gold, could, however, fluctuate from year to year and place to
place, and they were subject to bargaining. Each transaction
also involved bargaining over the 'sorting'; both Africans and
the Europeans recognized that inflexible bar prices meant that,
at any moment in time, a bar in one commodity would represent a great deal more value than would a bar in another import. In effect, the exchange rates between bars and European
currencies were different for each commodity. Africans therefore tried to receive as much as possible in 'heavy bars', and
Europeans tried to pay as much as possible in 'light bars'.

The merchant's craft, in short, was complex and hard to learn.
It tended to be the special concern of particular families.[1] The
Kaba, for example, were koranic teachers by tradition (and
nothing else), while the Diaby were merchants with some religious learning as a side-line. Other families, like the Fofana,
were partly merchants and partly teachers, and the difference
between actual family roles and traditional family roles could be
great.

But commercial enterprise was on an individual, not a family
basis. Each merchant traded on his own account, but a caravan,
was a group enterprise. In the nineteenth century it was formed
by five to sixty merchants travelling together, often from a
number of neighbouring Diakhanké towns, and the size varied
according to the length and danger of the projected route.
Once the merchants assembled, they chose a leader, called
sate feredi (slatee in Gambian English), who controlled the
caravan on the march, bargained over tolls and tariffs, and
governed other matters of common concern.[2] In the foreign

[1] Hammady Madi Sy, 1966.
[2] Ibid.

market towns, each merchant made arrangements with a landlord, who acted as a cross between a broker and an agent in dealing with local sellers or local rulers. The merchant therefore had heavy expenses in market tolls (traditionally 10 per cent of any transaction) and route tolls charged by rulers along the way. Gross profits therefore had to be large to make trade economically attractive.

Another form of organization placed the caravan leader in the position of entrepreneur. This was common in the Gambia trade of the 1780s. The leader contracted with other merchants in the interior, promising to bring them through to the Gambia with their slaves, free and clear of all duties, exactions, or costs of provisioning their slaves on the way. He also promised to escort them back to their point of origin, though provisions on the return journey were at their own expense. The leader may also have profited from the carrying capacity of the slaves; but his principal fee came from the European purchaser of the slaves, who paid him a brokerage fee varying between 20 and 43 per cent of the total purchase price. In addition, the European also paid the local fees to the Gambian ruler, and the customary commission of his *tubab mansa*, or agent for dealing with Europeans.[1]

It would be a mistake to think of the Diakhanké trade network as the sole carrier along its routes. It was the dominant carrier at some periods, but other merchants traded, even in Diakhanké towns. Some merchants came from Futa Toro, others from the Soninké clerical communities of Gadiaga, still others from the Muslim Malinké. Rather than competing with other ethnic groups, all merchants had a strong sense of solidarity with other merchants, and those trading in the same commodity over the same route had a special sense of solidarity with others in the same line of commerce.[2] This solidarity was heightened by the fact that almost all long-distance traders were Muslims in a society that was not yet fully Islamic. As a result, price bargaining and negotiations with local rulers were often collec-

[1] Heatley, Capt., 1789. Evidence of Captain Heatley, Great Britain, Privy Council, *Report of the Lords of the Committee of Council . . . for Trade and Plantations . . . Concerning the Present State of Trade to Africa, and Particularly the Trade in Slaves . . .* (London).

[2] This is not only true of recent Diakhanké tradition (Hammady Madi Sy, 1966); European records also contain many examples of common action in the past.

tive actions of the whole merchant community, not merely its Diakhanké members. In its broader aspects, then, Diakhanké commerce fitted into a general West Atlantic culture: it can only be fully understood in that context.

Résumé

COMMERÇANTS ET RÉSEAUX COMMERCIAUX PRÉ-COLONIAUX: LE CAS DES DIAKHANKÉ

Le réseau commercial diakhanké fut florissant de 1600 environ jusqu'au milieu du XIXe siècle. Ses limites occidentales étaient situées sur la Gambie en amont de Kau-ur et au Gadiaga, au sud il se terminait au Futa-Jallon et à l'est dans la région située entre Ségou et Sikasso. Les Diakhanké étaient le long des routes commerciales; leurs villages étaient politiquement indépendants les uns des autres et jouissaient normalement d'un statut de quasi-indépendance vis-à-vis des chefs politiques des Etats à l'intérieur desquels ils étaient situés. A cet égard les Diakhanké ne constituaient pas une entité politique, mais plutôt un groupement lâche de villes qui parlaient une même langue, possédaient une culture commune et faisaient remonter leur origine historique à Diakaba sur le Bafing ou, d'une façon encore plus éloignée, à Dia sur le Niger.

La culture diakhanké était originellement soninké, et le Soninké est encore la langue ouest-africaine utilisée de préférence pour la transmission du savoir islamique. La langue diakhanké est aujourd'hui un dialecte malinké (les deux langues sont mutuellement compréhensibles aux deux groupes) et les Diakhanké sont fortement 'malinkisés' par des siècles de résidence dans une aire culturelle malinké et par le fait qu'ils ont vu des Malinké venir se joindre à eux.

Jusqu'au début du XXe siècle, les Diakhanké étaient spécialisés dans le commerce et le savoir coranique, ensuite ils en vinrent à dépendre beaucoup plus largement de l'agriculture pour leur subsistance. Ils possédaient une tradition pacifiste fortement enracinée (ne combattant jamais, sauf pour se défendre), jointe à une attitude traditionnelle détachée à l'égard de la fonction de chef, considérée comme indigne d'une personne profondément religieuse.

A la fin du XVIIe siècle et au début du XVIIIe, les

Diakhanké semblent avoir été les pionniers de la longue route du commerce des esclaves qui allaient du Haut-Niger à la partie navigable du Sénégal et à la Gambie. Cette route fut le premier système commercial fonctionnant sur une telle échelle et allant si loin dans l'intérieur. La réussite de ce système était en partie liée à la neutralité politique des Diakhanké envers tous les Etats situés sur cette route. En dehors du commerce des esclaves, la base économique du commerce diakhanké reposait sur la vente de l'or qu'ils se procuraient au Bambuk, et le développement du tissage du coton dans leurs propres villages. A plusieurs reprises, ils prirent part au commerce nord-sud en entrant en contact avec le commerce transaharien sur le Haut-Sénégal, ou dans le Sahel vers Nioro, et en pénétrant dans les régions productrices de cola du Futa-Jallon. Dans la seconde moitié du XVIIIe siècle, leur prééminence commerciale semble avoir déclinée tandis que d'autres commerçants prenaient une importance croissante sur ces mêmes routes. Au XIXe siècle, un autre coup leur fut porté par la disparition de la traite des esclaves à travers l'Atlantique alors que l'essor de la doctrine de la Tijaniyya, s'opposant à la secte Qadriyya auxquels ils appartenaient, affaiblissait du même coup leur prestige religieux. L'avènement de la période coloniale et des moyens de transport modernes leur fit perdre leur fonction essentielle de communauté marchande.

XI. La cité marchande de Bouna dans l'ensemble économique Ouest-Africain pré-colonial

JEAN-LOUIS BOUTILLIER

A l'époque précoloniale, le Centre-Ouest Africain présente deux types différents de système de commerce à longue distance: l'un qui pourrait être appelé 'système de relais' dans lequel la marchandise pour passer de tribu en tribu est échangée à la frontière de chaque tribu; l'autre qui s'appellerait 'système de réseaux' dans lequel la marchandise est transportée sur de plus longs parcours par les mêmes marchands indépendamment de leur appartenance aux tribus qu'ils doivent traverser. Ce dernier système auquel se rattache nettement le Nord-Est de ce qui est aujourd'hui la Côte d'Ivoire comportait un réseau de cités marchandes reliées les unes aux autres par des routes caravanières. Selon leur latitude, leur environment écologique et leur rôle, on peut distinguer trois catégories dans ces villes: le plus au nord, les ports du Sahara sur le Niger et le Sahel, points d'arrivée et de départ des caravanes trans-sahariennes: Tombouctou, Mopti, Djenné, Ségou, Gao; le plus au sud, les ports du Golfe du Bénin, points de traite avec l'Europe et les Amériques: Cape Coast, El Mina; et entre les deux, généralement situées à la lisière de la savane et de la forêt: Bobo-Dioulasso, Kong, Bouna, Bondoukou, Salaga, Kintampo, Sansané-Mango.

Ce système d'échanges commerciaux qui prit une grande ampleur dans le bassin de la Volta à partir du XVIIe siècle y est certainement lié à l'apparition d'une véritable civilisation urbaine: l'étude de la ville de Bouna doit aider à faire comprendre les caractéristiques de ce système, son organisation, ses mécanismes et les rapports de ce système avec les structures économiques et politiques des groupements humains qui y étaient impliqués.

Bouna, ville précoloniale, est essentiellement caractérisée par la juxtaposition de groupements autochtones Koulango, dirigeants d'un état peuplé de cultivateurs et s'étendant dans un rayon d'une centaine de kilomètres autour de la ville, et de groupements d'origine étrangère, Mande-dioula pour la plupart, orientés principalement vers des activités mercantiles et artisanales. A la fois cité marchande, marché et étape dans le vaste réseau marchand qui couvre cette partie du continent et capitale d'un petit 'royaume' Koulango, Bouna semble assez typique d'une certaine forme d'organisation socio-économique qui parait caractériser cette zone de l'Ouest Africain du XVIIe au XIXe siècle.[1]

Parmi les états limitrophes de celui de Bouna et d'organisation semblable, on peut citer ceux de Kong, de Nassian et de Lorhosso à l'ouest et au nord-ouest, ceux de Dagomba et de Gondja à l'est, ceux de Bondoukou — le Djaman Abron — et de Kumassi — le royaume Ashanti — au sud. D'importance très diverse, ces états entretiennent des rapports irréguliers: guerres et paix se succèdent et si parfois l'un cherche à dominer l'autre pour s'emparer de ses richesses ou en faire son tributaire, le XIXe siècle est marqué par une prédominance assez nette de l'Etat Ashanti et une sorte d'équilibre de fait, concrétisé par une partage de zones d'influence.

Bouna, en tant que cité marchande tient son importance de son rôle d'étape et de carrefour sur une des grandes routes commerciales à direction nord-sud reliant la zone sahélienne et le Golfe du Bénin. Si l'on examine par exemple la carte de Binger,[2] on voit que la voie principale nord-sud partant de la région Tombouctou-Djenné vers les ports du Golfe de Guinée passe par Bouna via Bobo-Dioulasso et Kong pour se diriger vers Kumassi, El Mina et Cape Coast, avec sa variante par Bondoukou vers Zaranou, Bettie, Assinie qui, encore peu sure au XVIIIe et au début du XIXe siècle, prendra de l'importance à partir de 1850. De plus, Bouna est un véritable

---

[1] La cité marchande n'est pas forcément la capitale de l'état auquel elle est intégrée: c'est le cas par exemple de Bondoukou, qui n'est pas la capitale du royaume Abron, et de Salaga qui n'est pas la capitale du royaume Gondja.

[2] Binger, 1892, Tome II, p. 401.

carrefour de routes gràce aux bretelles qui le relient vers d'autres cités marchandes ou vers d'autres régions produisant des biens commercés: bretelles vers l'est dans la direction de Wa, Bolé, Kintampo, Salaga, Sansané-Mango, étapes vers les pays Haoussa et Yoruba à fortes activités marchandes; bretelle vers l'Ouest vers Dabakala, Bouaké at le Mango.

L'officier français arrivant en 1898 pour créer un poste militaire à Bouna décrit ainsi le trafic commercial:[1]

A Bouna se recontrent les caravanes venant du Nord et celles venant du Sud. Les Peuls du Macina descendent à Bondoukou, conduisant des boeufs et des chevaux, apportant des pagnes du Niger, des bandes de coton, des colliers et parfois du sel de Taodeni; la plus grande part de ce produit passant néanmoins en territoire anglais. Les merchandises sont échangées de préférence contre des Kolas rouges de Wonky et des Kolas blanches du Mango ou de l'Anno qui atteignent une grande valeur dans le Macina et dans toute la boucle du Niger. Les caravanes de Kong après avoir passé par le Mossi ou elles ont échangé les barres de sel de Tombouctou et autres objets contre des boeufs, poussent jusqu'à Bondoukou ou en échange de leur bétail et des pagnes rouges de Kong, on leur donne des Kolas qu'elles transportent ensuite jusqu'a Bandiagara. Les Achantis, d'autre part, apportent des colliers de perles, des étoffes de provenance anglaise ou allemande, du sel de Taodeni et même du sel marin d'Accra, des Kolas de Wonky rouges particulièrement appréciées. Enfin, du Sud de la Colonie, soit d'Assinie soit de Tiassalé, arrivent des objets manufacturés, des étoffes, des perles, des fusils, de la poudre. Ces caravanes passent à Bouna pour se diriger vers Ouagadougou.

Cette description qui date du début de la période coloniale doit être complétée pour le XIXe siècle dans la mesure où elle ne tient pas compte d'un bien très activement échangé à cette époque, à savoir les captifs; de nombreux textes — Binger, Freeman par exemple — sont à cet égard très explicites: une recrudescence du trafic des captifs s'est produite apres la fin de la traite maritime dans cette partie de l'Ouest Africain en raison des guerres, en particulier celles de Samory, qui ont marqué cette période.

Le développement des courants commerciaux portant sur une aussi large gamme de produits, impliquant de nombreuses

[1] Chaudron, 1903.

régions situées le plus souvent à de très grandes distances et parfois même au-delà des océans n'aurait pu se réaliser sans l'existence de moyens de paiement ayant une valeur à l'intérieur même de cette partie du continent africain et pouvant aussi permettre des échanges avec l'extérieur. En fait on se trouvait en présence d'un double système de monnaie: une monnaie de circulation surtout interne, le cauri, et une monnaie de circulation à la fois interne et externe, convertible aussi en cauris, l'or. De ce point de vue monétaire, Bouna se trouvait dans une situation privilégiée, qui explique peut-être en partie son role au sein du réseau marchand, du fait qu'étant en pleine 'zone cauri' le territoire du Royaume de Bouna récelait aussi des ressources en or relativement importantes pour l'époque. La présence d'orpailleurs tant étrangers qu'autochtones dans la région de Bouna[1] comme celle dans la ville-même de véritables changeurs spécialisés dans l'achat et la vente de cauris et d'or atteste de l'importance de Bouna sur le marché des changes au XIXe siècle.

Comme cité marchande, Bouna n'était que l'un des éléments de cet ensemble politico-économique qui couvrait l'Ouest-Africain précolonial; mais de ce rapport de Bouna à cet ensemble, la structure interne de Bouna dépendait étroitement. Chacune de ces villes était en effet pratiquement indépendante dans la mesure ou elle était associée à un royaume determiné: Koulango pour Bouna, Abron pour Bondoukou, Gondja pour Salaga, mais les unités familiales généralement d'origine Mande-Dioula composant la population marchande de ces cités, étaient très fréquemment soit apparentées soit alliées entre elles de telle sorte qu'on se trouvait en présence d'un véritable réseau international. C'est ainsi que les Ouattara habitant le quartier de Ouattarasso sont parents des Ouattara de Kong et de ceux de Sansane-Mango, tous déclarant provenir de Bégho avec le Mandé comme origine plus lointaine. Les Kamaraté et les Diabagaraté habitant le quartier Kargyoulasso ont des parents dans le Gondja, à Bondoukou et à Sansané-Mango, avec Djenné comme origine antérieure. Les Ligbi qui viennent aussi de Begho sont apparentés à ceux de Fougoula, de Kintampo et de Bondoukou, les Kamara à ceux de Larbanga. Dans ce type d'organisation marchande de l'espace, c'étaient les réseaux de

[1] Labouret, 1931, p. 22.

parenté et d'alliance qui dans une certaine mesure, formaient la trame des échanges commerciaux. Dans le cas où le marchand ne trouvait ni parent ni allié dans la ville où il venait commercer, il s'instituait un rapport analogue à un rapport de clientele entre ce marchand et son hôte, le *Diatigi*.

Le rôle des *Diatigi* a été souvent décrit surtout dans la littérature africaniste du XIXe siècle — Binger, Freeman, Dubois.[1] Les transactions se font dans des conditions assez particulières. En effet, s'il existe à Bouna une place du marché, son rôle semble être aussi limité que celui des marchés de Tombouctou tels que les décrit F. Dubois:[2] 'Tombouctou a bien trois places de marché, mais on n'y trouve que les denrées de consommation journalière. Les véritables opérations commerciales ne se traitent pas là. Elles se concluent dans les diverses maisons de la ville qu'aucune enseigne et inscription n'indiquent a l'étranger.' La cour du diatigi est le lieu de rencontre pour tous les commerçants, 'clients' et parents originaires d'autres villes: on y dort, on s'y nourrit, on y stocke les marchandises, on y héberge les captifs, les porteurs et les caravaniers; éventuellement aussi on y prend femme, ce qui contribue à resserrer les liens avec les Diatigi. Les transactions se font généralement chez lui sous son arbitrage; quand il sert d'intermédiaire, c'est lui qui met en présence acheteurs et vendeurs:[3] 'il renseigne l'étranger sur les cours du jour, l'abondance ou le manque de tel ou tel produit qu'il est venu acheter ou vendre, sur la valeur du client qui se présente; il en amène et guide son hôte dans les achats.' De même le Diatigi informe ses hôtes sur l'état et la securité des routes il peut procurer des porteurs, prêter de l'argent ou se porter garant.

La composition de la cour d'un Diatigi peut varier dans le temps: d'une part, fils, frères et neveux classificatoires vont d'une ville à l'autre accompagnant marchandises et parents; d'autre part, comme le vocabulaire de la parenté est systématiquement employé, la 'parenté' recouvre une grande diversité de types de rapports. Les captifs sont nombreux et leur rôle est important: lorsqu'ils sont employés aux travaux de la terre, ils

[1] Très récemment, Mrs. Polly Hill a montré pour l'Afrique actuelle l'extension et l'importance du rôle des Diatigi dans ce qu'elle a appelé 'West african landlord system'. Cf. Polly Hill, 1969.

[2] Dubois, 1897, p. 295.

[3] Ibid.

libèrent leurs maîtres de toute activité orientée vers la production de subsistance au profit d'activités commerciales ou artisanales; employés aussi comme porteurs, caravaniers, colporteurs ou même acheteurs de produits, les captifs proprement
dits et les affranchis s'assimilant rapidement au clan de leur
maître et en prenant le nom — *diamu* — forment une main —
d'œuvre docile, bon marché et souvent indispensable au
développement des activités commerciales.

Les documents historiques concernant Bouna sont très rares;
c'est pourquoi le récit autobiographique d'Abu Bakr Al-
Siddiq[1] est instructif à différents titres: en premier lieu il
montre la densité et la fréquence des contacts commerciaux
et autres (en particulier des voyages) entre les villes du Sahel:
Tombouctou, Djenné, et les villes de la frange forestière
comme Kong et Bouna. En deuxième lieu, il permet de constater, en même temps que l'extension des réseaux familiaux,
l'existence d'une véritable culture commune, qui caractérisait
le monde marchand ouest-africain au XIXe siècle et dans
laquelle l'Islam jouait un rôle privilégié. Abu Bakr Al-Siddiq est
né à Tombouctou dans les années 1790 d'une famille de lettrés
musulmans. Elevé d'abord à Djenné où il commence à étudier
le Coran, il part à l'âge de neuf ans avec son tuteur pour Kong
où est installé un de ses oncles paternels auprès duquel il
séjourne une année. De là, il se rend à Bouna où réside un
autre de ses oncles et où son père, mort en 1794 alors qu'il était
venu faire le commerce de l'or, est enterré. A Bouna, qui est
réputé comme 'un lieu très célèbre pour son savoir et ses écoles'[2]
Abu Bakr poursuit ses études coraniques auprès de la communauté de maîtres venus de nombreuses régions du Soudan
occidental et installés à Bouna. C'est là qu'il sera ramassé au
cours d'une guerre gagnée par le roi des Abrons, vendu comme
captif et envoyé à la Jamaique. Enfin, le récit d'Abu Bakr aide
à nous faire comprendre l'étroite correspondance existant entre
réseaux commerçants et réseaux religieux islamiques, la diffusion de l'Islam soutenant le développement des échanges
commerciaux et réciproquement.[3]

Les deux ensembles de communautés Koulango et étrangères

[1] Wilks, 1967*b*.
[2] H. Barth, cité par Wilks, op. cit.
[3] Cf. Levtzion, 1968.

qui ont des organisations sociales et des systèmes de production très différents vivent dans une certaine complémentarité qu'il convient maintenant d'analyser. Quelles sont donc les bases de cette association existant entre la cité marchande et le royaume au sein duquel elle est installée.

Sans aucun doute, l'existence d'un commerce à longue distance crée dans les régions qui y sont impliquées de nouveaux besoins sociaux. Des structures politiques fortes et stables doivent se constituer pour assurer la sécurité des routes caravanières et des transactions. De la société clanique émerge alors une structure étatique minimale dont les tâches sont nettement plus complexes que celles de l'organisation segmentaire dont elle est issue. Sans qu'il soit question de poser l'anteriorité soit de l'apparition du commerce à longue distance, soit de l'émergence d'une société de type étatique, on peut constater effectivement que la création de Bouna au début de XVIIe siècle[1] en tant que royaume et en tant que cité marchande est liée aux changements dans les structures commerciales — déclin de la ville de Bégho et du royaume de Bono-Mansu — et à l'influence Dagomba.[2] Le royaume Koulango de Bouna assure les cadres juridiques et politiques dans lesquels prennent place les déplacements des hommes et des marchandises sur les territoires qu'il contrôle. Dans les provinces — *sako* — et sur les 'marches' du royaume, le roi de Bouna, *Bouna Masa*, gouverne par l'intermédiaire des princes — *ibuo* — des lignages royaux qui y résident en permanence. Au-delà de ces provinces, le *Bouna Masa* contrôle de façon plus ou moins directe un certain nombre de groupements tels que les Nembai et les Lobi à l'Ouest et au Nord, les Bode au Sud. L'armée du roi a dans ce domaine un rôle prédominant et des expéditions punitives sont organisées contre les pillards. L'armature politico-administrative du royaume Koulango est le clan royal composé par tous les descendants selon la lignée paternelle de Bunkani, le fondateur de la dynastie. Ces descendants sont répartis en trois lignages royaux portant le nom de trois des premiers successeurs de Bunkani, Piawar, Kuga et

---

[1] Cf. Person, 1964.

[2] Le père de Bunkani fondateur de la dynastie de Bouna, était Dagomba, c'est-à-dire sujet d'un état dont l'origine en tant qu'état remonte probablement au XVe siècle.

Gago. A chacun correspond un quartier de Bouna et c'est entre
ces trois quartiers que circulent à tour de rôle le commandement
suprême du royaume et le commandement des principales
provinces.[1] Ce clan aristocratique commande à un ensemble de
communautés villageoises Koulango qui ont conservé une
organisation de type segmentaire. L'activité économique dominante est l'agriculture, mais la chasse et le petit élevage jouent
un rôle important dans l'économie villageoise. Les communautés fournissent à la ville de Bouna et aux quelques villages —
chefferies des produits vivriers et quelques rares produits artisanaux soit sous forme de dons et de tributs au clan royale, soit
par la vente notamment aux marchands et aux artisans qui bien
qu'étant pour la plupart eux-mêmes cultivateurs à temps
partiel, ne produisent pas les vivriers en quantité suffisante pour
leur propre consommation et celle des caravanes de passage.

Si les marchands installés dans un état ouest-africain ont
besoin de ses structures socio-politiques pour assurer leur
ravitaillement et la sécurité des routes et des transactions,
l'aristocratie tribale qui dirige cet état et dans une moindre
mesure ses habitants ont besoin de marchands pour amener
et entretenir un certain climat de richesse. Contrairement à ce
qui pourrait sembler le plus normal, ce n'est pas par le moyen
de taxes ou d'impôts sur les opérations commerciales ou de
péages sur le transit des caravanes que le pouvoir politique
Koulango prélève un profit sur les activités de la cité marchande.
Bien qu'il existe une legère taxe sur les produits vendus au
marché collectée par un officier de la cour, *yabelego*, elle ne
représente qu'une tres faible proportion des revenus de la
cour royale. C'est surtout indirectement que le royaume bénéficie de l'activité commerciale. D'une part, l'Etat prend sa part
de la richesse ambiante représentée par l'afflux de biens et de
monnaies grâce à ses moyens propres: la justice notamment —
à l'occasion des jugements et des arbitrages rendus à l'occasion
de fréquents litiges commerciaux — est un moyen pour le
souverain de prélever des sommes qui peuvent être très importantes. D'autre part le souverain, généralement par l'intermédiaires des membres de l'aristocratie tribale, peut s'associer
à des marchands pour certaines opérations lucratives telles que

---

[1] Ce systeme 'polydynastique' a des ressemblances avec celui du proche royaume
Gondja. Cf. Goody, 1967.

R

ventes de captifs et de bétail capturés lors d'expéditions militaires, ou ventes d'or. Enfin, l'exercice même du pouvoir
politique en milieu africain suscite un très grand nombre de
dons en numéraires,[1] en biens et en services. Les fêtes, festivals
de moisson et principales fêtes musulmans, naissances, mariages
et surtout funérailles et intronisations étaient l'occasion de
nombreux échanges: les communautés villageoises Koulango
envoyaient des produits vivriers qui étaient redistribués par le
clan royal à leurs hôtes et à la population urbaine, tandis que
celle-ci lui offrait en échange des marchandises acquises par son
négoce, armes, étoffes, etc., et des produits de son artisanat.

En résumé, Bouna ville précoloniale se présente comme un
société pluraliste marquée par l'opposition et la complémentarité des deux principales composantes: Koulango et Mande
Dioula. L'étude de la ville et du royaume nous a permis de
préciser les caractéristiques du système de production de cette
zone de l'Ouest Africain au XIXe siècle:

L'apparition d'une civilisation urbaine — il y aurait des
analogies à rechercher avec la civilisation yoruba — associée au
développement du commerce à longue distance, n'a pas été
liée à une séparation tranchée des métiers et de l'agriculture.
Au contraire, l'association des activités agricoles aux activités
commerciales et artisanales a été typique de cette société qui,
sous ce rapport, peut rappeler les cités antiques. Parallèlement
a l'émergence très lente d'une différenciation en classes, on ne
peut que constater le maintien de la division de la population
en groupes sociaux très nettement distincts selon leur origine,
leur langue, leur religion, leur specialisation professionnelle.

La grande majorité de la population du royaume compose un
certain nombre de communautés villageoises Koulango de-
pendant plus ou moins directement d'une aristocratie tribale,
les 'fils de chefs', *ibuo*. Celle-ci est peu differenciée: constituée
sous forme de clan, elle ne représente qu'une minorité faiblement privilégiée. Toutefois, sans détenir de droits d'appropriation sur les moyens de production qui restent très archaiques
et organisés dans le cadre des communautés villageoises, ils

---

[1] Le souverain Bouna Masa a droit à une certaine part sur l'or extrait sur ses
terres et sur l'ivoire des éléphants qui y sont tués.

réussissent à se procurer certains profits; comme pour lever une armée, les membres de l'aristocratie tribale utilisent l'influence qui leur vient en partie de la sacralisation de leur charge et par le moyens des liens complexes et divers: parenté, alliance, clientèle, vassalité. Dans l'ensemble, la structure étatique qui a émergé à partir du XVIIe siècle d'une organisation segmentaire semble compatible avec le maintien des communautés villageoises et ne semble pas impliquer, au moins jusqu'à la fin de la période precoloniale, la constitution de classes antagonistes.

Les marchands Mande-Dioula forment de leur côté une minorité privilégiée: les profits qui se concentrent entre leurs mains proviennent de leur position d'intermédiaires dans le réseau commercial international de l'époque, et non d'une appropriation quelconque de moyens de production. D'ailleurs le sol reste soumis aux droits d'usage collectif des clans: il n'y a même pas de trace d'appropriation individuelle de la terre et les profits mercantiles n'ont comme domaine pour tenter de s'approprier des moyens de production que celui de l'esclavage. Il n'existe pas de conflit fondamental d'intérêts entre marchands et aristocratie tribale: l'augmentation des profits des premiers favorise les intérêts des seconds, le pouvoir tribal et militaire des seconds qui assure la sécurité des routes et des transactions rendant possibles les activités mercantiles des premiers.

Opposition et complementarité entre groupements Koulango et Mande-Dioula se retrouvent au niveau idéologique, dans le domaine de la religion notamment. Les Koulango sont 'animistes': de nombreux rituels attestent que la royauté est d'essence sacrée et les rapports avec la Terre — *sako* — sont médiatisés par les chefs de terre — *sakotese* — qui lui sacrifient en de nombreuses circonstances. Les Dioula sont par contre islamisés dans leur grande majorité: un imam issu du quartier *Imamso* préside leur communauté. Les deux religions coexistent sans conflit et, pourrait-on même dire, avec participation réciproque: le roi et ses princes consultent les marabouts comme les musulmans consultent les devins Koulango. De même, les fêtes musulmanes, *Domba*, la naissance du prophète, *Dongi* le sacrifice des boucs, *Zolo* le festival de la Pintade, sont pour tous les habitants de Bouna et non pas seulement pour les musulmans l'occasion de grandes réjouissances.

Le système de production de l'Etat tribal et commerçant est extrêmement vulnérable. Le faible niveau des forces productives ne permettant pas de dégager des surplus importants à partir des groupes de production, les appareils étatiques restent fragiles dans la mesure où ils dépendent principalement des bénéfices des marchands. Mais comme le développement du commerce est lui-même fonction de l'environnement politique, il n'est pas surprenant de constater que les guerres qui ravagèrent au XIXe siècle l'Afrique de l'Ouest, et la pénétration coloniale qui bouleversa tous les courants commerciaux, aient entraîné le déclin rapide et irréversible de ces Etats.

La destruction complète de Bouna par les sofas de Samory en 1896 puis la réorganisation des circuits commerciaux consécutive à l'occupation de l'Afrique par les puissances coloniales modifièrent de façon irréversible le destin de Bouna. Le royaume en tant que structure politique ne se reconstitua qu'incomplètement et artificiellement comme instrument du pouvoir colonial. De son côté, le trafic caravanier diminuant de plus en plus pour finir par disparaître au profit de la traite faite par les maisons de commerce européennes, les cités marchandes périclitèrent rapidement; si Bouna a pu rester une ville c'est d'une part grâce à son rôle de 'subdivision' dans la Côte d'Ivoire colonisée puis de 'sous-préfecture' apres l'Indépendance et d'autre part, grâce à des héritages de son passé, notamment les traditions commerçantes de ses quartiers mande-dioula. Comme la région de Bouna est devenue aujourd'hui un lieu d'immigration massive d'actifs cultivateurs-éleveurs Lobi venant de Haute-Volta, cet arrière-pays relativement riche offre de nouveaux et importants débouches aux commerçants de Bouna et dans les branches commerciales où le secteur proprement africain reste prépondérant, comme celles de la viande, de la cola, et de l'igname, on peut même observer la reconstitution de certains réseaux englobant des villes de Basse-Côte comme Abengourou et Abidjan et fonctionnant à une bien plus faible échelle mais de façon analogue à ceux de l'époque précoloniale.

Summary

THE TRADING TOWNS OF BOUNA IN THE
PRE-COLONIAL ECONOMIC SITUATION IN WEST AFRICA

The central West African region in pre-colonial times seemed to possess two different types of trading systems: one was a 'relay' system in which goods were exchanged at the borders of each tribe and in that way passed from tribe to tribe; the other, which might be called a system of 'long-distance trading networks', involved the transport and exchange of goods over a large area by the same traders, no matter what their connection with the tribes they met on the way. The latter system involved a network of trading towns linked to each other by caravan routes. Of these the most important were in the empires (Timbuktu, Segou, Djenné were Saharan ports on the Niger; Bobo-Dioulasso, Salaga, Kong, Bouna, Bondoukou, Kumasi, were staging towns towards the forest region); and the ports of the Gulf of Benin, such as El Mina and Cape Coast, which were trading posts linking Africa with Europe and the Americas. This trading system which expanded greatly in the Volta region from the seventeenth century onwards is associated with a veritable urban civilization. A study of the town of Bouna, in the present north-eastern Ivory Coast between Comoe and Volta, should shed light on the origin of the system, its organization and working, and the relationship between the system and the economic and political structures of the human groups involved.

The first characteristic of the system is the coexistence of the trading city and a socio-political organization or kingdom which encompassed the neighbouring rural areas. The existence of trade meant that the caravan routes had to be kept safe and trading exchanges were always associated with state-type societies, which were more or less highly structured. Bouna, a market town, was also the capital of the kingdom of Koulango, composed of two communities: on one hand the 'strangers', 'Dioula' traders, craftsmen of diverse origins, languages, and beliefs (although Moslem Mande predominate); and, on the other hand, the indigenous Koulango, members of the royal family, officials, freemen, and servants.

These two communities had quite different social systems and economies but lived together in a complementary fashion. The Koulango were primarily farmers; their religion was closely associated with the earth and political powers was concentrated in the royal clan. On the other hand, the 'strangers' were mostly traders and craftsmen: their activities, origins, and their adoption of Islam meant that they were oriented towards the outside world.

The other essential features of the long-distance trading systems which involved trading towns in central West Africa include the role of the *diatigi*, the host, and the correspondence between trading and clan networks. The *diatigi* was a town notable who put up passing traders. Each trader had his own *diatigi* with whom he lodged when he passed through the town and with whom he maintained a close connection over the years. All transactions, whatever the goods, were done at his place, under his arbitration; he might act as an intermediary or as a guarantor and he informed the merchants of the market situation, and the state and security of the roads. Very often the clan network supported the trading network. A clan was composed of family groups scattered in several trading cities: the *diatigi* was then a relative of the itinerant trader. This is a very special example of trade organized over a large area in which relations of kinship and alliance form a web for commercial exchanges.

The economic system involving a trading town and a tribal state is an extremely vulnerable one. The low level of production does not allow producer groups a great surplus and the state apparatus is fragile since it depends on prosperity brought into the country by the traders. Since the political climate conditions commercial activity it is not surprising that the wars which ravaged the central West African region in the nineteenth century and the spread of colonialism which upset commercial currents, should have led to the irrevocable decline of these towns and states.

XII. Parenté et commerce chez les Kooroko[1]

JEAN-LOUP AMSELLE

Les Kooroko sont des commerçants de caste forgeronne originaires du Wasulu, région située dans la partie sud du Mali à
la frontière de la Guinée et de la Côte d'Ivoire. Avant la colonisation, les Kooroko ne sortaient guère du Wasulu où ils jouissaient de la protection des Peul chefs de ce pays et auxquels ils
étaient liés par un pacte de *senankuya* (parenté à plaisanterie).
A l'époque ils faisaient essentiellement le commerce de cola,
de sel gemme, de bande de coton, de bœufs, d'or et d'esclaves.
Les bouleversements introduits au Wasulu par les guerres de
l'Almamy Samory et par la colonisation française provoquèrent
un exode massif des Kooroko qui allèrent se fixer en grand
nombre à Bamako où ils occupèrent bientôt une position dominante dans le commerce de la cola. Avec l'établissement du
chemin de fer Dakar–Niger, Bamako devint la plaque tournante
du commerce de la cola entre la Côte d'Ivoire pays producteur
et le Sénégal gros pays consommateur. Pour mieux contrôler
les différentes étapes du circuit de distribution depuis les lieux
de production jusqu'aux lieux de consommation, les Kooroko
créèrent des réseaux commerciaux poussant leurs ramifications
jusqu'à Abidjan et Dakar. Actuellement, il existe des communautés Kooroko de taille diverse dans la majorité des grandes
villes d'Afrique de l'ouest francophone notamment à Dakar,
Abidjan, Bouake Bamako, Ouagadougou, Bobo-Dioulasso et

[1] Les matériaux de cet article ont été recueillis au cours d'une enquête effectuée
au Mali dans le cadre d'une recherche sur les Systèmes Economiques Africains
dirigée par Claude Meillassoux (CNRS). L'enquête, qui était placée sous l'égide
de l'Institut des Sciences Humaines du Mali, du Secrétariat d'Etat aux Affaires
Etrangères chargé de la Coopération et du CNRS, a débuté en Octobre 1967 et a
pris fin en juillet 1969. Elle doit donner lieu à la rédaction d'une thèse de doctorat
de IIIème cycle sous la direction du Pr. Balandier.

Niamey. Entre ces communautés existent des liens de toutes sortes fondés sur la parenté, l'alliance, le voisinage, etc., qui constituent la trame de réseaux commerciaux servant à la distribution de la cola et également d'autres marchandises entre le principal pays producteur: la Côte d'Ivoire et les pays consommateurs: Niger, Haute-Volta, Mali et Sénégal.

L'ORGANISATION SOCIALE DU COMMERCE

1. *La parenté*

L'ensemble des Kooroko constitue une caste qui est elle-même composée de clans patronymiques comme c'est le cas dans de nombreuses sociétés de cette région. Traditionnellement les Kooroko se marient entre eux c'est à dire à l'intérieur de la caste et pratiquent l'exogamie de clan. Ce n'est que récemment avec l'introduction de l'Islam que les mariages endogamiques sont apparus et actuellement quelques mariages hors de la caste ont lieu bien qu'ils demeurent rares. La société Kooroko est patrilineaire, patrilocale et polygynique. La terminologie de parenté et le système des attitudes sont similaires à ceux des Bambara dont les Kooroko parlent la langue. A l'intérieur de ce système de parenté trois principes essentiels ordonnent la structure de la famille: le principe d'âge, le principe du sexe, et le principe des générations. Selon le premier principe, celui de l'âge ou de la séniorité, tout individu à l'intérieur d'une génération est désigné par un terme particulier selon qu'il est plus ou moins âgé qu'Ego. Il sera désigné par le terme *koro* s'il est plus âgé, *dogo* s'il l'est moins. Le deuxième principe, celui de sexe distingue les parents masculins des parents féminins, ainsi on désignera une sœur aînée par le terme *koromuso* (*koro*: aîné, *muso*: femme) alors qu'un frère aîné sera designé par le terme *koroke* (*koro*: aîné, *ke*: homme). Le principe des générations opère une distinction d'une part entre le père d'Ego et ses frères que ceux-ci soient de même père et de même mère ou seulement de même père du fait de la polygamie et d'autre part entre Ego et les enfants des frères de son père indépendamment du critère de l'âge. Ainsi Ego appellera tous les frères de son père: père (*fa* en bambara) même si certains sont plus jeunes que lui, tandis que ceux-ci designeront leurs enfants et les enfants de leurs frères par le terme *den*, c'est à dire enfant en bambara, accouplé du qualificatif *muso* ou *ke* selon qu'il s'agit d'une fille ou d'un garçon.

Généralement, les Kooroko sont regroupés en familles étendues (*du*) et vivent dans de grandes concessions qui peuvent abriter jusqu'à 40 personnes.[1] Ces familles étendues sont dans la majorité des cas composées de trois générations, celle des pères, c'est-à-dire du père d'Ego et de ses frères et sœurs non mariées, celle d'Ego et de ses frères et sœurs non mariées et celle des enfants d'Ego et des enfants de ses frères s'il y en a. Les membres de ces trois générations forment un groupe de déscendance patrilinéaire (*fabonda* en bambara litt. porte de la case du père) et portent le même *jamu*: nom de clan. Avec les membres masculins de ce groupe résident également leurs épouses qui sont, sauf en cas de rare mariage endogamique, des étrangères et portent par conséquent un *jamu* différent.

Le principe de séniorité et celui des générations veut qu'à l'intérieur d'une génération tout cadet doive respect à un aîné et que tout membre d'une génération inférieure se soumette au membre d'une génération qui précède la sienne même si ce dernier est plus jeune que lui. Selon ces principes, l'autorité au sein de la famille est dévolue au membre masculin le plus âgé de la génération la plus ancienne. Le *dutigi* (chef de famille) de par la position qu'il occupe dans l'ordre de l'âge et des générations, a droit au respect et à la soumission absolue de ses frères (*dogou*) et de ses enfants (*den*). Ceux-ci le vénèrent et le redoutent à la fois et obéissent aveuglément au moindre de ses ordres. Détenteur de l'autorité à l'intérieur de sa famille, le *dutigi* est fondé à exercer un contrôle rigoureux des biens du groupe. Il organise les activités de ses 'frères' et 'enfants' qui doivent lui remettre, en principe, l'intégralité du produit de leur travail.[2] En revanche, il doit nourrir, loger, vêtir et payer les impôts des membres de la famille étendue, ce qui dans le cas de grandes familles (40 ou 50 personnes) peut représenter une charge très lourde.

[1] A Bamako et dans d'autres villes du Mali: Ségou, Bougouni, etc., où l'enquête a été effectuée. Telle était du moins la situation autrefois. Actuellement, les familles étendues ont de plus en plus tendance à éclater.

[2] Le cas des épouses est différent, elles se livrent en général au micro-commerce, comme intermédiaires. Etrangères au groupe de descendance patrilinéaire, elles conservent en principe leurs gains pour elles bien qu'elles contribuent souvent en fait pour une bonne part à l'entretien de la famille étendue.

A la mort du *dutigi*, l'autorité et le contrôle des biens familiaux reviennent à son frère puiné qui le remplace dans ses fonctions. Lorsque lui-même vient à mourir c'est son frère cadet qui devient *dutigi* et ainsi de suite jusqu'à épuisement de la génération. Lorsqu'il ne reste plus de membre masculin vivant de cette génération c'est l'aîné de la génération suivante qui devient chef de famille.

2. *Parenté et commerce*

Dans les riches familles kooroko de Bamako, le *dutigi* est également un *jula-ba*. Le jula-ba (*jula*: commerçant, *ba*: grand) est un gros commerçant, il est en général âgé et ne se déplace pas. Il se contente de faire des affaires sur place et de diriger le commerce à longue distance. Ce sont les frères et les fils que l'on nomme *jula-den* (litt. en bambara, *jula*: commerçant, *den*: enfant) qui effectuent les voyages sous sa direction. Le commerce à longue distance consiste en l'échange de produits de la savane: bétail, poisson séché et fumé du Mali contre le produit de la forêt: la cola et éventuellement des marchandises diverses que l'on trouve en Côte d'Ivoire.[1] Le bétail est acheté à Bamako ou sur les marchés de la région, le poisson séché et fumé à Mopti, deuxième ville du Mali et grand centre de commercialisation de ce produit. Une fois achetés, ces deux produits sont acheminés vers la Côte d'Ivoire où ils sont vendus et il est procédé à l'achat de cola qui est ensuite dirigée vers les pays consommateurs de savane: le Mali principalement, la Haute-Volta et le Niger.

Les cours de bétail, du poisson et de la cola, surtout de la cola, sont sujets à d'amples fluctuations aussi bien sur les lieux de production que sur les lieux de consommation, aussi le *jula-ba* doit avoir une connaissance très précise des prix s'il veut réaliser des bénéfices. Grâce à ses parents, alliés et connaissances de Côte d'Ivoire, de Haute-Volga, du Niger et du Mali qui le renseignent par voie de télégramme, il est tenu continuellement au courant des prix pratiqués dans les différents pays, ce qui lui

[1] Les kooroko préfèrent en général se cantonner au commerce de la cola qu'ils connaissent particulièrement bien, Néanmoins avec la création du franc malien inconvertible, en 1962, qui plaçait le Mali hors de la zone franc et jusqu'au rétablissement de la convertibilité en 1968, les Kooroko du Mali se sont vus obliger d'exporter des produits maliens pour pouvoir importer de la cola de Côte d'Ivoire.

donne des chances de réaliser des affaires dans les meilleures conditions.

Lorsqu'il estime le moment venu d'effectuer un voyage le *jula-ba* confie une certaine somme d'argent à l'un de ses *jula-den* et le charge d'acheter du bétail à Bamako ou sur les marchés de la région. Le bétail est ensuite conduit à pied par des bergers Peul jusqu'en Côte d'Ivoire où il sera vendu dans les différentes villes: Abidjan, Bouaké, Abengoro, Daloa, Man, Diwo, etc. Lorsqu'il arrive dans l'une de ces villes, le *jula-den* descend chez son *ja-tigi* (hôte en bambara) qui exerce en général le commerce dans la ville où il réside. Le *ja-tigi* est, la plupart du temps, un parent ou un allié[1] du *jula-ba* de Bamako et renseigne ce dernier sur les cours du bétail, du poisson et de la cola, pratiqués dans sa propre ville. Dans certains cas, il s'agit même d'un de ses 'frères' ou 'fils' qu'il a envoyé s'installer en Côte d'Ivoire et qui en ce cas travaille également pour lui comme *jula-den*.

Le rôle du *ja-tigi* est d'héberger le *jula-den*, de le nourrir et de l'aider à vendre son bétail. Quand le bétail est vendu et que le *jula-den* cherche à se procurer de la cola, le *ja-tigi* se renseigne et l'oriente vers les marchés où l'on trouve de la cola de qualité à bon prix. Il met également son magasin à la disposition du jula-den pour que celui-ci y entrepose sa cola avant que la totalité d'un chargement 120 paniers[2] ait été réunie. Alors le *jula-den* se met à la recherche d'un camion partant pour le Mali, le charge de cola et l'accompagne jusqu'à destination. Arrivé à Bamako, il entrepose le chargement dans un magasin appartenant au *jula-ba* ou à un autre Kooroko et va se présenter au *jula-ba*. Après les salutations d'usage, le *jula-den* fait au *jula-ba* un récit détaillé de tous les épisodes de son voyage, il l'informe sur les prix et sur les quantités de bétail et de cola qui ont été vendues et achetées au Mali et en Côte d'Ivoire, sur les frais de transport et de magasinage, sur les pertes, etc. En outre, il doit dresser le montant exact de ses dépenses personnelles pendant le voyage: transport, nourriture, hébergement. Le *jula-ba* est, nous l'avons vu, tenu continuellement au courant des cours

[1] Etant donné la fréquence des inter-mariages chez les Kooroko il est bien rare que deux Kooroko n'aient entre eux aucun lien de parenté ou d'alliance, du fait de leur nombre limité.

[2] Un panier de cola pèse 55 kgs; 120 paniers correspondent à la charge utile maximum d'un camion T.46 Citroën, utilisé normalement pour le transport de la cola entre la Côte d'Ivoire et le Mali.

pratiqués en Côte d'Ivoire et au Mali pour les marchandises dont il fait le commerce. D'autre part, il connaît parfaitement le coût du transport, du magasinage et le montant exact des dépenses occasionnées par un voyage aller et retour en Côte d'Ivoire. De ce fait, même s'il est tenté de le faire, il est très difficile pour le *jula-den* de tromper le *jula-ba* et de garder de l'argent par devers lui.

Le *jula-den* ne reçoit aucune retribution pour le travail qu'il effectue sous la direction du *jula-ba*. Celui-ci se contente de le nourrir, de le vêtir, de verser la 'dot' quand il se marie et de le loger lui et sa famille. Le *jula-den* continue à travailler de cette façon jusqu'à la mort du *jula-ba*. Il fait ce que le *jula-ba* lui dit de faire, va où celui-ci lui dit d'aller et en aucun cas ne prend d'initiatives. Il ne reçoit aucune part sur les bénéfices rapportés par le capital que le *jula-ba* lui a confié et qu'il a pourtant fait fructifier.

A la mort du *jula-ba* c'est son frère puiné qui assure les fonctions de chef de famille. Le nouveau *dutigi*, qui travaillait jusqu'à là comme *jula-den* pour son frère aîné devient alors *jula-ba* et fait travailler à son tour ses 'frères' et ses 'fils' comme *jula-den* sous sa direction. Le statut de frère cadet (*dogoke* en bambara) ou de fils (*denke*) n'est pas sans comporter de gros désavantages pour le jula-den. Tenu constamment dans la dépendance la plus complète, il lui est impossible de jouir immédiatement des fruits de son travail auxquels il estime pourtant avoir légitimement droit.

Dans ces conditions il n'est pas étonnant de voir certains *jula-den*, surtout lorsqu'ils sont mariés, demander leur indépendance au jula-ba et aller tenter leur chance ailleurs. Parfois, et bien qu'il n'y soit pas tenu, le *jula-ba* remet une certaine somme au *jula-den* lorsque celui-ci le quitte, ce qui lui permettra de se lancer seul dans le commerce ou de travailler avec un autre *jula-ba*.

3. *Les rapports contractuels*

Lorsqu'aucun de ses 'frères' ou de ses 'fils' n'est en âge d'exercer le commerce ou que ceux-ci l'ont quitté, le *jula-ba* a recours à des personnes étrangères à sa famille patrilinéaire pour travailler avec lui comme *jula-den*. C'est également le cas lorsqu'il veut venir en aide à un parent maternel, à un allié ou à une connaissance qui se trouve dans le besoin. Fréquemment, surtout quand son frère est riche et qu'elle entrevoit de bonnes possibilités d'avenir pour son enfant, la sœur du *jula-ba* vient lui confier son propre fils pour qu'il apprenne le commerce auprès de son oncle maternel. Entre les deux parents: oncle maternel (*benke* en bambara) et neveu utérin (*balima muso den*) existent chez les Bambara comme chez les Kooroko une relation à plaisanterie qui fait que l'oncle maternel a une préférence marquée pour le fils de sa sœur. Les rapports entre eux sont empreints de la plus grande liberté, le neveu utérin peut se moquer de son oncle maternel et lui demander tout ce dont il a besoin, ce qui est inconcevable dans le cas d'un 'fils' ou d'un 'frère'. De façon analogue, il n'est pas rare que l'une des femmes [1] *du jula-ba* fasse pression sur son mari pour qu'il prenne son frère cadet à elle comme *jula-den*. Dans ce cas comme dans celui qui a été évoqué plus haut, il existe une relation privilégiée entre le frère cadet de la femme (*nimogoke*) et le mari de la sœur (*buranke* en bambara), ce qui permet au *jula-den* d'espérer être un jour récompensé du travail qu'il a effectué pour le compte du *jula-ba*. Enfin, il arrive qu'un ami du *jula-ba* vienne trouver celui-ci pour lui confier son fils. Dans ce cas, l'ami est le plus souvent lui-même un Kooroko, mais il peut s'agir également d'une relation de voisinage, soit que le père du *jula-den* habite le même quartier que le *jula-ba*, soit que tous deux aient le même village pour origine. De toutes façons, que le *jula-den* soit un parent maternel, un allié ou une simple connaissance, il existe une différence fondamentale dans l'attitude du *jula-ba* vis-à-vis de ce dernier et de celle qu'il adopte envers ses 'frères' et ses 'fils' qui travaillent pour lui. Alors que ceux-ci travaillent pour le chef de famille sans être aucunement rétribués, le *jula-den* qui ne fait pas partie de la famille paternelle du *jula-ba* peut se prévaloir de certains droits. Dans ce cas, les relations entre le *jula-ba* et le *jula-den* dépendent à la fois de la générosité du *jula-ba* et de la situation du *jula-den*. En principe, au début de leur association, le *jula-den* travaille pour le *jula-ba* dans les mêmes conditions que les 'frères' et les 'fils' de celui-ci. [2] Le jula-ba se charge de sa nourriture, de son habillement et de son logement, en contrepartie le *jula-den* entreprend des voyages pour le compte

---

[1] Les Kooroko sont musulmans, ils ne peuvent avoir au maximum que 4 femmes, ce qu'autorise la loi malienne. Les jula-ba ont le plus souvent 3 ou 4 femmes.

[2] Dans certains cas cependant, il reçoit immédiatement une part des bénéfices.

du *jula-ba*, fait du commerce avec le capital que ce dernier lui avance et lui restitue la totalité des bénéfices. Néanmoins, au bout d'un certain temps, le *jula-den* est fondé à demander au jula-ba ce que les Kooroko nomment le '*manankun*' ou '*jagokun*', Les deux termes sont synonymes, mais le second est plus communément employé par les Kooroko. *Jagokun* signifie en bambara: la 'tête du commerce', *manankun* veut dire la 'tête qui allume'. Dans ce dernier terme, il y a l'idée que le *manankun* est ce qui permet de se lancer dans le commerce. C'est la mise initiale qu'il faut posséder pour entreprendre personnellement une opération commerciale: le capital. En principe le *jula-ba* ne peut refuser de remettre le '*manankun*' au *jula-den*; toutefois s'il refuse, le *jula-den* quittera le *jula-ba*[1] et s'en ira trouver un autre *jula-ba* pour lui proposer de travailler avec lui.

Lorsque le *jula-ba* répond favorablement à la demande de son *jula-den*, le '*manankun*' lui est remis. Le *manankun* est en général peu important, autrefois il était constitué par quelques paniers de cola, à l'heure actuelle il se compose d'une petite somme d'argent. Les Kooroko considèrent d'ailleurs que ce n'est pas tant l'importance de la somme qui compte pour que le *jula-den* réussisse seul dans le commerce, que la force de la bénédiction qui est attachée[2] au *manankun*.

La remise du *manankun* au jula-den donne lieu à une cérémonie à laquelle les 'vieux' de la famille du *jula-ba* sont conviés. Lors de cette cérémonie, des bénédictions sont faites au '*manankun*'. Il est également recommandé au *jula-den* de ne pas toucher à son capital et de ne dépenser qu'une partie des bénéfices qu'il rapporte.

En dehors du *manankun*, le *jula-ba* est en principe tenu, lorsque le *jula-den* est en âge de se marier, de lui trouver une épouse, et de faire face aux dépenses occasionnées par le mariage (dot, cadeaux). Dans le cas où le *jula-den* est le fils de sa sœur, il pourra même s'il a de l'estime pour lui, lui donner sa propre fille en mariage. Ainsi le *jula-den* épousera sa cousine croisée matrilatérale, ce qui constitue un type d'union préferentielle chez les Kooroko comme chez les Bambara.

[1] Le *jula-den* dira au *jula-ba* en le quittant 'jeko nyuman ani farako jugun' ca.a.: la réunion est bonne, la séparation est mauvaise.

[2] Un proverbe Kooroko dit: 'Ni ye i jotoye i jagokunna a dunko debe i kono': si tu trouves le *jagokun* (capital), petit, c'est que tu as envie de le manger (dépenser).

A partir du moment où il a reçu le *manankun*, le *jula-den* peut faire du commerce à son propre compte. En général, il entreprend un voyage en Côte d'Ivoire pour essayer de faire fructifier son capital. S'il échoue, il ne lui reste qu'à rentrer à Bamako et à reprendre le travail auprès de son *jula-ba*. De toutes façons, ce dernier ne lui redonnera jamais plus le *manankun*.[1] Par contre, s'il réussit, il rentre triomphalement au pays et alors commence pour lui la carrière qui fera peut-être de lui un *jula-ba*.

Si le *jula-den* qui a fait fructifier son *manankun* opère à son compte, cela ne signifie pas pour autant qu'il travaille seul. Souvent, au contraire, lorsqu'il rentre de voyage, le jula-den continue à travailler avec son ancien *jula-ba*, mais dans des conditions différentes de celles qui prévalaient avant qu'il ne détienne un capital. Les clauses du 'contrat'[2] d'association entre le *jula-ba* et le *jula-den* détenteur d'un *manankun* dépendent à la fois de l'importance du capital de ce dernier et du bon vouloir ou de la générosité du *jula-ba*. Aux termes du contrat, le jula-den continue comme par le passé à faire le va et vient entre le Mali et la Côte d'Ivoire alors que le *jula-ba* reste sur place, mais à la différence de la situation précédente, les opérations commerciales sont effectuées avec du capital appartenant aux deux associés. En principe, lorsque le capital du *jula-den* est peu important, les bénéfices résultant d'une opération commerciale sont partagés à raison d'un tiers pour le *jula-den* et de deux tiers pour le *jula-ba*. Le bilan de l'opération est établi après chaque voyage, lorsque le *jula-den* revient à Bamako et les pertes, s'il y en a, sont partagées dans les mêmes proportions.

Si l'association entre les deux partenaires s'avère fructueuse le *jula-den* fait croître son capital et se retrouve au bout d'un certain temps à la tête d'une somme beaucoup plus importante que celle qu'il possédait à l'origine. Dès lors; il peut légitimement demander au *jula-ba* que le partage des bénéfices soit modifié en sa faveur. Si le jula-ba accepte, les profits comme les pertes seront désormais partagés à moitié: 50% pour le *jula-ba*, 50% pour le *jula-den*. Le *jula-ba* a désormais confiance en son

---

[1] Il est très rare que le *jula-ba* redonne le 'manankun' à un jula-den qui a échoué une premiere fois.

[2] Il s'agit d'un 'contrat non écrit'. Les Kooroko ont souvent de bonnes connaissances en arabe mais ils emploient assez rarement l'écriture dans leur commerce.

jula-den, leur collaboration dure depuis longtemps et il a pu se
rendre compte du sérieux et de l'honnêteté de son associé.
Dans ces conditions, il n'est plus besoin de faire les comptes
après chaque voyage, une fois par an suffit. Le mois de Ramadan
sera en général choisi pour dresser le bilan des opérations entreprises conjointement par le *jula-ba* et le *jula-den*. A ce stade de
l'association, le commerçant itinérant n'est déjà pratiquement
plus un *jula-den*. Il se trouve à la tête d'un capital assez important
et est en passe de devenir un *jula-ba*. Dans le cas où les affaires
continuent d'être profitables, le *jula-den* se trouve bientôt en
possession d'une somme d'argent lui permettant de se lancer
seul dans le commerce. A ce moment là il demande sa liberté au
jula-ba. S'il a des 'frères' ou des 'fils' en âge d'exercer le commerce, il reste à Bamako et les fait voyager sous sa direction;
sinon, il embauche d'autres jeunes gens qu'il utilise comme
jula-den, et qui deviendront un jour, le cas échéant, à leur tour
jula-ba.

CONCLUSION

Chez les Kooroko, les relations de parenté, d'alliance et de
voisinage sont jusque dans une certaine limite dominants. A
cet égard, la société Kooroko ne diffère pas fondamentalement
des sociétés agricoles de cette région et en particulier des
Bambara. Dans un cas comme dans l'autre c'est ce type de
relations qui fournit les principes de l'organisation sociale.
Cependant, en un sens, la société Kooroko se distingue nettement
des sociétés voisines dans la mesure où est apparue en son sein,
une notion qui leur est étrangère, celle de 'capital' et où elle a
instauré un type de rapports sociaux qui lui est propre: les
rapports contractuels qui élargissent les rapports de parenté'.
La notion de *manankun* telle que les Kooroko la conçoivent est
un des signes probants de l'existence d'un capitalisme commercial autochtone en Afrique de l'ouest. Les 'rapports' contractuels représentent peutêtre un des traits caractéristiques qui
permettent d'établir sur le plan de l'organisation sociale, une
distinction entre les sociétés agricoles de cette zone et les différents groupes de commerçants à longue distance (Kooroko mais
aussi Hausa; Jula, Sarakole). Dans cette perspective, il serait
utile de repérer au sein de ces sociétés quelques traits critiques
comme celui des rapports contractuels par exemple, qui perm-

ettraient de définir le type et de construire le modèle de fonctionnement de ces différentes sociétés par opposition aux sociétés agricoles qui les entourent.

Summary

KINSHIP AND TRADE AMONG THE KOOROKO

The Kooroko are traders and members of a blacksmith caste originally from Wasulu, a region in southern Mali. At the moment they can be found in most large West African towns where French is spoken, but mainly in Bamako which was for a long time the centre of the kola trade which flourished between the Ivory Coast and Senegal. Between the different Kooroko communities there are links of kinship, alliance, and community which provide a web for the commercial network which distributes kola from the Ivory Coast to the consumer regions in the savannah.

The Kooroko as a whole are a caste, composed of patronymic clans. Traditionally the Kooroko married endogamously within the caste. Kooroko society is patrilineal, patrilocal, and polygynous. Within the kinship system three principles determine the family structure: age, sex, and generation. As a result of these three principles, authority and control of wealth within the extended family is in the hands of the eldest male of the most senior generation. The *dutigi* or family head feeds, houses, clothes, and pays the taxes of members of the extended family, who in return hand over to him all the fruits of their labours. In some rich Kooroko families in Bamako a *dutigi* is also a *jula-ba*. The *jula-ba* is a great trader, usually an old man who no longer travels. He directs affairs from his compound, managing long-distance trade in this way. His younger brothers, children and the children of his brothers, called *jula-den* (trader-child) carry out the journeys under his direction. Long-distance trading consists of the exchange of cattle and dried and smoked fish from Mali for the kola nuts of the Ivory Coast. Kinsfolk, affines, and friends of the *jula-ba* who live in the Ivory Coast, in the Upper Volta, Niger, and Mali keep the *jula-ba* permanently informed of the state of the market as far as these products are concerned since they are subject to wide fluctuations both in the producer and consumer regions. When the moment is considered propitious the *jula-ba* sends his *jula-den* to the Ivory Coast to sell cattle and buy kola. There the *jula-den* is helped by his *ja-tigi* (his host) who generally trades in the town. The *ja-tigi* is often a kinsman or affine of the *jula-ba* of Bamako who gives him information on the state of the market in kola fish, and cattle. His role is to lodge the *jula-den*, feed them and help them sell their cattle and buy their kola. When the *jula-den* returns to Bamako with his load of kola nuts, he must appear before the *jula-ba* and present his accounts. The *jula-den* receives no reward for his efforts which have all been directed by the *jula-ba*. It is only after he has inherited the role of family head that he can enjoy the fruits of his labours. This is the reason why it is not uncommon for a *jula-den*, particularly after his marriage, to seek his independence from the *jula-ba* and hunt his fortune elsewhere.

When there is no member of the paternal family old enough to trade, or if those who were helping him have left, he calls on maternal relatives, affines or friends to work with him as *jula-den*. At the beginning of this association the *jula-den* works under the same conditions as paternal kin; they have no right to any recompense. After a certain period, however, they can ask the *jula-ba* for a certain amount of money, the *manankun*, which they attempt to invest and this way they enter a kind of partnership with the *jula-ba*, under conditions more advantageous to them. The *jula-den* continues to go on trading journeys under the direction of the *jula-ba* but now he works with capital which belongs to both men. In the beginning the profits from a joint expedition are divided unequally, one-third to the *jula-den* and two-thirds to the *jula-ba*; the same proportions apply with regard to losses. If the partnership proves prosperous the capital of the *jula-den* grows and he may ask the *jula-ba* to modify the proportions more in his favour. Later the profits are shared fifty-fifty. When business begins to prosper for both partners the *jula-den* finds himself the owner of sufficient capital to start on his own and become, himself, a *jula-ba*.

Among the Kooroko kinship ties and ties of neighbourhood and marriage are dominant, up to a certain point. In this they have something in common with the local agricultural communities, particularly the Bambara. The difference involves the notion of 'capital' and the social relations associated with it, relations which are based on 'contract'. The idea of *manankun* is a clear sign of the existence of commercial indigenous capitalism in West Africa, relations of contract probably representing one of the characteristic features which enable us to distinguish between the agricultural societies of the region and the different groups of long-distance traders (Kooroko, Hausa, Jula, and Sarakole).

XIII. Cultural strategies in the organization of trading diasporas

ABNER COHEN

The conduct of long-distance trade requires finding solutions to a number of basic technical problems: the regular exchange of information about the conditions of supply and demand between traders; the speedy dispatch and transport of goods, particularly those that are perishable; the creation and maintenance of relations of trust between the large numbers of traders and intermediaries who are involved in the chain of the trade and the creation of regular credit arrangements without which the trade will not flow; the organization of an efficient system of arbitration and adjudication in business disputes; and the development and maintenance of an authority structure which is backed by sufficient power to enforce order and respect for contract and for judicial decisions.

TRADING DIASPORAS

Under pre-industrial social conditions—characterized by ethnic heterogeneity of the communities involved in the trade, the absence of regular services for communication and transportation, and of effective central institutions to ensure the respect of contract, etc.—these technical problems have often been overcome when men from one ethnic group control all or most of the stages of the trade in specific commodities. Almost invariably such an ethnic control, or monopoly, can be achieved only in the course of continual rivalry and opposition with competitors from other ethnic groups. In the process, the monopolizing group is forced to organize itself for political action in order to deal with external pressure, to co-ordinate the co-operation of its members in the common cause and establish channels of communication and mutual support with members from communities of the same ethnic group in neighbouring localities who are engaged in the trading network. In this way a trading diaspora,[1] consisting of dispersed, but highly interrelated communities, comes into being.

Many such trading diasporas have been reported for various parts of the world and for different historical periods: Jewish and Arab trading communities around the Mediterranean during the Middle Ages, Chinese migrant traders in many parts of the Far East, Indians in East Africa, and so on.[2]

A diaspora of this kind is distinct as a type of social grouping in its culture and structure. Its members are culturally distinct from both their society of origin and from the societies among which they live. Its organization combines stability of structure but allows a high degree of mobility of personnel. It has an informal political organization of its own which takes care of stability of order within the one community, and the co-ordination of the activities of its various member communities in their perpetual struggle against external pressure. It tends to be autonomous in its judicial organization. Its members form a moral community which constrains the behaviour of the individual and ensures a large measure of conformity with common values and principles. It also has its own institutions of general welfare and social security. In short, a diaspora is a nation of socially interdependent, but spatially dispersed, communities.

Analysis of the organization of these diasporas, although of immense significance to students from many disciplines, has been singularly lacking. Many have developed in the full light of recorded history and there is certainly a great deal of information about them scattered in various types of documents and publications. But a comprehensive picture of how they are socially structured and how they operate as ongoing systems, is still unavailable.

[1] The use of the term 'diaspora' in this context has been criticized on the ground that it is applicable only to a specific historical case. This issue is similar to the controversy about the applicability of the term 'caste' to systems of stratification outside India. The term 'network', which has been suggested as a substitute for 'diaspora' has in recent years been used to cover different sociological phenomena and its use in this context is likely to be confusing. I think that the term 'diaspora' can be relatively more easily understood to be referring to 'an ethnic group in dispersal' than the term 'network'.

[2] Fallers (1967) has edited a collection of papers dealing with a number of these diasporas.

We need to know not only the identity and nature of the various economic and other social institutions that are operating in these diasporas but also how these affect one another, both on the social and on the biographical planes. We need to find answers to the following basic problems: What are the criteria of distinctiveness and of recruitment? How is the demographic adjustment between the sexes and the ages achieved? What mechanisms for communication between the members of one community and between one community and another within the same diaspora are employed? How, when denied resort to the regular exercise of organized physical coercion, is authority organized? What kinds of power are mobilized to support this authority? What is the nature of the relationships of trust between the various types of businessmen operating in them? How is credit made possible and how is it regulated? What are the procedures underlying decision-making in communal affairs? What are the characteristics of the articulating ideologies employed and what are the mechanisms by which these ideologies are kept alive? How do structure and culture affect one another in the historical development of these diasporas?

To deal with these and similar sociological questions we need different sets of facts about the same diaspora at *a specific time*. Only through a contemporaneous study can we see how the various parts of the diaspora as a social system operate and affect one another. It is for this reason that the sociologist finds great difficulties in a reconstruction of the organization of a diaspora from the past. Many of the necessary facts are usually lacking and, what is methodologically more serious, the available data inevitably relate to different periods and thus do not lend themselves to the type of analysis that we are seeking.

Hence the great importance of the study of live diasporas as going concerns, and today West Africa is one of the few remaining areas in the world where they are in full operation. The economic significance of these live diasporas within the national economies of the states of the region is not yet fully appreciated. There is indeed a great deal of circumstantial evidence suggesting that there is far more traffic in goods and services in the so-called subsistence sector in these states than is indicated by any official or semi-official figures.

I believe that the analysis of these live diasporas is likely to shed a great deal of light on the structure and functioning of others in the past both in West Africa and elsewhere. It is not that those of today are continuities from the past. Indeed I believe that it is a gross methodological error to make such an assumption. These are contemporary diasporas and are operating today alongside, indeed in response to, and in interconnection with new economico-political factors and their organization and functioning can be understood only within the contemporary situation. Generalizations on evidence at the cultural level are of little value. What we should seek is to develop analysis in terms of relations between variables. For example, the degree of mobility of a population in relation to such institutions as descent, stability of marriage, child fostering, prostitution, and the like. Or, the relation between the structure of authority, in the absence of the use of organized physical coercion (as in nearly all diasporas) and ritual beliefs and practices. The aim of such analysis is to isolate variables and to study the nature of the relations between them. This is why the intensive and detailed study of one diaspora can give more insights into the working of others rather than the extensive but unavoidably superficial descriptions of many.

But even when we settle down to the study of a live contemporary diaspora, there are still a number of methodological problems. Firstly, because the diaspora is by definition dispersed, the investigator is faced with the problem of having to choose between an extensive, unavoidably superficial account of the whole diaspora, generalizing on the cultural level, or the intensive study of one community within the network of communities that constitute the diaspora. Both alternatives have their limitations. A concentration on only one community may emphasize the uniqueness of the community and thus tell us little about the rest of the diaspora. An institution should be studied in its manifestation throughout the extent of a diaspora and not only within the one member community. The constraint on individual behaviour comes not just from the immediate community but from the whole network of communities. Again, the demographic structure of one community cannot be adequately understood unless it is studied within the context of the demographic structure of the whole diaspora. Many studies of diasporas on this line have tended to give a picture of only one community, thus losing sight of their major aim and becoming studies in the sociology of minorities.

On the other hand, the extensive study of a whole diaspora will tend to be superficial. Winder's study of the Lebanese in West Africa is a case in point, for in it we are given an eclectic picture constructed from pieces of data picked up from various places. The result is that we have no idea about such basic features of organization as the demographic processes, the structure of authority, the nature of moral constraints operating within the community, the form of political communication within the local community and between the member communities of the whole diaspora.

A combination of both approaches will be necessary and there are also methodological procedures by which macro-sociological formulations can be obtained from the intensive study of socio-cultural processes operating within a limited area.

To control the variables further, we encounter the problem of internal differentiation. Many of the diasporas handle the trade in more than one specific commodity. The trade in each commodity has its own organization, its own politics, and its own impact on the structure of the local communities and on the organization of the diaspora as a whole.

THE HAUSA TRADING DIASPORA IN YORUBALAND

I have attempted to deal with some of these methodological and sociological problems in a study of the Hausa trading diaspora which operates at present in Yorubaland.[1] My aim was to understand the organization and functioning of the diaspora as a whole and indeed I worked on many of the member communities. But for a variety of methodological considerations I have so far presented the findings which related mainly to the community at Ibadan. I want here to make some brief observations on the organization of the diaspora as a whole. The major focus is on how a diaspora develops solutions to some basic organizational problems.

[1] For a detailed account, see Cohen, 1969; see also Cohen, 1965, 1966, and 1968.

1. *The problem of distinctiveness*

A diaspora must define its membership and its sphere of operation by defining its identity and exclusiveness within the contemporaneous setting. This is essential in order to prevent outsiders from infiltrating into its ranks and thus breaking its monopoly of the trade. It is also essential for creating a corporateness which is capable of unified action *vis-à-vis* the outsiders.

What criteria are chosen for the definition of this distinctiveness depends on a variety of factors: demographic, political, economic, cultural, etc. Under some circumstances two or more ethnic groups join together against a larger group under some common symbols, like those of 'supra-tribal' groupings, or a common religion. On the other hand, a trading group within a wider ethnic category will have to define its distinctiveness in such a way as to exclude other members and groups from within the same tribal category.

The Hausa in Yorubaland have consistently maintained in interaction with the Yoruba that their customs are different and that it is therefore natural that they should be socially and culturally exclusive. In their interaction with the Hausa of the North, Diaspora-Hausa maintain that they are Hausa and that northern dealers can therefore entrust their business in their hands. But diaspora Hausaism is in fact a distinct culture, differing from the cultures of the north and the south, having developed in the dispersal under special social and political conditions. The Hausa of the diaspora also set themselves clearly apart from the masses of annual migrants from Hausaland and even from those migrants who live in Yoruba towns but who do not partake in the moral community of the local diaspora Hausa.

The Hausa have developed, consolidated, and maintained their distinctiveness by a variety of socio-cultural mechanisms: by confining their primary relationships (friendship, etc.) within their own community, by strictly maintaining in-Hausa endogamy, and by the speedy homogenization of diaspora culture which is carried by people from different parts of Hausaland. As a result of the collapse of Indirect Rule in the early fifties of this century and the rise of Nigerian nationalism, which was opposed to tribalism, the Hausa of Yorubaland underwent a speedy cultural metamorphosis by reorganizing their distinctiveness under new religious symbols.

2. *The problem of continual demographic adjustment*

A live trading diaspora is an instrumental socio-cultural organization whose efficiency in fulfilling its functions requires a suitable demographic structure. Part of the problem of distinctiveness is the question of recruitment. Dying generations will have to be replaced by new ones and if the diaspora is at the same time expanding, new members will have to be admitted. In both processes strict rules and procedures of recruitment will have to be fixed. Among the Hausa of Yorubaland descent is defined bilaterally, so that a good citizen of the diaspora is one who is born of a Hausa woman and a Hausa man. Hausa men in the diaspora marry only Hausa women. A Hausa migrant from the North can qualify for citizenship of the diaspora only by going through a series of roles marking his passage from the status of 'stranger' to that of a 'settler'.

Different Hausa traditional customs and institutions have been adapted by the Hausa diaspora as mechanisms for the speedy demographic adjustments between the sexes and the ages. Thus, the traditional institution of prostitution freed many women from their natal settlements in the North, made them mobile within the diaspora, to become a fundamental source of Hausa housewives for the pioneering men. On marriage, these free women were caught by the institution of strict seclusion of housewives and were thus harnessed for providing important economic, biological, and social roles. This 'fluidity' in the mobility of women was made possible by a highly unstable marriage pattern among the Hausa. Similarly, avoidance between parents and child (particularly the first-born one) among the Hausa and the widespread practice of child fostering have contributed immensely to the continual demographic adjustment of the Hausa diaspora. Finally, the stability of settlement in the Hausa diaspora has been secured by the exploitation of the institution of begging which has ensured security in old age and unemployment.

3. *The problem of communication*

The exchange of business information, which is crucial to the conduct of trade in perishable commodities, has been organized by the exploitation of a number of informal mechanisms. Lorry parks within the Hausa quarters in Yoruba towns, the kola sheds in the local railway stations, and the cattle markets— these have been strategic places for the continuous and regular exchange of business communication. This communication is made possible by the employment of one language common to all the men who are engaged throughout the chain of the trade: traders, landlords, commission buyers, commission sellers, drovers, drivers, packers, porters, agents of all sorts, and men from various other occupational categories.

Similarly, political communication is effected by a variety of mechanisms. It is indirectly effected in the course of exchanging business communication and general social interaction between men. A more formal and direct mechanism is the regular communication between the chiefs of the twenty-five member communities of the diaspora. In the early 1950s, when the Hausa faced fierce competition from the Yoruba in dominating the kola trade and when Hausa distinctiveness was being threatened by the new forces of Nigerian nationalism, the Hausa formed a formal federation headed by a council of chiefs who elected the Ibadan chief as their chairman.

A more subtle, but crucial regular channel for political communication is that of the malams. Laymen express their current anxieties in divination sessions with the malams, the religious functioneries. In their regular interaction among themselves, the malams discuss the current problems that afflict the people. The big malams discuss these problems with the landlords of the trade in the course of ritual consultation. Then in frequent consultations with the Chief of the local community, information about the basic problems that afflict the people is pooled. In this way one part of the community knows what is happening to the other part.

4. *The problem of the organization of trust and credit*

Credit is essential throughout the extent of the trade. In industrial society credit and trust are mainly regulated by formal

contracts that are ultimately upheld and enforced by centralized legal institutions supported by the power of the state. But
in a trading diaspora there is no possibility of resort to such
formal mechanisms. Instead, a variety of moral and ritual
mechanisms are exploited.

Among the Hausa, the creditworthiness of a business landlord is measured first by his housing assets. He cannot dispose
of these assets without the mediation of the chief of his community. The chief also acts as arbitrator in business disputes.
A landlord cannot sell his houses overnight and leave the
community after embezzling the money of traders. On the
other hand, when it is necessary, the Chief can put a great deal
of pressure on a landlord in difficulties to sell some of his housing
assets in order to meet his financial obligations to traders.

But quite apart from this kind of economic pressure a landlord is intensely involved in a web of primary, moral relationships with the chief, with other landlords, with malams, and
with his own clients. By virtue of such relationships that are
created in the course of social interaction and in the course of
ritual activities the people involved in the trade form a moral
community which exercises a great deal of pressure on individuals and make them honour their obligations.

I believe that the study of the organization of trust and credit
in these diasporas is likely to throw a great deal of light on the
operation of similar institutions and practices in industrial
societies. This is because such a study throws into relief some
informal, non-contractual mechanisms that are employed from
behind the scenes in industrial economic systems. Recent
research in industrial societies indicate that most business is in
fact conducted not by the formal enforcement of contract but
by 'good faith' a 'man's word', a handshake, or 'common
honesty and decency'.[1]

5. *The problem of the organization of authority*

Authority is essential for a diaspora no less than for any other
type of social grouping. It is essential in upholding principles
and decisions that are vital for the functioning of the diaspora.

---

[1] See S. Macauley, 1963, Non-contractual relations in business, *Amer. Sociol.
Rev.*; see also T. Lupton and S. Wilson, 1959, Background and connections of top
decision-makers, *Manchester School*.

Authority is the legitimate exercise of power. This power is always composite, deriving from different types of relationships. In organized states authority is ultimately supported by physical coercion. In some diasporas, coercion of one type or another has been used in the name of authority. Thus, Freedman points out that Chinese immigrants in nineteenth-century Singapore exercised physical violence through secret societies, presumably to put pressure on deviant individuals to make them abide by the principles of the community.[1] In the Hausa diaspora in Yorubaland, no such societies have existed. During the Indirect Rule period, the Hausa local chief was capable of arresting or coercing deviants. But with the collapse of Indirect Rule, new moral and ritual mechanisms have been evolved to meet the power vacuum that has been created. In the early 1950s the Hausa citizens of the whole diaspora in Yorubaland adopted the Tijaniyya mystical order. The principle of intercession which the Tijaniyya introduced, and the concentration of all the mystical forces of the universe in Allah, vested a great deal of ritual power in the malams. The malams became the sole mediators between laymen and the supernatural powers of Allah. Through their services as teachers, interpreters of the dogma, ritual masters, diviners, magicians, spiritual healers, and officiants in the rites of passage, the malams developed multiple relations of power over laymen and, through the hierarchy of ritual authority instituted by the Tijaniyya, this power is finally concentrated in the hands of the Big Malams. Through their manifold relationships with the business landlords and the Chief, the Big Malams have become part of the 'Establishment' in the running of the Diaspora. They act as advisors to the landlords and to the local chiefs and they formally participate in the formulation of problems, in deliberation and in decision-making, and also in the co-ordination of action in matters of general policy.

Thus the malams constitute an autonomous order in themselves which cuts across the patron–client relationship within the communities of the diaspora. Their ritual functions and the links which they maintain with the higher positions within the hierarchy of the order endow them with a political authority in

[1] See M. Freedman, 1960, Immigrants and association: Chinese in nineteenth-century Singapore, *Comparative Stud. in Soc. and Hist.*, vol. III, pt. I, pp. 25–48.

their own right. Today political authority in the Hausa diaspora is legitimized by a system of beliefs and practices which are rooted in men's ideas about the ultimate order of the universe and of the meaning of life in it. It is rooted in the anxieties of men, in their day-to-day afflictions and in the ritual activities associated with these ideas and anxieties.

SYMBOLIC BLUE-PRINTS FOR DIASPORA ORGANIZATION

It is clear from the foregoing discussion that the creation of a trading diaspora requires the mobilization of a variety of types of social relationships, the utilization of different kinds of myths, beliefs, norms, values, and motives, and the employment of various types of pressure and of sanctions. These different elements which are employed in the development of the diaspora are so interdependent that they tend to be seen in terms of an integrated ideological scheme which is related to the basic problems of man, his place in society and in the universe.

An ideology consists of a system of symbols that are cognitive, affective, and conative. It is a blue-print for the organization of a polity in dispersal. Ideologies differ in their comprehensiveness, flexibility, and in the potency of their symbols. A diaspora may develop its own ideology. This is a long process of trial and error, of cultural innovations and of meditation and symbolic formulation by 'experts'.

But in the conduct of long-distance trade in under-developed conditions, competition between ethnic groups over the capture of strategic positions in the trade is intense and requires therefore utmost speed in the development of a network of organized and highly interconnected communities, with their own economic, political, and other social institutions. The question as to which ethnic group will succeed in controlling what trade in a specific area depends on a variety of circumstances: historical, ecological, economic, social, and cultural. But, other things being equal, success in this competition will be achieved by the speed with which an ethnic group can build a network of organized communities placed strategically at various stages of the trade. This entails finding quick solutions to the various organizational functions (distinctiveness, communication, authority, etc.), so that the diaspora will ramify and will establish stable institutional structures which allow a high

degree of mobility of personnel in accordance with the requirements of the trade.

Only a highly developed ideology, a complex and comprehensive symbolic blue-print, can accomplish such a task. I
believe that this is why most of the large-scale diasporas about
which we know are associated with a 'universal' civilization or
religion: Judaism, Hinduism, Confucianism and, in West
Africa, Islam.

We are all familiar with the cliché-like formula that Islam
and trade have been associated together in West Africa. Very
often the impression given is of shrewd Moslem traders who
come to new localities to trade and who, intentionally or un-
intentionally, disseminate or diffuse the knowledge of Islam.
This is of course a naïve and very vague statement which takes
no account of the structural complexities involved. Indeed, very
few writers have ventured beyond this vague statement. Other
writers have pointed out the importance for trade of literacy
that Islam introduces. This may indeed be true but from my
experience with the Hausa, most traders and intermediaries
do not keep any records, and certainly not in Arabic.

In my view Islam has been associated with long-distance
trade in West Africa because it provided a blue-print for the
establishment of networks of communities. Some writers have
maintained that at certain periods West Africa developed an
economic unity, consisting of rings of local markets that threw
their surpluses into wider rings.[1] The wider international ring
was maintained by long-distance trade. Indeed there is ample
evidence that this higher level of economic exchange in the
region has been conducted by specialized trading communities
organized under the symbolic blue-print of Islam. Within this
far-flung network of Islamic trading communities there are
clusters of more localized and hence more particularistic diasporas (like those of the Hausa and of the Malinkes) which
tailor the great tradition of Islam to local cultural traditions
and structural circumstances.

I want to stress that I am not concerned here with the
story of the spread of Islam in West Africa. Islam has spread in
this area as a result of a variety of circumstances. But to the
extent that it has been interconnected with trade, it has done

[1] See Skinner, 1964*b*.

so not as an epiphenomenon, but as the blue-print of a politico-economic organization which has overcome the many basic technical problems of the trade. Indigenous traders become Moslems in order to partake in the moral community of other traders. In both Ibadan and Freetown, nearly half the population are Christians. Yet in both cities all the butchers without any exception have converted to Islam, because only in this way can they participate in the chain of trade in cattle which extends from the savannah down to the forest area.

Indeed, one is tempted to conjecture that we have today in West Africa three socio-cultural sectors corresponding to three economic sectors, each of which is (other things being equal) associated with a different religious ideology. There is the truly subsistence sector, mainly in remote and isolated places, and here we find a persistence of local native religion. There is secondly a vast sector, also referred to in textbooks and in official records as subsistence, but in effect characterized by a high degree of circulation of goods and services on indigenous and traditional lines without systematic resort to the modern centralized institutions. This sector is organized under Islam. There is then the modern sector which figures prominently in the official records but which is in fact only a relatively small sector and is confined to the coast. This tends to be associated with Christianity.

Apart from the truly subsistence sector which is rapidly becoming insignificant, we have today throughout West Africa two civilizations facing one another, the one under Christianity and the other under Islam. The ideal man in the one sector is the successful civil servant, the professional, or the businessman, with a European education. The ideal man in the second is the successful trader who is also learned in Islam and to whom the crowning goal of success in life is pilgrimage to Mecca to acquire the title *Hajji*.

Résumé

STRATÉGIES CULTURELLES DANS L'ORGANISATION DES DIASPORAS COMMERÇANTES

Entre régions éloignées, les échanges commerciaux ne peuvent se poursuivre que si certains problèmes techniques fondamentaux sont résolus: échange régulier d'informations sur l'état de l'offre et de la demande entre négociants; expédition et transport rapides des marchandises, des denrées périssables notamment; création et maintien de relations de confiance entre un grand nombre de négociants et d'intermédiaires qui entrent dans la chaîne du négoce et institution de modalités régulières de crédit, essentielles à la fluidité des échanges; organisation d'un système efficace d'arbitrage et d'adjudication en cas de litiges commerciaux; enfin, établissement et maintien d'une autorité structurée et investie des moyens nécessaires pour assurer l'ordre et faire respecter les contrats et les décisions judiciaires.

DIASPORAS COMMERÇANTES

Dans certaines sociétés préindustrielles, caractérisées par l'hétérogénéité ethnique des groupes engagés dans le négoce, les difficultés techniques — l'absence de moyens de communication réguliers et le manque d'institutions centralisées assurant le respect des contrats — ont été surmontées, souvent, par des hommes d'un groupe ethnique donné ayant la haute main sur la plupart, sinon sur toutes les étapes du négoce de certaines marchandises. Cette mainmise ethnique, ce monopole, s'exerce presque toujours dans un climat de rivalité et d'opposition constantes avec des concurrents appartenant à d'autres groupes ethniques. Ce faisant, le groupe ayant monopole est forcé de s'organiser sur le plan politique pour faire face aux pressions extérieures, de coordonner les efforts de ses membres en vue de l'intérêt commun et d'établir des réseaux de communication et de soutien entre les membres des communautés d'une même ethnie habitant des localités voisines et engagées dans le réseau commercial. Ainsi se crée une diaspora commerçante, composée de communautés étroitement liées entre elles, quoique dispersées.

De nombreuses diasporas commerçantes de ce type ont été signalées dans diverses régions du monde et à des époques différentes: les communautés commerçantes juives et arabes dans le bassin méditerranéen, les commerçants chinois migrants, les Indiens d'Afrique Orientale, etc.

Une diaspora de ce genre se distingue des autres groupes sociaux par sa culture et sa structure. Ses membres se différen-

T

cient sur le plan culturel à la fois de leur société d'origine et des sociétés dans lesquelles ils vivent. Son organisation concilie la stabilité de structure avec un haut degré de mobilité pour les individus. A son organisation politique non codifiée, elle doit la stabilité qui règne au sein de la communauté en général et la coordination des activités des diverses communautés membres dans leur lutte perpétuelle contre les pressions extérieures. Elle tend à l'autonomie quant à son organisation judiciaire. Ses membres constituent une communauté morale qui restreint le comportement individuel et assure un haut degré d'adhésion aux valeurs et aux principes communs. Elle possède en outre ses propres institutions de prévoyance et de sécurité sociale. En résumé, une diaspora est une nation de communautés socialement interdépendantes, mais géographiquement dispersées.

L'organisation de ces diasporas, d'un intérêt pourtant si grand pour les étudiants de bien des disciplines, a été singulièrement peu analysée. Bon nombre de ces diasporas se sont développées sous les yeux des historiens et il y a certes beaucoup à glâner dans des documents et publications de types divers, mais on ne possède pas encore de tableau complet sur leur structure sociale et sur le mécanisme qui leur permet de se perpétuer.

Il nous faut connaître non seulement l'identité et la nature des diverses institutions économiques et sociales qui fonctionnent dans ces diasporas, mais aussi comment elles évoluent les unes par rapport aux autres. Il nous faut trouver la réponse aux grandes questions suivantes: quels sont les critères qui différencient ces diasporas et qui régissent le recrutement de leurs membres? Comment s'opère l'ajustement démographique entre les sexes et les groupes d'âge? Comment communiquent entre eux les membres d'une même communauté et les diverses communautés d'une même diaspora? Comment s'exerce l'autorité, en l'absence de moyens de coercition matériels organisés? Quelles sont les formes de pouvoir mobilisées pour appuyer cette autorité? De quelle nature sont les liens de confiance existant entre les divers types d'hommes d'affaires? Comment le crédit est-il rendu possible et comment est-il dosé? Par quelles étapes parvient-on à des décisions dans les affaires communes? Quelles sont les caractéristiques des idéologies coexistantes et comment sont-elles entretenues? Comment la structure et la culture se modifient-elles en fonction l'une de l'autre au cours de l'évolution de ces diasporas?

Pour traiter les questions sociologiques de cet ordre, il nous faut des séries de faits concernant la même diaspora, *à un moment donné*. Une étude contemporaine peut seule permettre de voir comment les divers éléments se conjuguent dans une diaspora considérée comme un système social, tout en évoluant les uns par rapport aux autres. De là viennent les difficultés qu'éprouve le sociologue pour reconstruire l'organisation d'une diaspora à partir du passé. Un grand nombre de données essentielles font communément défaut, et, chose plus grave, sur le plan de la méthode, les fragments d'information dont on dispose se rapportent inévitablement à des époques différentes et ne se prêtent donc pas au type d'analyse que nous recherchons.

D'où l'importance que revêt l'étude des diasporas actuelles en tant que systèmes bien vivants; or l'Afrique occidentale, aujourd'hui, est l'une des rares régions du monde où l'on en trouve encore en plein essor. La portée économique de ces diasporas pour les économies nationales des Etats d'une région n'est pas encore pleinement reconnue. A de nombreux détails en effet, on peut déduire que le trafic de biens et de services du secteur dit 'vivrier' est bien plus développé que ne le donnent à penser les chiffres officiels ou semi-officiels.

La suite de la communication porte sur certaines particularités de l'organisation de la diaspora commerçante hausa dans les villes Yoruba. Puis, dans une troisième partie, on étudie l'importance d'une idéologie bien développée (une trame symbolique, une religion mondiale ou une civilisation) pour qu'une diaspora réussisse à s'organiser rapidement et à enlever aux autres groupes les positions stratégiques nécessaires au commerce. En conclusion, on étudie brièvement les rapports d'interdépendance qui existent, en Afrique occidentale, entre l'Islam et les échanges commerciaux entre régions éloignées.

TRADE AREAS AND MARKET CENTRES

XIV. Cycles de marchés et 'espaces' socio-politiques

MARC PIAULT

L'exposé qui va suivre sera articulé suivant deux axes principaux:

(*a*) Tout d'abord, un essai de mise en évidence des fonctions
socio-politiques des marchés qui, à un certain moment du
développement historique, priment les fonctions d'échange
économique proprement dites ou tout au moins les déterminent essentiellement.

(*b*) En second lieu, sur le plan méthodologique, l'approche
d'un ensemble de marchés formant un cycle hebdomadaire
permet de mettre en évidence, à l'intérieur d'une unité
socio-culturelle donnée, des groupements de fait dont les
relations peuvent coincider, recouper partiellement, ou
bien entrer en conflit plus ou moins ouvert avec le groupe
de référence d'une société constituée et manifestée au
travers des données de l'histoire et de l'ethnologie.

Le marché trace dans l'espace social un réseau significatif par
quoi circulent non seulement les biens et les marchandises, mais
aussi et parfois avant tout les signes de solidarité effective ou
de dépendance organique qui se révèlent des unités de comportement. Ces ensembles organisés, mais dont le comportement n'est pas évidemment nécessairement institutionnalisé,
répondent à la réalisation d'objectifs communs, multiples ou
singularisés. Autour de chaque marché se constituent des zones
d'attraction qui forment des constellations de villages ou de
groupes liés par exemple, à des intérêts économiques communs
ou par une tradition d'origine commune. Si l'on peut saisir dans
quelle mesure ces constellations économiques, variables suivant

les saisons et la nature des productions agricoles, correspondent, interfèrent ou se distinguent radicalement d'ensembles socioculturels déterminés par ailleurs, on aura alors des moyens d'appréhender un important aspect du dynamisme social que l'histoire peut décrire, mais hésite souvent à interpréter.

Les quelques remarques présentées ici se fondent essentiellement sur des données recueillies au Niger, en pays Mawri,[1] c'est-à-dire à la frontière linguistique Zerma-Hausa, dans la circonscription administrative de Dogonduchi, située entre le 13e et le 15e parallèle et formant une vallée assez large marquant la place d'un ancien fleuve maintenant souterrain. Le peuplement de cette zone s'est fait relativement progressivement et les conditions mêmes d'occupation du sol sont à la fois historiques et géographiques, déterminant ainsi la permanence de certaines oppositions dans la société entre deux groupes d'origine différente. Il est nécessaire d'évoquer très brièvement ces conditions qui bien évidemment donnent un éclairage spécifique aux marchés suivant les zones d'implantation de ces derniers.

La société mawri est constituée de deux groupes principaux, les chasseurs-agriculteurs Gubawa, premiers occupants du sol et leurs conquérants Arewa, mieux armés pour la guerre, introducteurs probables du cheval dans cette région et fondateurs d'une organisation politique spécifique à l'intérieur de la société mawri. Gubawa et Arewa occupent des villages distincts, les premiers plus nombreux dans le Nord qu'au Sud.

Dans les espaces ouverts du nord du Dallol Mawri, des groupements de chasseurs Gubawa ont trouvé des terres qui exigeaient d'eux une exploitation extensive compatible avec la poursuite du gibier et la culture du mil. Cependant le petit nombre de points d'eau restreignait considérablement les possibilités de dispersion des populations en même temps que l'insécurité au XIXe siècle rendait nécessaire le regroupement des populations. Le peuplement du nord s'est fait à partir de gros villages de défense dont s'échappaient des lignages en quête de nouvelles terres. Le nord fournissait ainsi d'excellents terrains de chasse bordés de refuges où se formaient en périodes troublées de grosses concentrations qui sont à l'origine de la société mawri.

---

[1] Les données utilisées pour cet article ont été recueillies au cours de plusieurs missions entreprises sous l'égide du C.N.R.S. (Paris) entre 1962 et 1968 et portant sur l'histoire et l'organisation sociale des Mawri.

Les guerres extérieures, le fait colonial ont pu faire exploser les grosses agglomérations initiales, mais les exigences de l'eau tendaient à les reformer tandis que les villages qui en étaient issus se déplaçaient lentement au gré des jachères et des défrichements de brousse.

Le sud cependant, paraissait offrir de meilleures conditions d'existence et les terres plus lourdes ainsi que la proximité de l'eau, en rendaient plus naturelle une exploitation intensive. Mais ce n'est que lorsque les problèmes de sécurité ont commencé à passer au second plan que le développement démographique y a pris toute son ampleur. La possibilité de creuser de nombreux puits permettait une assez grande dispersion de la population, tandis qu'un processus de saturation de l'espace obligeait non seulement à fixer des limites précises à l'occupation des territoires, c'est-à-dire à faire coïncider l'espace social avec l'espace géographique, mais aussi engageait un phénomène d'appropriation permanente et individuelle des terres, renforcé par le développement de la culture commerciale de l'arachide, pratiquement inexistante au nord.

Le sud a d'abord représenté une zone d'émigration pour les population du Dallol: en premier lieu pour des raisons politiques lorsque les prétendants Arewa évincés du pouvoir étaient obligés de se soustraire à l'autorité du souverain; en second lieu, après que la colonisation eut imposé son œuvre, parce que le sud offrait des conditions nettement plus favorables à un développement agricole que n'entravait plus la puissance inquiétante des voisins contenus au Nigéria par la frontière coloniale.

La configuration villageoise distingue bien les deux cantons du Sud avec une forte proportion de petits villages du canton du nord où sont fréquentes les agglomérations de plus de 1000 habitants.

Dans le sud, le grand nombre de petits villages de 200 à 300 habitants rend compte du regroupement en formations politico-administratives restreintes où les unités sociales correspondent à l'occupation précise d'un terroir. Au nord, où la formation de l'état était restée embryonnaire, l'identification d'une unité sociale n'était que provisoirement repérable sur le terrain et les fondements historiques d'un groupe déterminaient avant tout une unité socio-religieuse maintenue, quelle que soit la dispersion géographique, par les attaches d'une parenté fondamentale garantie et manifestée par l'existence d'un prêtre-doyen.

Il est possible après cette brève évocation de quelques-uns des déterminants du premier groupe de la société mawri, les Guba-wa, ceux qu'en fonction de leur antériorité d'établissement dans la région on peut appeler '*yan Kasa*, c'est-à-dire 'enfants de la terre', d'approcher les nécessités à quoi correspondent les marchés dans cette zone, ainsi que les formes qu'elles détermin-ent. Nous verrons ensuite si les marchés des villages occupés par les Arewa, le second groupe mawri, correspondent à d'au-tres nécessités, prennent d'autres formes.

En pays Mawri, les marchés sont liés au cycle de sept jours qui constitue la semaine (*mako* ou *sati*) hausa.[1]

La notion transactionnelle de marché est incluse dans le terme de *kasuwa* qui ne désigne pas seulement le lieu propre où se rassemblent vendeurs, acheteurs, intermédiaires afin d'assurer l'échange ou la commercialisation des produits locaux ou im-portés, mais aussi le lieu d'une transaction générale au travers de laquelle s'exprime le fondamental commerce des hommes entre eux. Le jour du marché, ce qui frappe avant tout, n'est pas tant la circulation des marchandises, que celle des personnes qui sillonnent le marché en tous sens et tracent dans l'espace vil-lageois, dépassant pour un jour ses limites physiques, l'image du groupe social se donnant à lui-même sa propre représentation. Si l'on considère les marchés les plus anciens comme ceux de Lugu ou de Bagaji, il ne s'agit pas de marchés d'échanges inter-régionaux, non plus que d'entreprises nettement spécialisées dans l'agglomération de produits spécifiques. On y trouve ce qui existe de la même façon dans tout le pays mawri à quelques variations près rendant compte de conditions géographiques légèrement différentes. Dans ces conditions on comprend mal la fréquentation de ces marchés par des hommes et des femmes qui peuvent franchir jusqu'à 40 kilomètres à pied afin d'y ap-

---

[1] On peut cependant noter dès à présent que sur la place des marchés les plus importants, comme Dogonduchi et même s'ils sont d'implantation récente comme à Kasari, inauguré en 1967, les activités commerciales qui s'y déroulent tous les jours et non plus seulement hebdomadairement, impliquent uniquement des marchandises importées vendues généralement dans des boutiques permanentes construites en dur sur la périphérie du marché proprement dit, ou bien des produits de l'activité locale mais 'castée' ou réservée aux étrangers et aux captifs, comme la viande et les tissus.

porter une botte de mil, un fagot de bois ou bien une chèvre dont la vente, si elle a lieu, ne rapportera guère plus de 200 à 300 Francs C.F.A. (4 à 6 Francs français). D'autant qu'une partie de l'argent ainsi obtenu sera immédiatement dépensée en cadeaux divers et en consommation de viande. Le reste de l'argent disponible permettra d'acheter une calebasse neuve, ou bien une paire de sandales, ou une louche de sel et les quelques francs épargnés pourront assurer au village d'origine l'achat de la kola quotidienne. On est d'autant moins convaincu de la rationalité purement économique de tels comportements qu'en face de nécessités bien concrètes exigeant pour un individu un gain monétaire réel et par exemple le paiement des impôts, les efforts consentis correspondront à une rentabilité bien plus effective, orientée avant tout vers le bénéfice. Il ne s'agit pas du tout d'entrer dans l'analyse détaillée des comportements 'économiques' des particuliers, mais d'ouvrir à l'interprétation la soudaine agglomération sociale du marché qui reste sans commune mesure dans beaucoup de cas, avec l'importance réelle de la commercialisation ou de l'échange des produits. Nous considérerons d'abord le marché de Bagaji dont l'importance actuelle permet de couvrir l'essentiel des fonctions du *kasuwa* en pays mawri, tandis que celui de Lugu, le plus ancien de tous mais dont l'histoire a très progressivement diminué l'influence, est maintenant réduit à sa fonction première et ultime de lieu de rencontre.

Le village de Bagaji est placé sous l'autorité du plus grand prêtre de la religion traditionnelle (après la Sarauniya, première occupante du sol, dont l'ancêtre mythique est à l'origine des Gubawa). Ce prêtre, le Baura, est le doyen d'un groupe venu s'installer dans la région après et avec l'autorisation de la première Sarauniya dont il a épousé la fille. Plus tard, c'est une fille d'un Baura, mariée à un guerrier étranger, qui a donné naissance au fondateur de la dynastie des Arewa qui depuis lors n'a cessé de vouloir organiser et institutionnaliser son pouvoir politique sur le pays mawri. Le Baura, participant des deux aspects complémentaires de la puissance, religieux et politique, a réussi à préserver jusqu'à maintenant son influence religieuse en même temps qu'il conservait la direction effective de son clan, peu à peu transformée par l'action de l'administration coloniale en chefferie territoriale.

Tous les descendants du premier Baura forment l'un des sous-groupes gubanche,[1] d'abord localisés autour de la résidence de leur prêtre-doyen mais progressivement dispersés au fur et à mesure de l'exploitation des terres, des dissensions internes et des événements extérieurs. Malgré la dispersion relative, l'autorité reste entre les mains du Baura qui détient les objets sacrés du clan et pratique les sacrifices nécessaires par quoi se maintiennent l'autonomie et la prospérité du sous-groupe. Lorsque le Baura s'est fixé à l'emplacement actuel du village de Bagaji, ses parents, alors même qu'ils avaient constitué des hameaux ou des villages éloignés, ont continué de reconnaître sa prééminence et de le considérer comme représentant le sous-groupe et ses intérêts à l'égard des autres et particulièrement lorsque les souverains Arewa ont tenté d'administrer le pays. Lorsque l'administration coloniale a figé les pouvoirs et voulu faire coïncider l'unité territoriale, l'unité administrative et l'unité politique, essayant ainsi d'identifier le village à un groupe social, c'est la notion même de village qui dans bien des cas a éclaté, le lieu de résidence n'impliquant aucunement pour les Gubawa une allégeance à une autorité locale, alors que l'identité du groupe se maintenait à travers le hiatus de l'espace : les différents quartiers qui constituent apparemment un village, en réalité peuvent continuer à dépendre chacun d'un autre village qui est celui où est fixé le prêtre-doyen du groupe. Un lignage issu de Bagaji peut être depuis longtemps fixé dans un autre village et continuer de payer ses impôts par l'intermédiaire du Baura, manifestant ainsi, à l'égard de l'administration, une appartenance au groupe d'origine que ne trouble pas la notion politique de territoire engageant les hommes à appartenir à leur résidence. Si je m'étends quelque peu sur ce point, c'est qu'il caractérise l'ensemble des Gubawa dont tous les sous-groupes obéissent au même type de comportement, obligeant ainsi à considérer plusieurs types de groupements sociaux formant ce qu'au début de cet exposé, j'appelai des 'unités de comportement', variables et définies par leur fonction. En outre, c'est à rompre cette solidarité de groupe que s'est attaché le pouvoir politique des Arewa qui n'ont cessé et continuent avec l'appui de l'administration actuelle, d'organiser le pays mawri en unité territorialement définie, placée sous l'autorité de chefs de village, nommés par le

[1] Gubanche: forme adjectivée du nom Gubawa, dont le singulier est Bagube.

souverain et l'administration et représentant l'autorité centrale bien plus qu'émanation de la collectivité locale. C'est là un élément notable de distinction entre Arewa et Gubawa, déterminant particulièrement les formes de leurs associations et les moyens de les manifester pratiquement.

Il devient possible maintenant de revenir sur le comportement de la population fréquentant le marché dans la mesure où les indications précédentes permettent de formuler l'hypothèse d'un regroupement physique d'une entité sociale dispersée. Un dernier élément, et non des moindres, justifiera la mise en œuvre de cette hypothèse. C'est en effet le mercredi, jour du marché à Bagaji, que s'opèrent la plupart des sacrifices privés, c'est-à-dire ceux que font les chefs de lignages à l'emplacement des maisons autrefois habitées par les ancêtres et qui, pour les plus importants d'entre eux, notamment ceux qui furent Baura, leur servent de tombes.

Il ne m'a malheureusement pas été possible, faute de moyens, de contrôler systématiquement la population fréquentant les marchés, cependant par sondages successifs et en enquêtant dans les différents villages et hameaux où sont dispersés les lignages issus du Baura, j'ai pu acquérir la certitude qu'au moins 50 pour cent des membres de ces lignages, sont présents chaque semaine à Bagaji et qu'ainsi très régulièrement tous les adultes viennent visiter leur village d'origine. Il est d'ailleurs extrêmement significatif que le marché paraisse avant tout une grande déambulation collective qui non seulement implique le site même du marché, mais l'ensemble du village à travers lequel circulent les visiteurs.

L'ORGANISATION SPATIALE DU MARCHÉ ET SES AGENTS

Les différents produits offerts au marché ne sont pas disposés au hasard et les vendeurs de produits analogues se regroupent de façon distincte. A Bagaji les hangars permanents recouverts de tôle abritent essentiellement les commerçants étrangers qui vont d'un marché à l'autre pour offrir des produits d'importation, ainsi que certains artisans qui s'y installent progressivement, notamment les cordonniers et les menuisiers fabriquant les manches en bois des instruments aratoires. Les forgerons, par contre, légèrement à l'écart, se contentent d'abris sommaires en tiges de mil tandis que les potières restent à l'air libre. Le bétail occupe un espace assez distant, avec les bovins, les ovins et les caprins, tandis que les ânes et les chameaux se rapprochent du centre du marché. Ces secteurs ont une animation variable suivant les saisons, impliquant des besoins différents, mais les deux grands pôles où s'agglomère la population du marché chaque semaine, sont les étals où les bouchers découpent la viande, entourés des innombrables foyers de braise où les plus jeunes d'entre eux font griller des couronnes de brochettes et en second lieu, le rassemblement compact des femmes qui occupent le centre de la place avec le mil, le sorgho, les pois de terre vendus au détail, les condiments, oseille sauvage, oignons, tomates séchées, tandis qu'à côté ce sont les hommes qui entassent les sacs de mil et de sorgho exportés en gros hors du pays mawri. Ainsi, malgré le grand désordre apparent du marché, se distinguent très vite les principales opérations qui s'y traitent ainsi que leurs agents. Les commerçants professionnels, étrangers pour la plupart et qui offrent les produits d'importation, les artisans, groupe social spécifique à l'intérieur même de la société et parmi lesquels, les jours de marché, les bouchers occupent une place à part et privilégiée, et enfin la masse des hommes et des femmes qui vendent les produits de leur travail et se définissent avant tout à l'intérieur d'une société encore caractérisée par l'auto-subsistance.

Les commerçants professionnels suivent le plus régulièrement possible les différents marchés de la semaine et lorsqu'à proximité se tiennent le même jour deux marchés, ils s'arrangent pour être présents à l'un et à l'autre par l'intermédiaire de parents qui participent à leur entreprise. Par contre, les artisans ne fréquentent guère plus de deux marchés par semaine, celui qui est le plus près de leur lieu de résidence et celui de leur groupe de référence. Enfin, en ce qui concerne le reste de la population, elle ne fréquente chaque semaine qu'un seul marché,[1] celui où se réunissent parents et alliés. Une fois par

---

[1] En réalité, outre la fréquentation régulière d'un marché, beaucoup de paysans et particulièrement les femmes, ont des attaches familiales qui les entraînent à visiter plusieurs marchés. C'est le cas surtout de femmes qui restent liées à leur clan d'origine et profitent de ces occasions pour rendre visite à leurs parents. La règle exogamique clanique rend nécessaire la succession hebdomadaire des marchés et l'existence dans le même environnement de deux marchés simultanés ne peut qu'exprimer une rupture dans le système des alliances.

mois ou tous les deux mois et pour régler des affaires importantes, dépassant le cadre de la juridiction villageoise, on peut aller jusqu'au marché de Dogonduchi, capitale administrative de la région où se diffusent les informations générales concernant le pays. Le paysan qui va à Dogonduchi est généralement chargé de commissions de la part de ses parents et voisins, et là encore même s'il y effectue des ventes et des achats intégrés dans une circulation véritable de produits complémentaires, il est investi par son groupe de deux rôles fondamentaux qui ne sont pas liés au commerce *stricto sensu*, il est messager et informateur. Ce sont ces deux rôles qui déterminent son déplacement au marché proprement dit, car les raisons personnelles qui l'entraînent à aller à Dogonduchi ne nécessitent généralement pas le choix précisément du jour du marché ; ce qu'il peut avoir besoin d'acheter et qui n'est pas dans son propre village ou au marché qu'il fréquente habituellement, est en fait disponible n'importe quel jour dans les boutiques permanentes de commerçants professionnels et d'autre part, ses problèmes purement administratifs l'entraînant dans les bureaux du chef-lieu, seraient plus facilement réglés tout autre jour où l'affluence est infiniment moindre.

Ainsi les marchés apparaissent avant tout en pays mawri comme les lieux de rassemblement et de rencontre de groupements sociaux maintenant leur autonomie à l'intérieur d'un ensemble plus vaste ; la présence de colporteurs sur ces marchés, bien loin d'imposer une dominante économique, marque l'adaptation nécessaire du commerce, lié à la nature des moyens de communication,[1] aux formes autonomes de l'échange social. A cet égard, le deuxième exemple évoqué, celui du marché de Lugu, marquera bien la distinction fonctionnelle qu'il faudrait développer entre marché et commerce.

Le village du Lugu est en effet le plus ancien village du pays

---

[1] Dans la mesure où les pistes carrossables sont peu nombreuses et parfois difficiles, la circulation se fait encore avant tout à pied ou à cheval, et le transport avec des ânes ou des chameaux. Cette lenteur des déplacements tend à maintenir la dépendance du commerce au cycle hebdomadaire des rassemblements sociaux dont il a besoin. Le développement des moyens de communication et des transports automobiles rendra évidemment inutile la maintenance de ces petites étapes fixes de distribution, tandis que se développeraient par contre des places strictement commerciales, de beaucoup plus grande ampleur, aux points de contact interrégionaux où s'effectuerait pendant une période de transition l'échange de produits complémentaires.

mawri, lieu de résidence de la Sarauniya mentionnée précédemment et auprès duquel s'était progressivement formé un immense village maintenant disparu, ZaKuda, où s'étaient fixées les différentes vagues d'immigrants qui constituent maintenant les Gubawa. Le marché est situé en dehors du village, à une croisée de chemins, entouré de bosquets épineux qui assurent à la fois une ombre relative et une éventuelle protection contre des surprises extérieures. D'accès relativement peu facile, Lugu est maintenant tout à fait en dehors des principales zones de peuplement du Dallol. A l'époque pré-coloniale, les colporteurs étrangers venaient à ce marché qui était au centre d'une agglomération assez dense de villages, à partir de laquelle se faisait petit à petit l'exploration, l'exploitation puis le peuplement du reste du pays. Mais l'essentiel y était la consultation et l'hommage à la Sarauniya, expression primordiale de l'unité et de l'usage du pays mawri par les Gubawa. Lors de la pénétration coloniale, le village de ZaKuda a été détruit et une grande partie des populations s'est dispersée laissant à Lugu seulement la Sarauniya et quelques représentants des deux premiers lignages. Non loin se maintenaient trois autres anciens villages autour d'une mare semi-permanente alimentée par les pluies et les remontées de la nappe phréatique très proche à cet endroit. Dès lors le marché a cessé d'attirer les marchands étrangers qui n'y viennent plus que très rarement et d'autant moins qu'aucune piste routière n'y conduit et que les circuits commerciaux se sont déplacés laissant bien à l'écart le village de Lugu. Cependant, chaque semaine le marché réunit les hommes et les femmes, ces 'enfants de la terre' par qui se maintient l'alliance des hommes et de la Nature. En effet, c'est au jour de ce marché, le dimanche, que se pratique non loin du village, un jugement ordalistique qui est l'ultime recours de tous les cas insolubles en pays mawri. Le dimanche, et aussi le mercredi, jour du marché de Bagaji. A ce marché, personne ne vient les mains vides, mais ce que chacun apporte, tout le monde l'a déjà, à peu de choses près. Ce qui s'échange donc, ce qui est offert, ce sont essentiellement les preuves de l'existence du groupe dans ses personnes et dans ses produits, et presque tout ce qui est consommable est consommé sur place, comme lors des sacrifices sanglants qui marquent le début de chaque saison et où rien de ce qui est apporté ne doit quitter le lieu même où se déroule le rite. Cette consommation même permet de faire circuler ce qui autrement ne le pourrait, par l'intermédiaire de la préparation et de la vente du fura ou du tuho, respectivement bouillie et gâteau de mil ou de sorgho. Cette cuisine autorise un échange où chacun prend part puisqu'il faut acheter le mil, le préparer, l'accommoder, le vendre, le consommer. De même pour la viande, car rares sont les pasteurs peuls qui viennent apporter du gros bétail. On y vend et on y égorge essentiellement des chèvres, possédées et élevées par les Gubawa eux-mêmes.

RUPTURE DU CYCLE HEBDOMADAIRE ET DETERMINATION POLITIQUE

Les cycles hebdomadaires des marchés gubanche facilitent la circulation des personnes appartenant aux différents clans de ce groupe, circulation rendue nécessaire par l'extension des alliances matrimoniales et aussi par la complémentarité des fonctions religieuses des différents prêtres-doyens. En effet ces derniers, outre la charge d'assurer le maintien de l'équilibre du groupe dans son insertion à la Nature qu'il utilise, assument d'une part, au nom de la Sarauniya et délégués par elle, la responsabilité d'un secteur orienté de l'espace et d'autre part, pour l'ensemble des populations occupant le Dallol, chacun est investi des charges rituelles qui renouvellent l'alliance des hommes et des puissances naturelles pour un moment particulier du cycle saisonnier. Avènement des pluies, germination et protection des plantes, richesse et consommation des récoltes, chasse et exploration de la brousse, préparation aux travaux des champs, chacune de ces séquences temporelles est amorcée par des sacrifices dont chaque prêtre effectue l'ensemble pour son propre clan, mais un seul pour tout l'espace mawri. L'assistance de tous (assistance physique ou matérielle) n'est possible que pour autant que se maintient le cycle des rencontres.

A l'inverse de ce système, les Arewa dominés par la compétition pour le pouvoir, provoquent l'existence de marchés concurrentiels. C'est ainsi qu'à Matankari le marché a lieu le vendredi de même qu'à Dogonduchi: ces deux agglomérations ne sont pourtant distantes que d'une vingtaine de kilomètres et réunies par une route où circulent les camions. En réalité il ne s'agit pas d'une concurrence économique entre deux métro-

U

poles, mais de la manifestation des séquelles d'une évolution historique impliquant le groupe des Arewa. Matankari fut avant la colonisation la résidence du Sarkin Arewa, souverain d'un Etat ayant progressivement imposé son autorité, souvent contestée, aux populations du Dallol. Le marché y était alors et avant tout le jour où le souverain tenait une cour publique, réunissant ses dignitaires pour un compte-rendu des affaires en même temps que pour un règlement des débats opposant les personnes ou les collectivités. C'est ce jour-là que venaient les chefs de villages apporter le *gaisuwa*, offrande et salutation marquant l'allégeance. C'est aussi à cette occasion que le souverain provoquait les princes, imposant et mettant en question à la fois la légitimité de son pouvoir; l'affluence du peuple, les biens qu'il distribuait devaient alors démontrer sa capacité à assurer la prospérité mawri, faire la preuve de son *arziki*, sa vocation à la richesse, nécessaire à la légitimité de son pouvoir. Lorsqu'après la conquête francaise, l'administration coloniale installa un poste à Dogonduchi, peu après le Sarkin Arewa fut entraîné à s'y installer aussi, transférant ainsi dans ce village le siège du pouvoir traditionnel: il continua d'y tenir les mêmes assises du vendredi, tandis que le développement même du village de Dogonduchi, situé sur le principal axe routier du Niger, instaurait un marché qui devenait concurrentiel avec celui de Matankari. On aurait pu croire à la disparition de ce dernier marché, comme ce fut le cas, avant la colonisation, lorsque la capitale du Sarkin Arewa passa du village de Birnin Lokoyo à celui de Matankari, entraînant la progressive extinction du marché de Birnin Lokoyo, et ce malgré la relative richesse et diversité des productions agricoles locales. En réalité, Matankari est resté, malgré la désertion du souverain, une bourgade importante où demeurent les lignages princiers progressivement éliminés du pouvoir par la famille du souverain actuel. Ces lignages entre lesquels les rivalités historiques ont toujours été violentes, maintiennent à Matankari une opposition plus ou moins ouverte à l'égard de l'actuelle famille régnante, et le marché, s'il a perdu de son importance, continue de faire le point des clientèles politiques. Certains princes de Matankari, lorsqu'ils sont obligés pour quelque affaire administrative de se rendre le vendredi à Dogonduchi, se cachent véritablement et évitent de s'y montrer dans les lieux publics, alors qu'au contraire à Matankari, ils assemblent leur parentèle devant le porche de leur maison, envoient des messagers dans le village acheter au marché et faire des cadeaux. Dans ce cas, la fréquentation d'un marché et avant tout un choix politique, plus ou moins contraint sans doute, mais d'autant plus important, qu'à l'évidence, Dogonduchi offre de plus en plus d'avantages pratiques ou économiques.

On retrouve des situations très semblables dans toutes les zones où se sont instaurées des organisations politiques antagonistes.[1] Dans l'ancien royaume de Kabi,[2] dont une partie a été conquise par les Peuls au XIXe siècle, tandis que le reste maintenait son indépendance autour de la ville d'Argungu, les zones d'attraction des grands marchés ne définissent pas seulement des régions économiques ou des données géographiques particulières, mais bien souvent dessinent les lignes compliquées et emmêlées des allégeances politiques maintenues au-delà des conquêtes et des réformes administratives. C'est en ce sens qu'une étude à long terme des fréquentations des marchés pourrait sans doute argumenter la discussion sur l'évolution des facteurs déterminants leur constitution, leur maintenance, leur développement et leur éventuelle disparition.

UN CAS AMBIGU: LES BOUCHERS

J'en viens maintenant à l'un des aspects fondamentaux des marchés en pays mawri et qui est un révélateur de la prospérité du groupe, en même temps qu'il pose certainement une difficulté au niveau de la description générale du fait économique. Les bouchers, corporation fermée, redoutée et méprisée à la fois, sont en fait et tant que dure le marché, les grands maîtres ordonnateurs de cette fête de rencontre. Manipulateurs du sang et liés à la mort, les bouchers pratiquent l'abattage des bêtes à l'écart du marché: là, personne d'autre qu'eux n'assiste à cette fantastique opération. Dans le temps, très court, que se retrouvent les bouchers à l'abattoir, ils sont, en fait, isolés totalement du reste du monde et puis soudain lorsque tout est dépecé, ils se jettent dans la foule du marché, plus bruyants que le bruit,

[1] C'est le cas dans tout le pays hausa où les grands marchés se tiennent le vendredi, grand jour pour la semaine musulmane.
[2] Au Nigéria, dans la région de Sokoto, actuellement Northwestern State, le Kabi (on écrit généralement mais à tort Kebbi) recouvrait l'actuel émirat de Gwandu (domination peule) et celui d'Argungu (ancienne dynastie).

parlant plus fort que tous, inondant réellement la foule du luxe de la viande. En effet c'est vraiment ce jour-là que tout le monde mange de la viande qui n'est pas considérée comme une véritable nourriture mais comme l'excédent somptuaire de la richesse. C'est vers eux que le marché se tourne et pour ces petites heures, les bouchers parias deviennent les extraordinaires dispensateurs du bien-être, du Koshi, le ventre plein à 'grande suffisance'.

Mais aussi c'est avec les bouchers qu'apparaît le personnage typique de la transaction commerciale hausa (*kasuwanci*), le *dillali*, courtier qui intervient entre vendeurs et acheteurs dans les secteurs spécialisés de la production: bétail, tissus, produits de l'artisanat. Sa fonction qui est un élément d'une division sociale du travail est significativement liée au secteur de la production impliquant une activité spécifique et une économie marchande dépassant le stade de l'auto-subsistance. A ce niveau en effet le produit n'est plus lié au producteur dont il définit la situation sociale, mais sa valeur d'échange et sa valeur d'usage priment sur la qualité des protagonistes de la transaction qui sont alors réduits à l'anonymat. La présence du *dillali* est le signe de l'économique.

Les bouchers se trouvent donc être les acteurs de l'un des principaux et parfois unique échanges monétaires du marché. Il reste cependant que l'argent n'est dans ce cas pas seulement un outil économique, mais qu'il est, à l'intérieur même de la corporation des bouchers, le véhicule qui en maintient la cohésion sur la base des structures patriarcales. Il sert au chef des bouchers à donner à chacun des membres du groupe les moyens de s'assurer une progression dans l'apprentissage, en même temps qu'il donne au groupe sa capacité de résistance à l'ostracisme dont l'accable la société.

En guise de conclusion, je voudrais brièvement indiquer ce qui peut distinguer les marchés qui ont été évoqués jusqu'à présent de ceux qui se sont développés récemment, particulièrement dans le sud du Dallol et qui sont liés au développement d'une économie marchande fondée sur l'introduction de la culture de l'arachide. Au nord du Dallol les zones de peuplement sont marquées par l'existence de marchés qui ne se distinguent guère les uns des autres par la nature des produits offerts. Au sud par contre, la diversification des cultures, les conditions plus favorables d'exploitation des terres entraînant une densité plus forte, l'introduction de cultures commerciales, rendaient moins nécessaires les points de rassemblement sociaux et par contre, développaient l'aspect proprement économique des marchés où l'on vient chercher ce que l'on n'a pas. Mais là encore la persistance du marché tient plus aux contraintes des circuits de distribution dépendant de la parcellarisation des producteurs et du faible réseau des moyens de communication, nécessitant par là l'existence de points de concentration des produits. La situation est définie par le passage de l'usage de la terre à sa propriété, la transformation de l'unité socio-politique en unité territorialement définie, la progressive naissance d'une valeur foncière, les transformations du mode de production, le développement d'une main-d'œuvre agricole salariée en même temps que la reprise sous des formes d'exigences politiques différentes de la redevance du paysan à l'égard du pouvoir qui n'est plus l'unité mythique (et mystificatrice) de la collectivité, mais le chef de canton, le député, agents du parti politique identifié à l'Etat. Tout cela implique à l'intérieur d'une économie maintenant marchande un processus d'accélération de la différenciation sociale et la formation de classes possédantes effectuant un prélèvement juridique et non économique sur la production.[1] Cet ensemble implique un changement dans la nature du travail et de sa relation au produit et par là même renvoie l'analyse des marchés à celle des instances déterminantes de la société. La rencontre des formes extérieures d'exploitation capitaliste auxquelles s'intègre globalement l'économie de pays comme le Niger ne signifie pas qu'il soit possible d'appliquer mécaniquement des schémas d'analyse identiques, mais que la distinction des relations spécifiques entre la structure sociale et le mode de production locaux puisse à ce niveau faire varier les déterminations réciproques de l'économique, du politique, du juridique, même si en dernière instance et sur le plan de la société globale, la détermination reste à l'économie.[2]

[1] Cf. P. Vilar, lère Conférence internationale d'histoire économique, Stockholm, 1960, p. 36.

[2] Mawri — voir Chatelain, 1917; Périé et Sellier, 1950, pp. 1015–74; Piault, 1964, 1967a, 1967b, Histoire Mawri, 1970; Tilho et Landeroin, 1910–11, pp. 493–505; Urvoy, 1936, pp. 259–63, 306–7.

Hausa — voir Bonte, 1967; Echard, 1964, n.d. Eléments de Corpus Hausa: les biens; Nicolas, 1962, 1967; Smith, M. G., 1953, 1962.

Summary

MARKET CYCLES AND SOCIO-POLITICAL 'SPACE'

This paper attempts to show the socio-political functions of markets at a certain point of development. The study of markets which have a weekly cycle allows for the elucidation of actual groupings found within a society: the zones of attraction of these markets mark off certain behavioural units. Data presented here were collected in the Republic of Niger, among the Hausa-speaking Mawri. The settlement of the fossil valley occupied by this group took place in stages, and was conditioned by historical and environmental factors. On the one hand we have a distinction between two Mawri groupings, the Gubawa and the Arewa; on the other we have variations in natural conditions which led to a different type of settlement in the north from that in the southern part of the valley or Dallol. Mawri markets take place weekly and the existence of a market cycle explores the hypothesis of social units which will be complementary or antagonistic according to whether the cycle is continuous or not. If not, more than one market will be held on the same day of the week in a restricted region.

The oldest Mawri markets are not occasions for the exchange of interregional goods, nor are they specialized. The striking thing is not the movement of goods but of persons; it is the exchanges between the people, rather than the buying and selling of goods which characterizes the market-place.

Firstly, we have examples of two markets of the Gubawa group, the first inhabitants of the country, 'the children of the earth'. During their peregrinations the Gubawa have retained the primacy of clan allegiances over residential identification. Members of lineages deriving from a certain village return to this village on market day. The hypothesis here is that the market affords a physical regrouping of a social entity normally dispersed.

THE SPATIAL ORGANIZATION OF THE MARKET AND ITS AGENTS

Mawri markets appear to be primarily places of congregation and meeting-points for social groups seeking to maintain their autonomy in a wider region. The presence of itinerant traders and professional dealers at the markets, instead of proving the economic nature of the market, provides an example of the inevitable adaptation of commerce to the nature of communications and to autonomous forms of social exchange. There is in fact a functional difference between a market and trade. Primarily what is exchanged or offered are proofs of the group's existence and its continued cohesion, through the persons who compose it and the products they have to offer. The food eaten on market day as well as the religious rites carried out indicate the reasons behind this weekly gathering in a society which remains basically self-subsistent.

BREAKS IN THE WEEKLY CYCLE AND POLITICAL DETERMINATION

Among the Gubawa the weekly cycle facilitates the movement of people belonging to different clans, a movement made necessary by the extension of matrimonial alliances and the complementarity of religious functions assumed by the elder-priests of these clans.

Among the Arewa, on the other hand, where competition for political power is uppermost, the market is the place where the authority and legitimacy of a ruler are affirmed and the existence of concurrent markets indicates antagonistic political regions. Where we have specific political organization the larger markets are not to be seen as defining economic regions or a collection of particular geographical facts. They correspond to the tangled lines of political allegiance maintained beyond conquest and administrative reform. It is here that a long-term study of attendance at markets could contribute to discussion of the evolution of determining factors in their constitution, development, maintenance, and decline.

AN AMBIGUOUS CASE: BUTCHERS

Butchers form a closed corporation, despised and feared. On market days they provide feasts: meat is not a food for everyday but a luxury good for surplus wealth and through this a symbol of the well-being of the group. But with the butcher appears that person who is typical of real commercial transactions, the *dillali*, an official whose intervention is obligatory in the specialized sectors, where the article is no longer linked to its producer but derives its value from exchange and practice. Although butchers are actors in the main and often the unique monetary exchanges, money is not in this case only an economic tool but a means for the butchers to maintain their cohesion in a basic patriarchal structure.

CONCLUSION

A quick look at the southern markets in an area of relatively dense population where commercial crops (groundnuts) have been introduced, shows that these places are less opportunities for social gatherings than more strictly economic occasions. In the south the usufruct of land gives rights of ownership; land is becoming increasingly valuable. There is an agricultural wage-earning group and a labouring group put to work for the benefit of the state. Inside this market economy there has been a rapid increase in the process of social differentiation and the growth of a propertied class. At this stage the analysis of the market returns to that of the determining factors of the society. The inclusion of a country like Niger in the capitalist system, while it allows the presentation of the economic system of the global society, should not lead to neglect of the specific and distinguishing relations between social structure and the local methods of production. At this level we can explore variations among the reciprocal, political, economic, and legal factors.

XV. Two types of West African house trade

POLLY HILL

In an article[1] on the house trade conducted by Hausa women in Muslim seclusion in a village (Batagarawa) in northern Katsina Emirate, I presented some evidence for the idea that in rural Katsina Emirate generally market-places might serve a rather unimportant function as arenas where foodstuffs, especially grain, are retailed to the final consumer. In Batagarawa the wives of local farmer-traders, known as *'yan kwarami*, retail much grain[2] and other produce, including cowpeas—*wake*—and groundnuts, on their husbands' behalf and about two-thirds of all women are, also, house-traders on their own account, mainly in cooked and processed foodstuffs. I argued that these women together formed what I termed a 'honeycomb market', the separate cells of which are linked by children and older women, there being little variation in grain prices as between the cells. I now present some further evidence for my hypothesis that this village, where most bought foodstuffs are obtained from houses, might not be a special case.

In Batagarawa there is, as I showed, a large demand for grain (early and late millet and guinea corn) at all seasons, many of the poorer farmers subsisting largely on bought grain, many of the richer farmers buying grain for storage when it is cheap. Lacking evidence to the contrary, I think that it is reasonable to assume that in all village communities in north-central Hausaland there will be many who buy grain and some (if not many) who sell it—and this irrespective of whether, like Batagarawa,

---

[1] Hill, 1969.

[2] Men who sell grain of their own production from their houses are the other main source of supply. Throughout my six months' stay in Batagarawa in 1967 I never witnessed public grain-selling.

the community is a net grain 'importer',[1] or whether there is a land shortage.[2] This 'village demand' for grain (and other staple produce) is associated with marked economic inequality[3] (which in turn connects with the violence of seasonal price fluctuations)[4] and with the womens' trade in cooked foods, which is entirely based on bought grain.

Regular meals, as well as snacks, are sold by the women traders. In Batagarawa there are many houses which are too poor or ill-organized to prepare cooked food at all regularly and many young men and youths who, in any case, normally partake of bought food in the street. Dr. Luning,[5] also, has commented on the 'restaurant trade' in a village (Kadandani) which lies some 10 miles south of Batagarawa. Dr. Guy Nicolas[6] has reported that in Hausa villages in the Niger Republic a great part of the food consumed by any domestic unit is prepared and bought at other houses.[7] In the Maradi area, as in Batagarawa, many women sell cooked foodstuffs even though members of their households must buy food—they are specialist food processors: 'Ce fait est extrêmement significatif, car il est assez rare dans le monde.'[8] As few rural women in Niger are in Muslim seclusion, women can sell cooked foods in market-places[9] there, although inter-house trade is probably far more important.

The market-place in Batagarawa was established so recently (1968),[10] that one must turn elsewhere to study the relationship between house-traders and their village market—if there is one.

---

[1] The word 'import' is here used in the sense of 'brought in from the outside': most of such grain is handled by the aforementioned *'yan kwarami*, who buy both at rural periodic markets and directly from farmers.

[2] Although at Batagarawa most grain is grown on permanently cultivated, manured farmland, there is much near-by bushland which may be freely cultivated.

[3] My forthcoming book on the rural Hausa (*Rural Hausa: a Village and a Setting, 1972*) is much concerned with economic inequality.

[4] Hill, 1969, p. 396 *et seq.*   [5] Luning, 1961.

[6] Dr. Nicolas' numerous, voluminous, and extremely important publications on the rural Hausa of Niger have, unfortunately not had a wide circulation, most of them being cyclostyled. See Bibliography for two of the most important of them. Dr. Nicolas has, also, written extensively on Niger markets.

[7] Nicolas and Mainet, 1964, p. 77

[8] Ibid., p. 262.

[9] Henry Barth noted that the market at Gazawa reached its 'highest pitch' at sunset, when *tuwo* (the basis of the evening meal) was being bought and consumed there (Barth, 1857, vol. II, p. 34).

[10] See Hill, 1969.

In Gulumbe in Gwandu Emirate, Sokoto Province, where there is a long-established weekly market,[1] I found that the volume of pre-harvest grain-selling in July 1966, when the demand was most exceptionally high, was small in relation to the size of the population, there being much house-selling and (possibly) some exchange.[2] All traded groundnut oil[3] was sold in houses by secluded women. Most cooked foods were sold from houses, if only because the market, like so many in Katsina Emirate,[4] does not open until the afternoon.

In the whole of this discussion I am concerned with the 'village demand' for grain and other foodstuffs: I am not dealing, for instance, with the question of the extent to which villages which are net grain 'exporters' need conventional market-places where outsiders can buy.[5] I am suggesting that this village demand is usually substantial in relation to village consumption and that, *even if there is a near-by market*, it is most conveniently satisfied by secluded women traders, if only because their 'market' is in continuous session. For Katsina Emirate this argument is strengthened by the fact that, contrary to general belief, many important villages lack markets; nor, as will now be shown, is the relationship between population and market densities as close as it would surely be if consumers were greatly reliant on near-by markets for their grain supplies.

Our map of the markets of Katsina Emirate, on which a population dot map has been superimposed,[6] was compiled on the basis of a list of markets, by District, which was most kindly provided in 1966 by the Katsina Native Authority, following inquiries at each District headquarters by an official who was on tour. No official fees were raised in a considerable

---

[1] Fascinatingly enough, when Barth visited this market in August 1854 he found it 'badly provided' and had great difficulty in obtaining sufficient corn for his horse (Barth, 1857, vol. V, p. 323).

[2] Exchange is often wrongly regarded as *the* alternative to trading in the market-place. (There is very little such exchange in Batagarawa—and it is so casual as not to merit the term 'barter'.)

[3] Groundnut oil is one of the most costly items bought by the average housewife from the sum of money (*kudin cefane*) given to her for household food purchases (exclusive of grain and meat) by her husband: in Batagarawa the oil is made only by women who resell part of their output.

[4] See p. 224 below.

[5] They might be adequately served by local and outside *'yan kwarami*.

[6] From the published map based on the 1952 population census compiled by Dr. R. M. Prothero.

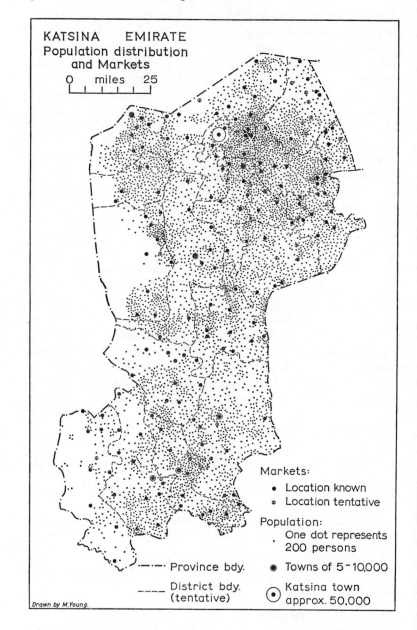

KATSINA EMIRATE
Population distribution
and Markets

0   miles   25

Markets:
● Location known
◉ Location tentative

Population:
. One dot represents
  200 persons

—·—·— Province bdy.   ◉ Towns of 5–10,000

———— District bdy.   ◉ Katsina town
     (tentative)   approx. 50,000

Drawn by M.Young.

proportion of markets but all markets, whether revenue-raising or not, whether officially Gazetted or not, were as far as possible included in the list; however as markets are born and die, and as many villages are remote and inaccessible, the District lists are not necessarily entirely accurate or complete.[1]

Numerous practical difficulties were encountered in compiling this map, the worst of which had originally been one's inability to locate many of the place-names on available published maps.[2] A member of the Kaduna Survey Department[3] then kindly stepped into the breach, adding many place-names to the published maps and changing the location of many others,[4] until we were left (see map) with only 22 places, out of the total 183, the location of which had to be regarded as tentative.[5]

If consumers bought most of their grain and other basic produce in market-places, then, for the following reasons, there would be likely to be a very close relationship, such as would not necessarily exist in other regions, between the densities of markets and of population.[6] First there is the assumed heavy 'village demand' for grain at all seasons. Second, is the fact that men are far less willing than women to go to market to buy domestic food supplies if this is at the expense of their farming: accordingly, many Hausa markets meet in the evening only.[7] Third, it may be assumed that men who attend evening markets, after a day of farming, would seldom be prepared to make a round trip of more than 5 or 6 miles, if supplies were obtain-

[1] In rural Hausaland, where informal groups of women sellers no longer assemble at the roadside, as they did in Barth's time (Barth, 1857, vol. II, p. 164), there is seldom any difficulty in defining a market assembly.

[2] Very little detail is provided, for instance, on the 1962 edition of the 1:250 000 map of north-west Katsina, parts of the northern section of which are even blank, bearing the words 'NO AIR COVER'.

[3] When first encountered he was engaged in surveying the Niger/Nigerian frontier for the first time since the erection of the pillars over sixty years ago.

[4] He also made some additions to the list of markets.

[5] Although the District was known in each case, it should be noted that there is no published official map of the Emirate showing District boundaries.

[6] So far as the convenience of purchasing basic domestic supplies is concerned, market size (on which there is no reliable information) is an unimportant variable compared with the distance to market.

[7] In rural areas only large markets which attract traders (as distinct from consumers) from some distance away, are open in the morning. Nor is this anything new: Staudinger (1889, p. 614) reported that markets were usually open only in the afternoon and evening; and Robinson (1896, p. 90) noted the late opening hours in Zaria, believing them 'to hold true throughout the whole of Hausaland'.

able from near-by houses. Fourth, many consumers, including women sellers of cooked foods, presumably lack the finance to buy supplies for a whole week, although more than half of all the markets in Katsina Emirate meet only once in seven days:[1] this means that many of those who need to buy supplies several times a week, will be inadequately served by a single near-by market. Finally, the *'yan kwarami*, all of whom are farmers, prefer their secluded wives to retail the grain, rather than waste their own time in markets.

But the following table, based on the market map, shows that the relationship between market and population densities in Katsina Emirate is not very close.[2] Thus for the four lowest density ranges there is little variation in the proportion of triangles which include no market—this proportion being much higher for the two highest density ranges.

Published census figures also support the finding that the relationship between the densities of population and of markets is not generally close. In the 1952 population census the total population of each District (of which there are now twenty-one in Katsina Emirate) was completely divided between named 'Village Units', the place-names being presumably, though not certainly, the headquarters of Village Areas—i.e. the seats of Village Heads.[3] Although it is to be presumed that in most cases this place was one of the largest centres in the Village Area,[4] yet 60 per cent of them (152 out of 255)[5] were marketless. Furthermore, 44 per cent of all markets (80 of 183) were situated in places not listed in the census[6]—some of which are on no published map.

---

[1] Of 183 markets on our lists, 102 were held once weekly, 73 twice weekly, 2 three times weekly, 5 every alternate day (see Hill, 1969, n., 67), and 1 (Katsina city) was daily.

[2] Especially where population densities are low, there is necessarily much arbitrariness in the placing of the dots—this being one reason why this method of computation was chosen in preference to one based on distances from the nearest market.

[3] There are three levels of 'chief' under the Emir—viz. District, Village, and Hamlet Heads: especially at times of rapid population change, Village Heads do not necessarily live in the largest centre in their Village Area.

[4] As the census figures relate to the whole Village Area, so the populations of centres within this area are not known.

[5] There was a slight error in the corresponding figures in Hill, 1969, p. 403.

[6] It is probably of little account that the list of markets was compiled 14 years later than the census, for Katsina markets are generally long-lived.

The relationship between population and market distribution in Katsina Emirate

Density range (persons per square mile) (approx.)	Number of triangles[a] with: No markets	1, 2, 3, or 4 markets	Total number of triangles[a]
5–52	10	12	22[b]
53–104	18	13	31
105–157	19	24	43
158–208	17	27	44
209–261	5	17	22
262 and over	2	10	12
Total	71	103	174[c]

Notes:

(a) A grid of triangles, each of an approximate area of 38 square miles, was drawn on the map and the numbers of population dots and markets were counted for each triangle. The six triangles which included towns of 5000–10 000 population (as well as that including Katsina city) were excluded in an endeavour to deal only with the rural population: excluding rejects, the number of complete triangles was 179—comprising considerably less than the total area of the emirate, mainly owing to the necessary rejection of triangles crossing the emirate boundary.

(b) Owing to the necessary rejection of boundary-crossing triangles and to very low densities throughout the length of the western boundary, these figures understate the proportion of the whole area of the emirate which is very sparsely populated.

(c) In addition there were five triangles (where no markets were situated) for which the population according to the dot map was nil.

As Hausa markets are seldom situated between settlements, the latter point also suggests another hypothesis[1]—one which might partly explain the high proportion of markets in sparsely populated areas shown in the table: this is that some of the most remote markets are situated on transhumant Fulani cattle routes,[2] being points where the Fulani, whose womenfolk enjoy frequenting markets, exchange their milk and butter for grain. Although there are no published maps of such routes in Katsina,[3] a glance at the sparsely populated north-east section of our map, where markets are strung out on a line and where there are no north–south roads, strongly suggests this possibility. After examining all available maps I have listed forty-three market-places which may owe their existence to being on a cattle-route—the list being exclusive of any places named in the census.

If these markets are deducted the total number of market-

---

[1] See Hill, 1969, note 67.

[2] In addition some of them may be situated in localities in which many sedentary or semi-sedentary pastoral Fulani reside—but (see Hill, 1969, n. 68) the census statistics do not help us here.

[3] There are some maps of trade-cattle routes only.

places in Katsina Emirate which serve the local sedentary population may be about 140. Assuming the 1966 population of the Emirate to have been about 1 800 000,[1] each of these markets serves an average of about 13 000 persons, a high figure when compared with Yorubaland and Ghana, where averages are of the order of 8000 to 10 000 persons,[2] especially when account is taken of the assumed large volume of rural grain retailing, the longer market-week, and the shorter average hours of opening in Katsina Emirate.

Finally, I rely on my own superficial observations that in the lean pre-harvest months of 1966, when village demand for grain was exceptionally high, grain-*retailing* in about a dozen northern Katsina markets which I visited was on a very small scale.

In a recent article 'Landlords and Brokers',[3] I briefly discussed the ancient 'landlord system of long-distance trade' under which stranger-traders lodge with (or in a separate house owned or rented by) a landlord (or *mai gida*),[4] who stores their goods and renders many other services, maybe himself acting as a commissioned broker (or *dillali*). Here I am presenting a little additional material relating to this trading system, with special reference to landlords whose clients' transactions are conducted outside a market-place.

West African markets are essentially ephemeral institutions, opening (and closing) periodically and not providing storage facilities. Considering how slowly long-distance traders are apt to sell their goods, storage is their main problem and the facilities provided by many landlords are effectively extra-market, especially when the produce is bulky.[5]

---

[1] See Hill, 1969, n. 62. (Most transhumant Fulani escaped enumeration.)

[2] See Hill, 1966a, n. 75. Rough calculations I have made for Gwandu and Argungu Emirates (Sokoto Province) suggest that their corresponding averages might be about 10 000 and 7000 persons per market respectively. (Figures based on lists of markets provided by the local authorities and on populations according to 1966 and 1965 tax returns.)

[3] Hill, 1966b.

[4] '*Mai gida*' is the Hausa for 'house-owner': the term is employed in the special sense of 'landlord' in many non-Hausa regions of West Africa, in respect of landlords of Hausa and non-Hausa origin alike. In north-central Hausaland some landlords are called *fatoma*—a Kanuri word: nowadays such landlords are not necessarily of Kanuri origin.

[5] Hill, 1966, p. 355.

The landlord system is an ancient widespread institution,[1] which in West Africa is perhaps as old as long-distance trade itself. But historical references to it in West Africa are very scanty.[2] In particular, we know little about landlords in the internal slave trade. Perhaps many slaves escaped the indignity of being displayed in the market-place, for C. H. Robinson mentioned that in Kano 'the most valuable slaves' were never exposed there, being 'sold by private arrangement' in some of the houses 'bordering on the market-place'.[3] In Katsina city in the late nineteenth century, slaves were sold in a special section of the market-place through a *dillali*—as they were in all sizeable markets in that region of Hausaland.[4] But the huge numbers of cowries involved (up to 300 000 for a comely female slave) were always counted and paid out in the house where the seller was lodging, only the commission (*la'ada*)[5] being payable in the market-place—the same applying to sales of donkeys and horses. Although the bulkiness of cowries in relation to their value was such that long-distance traders were usually obliged to spend them before returning home on more portable, or ambulatory, purchases, there might have been an interval between the different transactions when banking services were required.

Today, also, there is often need for banking services, if only because of the huge scale of many transactions and exchange control problems. Dr. Abner Cohen, in his remarkable analysis

[1] Thus, the word *dillali* (broker) is of Arabic origin and is employed in many countries. Ibn Battuta saw 'landlords' at Mogadishu in 1331, each visiting merchant settling in his host's house—see Freeman-Grenville (1962). According to Ronart (1960, p. 288), the word *khan*, denoting a hostelry where foreign merchants lodged with their camels and horses and displayed their merchandise, is of Persian origin: in the fourteenth and fifteenth centuries different types of *khan* were monumental structures in the old business quarters of the larger towns. Lane (1836, pp. 290–1) referred to 200 *wekalehs* in Cairo which 'were chiefly designed for the accommodation of merchants and for the reception of their goods'.

[2] In Hill (1966b) there are references to various nineteenth-century landlords in West Africa. An even earlier reference is to the large warehouses and dwellings for strangers called 'fondacs' in Timbuktu, in one of which Shabeeny lived between 1757 and 1769. (See Jackson, 1967, p. 11, and Wilks in Allen, 1970, for the revised dates of Shabeeny's visits.)

[3] Robinson, 1900, p. 164.

[4] Oral information from Abubakar Labo of Kaukai, south of Katsina city. For references to landlords in the late nineteenth century in north-central Hausaland, see Hill, 1970, chapter 6.

[5] This Hausa word derives from Arabic.

X

of the operations of the Hausa landlord system in Ibadan cattle-market,[1] explains the banking functions of the landlords there, each of whom keeps his clients' money in his own house, 'usually in a wooden chest, which is protected by Koranic charms as well as by a special guard from among his clients'.[2] He also deals, most interestingly, with the credit-guaranteeing functions of landlords.

Elsewhere[3] I have contended that there are some regions of West Africa, including, as I now think, north-central Hausa-land, where market-places cannot be classified hierarchically in any detail as in many other parts of the world. In such regions most produce does not pass through a long chain of markets on its way to the final consumer, this being partly due to the landlord system in so far as it functions as an alternative to the market-place. The Ibadan cattle landlords are necessary adjuncts to the market-place. In some daily markets there are even landlords who store their clients' produce in sheds which they have erected inside the market-place—an example being landlords who store Mopti fish in an Accra market. But many landlords function as alternatives to market-places.

Such extra-market landlords may, of course, happen to carry on business in a market town, an example being Keta, a fishing and commercial centre on the coast of south-eastern Ghana, which is an extra-market entrepôt for preserved fish from Daho-mey and Togo; the Frafra, Yoruba, Hausa, Zabrama, and other landlords[4] accommodate the stranger-sellers, store their fish at a charge, and sell it on commission to other stranger-traders whom they also accommodate.[5] Then, I found the landlord system to be very well-developed in Birnin Kebbi, in Gwandu Emirate (Sokoto Province), where both buyers and sellers are received in the same house, the wares including kola, fish, cattle, sheep and goats, onions, and natron. The fish from the Sokoto river is bought locally and dried over a fire in special ovens

---

[1] See Cohen, 1969.

[2] Ibid., p. 83.

[3] Hill, 1966*a*.

[4] Most landlords are settled-strangers, men who (themselves or their forebears) were especially successful long-distance traders—many of them, indeed, are still in long-distance trading.

[5] In 1963 when I visited these landlords the frontier with Togo was closed, but trade has, presumably, since resumed.

(*kusugu*), which are owned by the landlords, a fee being charged for their use.[1] At Jega, farther south, where the long-famous market[2] has recently become a dull place, there are still kola landlords; in their huge, thatched, cool stores, which are far superior to any storage provided in market-places, the subdued, silent sellers were seen gloomily watching their packages (*huhu*).

Although one knew that Katsina market, unlike Jega, had lost its pre-eminence as long ago as the eighteenth century, one was yet unprepared for its insignificant appearance.[3] One was equally unprepared to find that much the most important personality in the market (where he holds court in an empty stall) was a Katsina man of Buzu origin, entitled Sarkin Baki (chief of the strangers), who, together with his numerous Buzu assistants, acts as a landlord and broker both for hundreds of Tuareg traders who come down on camels and in lorries from the Niger Republic in about December to March,[4] to sell salt, dates, sheep and goats, cattle, etc., and for Kanuri natron-traders.[5] So, despite many appearances to the contrary, Katsina city is still an important northward-facing, trading centre.

Of the house trade in Kano city nothing has been reported recently, but at the end of the nineteenth century[6] the chief

[1] This fee was 2s. for an ovenful of fish, the traders providing their own fuel; some of the landlords, who appeared very prosperous, owned 10 *kusugu* or more.

[2] E. W. Bovill (see Hill, 1966a, p. 300, n. 22) accounted Jega as one of the seven most renowned markets of the western Sudan, all of them being entrepôts, linking savannah and forest, situated near 12 degrees North. In 1966 Jega was, to all appearances, a quite unremarkable centre, which had recently been by-passed by an important cattle-route. It was fascinating to see for oneself the emergence of a huge new weekly market called Makera (which local people regarded as ousting Jega) which lies to the west of Birnin Kebbi, to the west of the Sokoto river, near the Niger frontier: situated on the edge of one of the hottest swamps in West Africa, roadless, and approached from Birnin Kebbi only by a tedious canoe trip, Makera attracts many hundreds of traders from west and east, being both a frontier, and a cattle-route, market. There were then no landlords in Makera, though they were badly needed.

[3] Certainly most of the grain required by this city of some 50 000 people must have been retailed from stores or houses.

[4] This is what I was told, but unfortunately I was not in Katsina at the right time to witness the traders' arrival. On their departure, with strips of cloth, blankets, etc., as their return loads, the landlords give the traders tins of Lipton's tea.

[5] The long-distance trade in natron (*kanwa*) is still very important in northern Hausaland (natron is consumed by both humans and cattle), but as it so often involves landlords the stocks are concealed.

[6] This is according to a 1932 report on the organization of butchers in Hausaland which is in the National Archives Kaduna (File No. 17009).

'hostellers' were rich butchers-cum-cattle-traders who were later superseded by kola-traders, owing to the taking over of the Lagos to Ghana cattle-trade by such merchants.[1]

In Kumasi, where much general wholesale trade is conducted in the houses of landlords,[2] perhaps the most important type of extra-market trade involving landlords is that in Mopti and other preserved fish from the River Niger in Mali. In 1964 I visited a colossal, newly built, hangar where the fish was both stored and sold. Many, if not most, of the Mali traders were accommodated by a Fulani landlord of Mali origin, a former cattle-trader, who had originally been introduced to the trade by a Lebanese transport operator; there was also a Yoruba landlord.

The Hausa kola landlords of Ibadan are also extra-market, buying directly from kola growers[3] and running a packing service on behalf of their clients. Which causes one to reflect that Ghanaian cocoa has never been sold in markets: in the early days it was either transported to the coast by the farmers themselves, or sold by them directly to traders or middle-men. The cocoa being exported, there were no land-lords.

So, on the basis of our present limited knowledge, we can see that landlords are indispensable to long-distance traders in the following produce: livestock of all types[4] (and formerly slaves), kola, natron, African salt[5] and preserved fish. Long-distance

[1] In 1962 I found that all the principal kola merchants in the export trade in Accra were (or had been) cattle-traders. (Kola for export does not pass through a market.)

[2] In 1964 I visited the house of a Sissala landlord which was stacked with shea butter, maize, cotton, rice, millet, groundnuts, cowpeas, etc., owned by his Wala, Sissala, and Hausa clients, the goods being sold from the house with the help of a Gao *dillali* and carriers (*kayakaya*).

[3] See Cohen, 1969, p. 132.

[4] The literature from Barth's time onwards, contains many references to the organization of the cattle trade—see Hill, 1966*b*, p. 351, n. 3—but there is little mention of other livestock. Specialized sheep and goat markets, which are very rare in receiving areas, are particularly interesting organisms in this connection, traders of many ethnic groups being involved: in 1963 in the Kumasi sheep and goat market reference was made to small livestock being driven there from as far away as Mauretania.

[5] An important salt market for long-distance traders is Kamba, in Argungu Emirate, near the Niger river and the frontier with the Niger Republic, where salt is brought on camels and donkeys by Niger traders who lodge with Nigerian land-lords.

traders in other storable produce, including onions,[1] grains,[2] cowpeas, groundnuts, locust bean cakes,[3] rice and shea butter, sometimes trade with the aid of landlords.[4] Much of the trade conducted under the auspices of landlords (other than that in livestock) is wholly extra-market, the landlords themselves providing facilities for the display and inspection of the produce.

Finally, I relate the two sections of this paper by inquiring why it should be that brokers (*dillalai*) play such an important role in Hausa (as well as in Nupe)[5] markets. While it is no longer true that

> Buying and selling in the market is scarcely ever carried on without the intervention of a third person, who acts as a sort of broker and receives from the seller five per cent of the price agreed upon.[6]

— specialized brokers abound in most large Hausa markets and most, though not all, grain which is sold by the measure and not by the sack is handled by market-measurers,[7] men and older women, acting on behalf of the seller. This reliance on intermediaries, this trading neutrality, is the very antithesis of the situation in markets in the forest zone where 'regular-customer'[8] relationships are so common. Remarking on the wide

---

[1] At Ajiwa, south-east of Katsina city, which is one of the largest onion markets in northern Nigeria, there are no landlords, only *dillalai*; but bagged onions are so fragile that at later stages of the marketing process the services rendered by landlords are usually essential to secure quick sales.

[2] Although much grain trading does not involve landlords, some does; at Maiaduwa in Daura Emirate on the Niger frontier, which is possibly the largest rural periodic market in north-central Hausaland, there are grain landlords, known as *fatoma*.   [3] *Daddawa*—an important item of long-distance trade.

[4] There is no literature relating to landlords or brokers in manufactured goods, except for an interesting reference to the finance of the Katsina cloth trade with Sokoto by Luning (1961, pp. 110–11) and Forde's reference to L. C. Giles' unpublished findings on cloth-brokers in Perham, 1946.

[5] See Nadel (1942) for many references to brokers (*dilali*), who in Nupe country are apt to be organized in groups resembling guilds.

[6] Robinson (1896, p. 123). It is added that even when a bargain is made outside the market 'some third person invariably turns up in order to claim this fee', he being the master of the house in the case of house sales.

[7] *Ma'auni* (m.), *ma'auniya* (f.). In northern Katsina markets there are no head measurers, such as are referred to by M. G. Smith (1962, pp. 307–8).

[8] The literature on such relationships in West Africa is, unfortunately, very slight. There is nothing to compare with S. W. Mintz's work in the Caribbean and Latin America—see, for instance, 'Pratik: Haitian personal economic relationships', by S. W. Mintz, *Proceedings of the American Ethnological Society*, 1960.

range of goods sold through brokers in Hausaland, Professor Daryll Forde astutely suggested that this might be a custom surviving 'from a period when the smaller local markets were more frequented by strangers than today'.[1] I would add to this the suggestion that the market grain-measurers are analogues of secluded women house-traders: farmers were accustomed to selling grain in their village through the medium of their wives and, when venturing farther afield into the market, they demanded the same service of outsiders.

Résumé

DEUX TYPES DE COMMERCE A DOMICILE (HOUSE TRADE) EN AFRIQUE DE L'OUEST

Dans un article récent (*Man*, September 1969) sur le commerce à domicile pratiqué par les femmes hausa, vivant cloîtrées, selon la coutume musulmane, dans un village (Batagarawa) du nord de l'Emirat de Katsina, je suggérai que le cas de ce village ne devait pas être isolé et que dans les zones rurales de l'Emirat de Katsina, les marchés remplissaient, en général, une fonction assez peu importante en tant qu'emplacement où les denrées alimentaires et, en particulier, les grains sont revendues au détail au consommateur final. Je m'efforçai de démontrer que les marchandes à domicile de ce village constituent 'un marché cellulaire' (honeycomb market) dont les différentes cellules sont reliées entre elles par les enfants et les femmes âgées et qu'une telle 'institution' joue un rôle efficace pour satisfaire la 'demande villageoise'. Je présente ici quelques matériaux supplémentaires à l'appui de cette thèse.

A Batagarawa, il existe une importante demande de grains en toutes saisons, beaucoup de paysans pauvres se nourrissant en grande partie de grains achetés et nombre de paysans riches achetant des grains pour les stocker quand les cours sont bas. Cette demande villageoise est associée à une inégalité économique marquée qui à son tour est liée à la violence des fluctuations saisonnières des prix et au commerce féminin d'aliments préparés qui dépend de l'achat de grains. Nous citons un certain nombre d'auteurs en relation avec la coutume largement répandue chez les Hausa du Niger, aussi bien que chez ceux du

[1] Forde, 1946, p. 135.

Nigéria, de l'achat de nourriture préparée en dehors de la maison. Il ressort de ceci que la demande villageoise est souvent considérable par rapport à la consommation totale du village et qu'une grande partie de cette demande est satisfaite de façon adéquate par des marchandes recluses qui vendent des grains pour le compte de leurs maris — des paysans-commerçants — connus sous le nom de *'yan-kwarami*, qui achètent les grains aussi bien sur les marchés périodiques ruraux voisins que directement aux fermiers.

Je suggère que, si on suppose une forte demande villageoise en grains, les marchés de l'Emirat de Katsina sont en nombre trop restreint et ne sont pas suffisamment bien distribués par rapport à la répartition de la population pour être à même de satisfaire cette demande. Sur la base d'une liste des marchés recensés par Districts obtenue avec l'aide de la Katsina Native Authority, je montre que le rapport entre densité des marchés et densité de la population n'est pas très étroit. Beaucoup de marchés ne sont pas mentionnés dans le rapport du recensement de 1952 (quelques-uns ne se trouvent sur aucune carte) et un grand nombre des 255 lieux-dits, mentionnés dans le recensement ne possèdent pas de marché. L'examen de la carte des marchés du Katsina, que nous avons dressée, suggère que quelques-uns des marchés les plus éloignés doivent sans doute leur existence à leur localisation sur les routes de transhumance du bétail des pasteurs Fulani, en des lieux où le lait et le beurre sont échangés contre des céréales.

Dans la seconde partie de cet article, je présente quelques matériaux relatifs au 'système des logeurs (landlords) du commerce à longue distance' qui prolonge mon article 'Landlords and Brokers'. Ces matériaux concernent en particulier les logeurs dont les clients trafiquent en dehors des marchés. Les marchés sont essentiellement des institutions éphémères qui ne procurent pas de moyens d'emmagasinage alors que la maison du logeur constitue sans doute un endroit commode aussi bien pour la vente que pour le stockage des marchandises de ses clients. Je suggère que l'une des raisons pour lesquelles, dans quelques régions d'Afrique occidentale, il n'est pas possible d'établir une hiérarchie détaillée des marchés tient au fait qu'une grande partie du commerce de gros se fait hors des ces marchés.

Comme exemple de logeur agissant hors des marchés, je

mentionne les logeurs de Keta (qui hébergent les marchands de poisson traité, du Dahomey et du Togo), les riches logeurs de Birnin Kebbi (qui procurent à leurs clients, marchands de poisson, des fours pour le fumer), les logeurs en cola de Jega (où le marché autrefois renommé est en train de décliner rapidement), les logeurs buzu de Katsina (qui reçoivent des centaines de commerçants tuareg), les logeurs non spécialisés et les logeurs en poisson, de Mopti à Kumasi, enfin les logeurs en cola hausa d'Ibadan.

Sur la base de cette information lacunaire, je suggère que les logeurs sont nécessaires aux commerçants à longue distance qui font le trafic de bétail de toutes sortes (autrefois d'esclaves), de cola, de natron, de sel africain et de poisson traité. Les commerçants à longue distance d'autres produits stockables dont les oignons, céréales, pois de terre, arachide, pains de caroube, riz, beurre de karité trafiquent parfois à l'aide de logeurs.

Enfin, je remarque qu'il existe une grande différence entre le pays Hausa et le Nupe, d'une part, et les régions forestières méridionales, d'autre part, dans la mesure où le commerce est pratiqué grâce à des intermédiaires neutres (les courtiers ou *dillalai*) plutôt que par des relations suivies d'acheteurs à vendeurs. Je suggère que les mesureurs de céréales des marchés hausa sont les homologues des marchandes à domicile en ce sens que les paysans, qui sont habitués à vendre les céréales dans leurs villages par l'intermédiaire de leurs femmes, demandent le même service à des étrangers quand ils s'aventurent loin de chez eux sur le marché.

XVI. West African market-places: temporal periodicity and locational spacing[1]

ROBERT H. T. SMITH

I. INTRODUCTION

West African market-places are the sites at which people meet regularly in order to acquire and/or dispose of locally produced and imported goods and services, to exchange information with relatives, friends, and strangers, and to engage in recreational activities. Meetings occur at these specific sites according to a set temporal schedule, with gatherings daily, or on every second, third, or nth day, where n rarely is greater than eight (Hill, 1966a, p. 301). This periodicity of occurrence is perhaps the best-known feature of West African markets (Hill, 1963, p. 448). Periodic markets play a key role in the internal trading process, mediating exchanges between farmers, craft manufacturers, forestallers, and itinerant traders on the one hand, and urban wholesalers on the other hand (Smith and Onakomaiya, 1970). Markets are not solely institutions facilitating economic exchange, and their social and political functions have been well documented (Bohannan and Bohannan, 1957, p. 613; Christensen, 1961, p. 129; Herskovits, 1967, vol. I, p. 51; Lembezat, 1961, p. 29; Skinner, 1962, p. 258; see also, Piault's paper in this volume, p. 285 above). In some situations the social function appears to dominate (for example, the Tiv 'beer drinks' (Bohannan and Bohannan, 1968, p. 195)), while at the other

[1] I wish to acknowledge the support of the National Science Foundation under Grant GS 2206 from the Social Science Division in the preparation of this paper. Edmund A. Akintuyi and Robert Hoffman assisted ably in the analytical aspects of the research, and I am indebted to Rosemary Eberiel for her bibliographic help. I am grateful to Alan M. Hay, Polly Hill, B. W. Hodder, Akin L. Mabogunje, and Ivor Wilks for making helpful comments on an earlier draft.

extreme there are markets which, because of the ethnic composition of the participants would have only a very small social component. Such a situation has been known to obtain at certain Tiv markets (Bohannan and Bohannan, 1968, Chapter 13). However, if the market-place is viewed as an economic–social–political institution, attention can be focused on attributes of it which are common regardless of the precise composition of the packet of functions performed by the market. There appear to be at least two such attributes: the *periodicity* regime of markets in an area, and the *locational pattern* of the markets. Two issues can be raised about *periodicities*: firstly, the substantive question of the location of different periodicity regimes (Fröhlich, 1940, pp. 253–65; Hill, 1966a, pp. 301–9; Thomas, 1924, pp. 190–2); and secondly, the normative question concerning the optimality of so-called market rings or cycles[1] which involves the relationship between temporal and locational spacing. All *patterns of distribution* in terrestrial space can be regarded as the result of a process. Because it has been possible to observe the development of market networks only in rare instances—and then only incompletely (Bohannan and Bohannan, 1968, Chapters 12–15; *Ghanaian Times*, 1968; Hodder, 1967, p. 174; Tait, 1961, pp. 17–26; Zahan, 1954, pp. 370–7)—analysis of the distributional pattern can be useful in identifying the processes which give rise to the locational pattern of markets. In this paper, it is argued that periodicity and locational spacing are two more or less fundamental characteristics of West African markets regardless of the predominant market function. They will form the subject-matter of the discussion and analysis that follows. For each of the two themes, the relevant theory will be briefly reviewed so as to identify hypotheses. Then, evidence from a number of situations in West Africa will be examined in an attempt to determine the correspondence between theory and reality. In this way, existing hypotheses will be re-evaluated and new hypotheses formulated.

II. MARKET PERIODICITY REGIMES IN WEST AFRICA

The diversity in the length of market weeks in West Africa is well known and this seems to be one feature of markets virtually

[1] The term cycle will be used in this paper to avoid repetition (see Hodder, 1966, pp. 97–109; and Hodder, 1967, pp. 173–4).

impervious to the passage of time (Hill, 1966, pp. 305–7). The periodicity regimes seem to bear little consistent relationship to such factors as the location of forest and savannah areas (Fagerlund and Smith, 1970, pp. 336–7), although Polly Hill has suggested that '. . . in earlier times, before the introduction of the northern Islamic week, it would have happened that the market-week generally lengthened as northerly latitude increased . . .' (Hill, 1966*a*, p. 306). The seven-day market week characteristic of the Akan forest peoples is the major exception to this generalization, regardless of whether it is applied to earlier times or to the present. The evolution of the market week is among the most intractable of problems facing the social scientist interested in the culture and economy of modern Africa. While the discussion that follows sheds little light on this question, it does accept the recent challenge issued by Polly Hill, to the effect that '. . . a reasonably complete map of West African market weeks could be compiled . . .' (Hill, 1966*a* p. 307). Ideally, such a map should be accurate in the detail of market *location* and *periodicity*. Because of the nature of the source materials, *areas* of periodicities rather than *point locations* of markets will be shown. This is still a useful, if incomplete, prelude to the wider research problem.

The specification of market weeks varies considerably; thus, Hodder refers to 'four-day' and 'eight-day' markets in the Ibadan district (Hodder, 1961, p. 152), while Gloria Marshall characterizes essentially the same area as having 'five-day' and 'nine-day' market weeks (Marshall, 1964, p. 141).[1] There are two considerations: firstly, the frequency with which markets occur at a given site; and secondly, the number of market sites in the cycle. If a cycle contains three markets, then each one usually meets according to a three-day periodicity; if the cycle includes seven markets, the seven-day market week will apply. Two-day markets are separated by one marketless day, three-day markets by two, four-day markets by three marketless

[1] The problem is further compounded by what can only be described as human error. Admittedly, the ethnographic material certainly does trap the unwary (Hill, 1966*a*, p. 303), but assertions that the Ibo market week is one day shorter than that of the Yoruba (Bohannan and Dalton, 1962, p. 19), that Hausa rural markets occurred on a four-day cycle (Skinner, 1964, p. 89; Smith, 1952, p. 20), and that the Guro [Gouro?] have a five-day week (Bohannan and Dalton, 1962, p. 19), are unfortunate.

days, and so on. Two-day markets occur every third day, three-day markets every fourth day, four-day markets occur every fifth day, etc.

A map of market periodicities in West Africa is presented in Figure 1. Information on the length of market weeks was recorded on Murdoch's 'Tribal Map of Africa' (Murdoch, 1959, Map 17), from sources listed in the Appendix. Daily markets occur in most urban centres, and they have not been separately indicated (see Hodder's paper, pp. 347–56 below). *Two-day* markets seem to be rather uncommon, occurring in southwestern Nigeria and southern Dahomey, in north-eastern Yorubaland, and in some parts of Katsina Emirate in Hausaland. *Three-day* markets dominate in the Mossi country of Upper Volta, and they also occur in a small area of north-eastern Ghana. A number of three-day markets occur in Katsina Province in northern Nigeria (Nigerian Produce Marketing Board, 1967, p. 36), but these are exceptions to the predominantly seven-day pattern. In the Mossi three-day markets, there is an overlay of periodicity such that at any given market-place the market occurs on the same day of the week every 21 days; Friday is an especially important market day (Hammond, 1966, pp. 101–7; Izard, 1969; Zahan, 1954, p. 373).

Four-day markets are found in an almost continuous belt extending from eastern Ghana across southern Togo and Dahomey, all of Nupe,[1] Yorubaland, Edo, Ibo, and Ibibio country to eastern Nigeria and the Cameroons. Farther west, a four-day week has been recorded in Avikam in southern Ivory Coast, and there is some evidence of the presence of four-day market weeks in coastal Liberia. It seems likely that this belt continues east and south to the western savannah area of the Congo (Vansina, 1966, p. 24), although it might be interrupted by a shorter market week in the Congo basin equatorial area (Hill, 1966a, p. 304).

Five-day markets are quite localized: perhaps the best-known area is Tiv (plus Iyala and Idoma) in the east, but two other groups in the central part of West Africa, the Lobi and the Dogon,[2] are reported to have five-day markets. Further, five-day

[1] The Nupe have been included in the area of four-day markets, as Nadel (1942, p. 321) observed that markets occur in '. . . smaller villages every fifth day . . .'.
[2] Both Griaule (1965, p. 62) and Gallais (1967, p. 497) note that the Dogon have a five-day market week, but Marti (1957, p. 29) suggests a seven-day week exists.

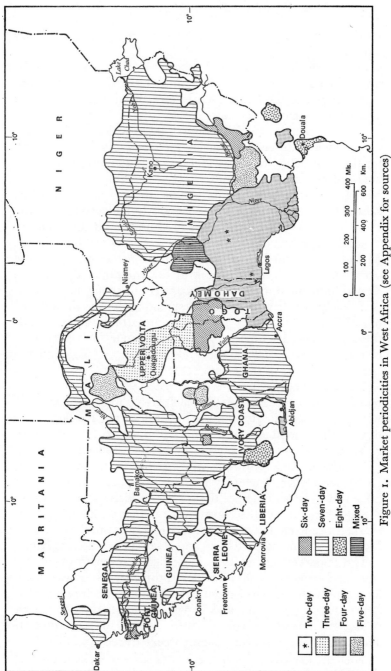

Figure 1. Market periodicities in West Africa (see Appendix for sources)

markets have been recorded around Kong in the Ivory Coast.

Six-day markets are found in the Dagomba and Konkomba area of northern Ghana; in the vicinity of Korhogo in northern Ivory Coast; in the Diola country of Senegal in the west; and among the Jukun in the east.

Seven-day markets (which include sites at which markets meet once, twice, or three times during the seven-day week) have by far the most widespread distribution. This market week dominates the upper two-thirds of Nigeria—roughly corresponding with Islam—the lower half of Ghana, the Songhai area to the north of Ghana, Gouro, Senoufo,[1] and Minianka country in the Ivory Coast, the Kissi and Susu in Guinea, and the Wolof in Senegal. It seems that seven-day markets also dominate in the Malinke area and in western Liberia. Vansina has noted the occurrence of this market week in the equatorial zone of the Congo basin south of the Cameroons (Hill, 1966a, p. 304).

Eight-day markets are quite widespread in the Yoruba country of south-western Nigeria and in Ibo and Ibibio areas. In addition, markets meeting every ninth day occur among the Bete of southern Ivory Coast, the Kukukuku of Nigeria, and the Duala and Tikar of the Cameroons.

There are many parts of West Africa in which more than one market week is represented. One such area is in Senoufo country within an approximate radius of 75 miles from Korhogo: six-day markets dominate in a zone within 15 to 20 miles from Korhogo; beyond this distance, seven- and six-day markets are interspersed. And south-east of Korhogo in the direction of Kong, a number of five-day markets occur. A similar area of mixed market periodicities occurs in the vicinity of Yelwa on the upper reaches of the Niger river in Nigeria: here, four-day markets occur along with seven-day markets. Similarly, Nadel (1942, p. 321) noted both four- and seven-day markets in Nupe.

The apparent lack of association between length of market week and ecological zones is striking; thus, seven-day weeks are found through a range of about 15° of latitude. Their presence in much of southern Ghana also brings into question the influence of Islam in diffusing this market week (Ward, 1967, Chapter 2). The occurrence of shorter market weeks (three- and four-day)

[1] Five-, six-, and seven-day markets exist in Senoufo country; see text below.

over a similar latitudinal range suggests that foodstuff perishability cannot be too critical a factor. The map is more complete in the eastern sector than in the west. Further, with the exception of areas in the central Ivory Coast, and certain small areas in Senegal and Guinea, market week locations here are distinctly speculative. Clearly, much more remains to be done, in the way of both ethnographic bibliography[1] and field research, before the map can be confirmed in its present form, and eventually carried forward to completion.

III. THE EFFICIENCY OF MARKET CYCLES

An economic theory of period markets was elaborated recently by Stine.[2] This theory draws heavily on Christaller's Central Place concepts of the minimum and maximum range of a good or service: the minimum range is defined as '. . . the minimum amount of consumption of this central good needed to pay for the production or offering of the central good',[3] while the maximum range refers to '. . . the farthest distance the dispersed population is willing to go in order to buy a good offered at a place' (Christaller, 1966, p. 22). Usually, the maximum range is larger than the minimum range (thus enabling retail establishments to be locationally fixed), but in those instances where the minimum range exceeds the maximum, the establishment must become mobile (i.e. the market must occur periodically) in order to survive. Stine notes that the length of each 'jump' (or distance between successive markets) is a function of the maximum range, and that the number of 'jumps' (or length of the market week) is related to the minimum range (Stine, 1962, pp. 74, 76). By rotating market meetings among a group of market-places on different days, each one can attract a sufficient number of people to justify holding a market; thus, Nadel noted that the pattern of periodic markets in Nupe '. . . enables more people,

---

[1] 'Above all, systematic study of the materials contained in ethnographic and travel literature, done on a broad comparative level, should not only clarify questions dealing with the adjustment of Africans to the new elements in their economies, but provide materials of prime theoretical significance' (Herskovits, 1964, p. 400).

[2] James H. Stine, 1962, Temporal aspects of tertiary production elements in Korea, in Forrest R. Pitts (ed.) *Urban systems and economic development*. Eugene, Oregon: School of Business Administration, pp. 68–88.

[3] Walter Christaller, 1966. *Central places in southern Germany*. Englewood-Cliffs, New Jersey: Prentice-Hall (translated by Carlisle W. Baskin), p. 54.

and people from more distant places, to attend the markets in the bigger villages' (Nadel, 1942, p. 321). Whether market cycles are as tightly organized as has been suggested (Hodder, 1961, p. 152) remains a moot point; Marshall (1964, pp. 110–12) has argued that they should be regarded more as relative than absolute entities, while Ukwu (1969, p. 159) has warned that

> The concept of the marketing ring must be applied with caution, since it suggests an institutionalized order and a uniformity which may not exist . . . For the areal unit as a whole, the ring is meaningful only as indicating the markets most frequently visited by the people in that unit.

Temporal periodicity alone will not ensure for each market-place the achievement of the threshold-attendance level, or minimum range. 'Competition between periodic markets is . . . thus partly spatial and partly temporal' (Ukwu, 1969, p. 159). In fact, for periodic markets, temporal and spatial competition are complementary: 'Proximity in space implies separation in time' (Fagerlund and Smith, 1970, p. 343). Apparently, periodic market networks are believed by many to have this normative quality, combining optimally temporal and locational spacing. Tait referred to the six-day market system in eastern Dagomba as being '. . . not so neatly worked out' as the similar six-day system based on Tamale (Tait, 1953, p. 39). The Tardits noted that in south Dahomey, 'The regional trade calendar is set so that a village's great market day corresponds to a small market day in the neighboring settlements' (Tardits and Tardits, 1962, p. 96). In Hausaland, the first meeting of a new market '. . . should be called on a day when there is no market meeting nearby' (M. G. Smith, 1962, p. 306). In recognition of such a market, '. . . the proximity [in space] of nearby markets and the days on which they meet are carefully considered . . .' (Ibid.; M. G. Smith, 1952, p. 20). Holas observed that for the Senoufo, 'The weekly markets are held on a fixed day chosen in such a way that the date does not coincide with that of a neighbouring market' (Holas, 1957, p. 72). There are examples of disputes between neighbouring villages with markets meeting on the same day (*The Ghanaian Times*, 1968; Hill, 1966a, p. 305;

Marshall, 1964, p. 129); when one party to the quarrel refuses to abide by a mediator's decision, ' . . . it appears that the economics of location, rather than the Council [mediator], operate as the final arbiter with many of the conflicting markets dying off' (Marshall, 1964, p. 129). Perhaps the clearest expression of the optimality of the temporal and locational spacing of periodic market cycles was made by Hodder (1961, p. 152), when describing the sequence of markets in the Akinyele ring north of Ibadan:

> In this way the timing of marketing activities is evened out over the whole ring so that no hamlet or other settlement is far from a market for more than three days. This integrated pattern and timing of markets in the Akinyele ring is thus most logical and convenient . . .

The conclusion that emerges from a consideration of these and other sources[1] is that the optimality of market sequences (temporal and spatial) is more an hypothesis to be advanced than a universal finding to be accepted. Significantly, not one of the sources quoted presented any analysis to substantiate the general optimality proposition.

It is difficult to devise an adequate test for this hypothesis. Powerful activity analysis techniques are available,[2] but as is so often the case, the techniques have outstripped the data available. For example, if the rural population distribution were known for the Akinyele ring (Hodder, 1961, p. 149), a linear programming analysis could be used to determine that sequence of market meetings which results in the minimum total miles walked by the rural inhabitants. Constraints such as the predominance of women in markets (Hodder, 1961, p. 153; Marshall, 1964, p. 129), and the fact that women attend only a given number of markets in any cycle (Hodder, 1961, p. 153; Hodder and Ukwu, 1969, Chapter 12) could be built into the analysis. In the event, a much simpler test was devised, based on

---

[1] For example, Eighmy, 1969, pp. 83–102; Galletti, Baldwin, and Dina, 1956, pp. 53–60; Herskovits, 1952, p. 219; Miner, 1965, p. 117; Morgan and Pugh, 1969, p. 328; Nadel, 1942, p. 321; Ottenberg and Ottenberg, 1960, p. 27; Poleman, 1961, p. 162; Silverman, 1959, pp. 31–6; Skinner, 1964, p. 86; Thomas, 1910, p. 19; Ukwu, 1969, Chapter 10.

[2] E. O. Heady and W. Candler, 1958, *Linear programming methods*. Iowa State University Press.

Y

the proposition that 'proximity in space implies separation in time'. Markets occurring simultaneously, or separated by only a short period of time should, on the average, be more widely spaced 'on the ground' than markets whose meetings are separated by a considerable period of time. The average distance between pairs of markets separated by various lengths of time was the statistic used to test this proposition.[1] Thus, interest is focused not on the number or length of jumps but on the trajectory or path of the pattern of market shifts (Alao, 1968, pp. 2–3).

Minimum separation is defined as occurrence on the same day (and, presumably, the same time of day (Zahan, 1954, p. 373; Hodder, 1965, p. 49)); maximum separation varies with the length of market week (Figure 2). Daily markets, by definition, occur simultaneously; for a set of places with two- or three-day market weeks, adjacency is the maximum temporal separation. Adjacent could be qualified as pre- or post-adjacent, to recognize the sequence of markets; i.e. in Figure 2c, a location whose market occurred on Wednesday would be pre-adjacent with the Thursday market, while a location with a Friday market would be post-adjacent. However, without knowledge of the sequence in which the cycle of markets was established, such a distinction is meaningless (Hill, 1966a, p. 305; Eighmy, 1969, pp. 83–102). For four- and five-day markets, one day represents the maximum temporal spacing, and it is two days for six- and seven-day markets. Markets meeting according to an eight-day market week can be no further apart in time than three days.

In the remainder of this section, data on temporal and locational spacing for a number of market cycles and larger areas in West Africa will be presented and discussed. These include three examples of three-day market weeks, two examples of six-, four-, and seven-day weeks, and one example of each of five-

---

[1] This procedure is bound to introduce certain marginal distortions in spacing values because it is directed mainly at the economic functions of markets. Generally, one would not expect a seller or a buyer to travel to the more distant of two markets meeting on the same day. ('Thus, we may state as a general rule that for any group of markets held simultaneously, only those markets are likely to be visited where the cost is at a minimum . . .' Ukwu, 1969, p. 157.)

However, this does occur when the physically more distant market is perceived as socially closer (Bohannan and Bohannan, 1957, p. 616). Further, a politically imposed pattern of market visitation may not result in people attending the nearest market (see Piault's paper in this volume).

Length of Market Week \ Day Number (Name)	1 (M)	2 (T)	3 (W)	4 (Th)	5 (F)	6 (St)	7 (S)	8 (M)	9 (T)	10 (W)	11 (Th)	12 (F)	Maximum Temporal Separation
1	□	□	□	□	□	□ a	□	□	□	□	□	□	Same
2	□	×	□	×	□	× b	□	×	□	×	□	×	Adjacent
3	□	×	○	□	×	○ c	□	×	○	□	×	○	Adjacent
4	□	×	○	✦	□	× d	○	✦	□	×	○	✦	One-day
5	□	×	○	✦	△	□ e	×	○	✦	△	□	×	One-day
6	□	×	○	✦	△	* f	□	×	○	✦	△	*	Two-day
7	□	×	○	✦	△	* g	★	□	×	○	✦	△	Two-day
8	□	×	○	✦	△	* h	★	⊠	□	×	○	✦	Three-day

□ △ × * ○ ✦ ★ ⊠   indicate different market places

M - Monday   Lundi
T - Tuesday   Mardi
W - Wednesday   Mercredi
Th - Thursday   Jeudi
F - Friday   Vendredi
St - Saturday   Samedi
S - Sunday   Dimanche

Figure 2. Temporal separation of markets and the length of the market week

and eight-day market weeks. The location of the eleven examples is shown in Figure 3. Ideally, this analysis should be applied to *all* the markets in a given area, otherwise the distance spacings will be incorrectly enlarged. Also, if the population of markets in each area rather than a sample is under scrutiny, statistical tests of significance should not be applied.[1] This is also

[1] This issue can be argued either way; each of the eleven examples constitutes a population (this is a somewhat narrow point of view, especially as some of the populations would contain only twelve observations). Alternatively, each example is a sample from the population of all three-day market cycles in West Africa, all four-day cycles, etc. There are problems with each one, and I have taken the position that it is largely a question of attitude. Thus, I have included the results of analysis of variance for each example; this statistic (F) enables one to determine whether the variation (in distance spacing) *between* groups (same day, adjacent day, etc.) is more significant than the variation *within* groups.

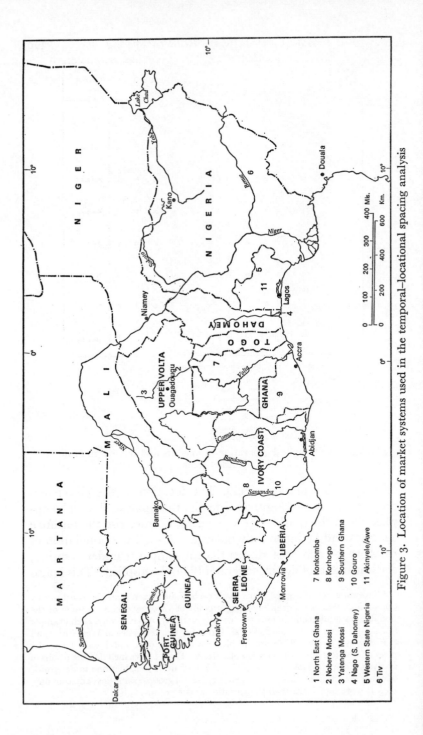

Figure 3. Location of market systems used in the temporal–locational spacing analysis

1 North East Ghana   7 Konkomba
2 Nobere Mossi   8 Korhogo
3 Yatenga Mossi   9 Southern Ghana
4 Nago (S. Dahomey)   10 Gouro
5 Western State Nigeria   11 Akinyele/Awe
6 Tiv

the case in those few instances where there is clear evidence that all the markets have not been identified; here, the 'sample' is not random, and strictly speaking, significant tests are inappropriate. Finally, straight-line distance measurements between markets have been taken; this could lead to underestimation in areas of considerable local relief, or where local road and footpath networks are especially circuitous (although there is no basis to expect that they would be).

Table 1

Temporal and Locational Spacing in Three-day Markets

Temporal spacing (days)	Locational spacing (miles)		
	N.E. Ghana	*Noberé Mossi*	*Yatenga Mossi*
Same	9·8	11·3	11·4
Adjacent	9·0	9·9	8·8
Nearest*	3·6	4·2	7·7
Number of markets	11	11	60

Source: Hunter, 1966, p. 108 (N.E. Ghana); Skinner, 1962, p. 258 (Noberé Mossi); Zahan, 1954, p. 370 (Yatenga Mossi).

* Average distance to nearest market regardless of day of meeting.

(i) *Three-day market weeks.* Evidence from three different locations (Table 1) within this relatively restricted market week supports the general hypothesis, and in each case, the distance between markets meeting on adjacent days is less (for Noberé and Yatenga Mossi, considerably less) than the distance separating markets meeting on the same day. However, only for the Yatenga Mossi is the difference between same and adjacent markets significant at the 5 per cent level. The absolute spacing of markets in the Yatenga Mossi area is much larger than that for Noberé Mossi and north-eastern Ghana; differences in population density could explain this, although there is some evidence which suggests that all markets in the Yatenga area have not been located (Zahan, 1954, pp. 370, 373, 374–6).

(ii) *Four-day market weeks.* There is little difference in the spacing of four-day markets in Nago (Dahomey) and the former Western Nigeria (Table 2). In both cases, markets meeting on the same day are almost twice as far apart as markets meeting on adjacent days; also, the F-test indicates a significant between-group difference for both examples. The spacing of markets whose meetings are separated by one complete day presents a curious anomaly; instead of being even more closely spaced than temporally adjacent markets, they are in fact farther apart. The precise reason for this exceptional situation is unclear,[1] but it is worth noting that the spacing of adjacent markets is

Table 2

Temporal and Locational Spacing in Four-day Markets

Temporal spacing (days)		Locational spacing (miles)
	Nago	Western Nigeria
Same	9·7	8·1
Adjacent	4·7	4·8
One	5·8	6·7
Nearest*	3·1	3·8
Number of markets	41	432

Source: Verger and Bastide, 1958, p. 219 (Nago); Thodey, 1968, pp. viii–4 (Western Nigeria).

* Average distance to nearest market regardless of day of meeting.

only slightly greater than the absolute spacing of markets (4·7 compared with 3·1 miles for Nago, 4·8 compared with 3·8 for south-western Nigeria); in other words, temporal adjacency seems to define the maximum complementarity condition.

(iii) *Five-day market weeks.* As is shown in Table 3, this market week has temporal and locational spacing characteristics that accord well with the hypothesis of temporal–locational complementarity. Markets meeting on adjacent days are on the

Table 3

Temporal and Locational Spacing in Five-day Markets in Central Tivland

	Temporal spacing (days)	Locational spacing (miles)
Same		12·6
Adjacent		10·2
One		9·9
Nearest*		4·5
Number of markets		12

Source: Bohannan and Bohannan, 1957, p. 615.

* Average distance to nearest market regardless of day of meeting.

[1] This could be explained by variations in the distance separating markets in a four-day cycle. It can be shown that if the markets meeting on days 1 and 2 are closer together than the markets meeting on days 3 and 4 (such that the geometrical figure defined by the four points is a parallelogram, not a square), the distance between markets one day apart exceeds the spacing of temporally adjacent markets (Richards, 1969).

average closer together than markets occurring on the same day. This trend continues with markets temporally separated by one day, although there is only a difference of 0·3 miles between the averages for adjacent and one-day-apart markets. However, the value for F was not significant, suggesting that the variation within the groups was greater than that between the group.

Table 4

Temporal and Locational Spacing in Six-day Markets

Temporal spacing (days)	Locational spacing (miles)	
	Konkomba	Korhogo
Same	30·4	10·1
Adjacent	20·2	4·9
One	23·3	4·5
Two	23·3	6·5
Nearest*	6·9	3·6
Number of markets	13	34

Source: Tait, 1961, p. 19 (Konkomba); Société d'Etudes Pour le Développement Economique et Social, 1965, carte 2, p. 19 (Korhogo).

* Average distance to nearest market regardless of day of meeting.

(iv) *Six-day market weeks.* The average spacing of markets occurring on the same day in the Konkomba area of northern Ghana is 30·4 miles (Table 4) compared with 10·1 miles for the Korhogo area which is at roughly the same latitude. The average spatial separation falls markedly in each case for markets meeting on adjacent days (20·2 and 4·9 miles respectively). Konkomba markets with meetings separated by one and two days are somewhat anomalous in that the locational spacing is 23·3 miles in each case. For the Korhogo area, this discrepancy is associated only with markets whose meetings are separated by two days, for which the spacing rises to 6·5 miles. In both Korhogo and Konkomba, however, these spacings are considerably less than the distance separating markets meeting on the same day. The F-test values for both cases indicate that the distance spacings for each time spacing group are significantly different.

The spacing values for Konkomba markets seem to be unusually large. There are two possible explanations for this. Firstly, it is possible that all the markets in this area did not appear on Tait's map: 'Yendi is the major market of a cycle of markets, each of which stands as the major market of a smaller

cycle' (Tait, 1961, p. 20). Alternatively, the widespread ownership of bicycles by the Konkomba would allow people to travel
greater distances to market (Ivor Wilks, personal communication, 1969).

(v) *Seven-day market weeks.* The evidence in Table 5 suggests
the existence of a complementary relationship between spatial
and temporal competition;[1] in both southern Ghana and Gouro,
the progression from same, to adjacent, to one day apart records

Table 5

Temporal and Locational Spacing in Seven-day Markets

Temporal spacing (days)	Locational spacing (miles)	
	Southern Ghana	Gouro
Same	20·1	15·2
Adjacent	13·2	12·4
One	12·7	10·8
Two	15·9	10·5
Nearest*	9·4	7·4
Number of markets	64	20

Source: Fagerlund and Smith, 1970 (Southern Ghana); Meillassoux, 1964, p. 281 (Gouro).

* Average distance to nearest market regardless of day of meeting.

a steady decline in the locational spacing of markets, although
it is worth noting that the distances in Gouro are consistently
less than in southern Ghana. In the latter area, there is a re-
currence of the paradox noted earlier in connection with four-
day markets, i.e. markets temporally separated by two complete
days are, instead of being less than 12·7 miles apart, spaced at an
average distance of 15·9 miles. This anomaly may be related
to the data sources on which the map was based (Fagerlund
and Smith, 1970).

For southern Ghana, the difference between the average
distances in the four groups was significant at the 5 per cent
level, but this was not the case for the Gouro.

(vi) *Eight-day market weeks.* A number of eight-day markets
immediately to the north of Ibadan provided the data for this

[2] Fagerlund and Smith (1970, p. 342) note a secondary piece of evidence in this
regard: of twenty-seven markets in the six southern Regions which met on two fixed
days of the week, twenty-three followed a schedule which involved first two (or
three) and then three (or two) marketless days. This is the optimal temporal
spacing schedule in a seven-day week.

final example. Again, the evidence in Table 6 shows that as markets occur farther apart in time, they are located closer together in space. There is a slight hint of the now familiar anomaly, with markets two days apart being a little more widely spaced than those separated by one day (11·6 compared with 11·5 miles). However, the distance involved is only one-tenth of a mile, and one can scarcely place too much confidence in such a small difference. Also, the trend is corrected with markets meeting at intervals separated by three days. The F-test indicated a significant difference between the groups.

Table 6

Temporal and Locational Spacing in Eight-day Markets in the Akinyele–Awe area, Yorubaland

Temporal spacing (days)	Locational spacing (miles)
Same	17·5
Adjacent	12·2
One	11·5
Two	11·6
Three	10·0
Nearest*	4·0
Number of markets	16

Source: Hodder, 1961, p. 149; and Marshall, 1964, p. 110.

* Average distance to nearest market regardless of day of meeting.

The evidence recorded in Tables 1–6 is summarized in Figure 4. There is a clearly discernible inverse relationship between temporal and locational spacing, although the allocation of equal intervals between the time categories on the vertical axis of the graph is entirely speculative. Indeed, if the appropriate metric for temporal spacings could be identified, we could hypothesize that the product of temporal and locational spacing will be constant (Akin L. Mabogunje, personal communication, 1969). The three examples from Mossi country, the Gouro seven-day markets, and the market cycle from central Tivland conform well to the postulated relationship between temporal and locational spacing. Further, the eight-day market week example from Yorubaland diverges only slightly from this norm. The remaining five examples are anomalous in varying degrees, although in every case, the widest spacing is associated with markets occurring simultaneously.

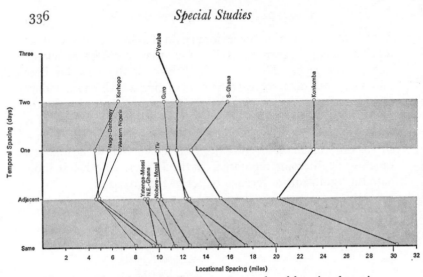

Figure 4. The relationship between temporal and locational spacing

IV. LOCATIONAL SPACING OF PERIODIC MARKETS IN WEST AFRICA

An interest in the locational pattern of periodic markets follows naturally from certain propositions of the Central Place Theory (Christaller, 1966, pp. 22, 54; Berry, 1967, pp. 26–42). Some writers have questioned the application of this theory to areas where periodic markets prevail (Hill, 1966*a*, p. 298; Hodder, 1962, p. 105), but there is no real problem if the *logic* rather than the *form* of Central Place Theory is followed (Michael L. McNulty, personal communication, 1968). As periodic markets (regardless of whether they are located in a settlement or in a rural area) provide economic, social, and political services for their hinterlands, and as markets occurring on the same day are competing directly in the provision of these services, one should expect some order in the locational patterns of markets meeting on the same day. It is these locational patterns which will form the subject-matter of the final section of this paper.

The processes giving rise to locational patterns are of two types: a contagious process which results in the clustering to-gether of units in agglomerations,[1] and one of mutual repulsion

---

[1] The familiar *Sabon N'gari*, or *zongos* of West African cities can be viewed as a result of such a process (Skinner, 1963, pp. 308, 312, 314).

or competition (Hudson, 1969, pp. 369–73) which, given the appropriate topographic and population distribution characteristics in an area, will result in a uniform (or maximally spaced) pattern of market locations. As periodic markets occurring simultaneously are engaged in direct, functional competition with one another, it seems appropriate to hypothesize that they should display uniform spacing patterns.

A means of testing this hypothesis is provided by the 'nearest-neighbour statistic';[1] this measure enables one to describe a two-dimensional point pattern (e.g. a set of periodic markets) as 'clustered' or 'agglomerated' (reflecting a process of contagion), 'uniform', 'regular', or 'even' (indicating the operation of a process of mutual repulsion, or competition), and 'random'. A random distribution would be one in which each separate point location would have had an equal chance of being the site of a market; competition and contagion would play no part in the allocation of markets to points. The nearest-neighbour statistic, R, is the ratio between the actual average distance to the nearest neighbour (market) and the expected average distance to the nearest neighbour *in a random distribution* of points (markets). The expected average distance is calculated from an expression derived from the Poisson distribution function (Clark and Evans, 1954, pp. 451–2). The values of the near-neighbour statistic range from zero (complete agglomeration, no distance between points) through 1·0 (indicating a random distribution) to 2·15 (the maximum value, signifying a uniform distribution of points).

There is very little analysis of this type in the literature. Fagerlund and Smith (1970) attempted to describe location patterns of periodic markets in Ghana using these measures, but because the sampling procedure for enumerating periodic markets was not based on random selection, the results they reported are distinctly speculative.[2] Only the Western Nigeria case (Figure 5) of the eleven examples from the previous section of the paper seems appropriate for nearest-neighbour analysis,

[1] Philip J. Clark and Frances C. Evans, 1954, Distance to nearest neighbor as a measure of spatial relationships in populations, *Ecology*, vol. XXXV, pt. 4, pp. 445–53.
[2] Analysis of the spacing of markets in southern Ghana meeting on the different days of the week (except Saturday, on which day only four markets met) yielded R values which all suggested a random distribution.

as this is the only area in which the number of markets was
sufficiently large to justify nearest-neighbour tests and, per-

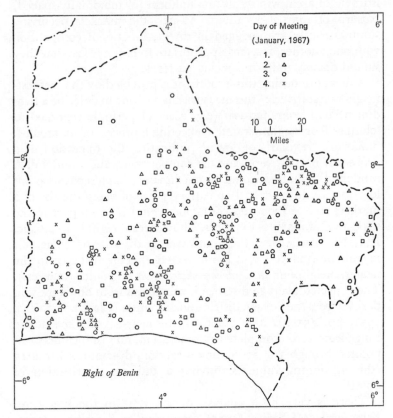

Figure 5. Periodic markets in Western Nigeria, 1967

haps more importantly, in which one could be reasonably certain that *all* markets had been identified.[1] A secondary implication of this characteristic is that statistical tests of significance

[1] The map on which this analysis is based was prepared by Thodey (1968) from
the *Market Calendar 1967* (Ministry of Economic Planning and Community
Development, 1967); 510 of the 550 (urban and rural) markets were located.
However, only 432 of the 550 markets met periodically, hence this number in
Tables 2 and 7. The *Market Calendar 1966* identified 524 markets, while the *Market
Calendar 1969* listed 719 (620 four- and eight-day markets, 92 daily markets, six
weekly, and one monthly). Either new markets are being established every year
(with little wastage in the number of existing markets) or more existing markets
are being identified as time goes on.

can be applied if the markets meeting on each of the four days are regarded as a sample of this population.

The results of nearest-neighbour analyses on periodic markets in Western Nigeria are recorded in Table 7, and in all four cases, the distribution is significantly different from a random pattern. The fact that the values do not coincide with 2·15

Table 7
Market Spacing in Western Nigeria, 1967

Day of meeting (January 1967)	Number of markets	Mean distance to nearest same day market (miles)		Near-neighbour statistic (R)	Distribution type*
		Observed ($\bar{r}_A$)	Expected ($\bar{r}_E$)	$\dfrac{\bar{r}_A}{\bar{r}_E}$	
First	109	8·1	6·7	1·21	Approaching uniform
Second	125	7·0	6·3	1·11	Approaching uniform
Third	108	8·7	6·7	1·29	Approaching uniform
Fourth	90	8·7	7·5	1·17	Approaching uniform

Source: Calculations on Figure 5.

* Determined by $\dfrac{\bar{r}_A - \bar{r}_E}{\sigma \bar{r}_E}$ where $\sigma \bar{r}_E = \dfrac{0.26136}{\sqrt{n\lambda}}$ (n = number of markets, λ = density).

This value can be interpreted as a standard normal deviate.

indicates minor imperfections in the structure of these four pseudo-uniform distributions. What is important is that their demonstrated tendencies towards uniformity substantiate the hypotheses of the operation of a competitive process in establishing the network of periodic markets. Inasmuch as the uniform spacing characteristic is a proposition of Central Place Theory[1] it would seem that this evidence from Western Nigeria suggests that similar space-filling processes are at work in areas as dissimilar economically and culturally as Yorubaland and Iowa. The main difference lies in the fact that in the usual western situation, there is a stable, locationally fixed network of urban centres in which goods and services are provided; in Yorubaland (and elsewhere in West Africa) there are four floating networks of markets, each of which has its turn on the appropriate day of

[1] M. F. Dacey, 1962. Analysis of central place and point patterns by a nearest neighbor method, in Knut Norberg (ed.), *Proceedings of the IGU Symposium in urban geography, Lund 1960*.

the market week. As Ukwu (1969, p. 156) put it, 'The marketing landscape becomes, at best, a panorama of honeycombs in a regular periodic circuit.' Variations in the parameters of service centre spacing (population density, transport technology, etc.) lead to different spacing values in different areas; however, the regularity or the uniformity of the pattern of distribution remains the same.

CONCLUSION

The proposition on which this paper rests is that market periodicity and locational patterns are unaffected regardless of whether the market performs a primarily economic, social, or political function, or some combination of these three. The map of market periodicities (Figure 1), though incomplete, indicates the variety of market weeks existing in West Africa, and demonstrates the lack of correspondence between the length of the market week and the location of areas in which particular ecological conditions (forest and savannah) or cultural influences (Islam) are known to exist. The map is essentially a cartographic summary of the relevant literature; it is presented in the hope that it will stimulate that combination of ethnographic bibliography and field confirmation that will result in the production of an accurate and detailed map of West African market weeks.

An hypothesis concerning the complementarity between temporal and locational spacing of periodic markets was proposed, and evidence was marshalled from six different market weeks to test it. In general, the data support the retention of the hypothesis, although some anomalous relationships emerged in market networks with temporal spacings of one, two, and three complete days. Deductively, there is no plausible explanation for the inversion of the temporal–locational spacing relationship when markets are separated by one (and, in some cases, more) days. Clearly, the adequacy of this hypothesis needs to be examined in many more situations, hopefully including some market networks in the western half of West Africa. Further, a test which is sensitive to functions other than economic should yield more conclusive findings.

Finally, the evidence from one rather extensive network of periodic markets supported the hypothesis that markets occurring simultaneously do indeed have a uniform or regular spatial distribution. This hypothesis was drawn directly from the Central Place Theory, and it is argued that this theoretical base is not such an irrelevant structure for spatial analysis as has occasionally been contended. It is not my intention to give the complacent impression that this one piece of evidence satisfies me of the plausibility of the uniform spacing hypothesis; tests on market cycles with market weeks other than four days are necessary, especially so when space-filling systems for market weeks with odd and even numbers of days are considered. One of the critical needs in extending our knowledge of marketing and trade in West Africa is more and detailed information about the location and periodicity of meeting of markets. However, data *per se* are not enough; we need to make diligent and imaginative use of the theory we already have if we are to develop a comprehensive theory of the structure (spatial and otherwise) of West African economy and society.

APPENDIX: SOURCES FOR FIGURE I

(a) Two-day market weeks

Katsina: Hill, 1969, p. 408.
Yorubaland: including southern Dahomey: Hodder, 1965, p. 51; Ministry of Economic Planning and Community Development (Western Nigeria), 1969; Tardits and Tardits, 1962, p. 96.

(b) Three-day market weeks

Mossi: Dubourg, 1957, pp. 307–98; Hammond, 1966, p. 101; Skinner, 1962, p. 258; Zahan, 1954, pp. 370–7.
Moba: Hill, 1966a, p. 302.
North-eastern Ghana: Fagerlund and Smith, 1970; Hunter, 1966, p. 108; Wayne McKim, personal communication, 1969.

(c) Four-day market weeks

Avikam: Thomas, 1924, p. 191.
Ewe: Fagerlund and Smith, 1970.
Fon and Egba: Tardits and Tardits, 1962, p. 96; Verger and Bastide, 1958, pp. 208–19; Bastide and Verger, 1959, pp. 33–65.
Egba, Yoruba, Ijebu, Ife, Ekiti: Hodder, 1965, p. 51; Ministry of Economic Planning and Community Development (Western Nigeria), 1969.

Nupe: Nadel, 1942, p. 321.
Edo, Itsekiri, Isoko, Kukukuku, Ijaw, Urhobo: Bradbury, 1957, pp. 25, 63, 82, 136; Ministry of Finance and Economic Development (Midwestern State, Nigeria), 1969.
Igala: Ukwu, 1969, p. 129.
Ibo, Ibibio: Martin, 1956, p. 15; Ottenberg and Ottenberg, 1962, p. 120; Ukwu, 1969, p. 127.
Bamileke: Hill, 1966a, p. 302.

(d) *Five-day market weeks*

Lobi: Hill, 1966a, p. 303.
Dogon: Gallais, 1967, p. 497; Griaule, 1965, p. 62.
Tiv: Bohannan and Bohannan, 1968, Chapter 15.
Idoma, Iyala: Hill, 1966a, p. 303.

(e) *Six-day market weeks*

Diola: Thomas, 1924, p. 191.
Dagomba: McKim, personal communication, 1969; Tait, 1961, p. 17.
Konkomba: J. C. Froelich, 1954, pp. 167–8; McKim, 1969; Tait, 1961, p. 17.
Tem, Bassari, Kàbre, Naoudemba: J. C. Froelich, et al., 1963, pp. 24, 83, 133.
Jukun, Kentu: Thomas, 1924, p. 191.

(f) *Seven-day market weeks*

Anyi, Brong, Ashanti, Fanti, Akyem, Ga, Adangme: Fagerlund and Smith, 1970.
Bambara: Meillassoux, 1963, p. 211; Pâques, 1954, pp. 41–3.
Gouro: Meillassoux, 1964, pp. 277–83, especially Map 17, p. 281.
Hausa, Kanuri, and Northern Nigeria generally: Hill, 1966a, p. 304; Nigeria, 1962, pp. 325–31; Nigerian Produce Marketing Board, 1967, pp. 36–7.
Kissi: Paulme, 1954, p. 66.
Western Liberia: Brown, 1937, p. 8.
Malinke/Mandingo: Hill, 1966a, pp. 303–4; Spencer and Johnson, 1960, pp. 21–2.
Margi, Gude: Lembezat, 1961, pp. 29–30; Lembezat, 1962, pp. 86–104.
Senoufo, Minianka: Holas, 1957, p. 72.
Songhai: Hill, 1966, p. 304; Rouch, 1954, p. 26.
Sokoto: Dupire, 1962, p. 350.

Susu: Binet, 1962, pp. 104–14.
Wolof: Thomas, 1924, p. 191.
N.B.: The marketing calendars for western and mid-western Nigeria (Ministry of Economic Planning and Community Development, 1969; Ministry of Finance and Economic Development, 1969) indicate that a small number of market-places meet weekly.

(g) Eight-day market weeks

Bete: Thomas, 1924, p. 191.
Duala: Ardener, 1956, p. 48.
Ibo, Ibibio: Martin, 1956, p. 15; Ukwu, 1969, p. 127.
Tikar: Ritzenthaler, 1966, p. 123.

(h) Mixed market weeks

Kainji Basin (Yelwa): Isaac Ayinde Adelemo, personal communication, 1969; Anthonio, 1968, pp. 15–19.
Korhogo (Senoufo): Société d'Etudes Pour le Développement Economique et Social, 1965, cartes 1 and 2, pp. 17–19; Bernos, 1960, pp. 239–324.
N.B.: There are many others which have not been separately identified.

Résumé

PÉRIODICITÉ ET EMPLACEMENT DES MARCHÉS EN AFRIQUE OCCIDENTALE

La plupart des marchés de l'Afrique Occidentale se tiennent périodiquement en des lieux et à des jours fixés par un calendrier: la périodicité hebdomadaire des marchés varie entre deux et huit jours. Les marchés remplissent des fonctions économiques, sociales et politiques, qui se confondent ordinairement sur un seul site, bien que l'importance relative de ces activités varie selon l'endroit. On présume que la combinaison des principales fonctions d'un cycle donné de marchés a relativement peu d'influence sur la *périodicité* et sur l'*espacement des marchés*. Cet exposé discute les régimes périodiques en l'Afrique Occidentale, la complémentarité entre des concurrences spatiales et temporelles dans un réseau de marchés et l'organisation spaciale des marchés ayant lieu le même jour.

z

RÉGIMES PÉRIODIQUES DES MARCHÉS EN
AFRIQUE OCCIDENTALE

Un système de classification de la périodicité hebdomadaire des marchés est présenté dans la table 2. La figure 2, carte des semaines de marché selon les groupes ethniques d'Afrique Occidentale, est dressée à partir de matériaux ethographiques et plus particulièrement des articles de Thomas, de Fröhlich et de Hill. Les marchés ayant des périodicités de 4 et 7 jours sont les plus répandus. L'absence de corrélation entre la périodicité hebdomadaire des marchés et certains facteurs, tels que les conditions écologiques (régions de forêts ou de savanes) ou certaines influences culturelles (surtout l'islam), est souligné. La carte est plus complète pour la moitié Est que Ouest; beaucoup reste à faire en matière de recherche, tant sur les matériaux ethnographiques écrits que sur le terrain.

L'EFFICACITÉ DES CYCLES DU MARCHÉ

Après une brève revue de la notion de 'cycle' du marché, on notera que la périodicité seule n'assure pas une fréquentation suffisante pour justifier l'établissement d'un marché dans un endroit donné. La concurrence entre les différents marchés est à la fois spatiale et temporelle, et la relation entre ces deux aspects est complémentaire. L'objectif de cette section est d'établir cette proposition.

D'abord, on notera l'efficacité supposée, spatiale et temporelle, des marchés et on essayera de démontrer que le caractère optimal prêté (directement ou indirectement) par beaucoup d'auteurs au cycle des marchés est une hypothèse à vérifier plutôt qu'une vérité d'évidence. Il faut signaler qu'aucun auteur, parmi ceux qu'on a consultés, n'offre d'analyse à l'appui de cette hypothèse. En second lieu, on proposera une modèle graphique et une vérification de cette hypothèse. Cette vérification consiste simplement à calculer la distance moyenne entre les marchés ayant lieu le même jour, puis à des jours successifs, puis à des intervalles de deux jours et de trois jours. Pour que l'hypothèse vale, le rapport doit être inverse. Troisièmement, afin de soutenir cette hypothèse on donnera des renseignements portant sur 10 régions différentes de l'Afrique Occidentale, comprenant, chacune, entre 11 et 432 marchés, et fonctionnant selon des périodicités de 3 à 8 jours

Dans tous les cas, les marchés ayant lieu le même jour sont beaucoup plus éloignés que les marchés ayant lieu à des jours successifs. Il faut remarquer que malgré une periodicité plus longue (1, 2 ou 3 jours) le contraire apparaît quelquefois et que des marchés à faible périodicité sont aussi très éloignés dans l'espace. Ainsi en est-il dans une région du Sud-Ghana, où le marché se tient tous les 7 jours; dans la région Konkomba du Ghana septentrional (6 jours); pour les marchés de 4 et 8 jours des Yorouba dans le Sud-Ouest Nigéria, ainsi que dans le réseau Nago des marchés de 4 jours, au Dahomey. Cette contradiction met sérieusement en cause la congruité de l'hypothèse dans tous ses détails; cependant, elle reste, en général, plausible.

L'ESPACEMENT DES MARCHÉS PÉRIODIQUES EN AFRIQUE OCCIDENTALE

Une des propositions de la Central Place Theory concernant la localisation des activités tertiaires suggère que les centres de services (places centrales) doivent être espacés uniformément (ou également ou régulièrement). Cette proposition doit se vérifier pour les marchés ayant lieu le même jour parce qu'ils sont en concurrence directe. L'applicabilité de la Central Place Theory pour l'étude des marchés périodiques a été sérieusement mise en question; donc, l'examen de cette hypothèse a un intérêt considérable.

Le cas des marchés périodiques de 4 jours de l'Ouest-Nigéria a été utilisé pour mettre cette proposition à l'épreuve. Pour chacun des 4 réseaux de marchés (ceux ayant lieu le 1er, le 2, le 3 et le 4 janvier 1967) la distance des marchés les plus proches a été calculée statistiquement; cette statistique permet de caractériser les distributions de points (marchés) comme 'agglomérés' (reflétant un processus de prolifération), 'uniformes', 'réguliers', ou 'égaux' (reflétant un processus concurrentiel), ou 'probables'. Dans les 4 cas, les distributions étaient uniformes, vérifiant l'intervention d'un processus concurrentiel dans le développement du réseau des marchés périodiques et remettant en question la validité des objections faites à la Central Place Theory pour l'étude de la périodicité des marchés.

CONCLUSION

Les conclusions des trois sections précédentes sont résumées, et la communication se termine par un appel pour le rassemblement de renseignements sur les cycles des marchés et pour l'utilisation plus diligente et plus imaginative des corps existants de théories, seule manière de développer une théorie cohérente des structures spatiales et autres de l'économie ét de la société d'Afrique Occidentale.

XVII. Periodic and daily markets in West Africa

B. W. HODDER

Perhaps the simplest yet at the same time most significant classification of markets in West Africa is one which distinguishes
between periodic and non-periodic (daily or continuous) markets. At our present admittedly very low level of understanding
of markets in the region, this distinction seems to be a useful
preliminary step in the analysis of market types, distribution,
processes, and economic functions. It can perhaps be argued that
this fundamental distinction facilitates discussion on the relative
importance of wholesale and retail trading; allows comparisons
to be drawn with the markets of Europe since medieval times;
suggests certain conclusions about the relationship between
periodism and the size of market areas; and, finally, supports the
notion that indigenous shopping institutions are often simply
the end-products of the change from periodic to continuous
marketing. The following remarks—brief, fragmentary, and
speculative as they are—support this general line of argument as
a basis for seminar discussion.

PERIODIC AND DAILY MARKETS

The range of periodicity varies from one part of the region
to another. In Yorubaland, for instance, one can distinguish a
periodicity based on the 4-day week, which occurs also in many
other parts of southern West Africa. In the northern parts and in
parts of southern Ghana, however, a 7-day week may be found,
and 3-day, 5-day, and 6-day periodicities have also been reported by several workers. In some cases, notably where there
are historical antecedents of 'fairs', especially large and important markets may occur at even less frequent intervals, as

with the Oje 16-day cloth 'fair' in Ibadan or the 24-day Orie Ndu market in Ibo country.

This is not the place to discuss the nature and origins of periodicity, controversial though the whole topic is. A number of authors have already commented on the fact that it appears to be an essential element of the local indigenous market structure of most developing countries, as indeed it was of medieval Europe. Polly Hill argues that the basic reason for the periodicity of West African markets, elsewhere than in the cities, is that most local produce is brought to market by those who have had a hand in producing or processing it. And Ukwu has shown that in Iboland the periodicity of traditional markets reflects the organization of the village group. In some West African societies, such as the Tiv in Nigeria and the Konkomba in Ghana, the day takes its name from the market-place. Thus a marketing sequence provides time referents for the communities using that set of markets. It follows that recognition of a particular market-day calendar can be used to define a marketing region as an area of conscious interaction, the area over which a market-day name is current being regarded as at least partially oriented to the named market-place. A good deal has also been written on the so-called market rings, or circuits, and upon the tendency for there to be more or less clearly defined integrated sequences of markets over specific geographical areas.

The important point to note for the purposes of the present argument is the tendency for the spacing between market days in any one area to decrease with rising population density and urbanization. Thus in Yorubaland some 8-day markets have become 4-day markets: Agunleye (Ado) and Erekesin (Ado Ekiti) markets have changed from 8-day to 4-day markets, apparently as a result of an increase in the size and trading importance of the surrounding settlements. This 'halving' is certainly a most convenient and logical means of increasing market-day frequency, 'for it requires no disruption of the old schedule: new market days are simply added to the old' (Skinner, 1964, p. 16). On the other hand, such a trend may have little to do with the increasing or decreasing importance of individual markets. Although Agboola finds 8-day markets in northern Yorubaland to be larger and more important that 4-day markets, this does not seem to be a general finding elsewhere; indeed, Ukwu argues for Iboland that the periodicity of a market is no indication of its size, the range of commodities sold within it, or the size of its service area.

An increase in frequency can also arise from the merging of several neighbouring markets. Thus 2-day markets in Yoruba-land commonly represent the merging of two 4-day markets. In Porto Novo, for instance, there were formerly two 4-day mar-kets—One and Eru—providing markets every other day be-tween them. In 1918, however, the two were merged into one, the surviving market, now a 2-day market, taking over the functions of both. At Dangbo the original market was an 8-day affair, and the present 2-day market represents the events that used to take place on near-by sites but which have now been taken over by the more powerful Dangbo market. In Iboland Ukwu has noted that Eze Uzuakoli market is full every fourth day, in contrast to the 8-day periodicity usual in the area; this is because the present site of the market replaces the two tra-ditional markets of Eke Ogbote and Eke Oba. It is thus in effect a pair of 8-day markets held on alternate Eke days.

However this phenomenon may occur, increasing frequency in market periodicity has now been documented for a number of cases in West Africa. Available evidence suggests that in most cases the less frequent period is the 'mother' of the more fre-quent period—for example, '8' is the mother of '4', to use a phrase of Polly Hill's. It is also possible and certainly logical, however, for the reverse process to occur, especially under con-ditions of a decreasing population and a general deterioration in standards of living. No such cases of increasing periods between markets, however, seem to have been documented as yet.

As for daily markets in West Africa, these also include a wide variety of types—notably all-day retail markets, all-day whole-sale markets (usually specialized staple foodstuffs markets), morning markets and night markets, which seem to differ in their relative importance and significance from area to area.

Apart from the general point that they are especially charac-teristic of West African towns, and so are more common in urbanized areas like Yorubaland, it is not yet possible to say very much about the details of their characteristics and func-tions; very much less work has been done on daily markets than on the periodic markets of the region. For the purposes of the present discussion, however, the term 'daily' market is taken to refer solely to the all-day retail market, except where otherwise specifically stated. No mention at all is made of the morning, night, or livestock markets of West Africa.

SOME COMPARISONS

One of the two major differences between periodic markets and daily markets is that whereas daily markets are most characteristic of towns, periodic markets occur in all kinds of settlements, or even in open country. The bulk of the periodic markets of West Africa are certainly rural in their location. But the history of many towns, especially in the Yoruba country, is intimately linked with the founding of a market outside the house or palace of the first or most powerful ruler of the settlement. All towns, indeed, may be said to have a daily market of one kind or another.

Secondly, there are important differences in economic function between periodic and daily markets. It seems that the dominant economic function of periodic markets is the collection, bulking, and distribution of local food products, the products of local food processing, and local craft industrial products. This fits in with Jones's view that periodic marketing is a 'bulking' device intended to concentrate both sellers and buyers. It is also in accordance with Gloria Marshall's statement that rural periodic markets are primarily places where traders purchase items which they resell to other traders or consumers. This is not to suggest that periodic markets never function at least partially as local distributing points for goods imported from other areas or from abroad. But for the staple foodstuffs, in particular, periodic markets are certainly bulking markets.

The chief economic function of most daily markets, however, is as a retail distribution centre—a shopping centre. In this sense the market's function is to assemble at a central place within a town the various commodities required by the inhabitants. These commodities may come from a very wide source area: there is nothing 'local' about the source of the bulk of the goods in a daily market. But, unlike periodic markets, daily markets have a restricted service area: daily markets serve chiefly the needs of people from within a small area—usually the town and its immediate environs. Daily markets are attended chiefly from the town or part of the town in which the market lies; and the high density and essentially urban nature of the population means that continuous as distinct from periodic trading is possible. The selling, moreover, is dominantly retail as distinct from the largely wholesale buying and selling in periodic markets. At its simplest, it can be said that retail selling characterizes daily markets, whereas wholesale buying characterizes periodic markets.

These ideas are given some support by a comparative analysis of market types based on forty markets in Yorubaland, which gave the following results:

Market type	Commodity structure (% foodstuffs sellers)	Over 50% sellers retail or wholesale	Average radius source area	Average radius service area
Periodic	65	Wholesale	0–50 miles	0–30 miles
Daily	45	Retail	Over 30 miles	0–5 miles
Daily Wholesale	85	Wholesale	Over 50 miles	Over 30 miles

The reasons for the differences between periodic and daily markets are complex, but lie fundamentally in the fact that periodic markets are in origin most characteristic of food surplus areas while daily markets are most characteristic of food deficit areas: in other words, periodism in marketing may perhaps be equated with the dominant interest in selling rather than in buying, a feature which is associated to some extent with the processes of 'bulking up' rather than 'breaking down' of commodities. It is indeed a common observation made by visitors to Yoruba markets that 'nobody ever seems to be buying'. Most women in a periodic market are in fact selling to a relatively smaller number of women who are bulking the smaller lots into larger lots. If this notion is correct, it suggests that the daily market in a town is more of a service unit in that it is there for people to visit any time they wish to buy their immediate needs, whereas the chief function of the periodic market is the injection of locally produced goods into the distributive network. To put this difference another way, it can be suggested that in periodic markets most women do not simply 'go to market' in the Western sense of the term: that is, they are not primarily housewives doing the family shopping. In daily markets, however, most women are doing just that.

These contrasts between periodic and daily markets are most clearly evident in a town where the two exist side by side. In Abeokuta, for instance, apart from the great daily markets, notably Erekekin, there are two 4-day markets—Iberekoda and Isabo—whose chief economic function is undoubtedly to provide a dominantly wholesale meeting-place for urban and rural products. The contrast in size of service area can also be seen within one market site—Ade Ekiti's Oja Oba market, which takes place daily but which has a 4-day periodic section to which people come from far away. At Lagos, too, Oyingbo market is both an 8-day periodic market and a daily market, which takes place on the other seven days on the same spot, though it is then very much smaller, almost wholly retail, and only has a very small service area.

It will be noted that there is a third type of market referred to in the above table—the daily wholesale market. This, as yet a rare type of market in West Africa, will be discussed in the section that follows.

THE GROWTH OF SHOPS AND SPECIALIZED WHOLESALE MARKETS

It can be argued that the two points just made indicate some functional and spatial association between periodism and daily marketing in the way suggested below:

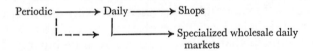

As this diagram suggests, the bulking up, wholesale activities of periodic markets lead on to daily (urban) markets, and thence into indigenous shops or specialized wholesale daily markets; occasionally, but increasingly, goods may go direct from the periodic market into the specialized wholesale daily market; and shops may purchase their supplies direct from specialized wholesale daily markets. This scheme, or course, refers solely to those largely staple foodstuffs or cottage industrial products produced in the local countryside; it ignores (i) the movement of different kinds of goods in the reverse direction and (ii) the movement of manufactured, often imported goods into daily markets, shops, and specialized wholesale markets from the large importing firms.

If this very tentative hypothesis is correct, then there should be empirical evidence to support it, not only in the movement from periodic to daily marketing but also in the latter half of the movement towards shops and specialized wholesale daily markets. The movement from periodic to daily marketing has been noted by several workers in the field. Periodic markets are commonly being replaced by daily markets as increasing market frequency reaches its logical end—daily marketing. Thus in the Ibo village group of Umunakamu, Ukwu notes that the transition from periodic to daily activity is now very advanced in most of the larger markets. And, conversely, where conditions are not suitable, the growth of daily marketing appears to be inhibited. Thus in Uzuakoli market the rate at which it can develop as a daily market is, according to Ukwu, limited by the relatively low population densities, long distances between settlements, and vigorously competing periodic markets.

Even more commonly, perhaps, the transformation from periodic to daily activity can be seen in the way in which periodic markets acquire daily sectors, the balance perhaps eventually changing into a situation in which a large daily market has only a small periodic sector. The Afor Ezuru market in Ibo country, for instance, now has retail sectors for both foodstuffs and imported goods. Yet Afor Ezuru is still very much a periodic market, and outside the daily sector very little trade is done on days other than its market day, once in eight days. At Orie Amaraka, however, the process has gone further, there being a very large daily sector in the market-place. When periodic markets develop daily sectors these sectors do not perform the same functions as the markets do on the traditional days; they are more restricted in scope, serving a smaller hinterland and usually offering a narrower range and smaller aggregate of goods and services.

As Ukwu has pointed out, this whole transformation of a market from a periodic regime to daily activity is, in effect, a change not only in its timing but also in its functions and very nature, making it a fixed centre analogous to the conventional central place. Yet it may give rise to a number of problems. Polly Hill has suggested, for instance, that the present extreme inadequacy of the physical facilities (especially storage facilities) provided by daily markets results from the fact they 'they are basically modelled on periodic markets, though the former are functionally different'. Again, in a number of the cases examined by Ukwu in Iboland, it is clear that the development of a daily sector in a periodic market is often at the expense of other periodic markets to which it offers strong competition.

There is now a good deal of evidence to support the second half of the trend suggested in the above hypothesis, and this quite apart from any analogy with circumstances in western Europe where the two end-products of retail shops and specialized wholesale markets, together with vestigial remnants of earlier periodic and/or daily markets are common enough features of many contemporary urban landscapes. More particularly, and again as in earlier times in western Europe, notably in the late seventeenth and early eighteenth centuries, there is the growth of lock-up stores, shop-houses, and shops around the edge of and radiating out from the market-place. This feature has been described elsewhere for Ibadan. But perhaps the most striking evidence of this trend has been noted in Ukwu's study of Ibo markets. At Umuahia Ibeku, for instance, the most important shopping districts are those adjacent to or immediately opposite the market-place. Here, as is general in the development of lock-up stores and shops, there is some selectivity in the kinds of goods which are involved; they are usually higher-order, relatively expensive items. The shops, then, are normal retail establishments, but they deal especially in imported and manufactured goods—cement and other light building materials, radios and other electrical goods and appliances, light machines and high-value textiles, clothing, and jewellery. Similarly in Onitsha, Ukwu has noted how the bigger and more specialist traders have, over the last twenty years or so, begun to move out of the market-place into the surrounding residential areas where they could get permanent lock-ups and large business premises.

Such a peripheral or radial development of lock-ups and shops can occur even when a daily market is only the daily sector of an otherwise periodic market. Ukwu has described Orie Agu market, which has a strongly developed daily sector and is fast developing into a central place of the Western type, with permanent stores on the streets facing or leading into it, and with lock-up shops in the market itself. The shops and other service centres now attached to the market are nevertheless still involved in the traditional market rhythm to the extent that when important periodic markets are being held in the hinterland, business tends to be very slack. Some shopkeepers may leave their shops to the care of assistants and take goods to the markets.

As for the growth of specialized wholesale daily markets in the towns of West Africa, the evidence for this is geographically very limited. Yet as Ukwu notes, the tradition of open marketing is not particularly suited to large-scale or permanent wholesale trade, and it is more particularly the staple foodstuffs or other 'lower-order' goods that are involved in the growth of specialized wholesale daily markets. This is perhaps best illustrated by Oritamerin market in Ibadan, described elsewhere.

CONCLUSIONS

In the language of central place studies, the whole trend outlined above can be seen as the crystallization of central-place-type institutions about the market-place. It is true, of course, that the market forms only part of the total complex of institutions which comprise the central business districts of urban centres. Nevertheless, if this notion has any validity, it suggests that daily markets—together with their peripheral and radial growth of lock-ups, shops, and other service institutions—and specialized wholesale daily markets make up useful criteria of urbanization in the West African context. Moreover, these two types of markets will become increasingly common and significant in the rapidly growing towns of West Africa. This in spite of the fact that a great deal of commercial activity has always taken place and will continue to take place outside the market.

This argument is open to a good deal of criticism, some of which was touched upon briefly in the 1966 Edinburgh Seminar, though little actual discussion on this issue was possible. It is hoped that the present paper will make possible a more substantial examination of the specific topic. In a more general sense, too, there is of course some controversy over the extent to which local trade and its associated institutional mechanism of the market-place is increasing or decreasing relative to other forms of trade in West Africa. As far as this region is concerned, it has been suggested by some authorities that market-place institutions are declining in importance, for as economies become more sophisticated markets become less necessary: 'the more pervasive the market principle the less the economic importance of the market place' (Bohannan and Dalton, 1962). Yet, as Polly Hill has argued, there are strong practical reasons, such as increased urbanization, improved transport, higher purchasing power, and increased occupational specialization, for presuming that the total quantity of goods sold in West African markets is in fact increasing proportionately far more quickly than the size of the population. She argues persuasively that markets are bound to increase in importance in West Africa over the next few decades, especially in the cities of the south. And for the great markets of Ibadan it has been argued that whatever changes take place, and in particular however much Nigerian and other shops develop in the commercial core, and however completely markets like Oritamerin take over the wholesale trade in staple foodstuffs, there is no doubt that markets of one kind or another will for long continue to dominate the retail structure of the city.

Most of the thinking in this brief paper has arisen from a consideration of periodic and daily markets in Yorubaland, more particularly in the Ibadan area. Admittedly it would be unwise to apply indiscriminately to other parts of West Africa conclusions or even notions drawn from such a small area. Yet it seems worth while at least trying to consider the relevance of these ideas to other parts of West Africa, more especially as Ukwu's work in Iboland reaches somewhat similar conclusions. It is to be hoped that the Freetown seminar discussions will enable us to decide exactly how far the Yoruba and Ibo cases are unique in this respect. The opportunities and need for research along these lines throughout West Africa require no stressing.

Résumé

MARCHÉS PÉRIODIQUES ET MARCHÉS QUOTIDIENS EN AFRIQUE DE L'OUEST

La distinction entre marchés périodiques et marchés non-périodiques (quotidiens) permet une classification simple mais utile des marchés d'Afrique occidentale et facilite la discussion d'un certain nombre d'idées et de problèmes.

MARCHÉS PÉRIODIQUES ET MARCHÉS QUOTIDIENS

La nature exacte de la périodicité varie d'une région à l'autre en Afrique de l'Ouest et il existe des preuves de la diminution de la période entre les marchés quand la densité de la population augmente et que l'urbanisation progresse. Un tel accroissement de la fréquence peut aussi provenir de la fusion de marchés voisins. Cet article traite principalement des marchés de détail quotidiens, ouverts toute la journée.

QUELQUES COMPARAISONS

Une première distinction entre les deux types de marchés oppose les marchés périodiques, qui sont en général ruraux et plus rarement situés dans des villes, aux marchés quotidiens qui sont un phénomène plus généralement urbain. Une deuxième comparaison a trait à leurs fonctions économiques. La fonction économique dominante des marchés périodiques est le ramassage, le rassemblement et la distribution des produits dominants du cru et vivriers. Au contraire, la fonction économique des marchés quotidiens est celle d'un centre de distribution au détail. A la différence des marchés périodiques, les marchés quotidiens fonctionnent à l'intérieur d'une zone limitée et la forte densité jointe à la nature essentiellement urbaine de la population entraînent la possibilité pour le commerce permanent de se distinguer du commerce périodique. Les raisons de ces différences sont complexes mais reposent peut-être fondamentalement sur le fait que les marchés périodiques sont, à l'origine, caractéristiques des régions excédentaires en produits vivriers, tandis que les marchés quotidiens sont plus caractéristiques des régions déficitaires.

CROISSANCE DU COMMERCE BOUTIQUIER ET DES MARCHÉS QUOTIDIENS DE GROS SPÉCIALISÉS

Nous émettons l'hypothèse qu'il existe une certaine association de type fonctionnel et spatial entre les marchés périodiques et les marchés quotidiens. Les activités de rassemblement et de gros des marchés périodiques mènent aux marchés quotidiens urbains et par suite au commerce boutiquier ou aux marchés

quotidiens de gros spécialisés. Il semble qu'il existe des preuves
venant à l'appui de ces deux tendances. La tendance à la
transformation des marchés périodiques en marchés quotidiens a été notée à la fois en pays Yoruba et en pays Ibo et
donne quelquefois lieu, en un même emplacement, à la coexistence de secteurs périodiques et de secteurs quotidiens. La transformation d'un marché à régime périodique en marché d'activité quotidienne est, en effet, un changement non seulement
dans sa périodicité mais également dans ses fonctions et sa
nature même. Cette tendance, en ce qui concerne la transformation des marchés quotidiens en un centre boutiquier de
détail et en marchés de gros spécialisés, est confirmée par une
partie de l'information disponible sur l'Afrique de l'Ouest et va
dans le même sens que les tendances apparues plus tôt dans le
commerce de gros et de détail en Europe occidentale. Il est à
noter en particulier qu'il existe de nombreux cas de développement périphérique ou radial d'échoppes et de boutiques autour
d'un marché. Le marché Oritamerin d'Ibadan est sans doute
le meilleur exemple de marché quotidien de gros spécialisé. Il
existe une certaine sélection des types de produits affectés par
ces tendances, les produits les moins valorisés, en particulier les
produits vivriers, sont dirigés vers les marchés quotidiens de
gros spécialisés tandis que les produits plus valorisés sont liés à
l'accroissement du nombre des boutiques de détail autochtones.

CONCLUSIONS

L'idée directrice esquissée dans cet article est celle d'une cristal-
lisation d'institutions caractéristiques des grands centres autour
du marché. Le marché quotidien, de plus, est un critère d'urbanisation utile dans le cadre de l'Afrique de l'Ouest. Enfin, les
marchés quotidiens, de même que les boutiques de détail autochtones et les marchés quotidiens de gros spécialisés, doivent devenir de plus en plus nombreux et occuper une place de plus en
plus importante en Afrique de l'Ouest. La question pendante
est de savoir dans quelle mesure ces idées peuvent être étendues
en Afrique de l'Ouest ailleurs qu'en Yoruba et Ibo.

THE IMPACT OF MODERN
CAPITALISM ON AFRICAN TRADE

XVIII. La politique coloniale française à l'égard de la bourgeoisie commerçante sénégalaise (1820–1960)

SAMIR AMIN

Notre contribution se propose de retracer les étapes de la constitution de la bourgeoisie commerçante sénégalaise depuis l'abolition de la traite négrière. Cette histoire est particulièrement intéressante parce qu'elle peut être suivie sur une période exceptionnellement longue pour le continent: un siècle et demi. Elle nous apprend d'ailleurs que ce développement a été étroitement conditionné par la politique des autorités coloniales. Par ailleurs sa portée théorique nous paraît intéressante car l'analyse des succès et des échecs passés et contemporains invite à pousser plus loin l'analyse des différents mécanismes de l'accumulation à la périphérie du système capitaliste mondial. C'est par cette problématique de l'histoire de la formation de la bourgeoisie à la périphérie que nous aborderons donc notre sujet.

I. LA PROBLÉMATIQUE D'UNE HISTOIRE DE LA FORMATION DE LA BOURGEOISIE COMMERÇANTE EN AFRIQUE NOIRE

Faire l'histoire de la bourgeoisie d'un pays c'est faire l'histoire du développement d'une formation capitaliste concrète, c'est-à-dire d'une formation sociale fondée sur la dominance du mode de production capitaliste. Or les diverses formations capitalistes concrètes qui constituent le système capitaliste mondial sont de deux espèces: d'une part les formations centrales caractérisées par le fait fondamental que le développement du capitalisme sur lequel elles se fondent est lui-même assis pour l'essentiel sur l'élargissement et l'approfondissement du marché interne, et d'autre part les formations périphériques fondées par contre principalement sur l'élargissement du marché externe, précisément celui des formations centrales. La constitution des formations périphériques résulte d'une agression externe du mode de production capitaliste sure des formations précapitalistes. Ces dernières, très diverses, présentent toutes le caractère commun d'être fondées sur un mode de production dominant non marchand. Le mode de production marchand simple, qui constitue fréquemment un élément du système d'une formation précapitaliste, n'y est jamais le mode de production dominant, bien que son articulation avec le mode de production non marchand dominant puisse constituer fréquemment un élément décisif de la formation sociale en question.

L'histoire de la formation d'une bourgeoisie périphérique c'est donc l'histoire des étapes concrètes de la transformation de formations intégrées dans le système capitaliste mondial d'une certaine manière, plus précisément non en qualité de centre dominant (de métropole), mais en qualité de périphérie dominée (de colonie ou de pays dépendant). Or dans les formations centrales le mode de production capitaliste, parce que fondé sur l'élargissement du marché interne, est non seulement dominant, mais encore tendanciellement exclusif. C'est cette tendance, propre au mode de production capitaliste fondé sur le marché intérieur, qui autorise Marx d'en faire dans le *Capital*, l'analyse du modèle idéal (le mode de production capitaliste 'pur'). Par contre, fondé sur le marché externe, le mode de production capitaliste ne tend pas à devenir exclusif: il se soumet, sans les désintégrer entièrement, les autres modes de production. C'est là que se situent les mécanismes fondamentaux de la domination du centre sur la périphérie et, corrélativement, les caractères particuliers des formations de la périphérie.

Les rapports qui s'établissent dans ce cadre entre le centre et la périphérie sont donc des rapports asymétriques, inégaux, qui traduisent l'ajustement de la périphérie aux exigences de l'accumulation au centre à chacune des étapes de son évolution. A chaque étape de l'évolution du capitalisme central correspondent donc des formes spécifiques de sa domination sur la périphérie, auxquelles correspondent des formes spécifiques des formations périphériques. Pour conduire correctement l'analyse du développement de la périphérie (en langage courant, l'histoire de la formation du 'Tiers-monde sous-dévoloppé', mieux l'histoire du développement du sous-développement) il faudra donc distinguer soigneusement les mécanismes de l'accumulation primitive au bénéfice du centre, qui traduisent cet ajustement essentiel, des mécanismes ordinaires de la reproduction élargie au bénéfice du capital de la périphérie, qui restent seconds par rapports aux premiers.

Rappelons qu'il y a reproduction élargie lorsque le profit — revenu du capital investi — est à son tour 'épargné' et investi en vue de l'élargissement de la capacité productive; par contre, dans la préhistoire du capital, le revenu, qui se constitue pour la première fois en capital, ne provient pas du profit de l'investissement antérieur d'un capital, mais de l'exploitation de secteurs non capitalistes (c'est l'accumulation primitive). Dans les relations centre-périphérie on repère des mécanismes — contemporains donc — d'accumulation primitive au bénéfice du centre dominant, qui limitent les possibilités de l'accumulation du capital local. Celui-ci demeure périphérique. La politique — c'est-à-dire les rapports politiques de force entre le centre et la périphérie — devient alors essentielle; et c'est tomber dans l'économisme comme idéologie de ne pas le voir. La bourgeoisie de la périphérie se constitue donc dans le sillage de celle du centre; elle remplit dans le système capitaliste mondial des fonctions propres, spécifiques à chaque étape du développement du capital au centre.[1]

L'histoire de la formation d'une bourgeoisie en Afrique noire présente donc cette caractéristique, commune à toutes les bourgeoisies périphériques, de ne pas être linéaire, mais constituée de segments correspondants chacun à chacune des étapes du développement du capital au centre. Dans les conditions concrètes de l'Afrique noire nous repérons distinctement 4 périodes dans cette histoire:

(1) la période de la traite négrière du XVIe au XIXe siècle qui correspond à celle des formes mercantiles du capital central;

(2) la période de la traite licite de 1800 à 1880–1900 qui

---

[1] La théorie générale de l'histoire de cet ajustement de la périphérie aux exigences de l'accumulation au centre — du développement du sous-développement — constitue le sujet de notre ouvrage *l'Accumulation à l'échelle mondiale*, à paraître en 1970 aux éditions Anthropos — IFAN, Paris.

correspond à celle du capital achevé (postérieur à la révolution industrielle en Europe) dans ses formes prémonopolistes ;

(3) la période coloniale (1880–1900 à 1950–60) qui correspond à celle de l'impérialisme, stade monopoliste du capitalisme central et.

(4) la période post coloniale, caractérisée par le transfert du centre de gravité du capital central monopoliste dominant en Afrique du capital commercial à celui des grandes unités interterritoriales (*les Big Corporations*).

Il importe de rappeler ici que cette problématique interdit de parler des commerçants en général, sans distinguer le commerce précapitaliste du commerce capitaliste. Dans les formations précapitalistes les marchands ne sont pas des capitalistes commerçants ; ils tirent leurs 'bénéfices' de l'exploitation de situations de monopole propres au commerce précapitaliste, qui doit être distingué à ce titre essentiel du commerce capitaliste (et c'est dans ce sens qu'une expression spécifique pour caractériser ce commerce, comme celle de 'commerce lointain' dont nous faisons usage dans notre analyse de *l'Accumulation à l'échelle mondiale*, s'impose). Le commerce dans les formations capitalistes devient une activité capitaliste comme les autres, et le profit du capital commercial entre dans la péréquation générale du taux du profit du capital. Les marchands précapitalistes (comme ceux qui se livrent en Afrique noire avant le contact avec l'Europe aux échanges avec l'Afrique du Nord) ne sont pas des bourgeois et leurs moyens ne sont pas du capital, tandis que les commerçants de l'époque moderne sont des bourgeois et leurs moyens du capital.

Au cours de la première période — celle de la traite négrière — certaines sociétés africaines côtières ont su s'adapter parfaitement au nouveau commerce des hommes, que l'État ait pris en charge ces fonctions ou qu'elles aient été laissées à des groupes spéciaux ; tandis que dans certains cas des formes d'organisations nouvelles, fondées sur l'emploi productif des esclaves à l'intérieur de la société, se sont frayées la voie.[1] L'Afrique s'engageait dans la voie de sa transformation en un système périphérique complémentaire de l'économie

[1] Quelques communications à ce colloque traitent précisément de ces problèmes, notamment celles de Claude Meillassoux et de Philip Curtin.

capitaliste mercantiliste d'Europe, original, sans doute un peu analogue à celui mis en place directement par le capital mercantiliste en Amérique. L'abolition de la traite négrière mit brutalement fin à ce premier type d'ajustement.

L'objet de ce qui suit est de rapporter les résultats de nos travaux portant sur le développement de la bourgeoisie sénégalaise au cours des deux périodes suivantes (1820 à 1960).[1] Parce que, comme nous l'avons dit, le politique est ici essentiel, ce développement a été déterminé par la politique coloniale française à l'égard de la bourgeoisie commerçante sénégalaise. Or cette politique n'a pas toujours été la même: dans la période qui s'étend de 1820 à 1880–1900 la colonisation française va promouvoir le développement d'un commerce sénégalais; tandis qu'ensuite les intérêts du nouveau capital monopoliste métropolitain vont conduire à une politique de liquidation de cette bourgeoisie commerçante.

II. MONTÉE ET DÉCLIN DU COMMERCE SÉNÉGALAIS: 1820–1955

A partir de la Restauration, avec la liberté du commerce, un capitalisme commercial local se développe au Sénégal parallèlement à l'installation des Bordelais: c'est entre 1815 et 1860 que s'affirment les grandes familles saint-louisiennes et goréennes. La traite de la gomme entraîne la constitution d'une première génération de traitants saint-louisiens, qui s'installent dans les escales du Fleuve. Ensuite, avec la conquête de l'intérieur du Sénégal qui a précédé celle de l'ensemble du continent d'une trentaine d'années, la bourgeoisie sénégalaise de Saint-Louis va jouer un grand rôle dans la mise en valeur de ce premier territoire colonial. C'est elle qui a fourni les traitants essaimés dans les premiers comptoirs français de la Côte jusqu'au Gabon et qui a fourni au Sénégal la première génération de traitants d'arachides.

Vers 1900, près de huit cent cinquante commerçants paient patente au Sénégal dont au moins cinq cents sénégalais. Jusque vers 1900, la politique de l'administration coloniale avait été favorable au commerce sénégalais. Faidherbe ne disposait que de moyens militaires limités et la conquête de l'intérieur de

---

[1] Nous avons publié récemment un ouvrage (Amin, 1969*a*) qui traite des problèmes actuels du capitalisme privé sénégalais: Voir également Amin, 1969*b*.

l'Afrique n'était pas encore terminée. Au plan politique, on n'envisageait encore que la formule des protectorats avec les royaumes africains. Faidherbe souhaitait donc favoriser la constitution d'une bourgeoisie commerçante assimilée. Mais, vers 1900, les choses ont commencé à changer: le 'parti colonial' se constitue, les maisons françaises vont directement s'installer dans les territoires conquis et soumis à l'administration directe, les traités de protectorat sont dénoncés les uns après les autres, la bourgeoisie sénégalaise va être systématiquement détruite, le rêve de l'assimilation partir en fumée.

La bourgeoisie commerçante sénégalaise devait donc à partir de 1900 subir une série d'assauts qui allaient la réduire à la veille de la Deuxième guerre mondiale à des rôles très subalternes.

Déjà à la fin du siècle, le commerce sénégalais subira un premier coup. La révolte Mahdiste au Soudan avait soudainement privé l'Europe de la gomme du Kordofan. A partir de 1885, le prix de la gomme du Sénégal va monter. Ce sera la grande période de prospérité: des traitants sénégalais vont s'installer de plus en plus nombreux. Mais, en 1898, avec la reconquête du Soudan par les armées anglo-égyptiennes de Kitchener, la gomme du Kordofan va faire sa réapparition. Les cours s'effondrent et un grand nombre de traitants ne pourront s'adapter à cette crise. C'est à cette époque — vers 1900 — que nombre de Bordelais et métis vont se reconvertir à l'arachide.

A peine remis du crack de la gomme, les traitants sénégalais vont devoir faire face, à partir de 1900, à la concurrence directe des comptoirs français. La production de l'arachide est déjà suffisante pour permettre à la traite de faire vivre des comptoirs européens dans les escales de l'intérieur. La pacification est achevée. L'heure du 'parti colonial' est venue. La lutte entre les comptoirs français et les commerçants sénégalais sera très vive de 1900 à 1920. Les anciens de l'époque ont tous encore le souvenir que la décision de liquider le commerce sénégalais fut politique. Conscients que l'avenir du commerce sénégalais était désormais bouché, ils vont diriger leurs fils vers la fonction publique. Vers 1920, le nombre des commerçants indépendants payant patente a fortement diminué, par suite de l'installation de factoreries des grandes compagnies.

L'afflux des Libanais va s'accélérer après la Première Guerre mondiale, facilité par le mandat français du Levant. Moins de cent en 1900, familles incluses, cinq cents en 1914, ils seront plus de deux mille en 1930, près de quatre mille à la veille de la Deuxième Guerre mondiale. Les maisons coloniales décident de les soutenir contre une bourgeoisie sénégalaise dont peut-être on pressentait qu'elle pourrait nourrir quelques aspirations politiques. A la même époque affluent également les Petits Blancs, démobilisés de départements pauvres, l'Ariège notamment — les 'Mange-Mil' — aussi nombreux que les Libanais, que l'administration et les maisons coloniales vont aider à s'emparer des positions jusque là tenues par des Sénégalais.

La crise de 1930 va achever de liquider les positions des derniers commerçants sénégalais, qui furent les premiers sacrifiés par le système. Les exemples de ruines et de faillites à cette époque ne manquent pas. La crise des années 30 avait en effet été très dure. Or l'appareil commercial de la traite s'était installé dans une toute autre perspective : dans les années 20, poursuivant leur progression antérieure à 1914, les maisons coloniales s'installent dans les moindres escales, ce que permettent désormais le développement du réseau routier et l'usage du camion. Au début de la crise, les maisons françaises vont tenter de survivre en concurrençant leurs propres clients : les détaillants libanais. Elles abandonneront ensuite cette stratégie, se replieront sur les centres principaux, laissant aux Libanais, dont les coûts étaient très inférieurs, la gestion des escales mineures. Les traitants sénégalais, premiers sacrifiés du processus de rationalisation, sont à cette époque réduits au rôle subalterne de collecteurs de graines pour le compte des Libanais et des maisons coloniales.

La misère de ce commerce sénégalais après 1930, la médiocrité du statut social, du revenu et de la responsabilité — lesquelles vont se poursuivre jusqu'à l'indépendance — auront fait oublier l'existence antérieure d'un grand commerce sénégalais. De fait, l'après-guerre ne verra pas de renaissance du commerce sénégalais avant 1958. Entre 1945 et 1953, le nombre des Libanais double, passant de quatre à huit mille. Ce sont eux et les Petits Blancs enrichis pendant la guerre, qui vont bénéficier seuls de la période de pénurie des premières années d'après guerre. Tous les efforts de 'sénégalisation' des responsabilités économiques tentés à cette époque échouent, continuant de pousser inexorablement les Sénégalais vers la fonction publique et la spéculation immobilière.

L'exemple de cette histoire non linéaire, mais brisée à partir de 1880–1900, ne paraît pas du tout être spécifique au Sénégal. Au contraire il y a tout lieu de penser que, de la même manière, la politique des métropoles a changé de cap brutalement partout à partir de cette même époque: on connait le cas des bourgeoisies commerçantes créole de Sierra Leone, du Delta du Niger et du pays Ashanti, du Dahomey et du Loango-Kongo, dont le développement, rapide à l'époque de la traite licite, a été brutalement arrêté à partir du partage du continent.[1] Cette rupture est liée d'une manière évidente aux transformations du capitalisme au centre. Avant les monopoles, l'exportation du capital étant pratiquement inconnue, l'intégration de la périphérie au système capitaliste mondial exigeait que le soin de cette intégration soit laissé à une bourgeoisie locale. Le monopole, qui permet l'exportation du capital, rend inutile cette bourgeoisie: le capital étranger vient alors directement prendre sa place. C'est parce qu'il se situait à l'époque prémonopolique que Marx a écrit que la colonisation devait faire de l'Inde un pays capitaliste achevé;[2] c'est le mérite de Lénine d'avoir ramené l'impérialisme à l'essentiel: la constitution des monopoles (qui rend possible l'exportation du capital, mettant fin aux potentialités d'un développement bourgeois local). De ce point de vue donc l'impérialisme marque pour l'Afrique une régression: une étape nouvelle dans le développement de son sous-développement, un terme brutal mis aux potentialités de développement de la bourgeoisie commerçante locale en formation.

III. RENAISSANCE ET VICISSITUDES DU COMMERCE SÉNÉGALAIS: 1955–70

La dernière décennie a vu une prodigieuse renaissance du commerce sénégalais, sans pareille dans les autres pays d'Afrique noire issus de la colonisation française. Dans l'ambiance de l'indépendance des formules nouvelles d'association entre les

[1] Voir par exemple le cas du Dahomey analysé dans la communication à ce colloque de Catherine Coquery-Vidrovitch.

[2] Affirmation que l'on retrouve dans divers articles de Marx publié entre 1853 et 1859 dans le *New York Daily Tribune*, notamment l'article 'The future results of British rule in India' (8 août 1853).

maisons coloniales et les commerçants privés sénégalais furent proposées: ce fut un échec, marqué par la disparition de ces entreprises 'mixtes', la SOSECOD puis AFRIDEX. En fait le commerce sénégalais renaissant s'estimait capable de remplir seul le vide qu'allait créer la fermeture des factoreries de l'ancien temps. Le succès de la Compagnie Sénégalaise du Sud-Est, firme privée sénégalaise qui, en 7 ans, voyait son chiffre d'affaires passer de 150 millions à 2,3 milliards, traduit cette renaissance récente du commerce national. La Chaîne africaine d'importation et de distribution CHAIDIS, le Consortium africain et les activités commerciales de certains grands marabouts, notamment mourides, constituent des succès qui témoignent du même phénomène. Si la nationalisation progressive de la traite des arachides, inaugurée en 1960 par la création de l'Office de commercialisation des arachides, a mis un terme en 1967 aux activités des 'organismes stockeurs' — commerçants privés, généralement sénégalais, qui faisaient les intermédiaires entre les producteurs ruraux et l'O.C.A., par contre la distribution par l'Etat des quotas de riz a beaucoup aidé les grandes sociétés sénégalaises, une quinzaine de grands commerçants et une cinquantaine parmi les plus importants de ceux qui — à l'intérieur — se sont regroupés en 'coopératives'. Le riz constitue, avec quelques autres grands produits de consommation de masse, la base sur laquelle s'est édifiée au cours des dernières années la fortune du nouveau 'quartier du commerce' à Dakar, où l'on compte désormais une cinquantaine de grands commerçants sénégalais, comme celle du grand commerce général de l'intérieur (une soixantaine de commerçants individuels ou regroupés importants).

A cette renaissance du grand commerce général sénégalais, détaché désormais de la traite des arachides, s'ajoute la progression, très rapide ces dernières années, de commerces spécialisés. Les succès les plus remarquables ici ont été enregistrés dans le commerce de la cola (monopolisé par la SIDICO qui regroupe depuis 1964 la vingtaine des plus gros commerçants de cette noix), du bétail (où domine une douzaine de marchands de bestiaux et chevillards qui sont parvenus à éliminer les concurrents européens), et à un moindre degré du poisson et des légumes (monopolisé par le Synjarmar).

Les transports routiers — largement africanisés depuis

l'après-guerre — n'ont pas connu de développement analogue au cours de la dernière décennie. Au contraire, le suréquipement qui les caractérise a permis une réduction importante des marges sur lesquelles ils vivent, laquelle entraîne à son tour — après l'échec de tentatives coopérativistes — un mouvement récent de concentration au profit des chefs de file les plus puissants d'une vingtaine de 'groupements'. La même situation difficile caractérise le secteur de la construction, dont par contre l'africanisation est très récente : une dizaine d'entreprises seulement peuvent survivre à la concurrence dévastatrice que se livrent les entrepreneurs beaucoup trop nombreux. Mais ici aucune tentative sérieuse de concentration ou de regroupement ne s'est dessinée jusqu'à présent. Le capitalisme privé sénégalais reste pratiquement confiné à ces secteurs du commerce, des transports et de la construction. Dans le domaine industriel, seul le décorticage des arachides a donné lieu à un mouvement d'africanisation, très récent d'ailleurs.

Ces dernières années ont été fortement marquées par une prise de conscience de leurs intérêts de groupe des hommes d'affaires sénégalais. En dépit de péripéties diverses, l'organisation de ces intérêts, aujourd'hui regroupés dans un syndicat patronal — le GES — est sans pareille dans les anciennes colonies françaises d'Afrique noire.

Comme la liquidation de la première génération de commerçants au Sénégal dans les dernières décennies du XIXe siècle n'avait pas été un phénomène particulier à ce pays, de la même manière la renaissance contemporaine d'une classe de commerçants nationaux ne l'est pas davantage. Si, certes, dans les anciennes colonies françaises d'Afrique noire le phénomène est encore limité presqu'uniquement au Sénégal — tant le retard des autres pays est grand — il est extrêmement courant dans les pays anglophones, particulièrement en Nigéria méridionale où c'est à une échelle beaucoup plus grande que l'on y observe la constitution au cours des 15 dernières années d'une bourgeoisie nationale, issue du commerce colonial, qui se hisse parfois jusqu'à la petite entreprise industrielle. Le caractère très général à cette renaissance est que la bourgeoisie commerçante africaine se substitue à l'ancien capital mercantile colonial dont elle reprend les fonctions. Saluée comme un indice réconfortant de promotion d'une 'élite des affaires' nationale, quels sont la portée réelle, les limites et les perspectives de cette renaissance?

IV. LA DOMINATION EXTÉRIEURE ET LES MECANISMES DE L'ACCUMULATION A LA PÉRIPHÉRIE

Le rôle joué par l'Afrique noire coloniale (1880–1960) dans le système capitaliste mondial était celui d'une réserve périphérique seconde, la périphérie principale étant constituée par l'Amérique latine et l'Asie, comme d'ailleurs à l'époque antérieure de la traite négrière l'Afrique avait été une sorte d'appendice de la périphérie américaine à laquelle elle fournissait la main d'œuvre servile. Les formes de la domination du centre sur l'Afrique étaient de ce fait particulièrement brutales et primitives, en liaison avec l'économie de traite: les agriculteurs africains fournissaient ici quelques produits exotiques obtenus dans le cadre de modes de production peu évolués à faible productivité, le commerce d'intermédiaire constituant le domaine principal du capital étranger, alors qu'ailleurs à la périphérie une bourgeoisie compradore locale remplissait cette fonction. Les formations sociales spécifiques de l'Afrique noire dans ces conditions étaient particulièrement simples, comme nous l'avons montré, comparativement à celles de l'Amérique latine, de l'Asie et de l'Orient arabe. La renaissance de cette bourgeoisie commerçante locale, brisée par la colonisation, tend à rapprocher les formations de l'Afrique contemporaine de celles des autres continents de la périphérie.[1] Dans ce premier sens la portée de cette renaissance est très limitée: elle ne signifie pas que se constitue en Afrique une bourgeoisie autonome, autocentrée, mais seulement une bourgeoisie compradore périphérique, absente jusque là. Les observations faites dans la première partie de cette contribution doivent donc être toujours gardées présentes à l'esprit. Du caractère périphérique du capitalisme ici, c'est-à-dire du fait que ce capitalisme se développe non sur la base essentielle de l'élargissement autonome du marché intérieur, mais sur celle du marché extérieur, mondial, résulte une hiérarchie essentielle: la domination du capital étranger. Cette domination, qui permet un mécanisme contemporain d'accumulation primitive au bénéfice du capital métropolitain, ôte au capital local toute possibilité d'un dé-

[1] Voir Amin, 1968.

veloppement autonome. L'inégalité de force économique et extra-économique impose au capital local des limites étroites: le capital étranger s'empare de tous les secteurs de l'activité à rentabilité intéressante et ne laisse au capital local que les secteurs incapables de fournir la base d'une accumulation rapide. Les structures de prix sont telles qu'elles entrainent un transfert de valeur du secteur national au secteur étranger. Ce transfert, qui relève des mécanismes de l'accumulation primitive, interdit d'envisager la possibilité d'un développement capitaliste local normal, sur le modèle de l'Occident: la voie d'un développement capitaliste national est fermée.

L'explosion de la dernière décennie n'a été possible que parce que le capital étranger dominant s'est retiré de certains secteurs. Or il ne s'est retiré que des secteurs ayant perdu leur rentabilité d'autrefois. Ce retrait s'est opéré soit au profit de l'Etat — comme pour ce qui est ici de la traite des arachides, la détérioration des termes de l'échange ayant tant réduit les marges que seul l'Etat pouvait se substituer au capital privé défaillant et 'socialiser les pertes', — soit, accessoirement, au profit du capital national privé: tel est le cas des transports routiers, de l'entreprise de construction et (au Congo et au Gabon par exemple) de l'exploitation forestière. L'inégalité des forces en présence permet ici de réduire la part du capital national, assurant ainsi au capital dominant une meilleure rentabilité dans les secteurs conservés. L'appel au soutien de l'Etat, caractéristique d'une bourgeoisie faible, découle probablement largement de cette situation.

A ce retrait du capital étranger dominant du secteur commercial correspond un transfert du centre de gravité de la domination du commerce de traite vers les grandes unités internationales (*les Big Corporations*), caractéristique de la nouvelle étape de domination du centre. A ce transfert correspond à son tour au plan des formations sociales locales le développement de nouvelles classes (employés et cadres des grandes firmes étrangères, fonctionnaires), qui entrent en conflit avec le développement trop tardif de la bourgeoisie commerçante locale. Il en résulte une fois de plus que le développement de cette bourgeoisie dépendra très largement de la politique de l'Etat à son égard. La concurrence entre cette bourgeoisie et la 'nouvelle classe' pour le pouvoir politique peut prendre, comme on le voit en Nigéria, les dimensions dramatiques d'une guerre civile.[1]

C'est dans ce cadre extremement limité que se situe l'expérience sénégalaise étudiée. Or il est intéressant de remarquer ici que les succès ont été inégaux, plus marqués là où le capital commercial périphérique était plus autonome des circuits internationaux. Cela ne prend de sens que si l'on distingue le mécanisme de la reproduction élargie au bénéfice de la bourgeoisie nationale qui a fait son apparition dans les circuits d'intégration de la périphérie au marché mondial de celui de l'accumulation dans les secteurs autonomes à l'égard de ce marché extérieur. L'exemple par excellence du premier type d'accumulation est fourni ici par le cas des traitants sénégalais de gomme puis d'arachides, comme des commerçants importateurs d'aujour-d'hui. Or ce circuit est dominé directement par le capital du centre: la marge sur laquelle l'accumulation au bénéfice de cette bourgeoisie peut être prélevée est toute entière déterminée par les rapports de hiérarchie entre la bourgeoisie du centre et celle de la périphérie. Laissée aux seules lois économiques spontanées, cette marge tend toujours à être réduite à néant, des modifications de prix relatifs venant en transférer le bénéfice de la bourgeoisie nationale à celle du centre. Ce cont ces mécanismes qui expliquent la ruine de la bourgeoisie sénégalaise entre 1900 et 1930, comme ils expliquent la médiocrité des résultats dans les secteurs contemporains greffés sur le marché mondial (les transporteurs par exemple). Des rapports extra-économiques politiques — entre la bourgeoisie du centre et celle de la périphérie, qui définissent les caractères propres des formations sociales du centre et de la pèriphérie, atténuent ou au contraire aggravent cette tendance au transfert de la capacité d'accumuler de la périphérie vers le centre. C'est seulement très accessoirement que l'on repère des mécanismes d'accumulation primitive et (ou de reproduction élargie normale) au profit de la bourgeoisie nationale qui opère dans les secteurs qui ne dépendent que très indirectement seulement du marché extérieur, mais au contraire sont greffés principalement sur l'élargissement du marché intérieur. Ici les possibilités d'accumulation rapide sont plus grandes parce que

---

[1] L'analyse de ces conflits a été faite dans un article (The Other Side of Nigeria's Civil War) à paraître (The Africa Research group—Cambridge).

moins contrôlées par le capital étranger. Telle est la situation, dans le cas du Sénégal, des chevillards par exemple, d'où leur succès. Ces mécanismes relèvent soit de l'accumulation primitive lorsque le capital local se trouve en relation avec le secteur non capitaliste de l'économie locale, soit, sinon, de la reproduction élargie normale.

Summary

FRENCH COLONIAL POLICY AND THE SENEGALESE MERCHANT MIDDLE-CLASS

This paper attempts to retrace the stages in the constitution and development of the commercial classes in Senegal. We have here a middle-class whose history can be traced back over a century, an exceptionally long period for this continent. The history of this group reveals, moreover, that the French colonial authorities themselves did not adopt a consistent policy towards this new local middle-class which had grown up as a result of the colony's integration in the international capitalist market. Until the beginning of this century public authorities and colonial business had promoted the development of Senegalese merchants, who, even before the religious brotherhood of the Mourides, had introduced groundnut production into the country regions. From 1900 the colonial power proceeded to undermine this early peripheral middle-class in favour of colonial businesses and subordinate agents of these houses, Lebanese and 'petty whites'. From 1955, and particularly since the independence of Senegal, there has been a marked new growth of local business, the stages of which will be described before touching on the lessons to be learnt from it; that is, the characteristics and development of a 'third world' bourgeoisie, whose development is grafted on to the international markets to which its country adheres; that is, a peripheral bourgeoisie.

The theoretical significance of this long history is extremely important. The story, a study of contemporary successes and failures, shows that the means of accumulation necessary for the development of African commerce are dominated by foreign capital. Because of the peripheral nature of capitalism here, which was not developed on the prime basis of the independent growth of an internal market but on that of the external world market, we have a resultant hierarchy caused by the domination of foreign capital. This domination has allowed a contemporary method of primitive accumulation to bring profit to external capital and prevent opportunities for local capital to develop. The inequalities of economic and extra-economic power impose narrow limits on local capital: foreign capital has taken over all those sectors where business activity provides a profitable income and leaves to local capital those sectors which are incapable of furnishing opportunities for rapid accumulation. The price structures are such that there is an inevitable transfer of wealth from the national sector to the foreign sector. This transfer, which results from the methods of primitive accumulation, prevents any hope of normal capitalist development on the Western model.

The analysis of the development of Senegalese capitalism cannot be understood unless one clearly distinguishes several types of accumulatory methods which operate on the periphery of the world capitalist system.

(1) A fundamental method of primitive accumulation which only benefits external capital. The world market determines the basic price structure, which characterizes the relations between the prices of exported goods and internal prices. This structure allows a systematic transfer of wealth from the periphery to the foreign centre. Unequal exchange, therefore, is a means, not of normal expanding production but of primitive accumulation. Primitive accumulation was not only historically earlier than expanding production but still exists as a contemporary factor and characterizes all those relations between the centre and the periphery in the world system.

(2) A method of expanding reproduction profiting the national middle-classes who appeared in the circuits of integration on the periphery of the world market, as in the case of Senegalese traders in rubber and groundnuts, and the merchant importers of today. But this circuit is dominated by external capital: the margins in which this middle-class may accumulate profit are entirely determined by the hierarchical relations between the central bourgeoisie and that of the periphery. If left to natural economic laws, this margin would be reduced to nothing, the modifications of relative prices transferring the profits of the national bourgeoisie to the external bourgeoisie.

BB

These are the methods which ruined the Senegalese middle-classes between 1900 and 1930, as they also explain the mediocrity of the results achieved in those present-day sectors associated with the world market (transport, for example.) Extra-economic and extra political relations between the external middle-classes and those of the periphery, determine the essential character of the social structure of the centre and the periphery and lessen or aggravate this tendency of transferring the capacity of accumulation from the periphery to the centre.

(3) To a lesser extent we have methods of primitive accumulation or normal expanding production profiting the national middle-classes who work in those sectors which depend only very indirectly on the external market, and which are, on the contrary associated mainly with the expansion of the internal market. Here the possibilities of swift accumulation are greater, infinitely less dominated by foreign capital. This is the situation, in the Senegal case, of wholesale butchers. The methods here derive either from primitive accumulation, when local capital finds itself in relation with the non-capitalist sector of the local economy, or from normal expanding production.

These concepts of expanding production and primitive accumulation are essential for the analysis of development. We have expanding production when profits—from invested capital—are, in turn, saved and invested in order to expand the productive capital. On the other hand, in the pre-history of capitalism, revenue, which for the first time became capital, did not come from the profits of investments made earlier with capital, but from the exploitation of non-capitalist sectors: this is primitive accumulation. In the relations between 'developed countries' and 'under-developed countries' we have mechanisms —contemporary ones—of this type of primitive accumulation, which work for the benefit of dominant foreign capital and as a result limit the possibilities of developing local capital which must remain peripheral. Then politics inevitably intervene. The case of Senegal from 1820 to the present day is a striking example.

XIX. The supply response of retail trading services to urban population growth in Ghana

ROWENA M. LAWSON

With economic development the change from a primarily sub-sistence economy to a market-orientated economy necessitates a growth in the amount of local foodstuffs and imported con-sumer goods which pass through retail channels.

This paper examines the theory that, with rapid urban popu-lation growth, the supply of retail trading services tends to lag behind demand. Two areas of trading service are considered. First, the changing structure of metropolitan food retailing in Accra is examined to present the trends which respond to urban population growth. Secondly, trading services are considered in a rural context in relation to conditions of rural economic growth. Evidence is taken from empirical studies in Accra[2] and in the Lower Volta.[3] Data from the retail price index series of thirty-six urban and rural markets, collected by the Central Bureau of Statistics[4] are used. The procedure followed in this

[1] This paper is a condensation of a large amount of data on metropolitan and rural marketing and probably suffers by presentation in summary form. The study of food retailing in Accra suffers because of the lack of published bench-mark data for an earlier date but the author has been able to draw on personal field notes made over a period of twenty years in Ghana. The data on the development of rural markets is based on empirical research on rural economic growth in the Lower Volta which uses bench-mark data obtained from studies of the economy of this area made by the author in 1954 and 1964–6, part of which were included in *The Volta River Project*, H.M.S.O., 1956, Appendix VII.

[2] Rousse and Lawson, 1969.

[3] Lawson, R. M. Processes of rural economic growth. The change from a static to a transitional economy in the Lower Volta of Ghana, 1954–67. Volta Basin Research Project Technical Report No. X 27. University of Ghana.

[4] Consumer Price Index Numbers. Monthly data from Central Bureau of Statistics, Accra.

paper is first to examine the demand functions for retailing services, and secondly, to consider, on the basis of the empirical data, the supply of retailing services, differentiating between urban and rural strata.

I. THE DEMAND FOR RETAILING SERVICES

Three major independent variables affect the demand for retail services, these are population size, the level of *per capita* income, and the income elasticity of demand. Under conditions of inflation, price elasticity of demand must also be included.

(a) *Population growth and urbanization*

In developing countries as a whole it has been estimated that, within the last two decades, the process of urbanization has generated a growth ratio between cities and total population of 3 : 1 and higher.[1] Rapid urban growth imposes a strain on marketing services which has been described by Stevens[2] who claims that the demand for marketing services both at wholesale and retail levels increases rapidly in the early stages of development, the former at a rate as high as 5 per cent per annum in early development, later dropping to 3 per cent. The implications of this, he says, are that unless retail and wholesale services increase there will be unreasonable increases in prices of food at retail levels. Caldwell, specifically writing about Ghana, gives a warning about urban population growth, 'If town populations continue to increase much faster than that of the country as a whole, then it would be unreasonable to assume that commerce and the provision of services would multiply in proportion.[3] On the basis of current population trends and migrations, Caldwell suggests that, within little over a generation, towns are likely to contain half the population of Ghana, compared with 76 per cent in the rural and 24 per cent in the urban sectors in 1960. In 1960 Ghana had a population of 6·727 million. Since then population growth has been estimated to be at the rate of 2·6 per cent per annum[4] though more recent studies indicate that a growth rate of 3·3 per cent per annum may be more accurate.[5]

[1] Barter, 1966.   [2] Stevens, 1965.
[3] Caldwell, 1967
[4] Economic Survey, 1965. Central Bureau of Statistics, Accra. P. 14.
[5] Personal communication from Dr. J. C. Caldwell, Population Council of New York, 1968.

Accra, the capital, had a population of 137 828 in 1960, but may be increasing at the rate of between 4 and 8 per cent per annum. By mid-1966, total population in Accra has been estimated at 488 000,[1] i.e. some 45 per cent higher than in 1960. The 1966 African population in Accra is taken to be 480 000 and the non-African at 8000.

(b) Per capita *income and the income elasticity of demand*

Since 1960/1 urban growth in Ghana has taken place irrespective of economic growth. Though the G.D.P. (in real terms at constant prices) has grown considerably over the last fifteen years, nearly all of this took place prior to 1961, when G.D.P. probably increased by 25 per cent in real terms but since 1962 there has been practically no *per capita* income growth and in this respect the economy has remained static.[2] *Per capita* incomes in 1966 stood at ₵. 141 ($141 or £60)[3] compared to around ₵. 115 in 1951,[4] though it must be noted that, in making international comparisons, Ghana is effectively a closed economy and internal price levels are not compatible with the exchange rate. Urban growth and rural development have led to a reduction in the subsistence food sector and this has caused a greater amount of foodstuffs to enter the market.

Stevens,[5] Ord,[6] and others have calculated income elasticities for certain foods for low-income countries. In Ghana for all food an expenditure elasticity quotient of 0·77 was calculated by Ord while local food alone was 0·64. Less is known about price elasticities. Prices of both local and imported foodstuffs have risen greatly in recent years and though no empirical study has been made of price elasticity of demand for local foods there is evidence of a high-price elasticity of demand for imported food.

[1] Information given by Census Division, Central Bureau of Statistics, Accra.

[2] Economic Survey, 1966. Central Bureau of Statistics. Table 2, p. 12.

[3] Economic Survey, 1966. Ibid. Quoted in 1960 prices.

[4] Walters, 1962. *Note* G.D.P. in 1955 is given as £352 million. This is compared with £462 million in 1966 as given in Economic Survey, 1966. Both are at 1960 prices and figures given here of *per capita* incomes allow for the difference in population between these dates.

[5] Stevens, 1963.

[6] Ord, 1965. Also in—Projected level of demand, supply and imports of products in 1965, 1970, 1975 in Ghana. Economic Research Service, Foreign Agricultural Service, U.S. Department of Agriculture, 1964.

II. THE SUPPLY OF RETAILING SERVICES IN ACCRA

In 1960 there were some 323 900 traders in Ghana of whom 83 per cent were women[1] constituting one-eighth of the total labour force and giving a proportion of traders to total population of one per twenty-two head of population. No census of the number of traders has been taken since 1960. Nearly all traders operate at low levels of turnover and this highly labour-intensive structure of trade probably constitutes the most economic use of resources in a country with a generally low level of technology and low opportunities for the employment of uneducated women.[2] This labour-intensive structure of trade, however, is undergoing some structural change in the urban areas where new marketing services are developing to meet the needs of increased population and the growth of higher income groups.

There has been a gradual increase in the supply of marketing services in Accra since the early 1950s. Most notable has been the emergence of large supermarkets and the provision, since 1959, of two new traditional markets in the main suburbs. There have been growing numbers of street traders of all kinds and the growth of street-side stalls since 1954 has been most noticeable.

The empirical data discussed here in relation to Accra deal exclusively with food retailing and since food purchases take some 52 per cent of household expenditure (76 per cent in the urban and 48 per cent in the rural strata),[3] it can be considered that food trading constitutes the most important part of internal trade in Ghana.

A comprehensive study of retail food-trading outlets and food sales was made in Accra in mid-1966. The share of total food sales through each retail outlet is given in Table 1.

Ghana has other more profitable uses for the indigenous scarce factors of production which are required for supermarket trade. The provision of supermarkets involves a level of capital expenditure, management, and supply contacts which is not only beyond the resources of the traditional trader but so far, beyond those of Ghanaians. Where a lower level of capital and

[1] Census of Population, 1960. Ghana.
[2] Lawson, 1967.
[3] Golding, 1962.

management is available, Ghanaian entrepreneurship invests in stores, as described later, and, with reinvestment of profits, one or two larger though product-diversified stores are emerging. Public markets still constitute the most important source of food purchases in Accra though this is decreasing in proportion to total retail trade with the growth of other retail outlets. In 1949 prior to the introduction of the first food supermarket, probably some 95 per cent of all Ghanaian food purchases were from public markets. At the same time, non-African retail food purchases were mainly (probably 80 per cent) from stores owned by expatriate companies which have now largely been replaced by supermarkets.

Table 1

The share of the different retail services in purchase of food made by African and non-African households in Accra in 1966

		All households %	African %	Non-African %
A.	Supermarkets	11	7	69
B.	Stores	3	2·5	10
C.	Street-side stalls	2	2·5	4
D.	Street-sellers and itinerant hawkers	14	14	4
E.	Public markets	70	74	13
		100	100	100

Supermarkets selling on a self-service system are differentiated from stores in that they exist in self-contained buildings, usually constructed for this purpose, while stores are defined as permanent structures which occupy a front room or part of a building which may also be used as a house or office. The larger stores, owned by Syrians and Lebanese, are found in the centre of Accra and smaller stores owned by Ghanaians are found mostly in suburbs. Street trade is divided into two, first, trade carried out from street-side stalls of a temporary nature often constructed on public land; secondly, trade undertaken by street-side sellers who do not have a stall, and also by itinerant hawkers. Market trade includes all trade which takes place inside traditional markets.

The value of foodstuffs purchased from all retailing outlets in Accra in August 1966 (taken to be a typical month) was estimated as given in Table 2.

Table 2

The distribution of monthly purchase of imported and domestic food by African and non-African households between different retail services, mid-1966 in 'ooo cedis'

	Imported foods Afr.	Non-Afr.	Local foods Afr.	Non-Afr.	Total Afr.	Non-Afr.	Total all
Supermarkets	277	165	35	43	312	208	520
Stores	45·5	28·5	46	2·5	91·5	31	122·5
Street-side stalls	54·5	5	33·5	6	88	11	99
Street-sellers and itinerant hawkers	232	6	425·5	6·5	657·5	12·5	670
Public markets	255	9	2919	30	3174	39	3213
Total retail sales of food	864	213·5	3459	88	4323	301·5	4624·5

*₵. 2·4 = £1 sterling

The structural changes which have taken place in the re-tailing of food in Accra can now be discussed. The proportion of retail food trade which is in the hands of expatriates, notably European, Lebanese, and Syrian, has decreased over the last fifteen years and now stands at about 12 per cent of total, and is concentrated entirely in A and B(*a*) types of trade described below.

A. *Supermarkets*

Food supermarkets, first introduced to Accra by Syrian and Lebanese traders in the early 1950s, offer a wide assortment of imported goods. Originally catering for the needs of the non-African household, in the last few years, provision for a more Ghanaian-orientated demand has taken place. There is a growing trade in local foods such as local meat, fish, oils, canned fruit, vegetables, and fruit juices. In mid-1966 approximately 30 per cent of cold store sales and 15 per cent of total supermarket sales were of goods from domestic sources. African patronage in supermarkets exceeded non-African and 60 per cent of food purchases were made by African customers.

In 1966 there were eleven food supermarkets in Accra. Four of the largest, having altogether approximately 75 per cent of total turnover, are incorporated inside department stores. Data supplied by the two largest supermarkets on food turnover in mid-1966 enabled estimates of total monthly sales in Accra's supermarkets to be made at approximately ₵. 78 000. They thus retail 11 per cent of total food sales in Accra made up of 41 per cent of total sales of imported foods and 2 per cent of total sales of locally produced foods.

B. *Stores*

In 1966 there were about 400 stores in Accra which sold mainly foodstuffs. Stores can be differentiated according to their growth prospects and size of turnover.

(*a*) Twelve larger stores were owned by Lebanese. These had monthly average food sales estimated at ₵. 2500 per store. It is unlikely that foreign ownership of this type of store will increase owing to political constraints.

(*b*) Five smaller stores were owned by Ghanaians and had considerable investment in refrigerator and cold storage equipment, and an average monthly turnover of about ₵. 2000 per store. Stores of this type are a recent development and might well expand rapidly in number especially for the sale of fresh meat, fish, vegetables, and dairy produce, and may cream off part of the supermarket trade. They appear to have more initiative in adapting to new demands than Lebanese stores, probably because they find it easier to obtain supplies of local products, especially meat, fish, and vegetables.

(*c*) In Accra in 1966 there were sixteen fish shops owned by the State Fishing Corporation and though some had an average monthly retail turnover of ₵. 1100, the average for the group was only ₵. 700. These shops depended to a certain extent on state subsidy and, since the S.F.C. came under close government reappraisal after the 1966 coup, it is difficult to predict what the future of these shops will be.

(*d*) The most prolific type of store was the small Ghanaian store which supplied mainly imported foods to the lower- and middle-income Ghanaians. There were altogether 380 of these in Accra in 1966. Since little capital is required apart from a room, they will probably increase both in number and size with population growth in Accra. Three modal sizes within this group were distinguished as i, ii, and iii as given in Table 3.

Table 3
Estimated monthly food sales in stores in Accra, mid-1966

Store type	No.	Average monthly food sales in cedis per store			Total monthly food sales in cedis all stores		
		Imported foods	Domestic foods	Total	Imported foods	Domestic foods	Total
a	12	2 200	300	2 500	26 400	3 600	30 000
b	5	1 800	160	1 060	9 000	800	9 800
c	16	—	700	700	—	11 200	11 200
d(i)	80	240	160	400	19 200	12 800	32 000
(ii)	200	76	76	152	15 200	15 200	30 400
(iii)	100	37	49	86	3 700	4 900	8 600
Total	413				73 500	48 500	122 000

C. Street-side stalls and traders

Street-side stalls consist of temporary low-cost structures often constructed on, or adjacent to, the sidewalk. They are located either near to residential areas or in main shopping centres and are important as sellers of convenience foods. They have increased rapidly in number in the last ten years. By mid-1966 there were nearly 670 street-side stalls in Accra and 5000 other street traders. While the development of stores is rather restricted by shortage of housing and high rents in the city, the setting up of the relatively low-cost street-side stalls tends to be encouraged by low City Council fees which may be as low as ₵. 0·90 per month. They require a capital outlay of only about ₵. 75 to ₵. 250 according to size and have become one of Accra's most characteristic street-side features and continue to increase in number. Four modal groups were distinguished according to size of turnover and these are summarized in Table 4.

Type 1 stalls sell fruit and vegetables to non-Africans and high-income Ghanaian customers and are found chiefly in higher income residential areas and as a satellite to shopping places with non-African expatriate patronage, e.g. near to big supermarket stores and car parks. There were twenty of these, with a total monthly turnover of ₵. 350. Turnover and profits are quite substantial, especially those located at parking lots near department stores, since average purchase per customer is high and preferential price margins are accepted in this discriminated sector of trade.

Types 2 and 3 have low capital outlays and are differentiated only according to size. They sell some imported foods, mineral and iced water, cigarettes, chewing gum, reconstituted milk, and cakes and buns, though little local foodstuff.

The type 4 stalls are small in size and found mainly in commercial and industrial areas specializing in snacks and foods for workers, e.g. a small range of cakes, doughnuts, eggs, milk in tetrapak, fruit, biscuits, and bread.

Table 4
Estimated monthly food sales by street-side stalls, mid-1966

Stall type	No.	Monthly food sales per stall			Monthly food sales all stalls		
		Imported foods	Domestic foods	Total	Imported foods	Domestic foods	Total
		₵	₵	₵	₵	₵	₵
1	20	—	350	350	—	7 000	7 000
2	100	200	50	270	22 000	5 000	27 000
3	250	90	50	140	22 500	12 500	35 000
4	300	50	50	100	15 000	15 000	30 000
	670				59 500	39 500	99 000

D. *Street-sellers and itinerant hawkers*

Of the 5000 street-side traders, 4000 were street-sellers who remained in one place with a small box or tray on which their wares were displayed; the others were itinerant traders. In all cases however stocks were limited by the amount that could be head-loaded. Of the 5000 sellers, some 3600 sold prepared foods. Itinerant hawkers sold mainly convenience foods such as bread, cakes, nuts, fruit, eggs, and biscuits. Cooked-prepared foods sold hot, however, are sold mostly by street-side sellers and altogether about 75 per cent of all food sold undergoes some preliminary form of heat processing.

Street trade in Accra has increased rapidly during the last decennium for a number of reasons. First, public markets in the centre of the city have not expanded in proportion to population increase, due largely to lack of space for expansion and lack of municipal government initiative in reorganizing and introducing physical improvements. The increasing demand for marketing facilities has thus led to the growth of trade establishments outside the markets. Secondly, extensive suburbs have developed, some of which, by reason of dispersed demand or by lack of municipal initiative, have no public markets. Where the existing markets are not well located, street trade is able to secure for itself a relatively strong position. Thirdly, the migration of young people, especially men, from the rural areas and the consequent increase of single-member households has increased the demand for convenience foods and this has stimulated petty trade outside the markets, and especially near to places of employment. Table 5 classifies sellers under four groups according to the main product sold. Another useful subdivision of this data is between traders dealing in local food products and products manufactured largely from imported foods. There were thus 3210 in the former and 1750 in the latter.

Table 5
Estimated monthly food sales by street-side and itinerant hawkers in Accra, mid-1966

	No. of monthly av. sales Sellers	av. sales Per seller ₡	Total monthly sales ₡	Total imported or from imported material ₡
Prepared food sold hot	1 840	204	376 000	56 000
Prepared food sold cold	1 720	109	188 000	144 000
Farm produce	800	150	60 000	—
Manufactured food products	600	150	46 000	38 000
Total	4 960	613	670 000	238 000

E. *Public markets*

There are thirteen food-retailing markets in Accra of which no detailed study was made. It was estimated, however, that 70 per cent of total food retail sales in Accra were made through the traditional markets. This includes 25 per cent of total retail sales of imported foods. Over 90 per cent of food sales in Accra markets are local foodstuffs, the remainder are imported foods. Increased pressure for space for retail trade is gradually driving wholesale trade out of the main central markets, which are now almost entirely given over to retail trade. As noted earlier, the proportion of total food sales passing through public markets is decreasing.

Little information is available on the number of food retailers in the Accra markets, though information obtained from the market authorities indicate that the numbers vary between 8000 and 10 000 per day. Thus monthly sales per market seller would average about ₡. 350, i.e. two and a half times the monthly sales by street-side sellers and hawkers. The reasons for this higher level of turnover are, first, that market sellers operate throughout the day, secondly, they rent and operate from a fixed stall which has enabled them to build up a goodwill, and thirdly, markets are assured of a constant flow of buyers. For these reasons stalls in the market are highly prized and may be sub-let (illegally) and tend to be retained among a close circle of friends and relatives. The number of market traders, street-sellers, and hawkers of food is estimated at 13 000 to 15 000 women and this would indicate that among every twelve women in Accra above the age of fifteen years, one retails food as a main or part-time occupation.

III. RURAL RETAIL TRADE

The study of rural economic growth of the Lower Volta revealed that between 1954 and 1966 the whole area had depopulated by some 20 per cent but this had been accompanied by a concentration of population into larger villages. Some of the markets in these villages had increased four-fold in volume of turnover since 1954 (e.g. Aveyime) and four villages in the area had developed certain urban characteristics, as 'places of centrality'.[1] By 1966 the markets in this area had largely become produce-collecting centres for trade in Accra.

On the basis of the study of the Lower Volta the following conclusions on changes in rural marketing during the period of economic growth (1954–64) can be made.

(i) The growing importance of the traditional market in the growing rural centre. The market is not only used for the collection and distribution of local produce but also for retail trade of a wide range of imported goods such as cloth, clothes, household goods, medicines, imported foods, and so on. New items which appear for sale in the rural areas appear first in the market and only when there is an established demand do entrepreneurs move in to the establishment of stores. The market is the centre of a number of diverse trades and small industries, e.g. goldsmithing, foundries, corn mills, tailors, seamstresses, carpenters, shoemakers, letter writers. Craftsmen and traders involved in these occupations may be itinerant from market to market, as far as their capital equipment allows them

---

[1] Grove and Huszar, 1964.

to be mobile, but when demand is sufficient they become settled in small stores or shacks on the periphery of the market (e.g. seamstresses, shoemakers, letter writers).[1]

(ii) There is a wider range of imported goods for sale in markets than local foodstuffs which are grown in other areas. This is partly a function of the system of distribution. Collecting traders come to market from distant places to buy large quantities of one product but do not generally bring into the market produce from other areas. Produce from other areas is brought into market by local traders who travel away to buy a variety of produce from distant markets. As there are few such people, prices tend to be high. The small amount of local foodstuff for retail sale in the market reflects the continuing high level of subsistence production. Demands for local produce not grown in the area arise chiefly from immigrants to the area, e.g. teachers, clerks, etc., who find that unless they undertake subsistence farming, the cost of food in the country is often higher than the towns where they are able to get a wider range of produce at more competitive prices.

(iii) This study revealed much greater elasticity in the supply of marketing services in wholesale trade in local produce than in retail trade in foodstuffs not grown in the locality. The markets of the Lower Volta demonstrate that the movement of food in Ghana is largely a movement of cash-crops from rural areas direct to the urban centres and there is little interchange between rural areas of the specialized crops which they grow. Exceptions to this are the non-carbohydrate staples, e.g. fish, salt, oils. However, the interchange in other foods between rural areas is increasing with the greater inflow of people from different regions, where dietary patterns are different, and this is slowly bringing a greater diversity of local foodstuffs into rural markets.

It must be noted, however, that rural economic growth leads to a flow of cash income which becomes available for non-food expenditure. In the Lower Volta the most notable increase in retail trade was in the sale of cloths and imported household durables and the marketing services in these products has always been highly elastic in supply. The reasons for this are that the products are easily portable from one market to another, they

[1] Similar itinerant craftsmen were noted by Hodder, 1962.

do not deteriorate, they can be stored and are highly price elastic.

(iv) At a rural level, capital moves in and out of small store trading with easy mobility. Some stores may only open for a season and the high mortality rate of small businesses is not necessarily associated with failure but with the need for flexibility and diversity in sources of employment and income at this stage of growth. Small storekeeping does not provide an adequate household income for more than probably two stores in a village of 700 and other stores are usually only open for business at times which fit into the owner's other occupations. Business depends very much on the trade in imported foods and if these are scarce and a black-market price rules (as occurred in 1965/6), then business falls off sharply owing to the high price elasticity of demand.

(v) A study of rural economic growth on the Lower Volta has shown that growth in size of markets is largely a function of the increased accessibility of markets due to improvements of roads and transport facilities and these lead to an increase in the quantity of foodstuffs brought to market. It could be argued that a large marketable surplus is a pre-condition for road and market construction but in Ghana many rural roads have been built for a variety of non-economic reasons, e.g. national prestige, defence, internal politics, etc.

The Lower Volta has expanded its economy through the improvement of roads made for reasons not initially associated with an increase in traditional farming (two Ministers of Finance lived in this region) and the effect of road improvement has been to increase the size and scope of markets and the volume of local produce passing through them resulting from an increase in marketable surplus.

IV. THE SUPPLY OF RETAIL SERVICES IN RELATION TO DEMAND IN URBAN AND RURAL AREAS

The contention that rapid urbanization and economic growth places a great pressure on marketing services which tend to lag behind the demands made on them by growing population and income can now be examined. One could test this hypothesis by comparing the costs of retail services in different markets and places over a period of economic growth. If the supply for marketing services is less than demand one would expect a higher price to be paid for those services than in other areas. I have not attempted a structural analysis of food marketing here and have no comparisons of prices and profit margins between the various types of marketing service which is available in Accra. However, comparisons of food prices between Accra and nine urban and twenty-seven rural markets over a period since 1963[1] can be made.

An analysis of these price series show that since 1963 local foodstuff prices have risen most quickly in the rural areas and least quickly in Accra. An analysis of the indices shows that urban levels vary between 10 and 30 points below the rural indices and the Accra index is sometimes as much as 50 points below the rural index. The twelve-month series of data for 1966 and 1967 shows that price indices for local foodstuffs in Accra were, with one or two exceptions, the lowest of all the urban centres and on average 18 per cent below those of all urban centres, and these in turn were 12–18 per cent below those of rural centres. This would indicate that in fact retail marketing services for local foods have developed better in the urban centres, particularly in Accra, than in the rural centres.

The reason for these price differences are not difficult to find.

(1) The larger quantity of goods reaching big urban centres, together with the competition between larger numbers of traders, prevents prices from rising as fast as in the rural areas where there are few local foodstuffs for sale (apart from cash-crops grown in the area which are mostly sold wholesale) and where there are fewer traders and little retail trading competition.

(2) There is a specialized localization of food production, depending on ecological factors. Food-collecting traders drain rural areas of the specialized cash-crops produced there but do not, in return, take adequate supplies of other foodstuffs into these rural areas which do not produce them. This is because the purchasing traders of local foodstuffs in the rural areas are specialized wholesalers and are not generally interested in trading in a wider assortment of foods at a retail level. Thus, while wholesale trade is developing in rural areas, retail food trade is remaining relatively stagnant. In fact, as demand for local foods increases and the agricultural labour force decreases

---

[1] Consumer Price Index Numbers, Central Bureau of Statistics, Accra.

(due to education and migration) the opportunities for employment of female labour rises and under these conditions labour for trading may become scarce, especially in small-scale retailing, where, because of the low level of stocks held and the relatively slow turnover, earnings tend to be low. The most evident demand for rural marketing is to provide markets through which large quantities of produce will flow to the urban centres and also to provide a retail outlet for imported food and non-food consumer goods.

(3) However, in the rural areas those foodstuffs which are produced in the area are frequently also scarce. The reason for this is that while there may be a good wholesale market in the rural areas giving visiting collecting traders easy access to supplies direct from the farm, there is not much demand at a retail level for such foods and locally produced foods are often difficult to obtain and prices may be high.

The effect of points 2 and 3 above on the rural sector is twofold. First, farmers tend to diversify and grow foods such as vegetables on a small scale for their own household consumption. This keeps the scale of production low, discourages specialization, and produces a pattern of food production throughout the country at less than optimum size, and tends to restrain the change-over from a subsistence to a wholly cash economy. Secondly, those who suffer most are the rural wage-earners, e.g. teachers, local council staff, and rural employees of various government departments, who may not have time for farm work, or access to suitable farmland and who may not be in one area long enough (e.g. road and construction labourers) to grow their own food and who may not be accustomed to consuming the foods grown in that locality.

(4) As long as there are few opportunities for the employment of urban unskilled female labour, markets in the large towns and cities are likely to continue to provide a low-cost service and to remain more competitive than rural retail markets.

(5) As part of the general development process, the growth of transport services and other commercial services which support trade (e.g. banking, service stations, etc.) takes place first round the big towns and cities while the rural areas may remain deficient in these for a long time. The lack of these facilities

cc

contributes to making the money costs of trade higher in the rural than in the urban centres. Further, in a period of deteriorating trade inputs, such as occurred in Ghana in 1963/7, when trade and transport were affected by poor road maintenance and the shortage of lorries, the rural areas suffer first while every attempt is made to maintain roads near the big cities and towns. Priority is given to moving foodstuffs from the rural to the large urban and city centres.

Price indices of local foodstuffs have remained consistently lower in Accra than elsewhere though Accra is by no means the geographical centre of a food-supplying area. This would indicate that the supply of marketing services in Accra approximates perfect elasticity. This has occurred largely due to the growth in the numbers of hawkers and street-sellers and street-side stalls in Accra in recent years. The highly competitive nature of retail trade in local foodstuffs, particularly among street-sellers and market traders suggests that the cost of the supply of marketing services is constant over a long range and may remain so as long as retail trade remains highly labour intensive. These observations probably apply also to a certain extent to wholesale trade in local foodstuffs. Certain additional inputs, however, tend to reduce the elasticity of supply of wholesaling services. These are first, the increased capital input required to provide premises and storage facilities, and secondly, the need for wholesalers to provide credit which involves them in additional working capital.

Ruttan's model[1] of a market in a less-developed country is one in which the supply of marketing services approximates perfect elasticity and marginal cost of this supply is horizontal over a long range. This model appears to apply to retail trade in food in Accra. In the rural areas, however, the warning given by Stevens that, with economic development the provision of marketing services fails to keep up with the demands of the population, deserves respect since, in retail trade, the supply of marketing services for local foods is fairly inelastic in the rural areas. Demand for increased retail trade in local foods has increased for a number of reasons, e.g. the growing proportion of crops grown for sale as distinct from subsistence, the growing

[1] Ruttan, V. W. Agricultural Product and factor markets in S.E. Asia. Department of Agricultural Economics, University of Minnesota.

number of rural wage-earners, and the increased amount of cash, form a variety of sources, which is available for purchases in the rural areas. All these have led to the demand for a more diverse supply of local foodstuffs. The inelasticity in the supply of foods which are not grown in the area is due to a deficiency in reciprocal trade of local foodstuffs between rural areas. Thus the movement of food in Ghana is largely a movement of cash-crops from the rural areas direct to the urban centres while interchange between rural areas of the specialized crops which they grow is sluggish.

Summarizing, it appears that the models of Stevens and Ruttan require some modification when applied to Ghana and some differentiation must be made in applying them to rural and urban markets. Economic development has put a pressure on the demand for marketing services, but in Accra this demand has been met by a large and rapid increase in the numbers and types of retail trading outlets and this growth has kept pace with increases in population and income. In the rural areas there has not been a comparable growth in food trade at retail level though there has been considerable growth in sales of local produce to collecting wholesalers. Economic development has led to a growth in rural wage employments and an increase in the quantity and diversity of local foodstuffs demanded at a retail level. This demand has not been met by a comparable increase in retail marketing services with the result that there are often serious shortages of certain local foodstuffs in the rural areas and prices are high. It is thus in the rural areas and not the cities and large urban centres that the deficiencies in the supply of marketing services and facilities for the retail sale of local foodstuffs has occurred. This deficiency, however, does not occur to the same extent in the trade in consumer durables and cloth, the prices of which are more consistent with urban prices. In the long run the cost of female labour in urban centres may rise and this may hasten the structural change in retail marketing, but it seems likely that, at the moment in Ghana, urban population growth is outstripping the employment opportunities of unskilled female labour and in these conditions the marginal cost of retailing will remain constant.

Acknowledgements

The 1966 field data on Accra retail trade was collected by Mr. E. R. Reusse to whom I am greatly indebted, and is part of a larger study in which we are joint authors.[1] Data on rural marketing was obtained as part of a study of Rural Economic Growth on the Lower Volta financed by the Rockefeller Foundation to which I acknowledge my thanks. I am grateful to colleagues in the Department of Agricultural Economics, Leeds University, for their comments on an earlier draft.

Note of methodology

Data on sales of food from supermarkets was obtained from information supplied by the three largest supermarkets which together represent 60 per cent of total turnover of food sold by supermarkets. Sales made through stores and by street traders were obtained by extensive sampling undertaken throughout Accra and all suburbs. An inventory was made of all trading establishments in 50 per cent of the streets of Accra and its suburbs, every second street being visited.

An inventory of the stocks of 5 per cent random sample of all stores and street traders was made. No inventory was made of market trade. The volume of retail food trade, for consumption in Accra, passing through the markets was taken to be the residual between the estimated total food consumed in Accra using Ohkawa's equation[2] and food sold retail through the other market channels as described above. Total food consumption has been estimated from an analysis of food imports, household expenditure on food together with a consideration of known data on expenditure elasticities of the demand for food,[3] and an estimate of population taking into account population growth in Accra since 1960. The consumption of food by the African population of Accra was determined using Ohkawa's equation, $d = p\,gn$. This relates demand (d) to population growth, growth in per capital real incomes (p), and the income elasticity of the demand for food (gn).

Data on marketing in the Lower Volta are based on a study

---

[1] Reusse and Lawson, 1969.
[2] Okhawa, 1956.
[3] Poleman, 1965. Also Ord, 1965.

of the markets of the area made first in 1954 by the author, including a bi-weekly census of all traders in Aveyime market over a period of five months and records all goods coming in and out of Aveyime.[1] In 1964–6 the markets at Sogakope and Adidome were visited monthly and Aveyime bi-weekly, and censuses of traders, records of quantities of goods for sale, and of other activities taking place in the markets were made over a period of two years.

Résumé

L'ADAPTATION DU COMMERCE DE DÉTAIL A LA CROISSANCE DE LA POPULATION URBAINE

La vente au détail de produits alimentaires dans une métropole en développement, Accra, est analysée ainsi que le commerce et la commercialisation sur un grand marché typique de la Basse-Volta, région rurale en voie de dépeuplement. Les statistiques des prix de détail des produits vivriers locaux sont analysées. Les séries mensuelles de 1966 et 1967 montrent que les indices de prix pour les produits vivriers locaux à Accra étaient en moyenne, à une ou deux exceptions près, de 18% moins élevés que ceux des centres ruraux. Les données montrent que le commerce de détail des produits vivriers s'est mieux développé dans les centres urbains, particulièrement à Accra, que dans les centres ruraux.

La plus grosse quantité de produits alimentant les grands centres urbains, jointe à la concurrence entre un nombre plus grand de marchands, empêchent les prix de monter aussi rapidement que dans les régions rurales où il y a peu de produits vivriers locaux à vendre (en dehors des récoltes commercialisées de la région qui sont vendues en gros), peu de détaillants et peu de concurrence commerciale.

Les commerçants qui achètent des produits vivriers locaux dans les régions rurales sont en général spécialisés et ne sont pas intéressés par la vente au détail d'une large gamme de produits. Ainsi, tandis que le commerce de gros se développe dans les régions rurales, le commerce de détail y demeure relativement stagnant. En fait, à mesure que croît la demande pour les

[1] The *Volta River Project*. H.M.S.O. 1956. See Appendix VII, paras. 79–84 and Annex E.

produits vivriers locaux et que diminue la main-d'œuvre agricole (en raison de l'enseignement et des migrations), les 'coûts d'opportunité' du travail féminin augmentent et dans ces conditions, la main-d'œuvre commerciale peut devenir rare, en particulier dans le petit commerce de détail où, en raison de la faiblesse des stocks détenus et du chiffre d'affaires, les gains tendent à être peu importants. Quoi qu'il en soit, aussi longtemps que le 'coût d'opportunité' du travail non qualifié reste bas en ville, les marchés des grandes villes sont à même de continuer à fournir des services d'un coût peu élevé et de demeurer plus concurrentiels que les petits marchés de détail ruraux.

En tant qu'elle fait partie du processus général de développement, la croissance des services de transport et d'autres services commerciaux sur lesquels repose le commerce, (tels que les banques, les stations-services) a lieu d'abord autour des grandes villes alors que les régions rurales peuvent rester longtemps déficientes à cet égard. L'absence de ces moyens contribue à rendre le coût monétaire du commerce plus élevé dans les centres ruraux que dans les centres urbains. De plus, dans une période de diminution des investissements commerciaux, comme ce fut le cas au Ghana de 1963 à 1966, quand le commerce et les transports furent touchés par le mauvais entretien des routes et la pénurie de camions, les régions rurales furent les premières à en souffrir alors que tous les efforts étaient portés sur l'entretien des routes desservant les grandes villes. La priorité est donnée à l'évacuation des produits vivriers des centres ruraux vers les grands centres urbains. L'indice des prix des produits vivriers locaux est resté invariablement moins élevé à Accra qu'ailleurs bien qu'Accra ne soit en aucune façon le centre géographique d'une région fournissant des produits alimentaires. Ceci démontrerait que l'offre des services commerciaux à Accra tend vers une élasticité parfaite. Cette situation est due en grande partie à l'augmentation, ces dernières années, du nombre des colporteurs, des vendeurs de rues et des stands de trottoirs à Accra. La nature hautement concurrentielle du commerce de détail de produits vivriers locaux, en particulier chez les vendeurs de rues et chez les commerçants des marchés, suggère que le coût marginal de l'offre de services commerciaux reste horizontal pendant une longue période et peut le demeurer tout le temps que le commerce de détail exige une forte proportion de main-d'œuvre. Ces observations s'appliquent sans doute aussi, dans une certaine mesure, au commerce de gros des produits vivriers locaux. Néanmoins, certains investissements additionnels tendent à réduire l'élasticité de l'offre des services de gros. Ce sont, en premier lieu, les investissements accrus en capital nécessaires à la mise en place des locaux et des moyens de stockage et, en second lieu, la nécessité pour les grossistes de fournir à crédit, ce qui les oblige à avoir un fond de roulement supplémentaire.

Le modèle de Ruttan, d'un marché dans un pays en voie de développement, est celui où l'offre des services commerciaux tend vers l'élasticité parfaite et où le coût marginal de cette offre reste horizontal pendant une longue période. Ce modèle semble s'appliquer au commerce de détail des produits vivriers à Accra. Dans les régions rurales, cependant, la mise en garde de Stevens selon laquelle, avec le développement économique, l'offre de services commerciaux n'arrive pas à satisfaire les besoins de la population, mérite considération. Dans le commerce de détail, l'offre de services commerciaux pour les produits vivriers locaux est passablement inélastique dans les régions rurales et la demande d'un commerce de détail plus important de produits vivriers locaux s'est accrue pour de multiples raisons telles que la proportion croissante de cultures commerciales distinctes des cultures de subsistance, le nombre croissant de salariés ruraux et le montant accru de numéraire, provenant de sources diverses, qui est disponible pour des achats dans les régions rurales. Cette situation mène à la demande d'une offre plus variée de produits vivriers locaux. L'inélasticité de l'offre de produits alimentaires qui ne sont pas cultivés dans la zone est due à une insuffisance, dans le commerce, d'échange des produits vivriers locaux entre les différentes régions rurales. Ainsi le mouvement des produits vivriers au Ghana est en grande partie un mouvement d'évacuation des récoltes commercialisées des régions rurales directement vers les centres urbains tandis que l'échange des récoltes spécialisées entre les différentes régions rurales d'où elles proviennent est faible. Ainsi, quelques modifications doivent être apportées aux modèles de Stevens et Ruttan lorsqu'ils sont appliqués au Ghana et une distinction doit être établie selon qu'ils sont appliqués à des marchés urbains ou ruraux. Le développement économique a exercé une pression sur la demande de services commerciaux, mais à Accra cette demande a été satisfaite par un accroissement important et rapide du nombre des débouchés du commerce de détail et cette croissance s'est faite au rythme de l'augmentation de la population et des revenus. Dans les régions rurales, cependant, l'inverse s'est produit au niveau du détail dans le commerce des produits vivriers. Le développement économique a conduit à une croissance du salariat rural et à une augmentation de la quantité et de la diversité des produits vivriers locaux demandés au niveau du commerce de détail. Cette demande n'a pas été satisfaite par un accroissement comparable des services commerciaux avec comme résultat la fréquence de graves pénuries de produits vivriers et la cherté des prix dans les régions rurales. Ainsi, c'est dans les régions rurales et non dans les grands centres urbains que les insuffisances dans l'offre de services commerciaux et de moyens pour le commerce de détail de produits vivriers locaux sont apparues. Cette carence cependant n'est pas sensible dans le commerce des biens de consommation durables et des tissus dont les prix sont plus proches des prix urbains. Dans le long terme le 'coût d'opportunité' du travail féminin dans les centres urbains peut augmenter et ceci peut précipiter un changement de la structure du commerce de détail, mais il semble plutôt qu'au Ghana la population urbaine croisse plus vite que les possibilités d'emploi de la main-d'œuvre féminine non qualifiée et que, dans ces conditions, le coût marginal du commerce de détail restera horizontal.

XX. Capitalism, capital markets, and competition in West African trade[1]

MARVIN P. MIRACLE

As with so many topics that are of interest to students of social phenomena in Africa, there has been little research to date on either capital markets or competitive behaviour of African businessmen. Yet both are of major importance if we are to have more than a superficial understanding of past changes in, or the present potential of, West African economies.

Knowledge of the amount and kind of competition prevailing is essential for reasonably accurate predictions of the impact of almost any change in economic conditions on a particular industry or group of industries, as well as on aggregate levels of prices, income, or employment for an entire economy. Economic theory has its widest application when pure (or atomistic) competition exists—a situation in which no seller has a large enough share of the market that he feels he can affect the prices he receives—and in absence of evidence on market structure pure competition is nearly always postulated. It is a favourite assumption of economic planners in West Africa as well as in most of the rest of developing countries.

The nature of capital markets is also a major factor in determining the response to changes in economic conditions. Of special interest in predicting the course of economic development is the nature of the response of producers to prices or other stimuli that signal the need for changes in the volume or composition of production or in the techniques of production employed. To get quick and strong producer responses to changes in economic

[1] In addition to literature cited, this chapter is based on field-work in southern Nigeria. Ghana and Cameroons in late 1958 and early 1959, in the Ivory Coast, Mali, Upper Volta, and Niger in 1965, and in Ghana and the Ivory Coast in October 1967.

conditions there must be an efficient mechanism for transferring capital from savers to investors and a system which assures that most of those willing and able to change production patterns have access to the pool of capital available. If through ignorance, or because of discrimination, only a fraction of the producers use the capital market much of the potential producer response may be muted or distorted.

The nature of capital markets and competitive patterns can be highly interdependent, and *a priori* one would expect both to have been substantially changed by the process of transforming a multitude of tribal economies into a few national economies—a transformation that began with colonial rule and has been accelerated with the attainment of political independence—a process that economists commonly equate with the introduction of capitalism.[1] The focus of this paper is on what we now know about the nature of changes in capital markets and competitive patterns in West Africa since the turn of the century.

CAPITAL MARKETS AND COMPETITION IN THE PRE-COLONIAL PERIOD

Information on the nature of the pre-colonial economies in West Africa is extremely sketchy, and as yet the little evidence that can be gleaned has been little analysed, but what we do have at this juncture suggests that the following conditions were typically roughly approximated: capital was extremely scarce; most of the population had a low level of income, few savings, and probably did not participate in any banking system or other effective institution for consolidating savings;[2] the bulk of the

[1] If, following a fairly common usage, we define capitalism as an economic system in which the means of production are largely privately owned, there were probably some of the tribal economies that were capitalistic in the pre-colonial period, and certain enterprises, such as production of cash-crops, may have been widely capitalistic even in tribal economies where the bulk of economic activity was not. Thus it is more accurate to say that capitalism was probably introduced to some, but not all, tribal economies during the colonial period. In any event, it is clear that capitalism became greatly more important in West Africa in the period since introduction of colonial rule.

[2] I know of no evidence of banks, but there almost certainly were some money-lenders and possibly informal savings institutions, such as the *esusu* of the Yoruba, since such mutual savings arrangements are now widely reported. In addition to fairly full descriptions of them in Nigeria and the Cameroons (Bascom, 1952; Amogu, 1956; Ardener, *et al.*, 1960, pp. 178–81), I have accounts from informants for them in Ghana and Nigeria. There is, however, little evidence on how such

population had no access to international capital markets; for most goods and services there was little effective competition from foreign sellers for a variety of reasons, the most important of which was probably transportation costs, tariffs, and similar protection; there was little or no stigma attached to participating in collusive arrangements; and there were no effective consumer organizations to combat monopoly power.[1]

Before turning to evidence on restrictions to competition in West Africa in the pre-colonial period it is useful to examine the repercussions of imperfections in the capital market, one of the major markets for factors of production, on competitive patterns in product markets (the markets for finished products—consumer goods and services). The impact of capital markets on competition has been largely ignored in the literature. Economists interested in competitive behaviour have been preoccupied with Western economies in which capital has long been relatively abundant and capital markets typically work well. Therefore, as the literature on competition developed—the bulk of which dates since the big merger movement in the United States at the turn of the century—it was correctly argued that capital and capital markets were not a major obstacle to market entry, and therefore capital was not an important variable in explaining patterns of competition in the economies most economists were interested in. To date competition has been little

---

savings are used except descriptions of consumption items typically purchased and comments that they *may* be used for business. Until we have additional evidence there is no reason to suppose that these institutions are, or ever were, important as a component of capital markets. There were also partnerships which brought savers and investors together. Several of my older informants in Grand Bassam, Ivory Coast—most of whom claim they are reporting practices they observed or participated in around the turn of the century—say that the so-called *abusa* system of sharecropping now found in cocoa, coffee, and other cash-crops was common in commodity trade well before cocoa or coffee were introduced. A common arrangement involved three partners who shared returns from a venture equally (an arrangement not unknown today in cash-crops in both Ghana and the Ivory Coast despite a tendency in the literature to characterize the *abusa* system as always being an arrangement between two individuals with a one-third, two-thirds division of the returns). In trading ventures one partner supplied the capital, one transported the goods and braved the hazards of the trail, and the other organized the partnership, which in some cases involved little more than getting the capitalist in touch with someone who had the stamina and courage to make the trip. It is impossible to determine how common such arrangements were.

[1] Defined as the ability to earn supernormal profits, i.e. profits greater than would be earned under pure competition.

studied in developing countries and their special conditions are still not reflected in the economic theory on competitive behaviour.[1]

Capital markets as a barrier to competition in developing countries

In an economy with the characteristics just outlined shortage of capital and imperfections in the market for whatever capital is available constitute an enormous barrier to market entry, and changes in monopoly power in capital and product markets are mutually reinforcing, leading to a high degree of concentration of economic power in most, or all, goods and services requiring significant amounts of capital in production or distribution. Given the fact that there are neither legal nor social sanctions against collusion it follows that once some monopoly power is gained—regardless of how it originates— it is easily extended by strategic use of supernormal profits. Those who gain monopoly power can force transfer of some of the savings from the rest of the population to themselves and thus get a disproportionate share of available loanable funds which, in turn, can be used to extend existing monopoly power in several ways.

The larger the percentage of total savings a given seller—or group of sellers acting in concert—can extract from the bulk of the population via supernormal profits, the greater their monopoly power in the capital market. If individuals or groups holding monopoly power in product markets accumulate enough savings to gain monopoly power in the capital market they thereby increase the barriers to entry generally in the loanable funds market in which they operate. Their ability to earn supernormal profits on savings accumulated through supernormal profits previously extracted increases the skewness of the distribution of savings and makes it increasingly difficult for those who did not hold monopoly power to challenge those who do. Holders of monopoly power in product markets will at some point control a large enough share of loanable funds to get some degree of monopoly power in capital markets if only because capital is scarce and holders of monopoly power by

---

[1] A partial exception is P. T. Bauer who mentions capital as a barrier in the export enclaves of Ghana and Nigeria but curiously does not extend his observation about the role of capital to the rest of the economy where, to the contrary, he asserts that market entry is extremely easy and that selling is generally competitive (Bauer, 1953, pp. 303–21).

strategic use of their supernormal profits can increasingly extend their monopoly power in product markets. Eventually they will have enough monopoly power in enough goods and services that the supernormal profits they are able to earn are a sizeable fraction of total loanable funds in the capital markets in which they choose to operate.

We turn now to some of the ways in which supernormal profits can be used in such an economy to extend monopoly power. To the extent to which the holder of monopoly power is a moneylender—whether one with or without monopoly power in the money market—he may have some influence in forestalling entry: directly by carefully choosing only borrowers planning to enter other industries, and indirectly by advancing credit which ties suppliers or customers in his product market operations. Holders of monopoly power in product markets may also use accumulated capital to either ruin established rivals, particularly those that are financially weaker (through, say, price wars), or to force them into collusive agreements.

Thus the greater the supernormal profits in product markets the greater the concentration of loanable funds in a few hands and the easier it is (1) to make supernormal profits in moneylending, and (2) to achieve still greater monopoly power and still greater supernormal profits in product markets.

Absence of effective links with capital markets in other economies prevents checks on monopoly power through infusion of capital generated outside the economy. Likewise there is little possibility of imports serving as a check on local sellers. Savings of any one individual who does not earn supernormal profits are too small to be significant and there are no effective institutions for consolidating savings. Also lacking is countervailing power from consumer organizations. Under these conditions the only effective threat to a given holder of monopoly power is represented by other holders of monopoly power and starting from a situation of no monopoly power there is reason to expect little economic warfare initially as monopoly power increases.

Those interested in extending their monopoly power will, if they are rational, weigh the probable return for their effort against the cost. On the cost side, extending monopoly power in an industry in which there is as yet little monopoly power in-

volves a much more easily assessed expense and probably one
that is usually perceived as smaller than that involved in the
other option (attempting to extend monopoly power in an
industry in which there is considerable monopoly power). If one
attempts to enter an industry where a considerable amount of
monopoly power is already established, there is the extra cost of
financing what frequently can be expected to be a stiff battle
with existing sellers, the length and final outcome of which is
likely to be uncertain. Therefore, only if the expected return
is higher—and probably considerably higher—than in more
competitive industries is it likely that those seeking to establish
or extend monopoly power will attempt to challenge those who
already hold it.

The fewer the industries which are characterized by considerable monopoly power, the higher the probability that there will
exist relatively competitive industries where expected returns
are high enough that they present prospects that are more
attractive to seekers of monopoly power than the prospects in
less competitive industries.

There is no reason to think that holders of monopoly power
will necessarily compete rather than reach an accommodation
even when there is a high degree of monopoly power in every
industry in which capital is important. However, if they do
compete at all, they are not likely to do so until the cumulative
process of increasing monopoly power has resulted in a great
deal of monopoly power in most goods and services for which
capital is an important barrier to entry.[1]

---

[1] As monopoly power spreads there are at least two reasons to expect that those
who have gained monopoly power will be increasingly challenged. Industries with
the greatest expected returns to monopoly power, other things being equal, are
likely to be the first to be the targets of attempts to establish monopoly power.
Thus after some point in the spread of monopoly power the expected returns to
monopoly power in some of the industries that already have considerable monopoly
power are likely to exceed those in the remaining industries sufficiently to make the
extra cost of economic warfare seem justified. Secondly, as monopoly power
spreads the probability that the supernormal profits of any one seller with monopoly
power will raise costs or reduce returns of other holders of monopoly power he
faces in exchange situations increases, strengthening their incentive to get control
of his enterprises or force him into an agreement that would reduce his influence on
their own supernormal profits. Thus the more extensive monopoly power is the
higher is the probability that any increment in monopoly power will in some way
provoke those who already hold monopoly power.

Competition in the pre-colonial period

There are few data on competitive patterns in the pre-colonial period—most of the few observers who have left accounts were little interested in such matters—but there are several scraps of evidence which suggest that competition in many lines of enterprise was, in fact, severely restricted.

Karl Polanyi (Polanyi, 1966, p. 87) notes that in southern Dahomey prices were set by producers' or sellers' organizations. In Whydah and Porto Novo vendors of the same commodity belonged to a trade association called a *sodudo* which fixed prices. In addition to regulating competition the *sodudo* was a mutual aid society with certain social functions at times of illness or death in the family.

Hodder and Lloyd (Hodder, 1967, p. 144, and Lloyd, 1959, p. 52) suggest that among the Yoruba, guilds were found for all crafts, with similar trade guilds organized along commodity lines. Membership in these guilds was usually compulsory and they were run by a powerful head. Likewise among the Nupe of northern Nigeria crafts and trading were organized through guilds (Nadel, 1942, pp. 92, 294, 330), and M. G. Smith's description (Smith, 1962) of the economic organization of the Hausa and the accounts of Timbuctoo (Dubois, 1897, and Miner, 1953), indicate the same pattern farther north. The most detail is given on the craft guilds, but as in the south, guilds had powerful leaders; controlled prices; and may have regulated the economic activities of members in other ways. Skinner and Bradbury (Skinner, 1964*b*, pp. 83–5, and Bradbury, 1967, p. 24) discuss craft guilds in Benin, and Skinner also mentions them for Djenne, Senegal, Sierra Leone, Guinea, Liberia, and northern Ivory Coast. It is not unlikely that similar organizations were also found among commodity traders in all these areas. Restriction of competition is also suggested by Binger's report in 1692 (cited in Skinner, p. 93) that in parts of the Ivory Coast a secret society controlled the trade in kola nuts, one of the mainstays of commerce in that area then as now, and tried to block access to areas of production by other traders.

Similar restrictive practices may have been common in other areas. Coastal chiefs or trading groups are reported to have similarly monopolized trade between European companies and inland supply zones in many areas. According to Allan McPhee (McPhee, 1926, pp. 88–9) chiefs and heads of trading groups frequently closed roads and streams connecting the inland areas and the coast in Nigeria in order to establish themselves as the sole sellers dealing with European firms, and he notes that in Ghana the Ashanti finally fought their way to the coast to break the monopolistic power of coastal groups there. Similar situations are reported elsewhere along the coast as far south as Angola (Kalck, 1959, p. 72).[1]

PROBABLE CHANGES IN CAPITAL MARKETS DURING THE COLONIAL PERIOD

The most significant institutional change affecting capital markets in West African economies during the colonial period might be expected to be the introduction of a banking system. It would seem that by providing (1) a link with savers outside West Africa, and (2) a new source of credit to compete with moneylenders, African entrepreneurs would have found their access to capital increased by establishment of a banking system.

There probably was, in fact, a considerable infusion of new capital into West African capital markets during the colonial period, but not through direct participation of Africans in the banking system. From the point of view of most African savers banks are not a good place to keep savings. Banks are usually found only in the largest cities while the great majority of the population is rural; ignorance, illiteracy, and possibly xenophobia may also militate against use of banks; but probably the most important problem is fear that bank clerks will for a suitable bribe, divulge to a depositor's rapacious relatives the status of his account.

From the point of view of African investors banks are of little help because of the reluctance of banks to extend loans to Africans. Bank managers defend their policies by pointing to their experience with extremely high administrative costs and late payments or defaults when they have made loans to Africans. The bulk of bank loans go to businesses in the foreign enclave of the economy.

Where African borrowers benefit from the presence of the

[1] For other groups exercising monopoly power on the coast in the pre-colonial period, see the chapters by M. Augé and C. W. Newbury in this volume.

banking system it is usually only because they have managed to form a link to it through the Levantines, a segment of the foreign community that has been present in most West African countries since the first decade of this century but has become increasingly important since World War II. The Levantines have an advantage over banks in loaning to Africans in at least two ways: (1) they typically operate only in one community, usually a small one, and can fairly easily find out the past record and the business capacity of a prospective borrower from that community; thus both the administrative costs of loans and the risks are lower than they would be if they, like the banks, were dealing with strangers; (2) unlike banks, they can easily conceal the terms under which they make loans and need not fear adverse public opinion if administrative costs and risk dictate rates of interest that are so high that they would generally be considered usurous.[1]

In some lines of trade—particularly imported manufactured goods commonly consumed in every African household, such as cloth—non-Levantine firms, especially the large European companies, also had an impact on capital markets by selling their merchandise to selected African traders on credit (commonly known as the passbook system). This enabled some Africans needing capital to break into the market for certain types of manufactured goods without having to borrow from a moneylender. Sometimes it also allowed those who received credit to dispose of the merchandise quickly and to loan out the proceeds to other Africans for the remainder of the period for which the importing companies had extended them credit. (Known in some areas as 'gold coasting' this practice is said to often give a sufficiently high return in interest on the money-lending operation that it is worth while to sell the merchandise at a loss if necessary in order to quickly convert it into loan-able funds.) Thus goods extended on credit by importing companies not only allowed some traders to circumvent moneylenders but also served to increase the number of money-lenders, and thus many have increased the level of competition in the capital market.

Data are too scanty and unreliable to get even a rough idea

---

[1] This is not to say that they never practise usury. My informants indicate that they often can and do get away with usurious rates of interest.

of the quantitative impact of either Levantine immigrants or foreign companies on the capital market, but is clear that one other category—new credit institutions sponsored by the government—were typically of negligible importance. New credit institutions mainly took the form of co-operatives and agricultural credit banks which either commonly were dismal failures (as with most co-operatives in tropical Africa); had very little to loan; or were so restrictive in the conditions they attached to loans that their credit was out of reach of the bulk of the African population.[1]

Introduction of new cash-crops and cash-earning enterprises

Cash-crops and cash-earning enterprises for local sale as well as for international markets antedate considerably colonial rule. However, because a number of the mainstays of West African interregional and international trade—e.g. kola nuts, cattle, and dried fish—never became important in overseas trade with developed countries, whereas other commodities introduced or produced in greater quantities after colonial rule—such as cocoa and coffee—did, it has become common to equate production of cash-crops with colonial rule. It is highly unlikely, I think, that there were any tribal economies in West Africa with absolutely no cash-crops at the beginning of colonial rule, but clearly the market for cash-crops greatly expanded as (1) African producers were brought into touch with world markets for commodities that were new to them, and (2) the resulting increments in income from these exports generated additional demand for West African commodities that had a West African market, e.g. meat, kola huts, palm oil, and in some areas, starchy-staples.

In any event, either introduction or expansion of cash-earning enterprises would have had the same effect on capital markets. Both would have expanded the incomes and savings of producers of cash-earning commodities, providing that competition in the marketing of these items was not too severely restricted. If there was very little competition among middle-men, all, or nearly all, of the additional income generated may have been taken by them. If they already control the capital market, as we have

[1] For additional discussion of these points, see Miracle, 1969*a*, 1969*b*, and Miracle and Seidman, 1968.

argued they probably did in the pre-colonial period, the total capital available would be increased but the access to it by the bulk of the population might be little changed. My hypothesis is that this in fact is the case for most, if not all, of West Africa.

Reduction of costs of trade

Thus far we have discussed impacts on the pool of capital and access to it. The most important impact of colonial rule on competitive patterns may have been on the other side—through reduction in the amount of capital required to engage in trade. Since in almost any line of West African commerce capital is an enormous barrier to those who would like to enter trade, any substantial reduction in costs involved reduces the importance of capital markets. Thus by making travel much safer and cheaper, and by reducing the costs of communications, the colonial administrations may have considerably changed the role of capital markets as a factor contributing to non-competitive behaviour and concentration of economic power.

The changes were dramatic. Colonial rule saw the establishment and maintenance of a much more extensive network of roads than had ever existed before. Communication was made enormously cheaper and quicker. (Today many—my impression is most—of the large dealers in kola nuts and cattle send telegrams weekly—sometimes daily—to other areas to get market information of interest to them.) After the advent of colonial rule travel was made much safer and all internal tolls, tariffs, and taxes associated with trade between tribal economies were abolished in most areas.

CONCLUSIONS

Although there is ample evidence that substantial restrictions to competition are still common,[1] much of West African trade almost certainly has become more competitive since the beginning of colonial rule, but not because of improvements in the capital markets though the introduction of a banking system, as might be expected *a priori*. Rather, these changes were the

---

[1] For a survey of evidence on present competitive patterns in West Africa, see my 'Market Structure and Conduct in Tropical Africa—A Survey', in Sayre P. Schatz (ed.), *Proceedings, Conference on African Economic Development, Temple University. April 1968* (in press). See also section 3 of Samir Amin's chapter in this volume.

result of other, less direct, changes in capital markets, as well as economic changes which served to reduce the importance of capital as a barrier to competition.

Résumé

CAPITALISME, MARCHÉS DE CAPITAUX ET
CONCURRENCE DANS LE COMMERCE
OUEST-AFRICAIN

Cet article passe en revue l'information actuellement disponible sur la nature des marchés de capitaux ouest-africains de la période pré-coloniale pour montrer que les connaissances relatives aux marchés de capitaux informent sur la structure et l'organisation du marché.

Une des conclusions principales est que les conditions économiques dominantes à l'époque pré-coloniale étaient telles que les marchés de capitaux étaient extrêmement faibles, voire inexistants, et que par conséquent, en raison du manque de moyens adéquats pour obtenir des capitaux, ces économies se caractérisaient par une forte résistance à la pénétration du marché, c'est-à-dire, à l'achat et à la vente hautement concurrentiels de la plupart des marchandises.

La partie centrale de l'article explore de façon théorique les liens entre les schémas concurrentiels des marchés de facteurs et de produits. La conclusion examine les indices des transformations intervenues dans la nature des marchés et des structures du capital pendant la période coloniale. Les principaux changements de cette période qui sont analysés sont: (1) L'introduction des cultures commerciales et des activités pécuniaires, et (2) La réduction des coûts du commerce. Le thème principal de cet article est que le commerce en Afrique occidentale est certainement devenu plus concurrentiel depuis le début de la colonisation, mais non, comme on pourrait s'y attendre *a priori*, grâce au développement des marchés de capitaux par l'introduction du système bancaire. Les changements intervenus furent plutôt le résultat d'autres changements moins directs dans les marchés de capitaux et dans la conjoncture économique en général.

Bibliography

Bibliography

Agboola, S. A.
(1962) *Some geographical influences upon the population and economy of the middle belt west of the Niger.* M.A. thesis University of London.

Ahmad Baba al-Wa'iz
(1950) *Al-Kanz al-Mufid li 'l-Murid al Sadiq.* Cairo.

Akindélé, A. & Aguessy, C.
(1953) *Contribution à l'étude de l'ancien royaume de Porto-Novo.* Dakar.

Akinjogbin, I. A.
(1967) *Dahomey and its neighbours, 1708–1818.* Cambridge University Press.

Alao, Nurudeen A.
(1968) Periodic markets in Western Nigeria: theory and empirical evidence. *Northwestern University Department of Geography Research Report*, no. 42.

Allen, C. H. (ed.)
(1970) *African perspectives.* Cambridge University Press.

Amin, Samir
(1968) Le développement du capitalisme en Afrique noire, in *En partant du capital.* Paris: Ed. Anthropos.
(1969a) *Le monde des affaires sénégalais.* Paris: Ed. de Minuit.
(1969b) La bourgeoisie d'affaires sénégalaise. *L'Homme et la Société.* Paris: 12, avr.–mai–juin, pp. 29–42.

Amogu, Okara O.
(1956) Some notes on savings in an African economy. *Soc. & econ. Stud.*, v, 2, June.

Amselle, J. L.
(1969) Rapport de mission sur l'économie marchande au Mali. *Cah. Et. afr.*, ix, 34 (2), pp. 313–17.

Anderson, Benjamin
(1870) *Narrative of a journey to Musardu, the capital of the Western Mandingoes.* New York.

Anthonoio, Q. B. O.
(1968) *Fish marketing survey in the Kainji Lake Basin: Yelwa Area study.* Ibadan: Nigerian Institute for Social and Economic Research.

Ardener, E.
(1956) *Coastal Bantu of the Cameroons*. London: International African Institute. Ethnographic Survey.

Ardener, E. & S. & Warmington, W. A.
(1960) *Plantation and village in the Cameroons*. London: Oxford University Press for the Nigerian Institute for Social and Economic Research.

Argyle, W. J.
(1966) *The Fon of Dahomey: a history and ethnography of the old kingdom*. Oxford: Clarendon Press.

Arhin, K.
(1965) Market settlements in north-western Ashanti. *Research Rev.*, suppl. 1, Dec., Institute of African Studies, Legon.
(1969) *The development of market centres at Atebubu and Kintampo since 1874*. Ph.D. thesis, University of London.

Armitage, C. H. & Montanaro, A. F.
(1901) *The Ashanti campaign of 1900*.

Atger, P.
(1962) *La France en Côte d'Ivoire de 1843 à 1893: cinquante ans d' hésitations politiques et commerciales*. Université de Dakar.

Augé, M.
(1969a) *Le rivage alladian*. Paris: Mém. ORSTOM.
(1969b) Statut, pouvoir et richesse: relations lignagères, relations de dépendance et rapports de production dans la société alladian. *Cah. Et. afr.*, ix, 35 (3), pp. 461–81.

Baillaud, E.
(1900) Carte économique des pays français du Niger. *La Géographie*, (Rev. Soc. Nat. Géog.).

Balandier, G.
(1957) *Afrique ambiguë*. Paris: Plon.

Barbot, J.
(1746) *North and South Guinea*. London (1969 reprint: Cass.).

Barry, B.
(1969) Le royaume de Wâlo du traité de Ngio en 1819, à la conquête en 1855. *Bull. IFAN*, xxxi (B), 2, pp. 339–444.

Barter, P. G. H.
(1966) *Problems of agricultural development*. Geneva.

Barth, H.
(1857) *Travels and discoveries in North and Central Africa, 1849–55*. Vols I–V. London.
(1890) *Travels and discoveries in North and Central Africa, 1857–59*. New York.

Bascom, W. R.
(1952) The *esusu*: a credit institution of the Yoruba. *J. roy. anthrop. Inst.*, lxxxii, 1, pp. 63–9.
Bastide, R. & Verger, P.
(1959) Contribution à l'étude sociologique des marchés Nagô du Bas-Dahomey. *Cah. Inst. Sci. Econ. appl. Hum.*, i, 95, pp. 33–65.
Bauer, P. T.
(1953) Concentration on tropical trade: some aspects and implications of oligopoly. *Economica*, xx, Nov.
Bayol, J.
(1888) *Voyage en Sénégambie: Haut-Niger, Bambouk, Fouta-Djallon et Grand Bélédougou.* Baudouin, Paris.
Beecham, J.
(1841) *Ashantee and the Gold Coast.* (1968 reprint: Dawson.)
Bernus, E.
(1960) Kong et sa région. *Et. éburnéennes*, viii, pp. 240–324.
Berry, B. J. L.
(1967) *Geography of market centers and retaildis tribution.* Englewood-Cliffs, N. J.: Prentice-Hall.
Bertrand-Bocande, E.
(1856) Carabane et Sedhion. *Rev. colon.*, 15, p. 412.
Binet, J.
(1962) Marchés en pays soussou. *Cah. Et. afr.*, iii, 9 (1), pp. 104–14.
Binger, L.
(1886) Les routes commerciales du Soudan occidental. *La Gazette géographique*, xii, 1/2.
(1892) *Du Niger au Golfe de Guinée par le pays de Kong et le Mossi.* 2 vols. Paris: Hachette.
(1889–90) Transactions, objet de commerce, monnaie des contrées d'entre le Niger et la Côte d'Or. *Bull. Soc. Géog. commerciale de Paris*, 12, pp. 77–90.
Blake, J. W.
(1942) *Europeans in West Africa.* Hakluyt Society, 2nd ser. 86, London.
Boaten, Kwasi
(1969) *An historical geography of Northern Asante.* M.A. thesis, Legon.
Bohannan, P.
(1963) *Social anthropology.* New York: Holt, Rinehart & Winston.
Bohannan P. & L.
(1957) Tiv markets. *Trans. N.Y. Acad. Sci.*, ser. II, xix, pp. 613–21.
(1968) *Tiv economy.* Northwestern University Press.
Bohannan, P. & Dalton, G. (eds.)
(1962) *Markets in Africa.* Northwestern University Press.

Bonte, P.

(1967) L'élevage et le commerce du bétail dans l'Ader Doutchi-Majya. *Et. nigériennes*, 23, p. 900.

Bosman, W.

(1705) *A new and accurate description of the coasts of Guinea.* Amsterdam, 1907 edition. (1st English edition 1705, 1967 reprint: Cass.)

Boucard

(1729) *Relation de Bambouc, June 1729.* Arch. maritime, Paris, vol. 1, pp. 1–82.

Bouët-Williaumez, E.

(1848) *Commerce et traite des Noirs aux côtes occidentales d'Afrique.* Paris.

Boutillier, J.-L.

(1969) La ville de Bouna de l'époque précoloniale à aujourd'hui. *Cah. ORSTOM*, Sér. Sci. Hum., vi, 2, pp. 3–20.

Bovill, E. W.

(1922) Jega market. *J. roy. Afr. Soc.*, xxii, 85, pp. 50–60.

(1968) *The golden trade of the Moors.* Oxford University Press (2nd edition).

Bowdich, T. E.

(1819) *A mission from Cape Coast to Ashantee.* London.

(1821) *Essay on the geography of north-western Africa.* Paris.

Bradbury, R. E.

(1964) *The Benin kingdom and the Edo-speaking peoples of S.W. Nigeria.* London: International African Institute, Ethnographic Survey.

(1967) The kingdom of Benin, in Daryll Forde & P. M. Kaberry (eds.) *West African kingdoms in the nineteenth century.* Oxford University Press.

Braimah, J. A. & Goody, Jack R.

(1967) *Salaga: the struggle for power.* London: Longmans.

Brasseur, G. & Le Moal, G.

(1963) *Cartes ethno-demographiques de l'Afrique Occidentale.* IFAN-Dakar.

Brasseur-Marion, P. & Brasseur, G.

(1953) *Porto-Novo et sa palmeraie.* IFAN-Dakar.

Brown, G. W.

(1937) The Poro in modern business: a preliminary report of field work. *Man*, xxxvii, 3, Jan., pp. 8–9.

Burton, R. F.

(1864) *A mission to Gelele, King of Dahomey.* 2 vols., London.

Caillé, R.
(1829) *Journal d'un voyage à Tembouctou et à Jenné dans l'Afrique Centrale (1824–28)*. 3 vols., reprint, éd. Anthropos.

Caldwell, J. C.
(1967) Migration and urbanisation, in W. Birmingham (ed.) *A study of contemporary Ghana*, vol. II. London: Allen & Unwin.

Chatelain, M.
(1917) Traditions relatives à l'établissement des Bornouans dans le Dallol Maouri et le pays Djerma. *Bull. Comm. Hist. Sci. AOF*, pp. 358–61.

Chaudron, Lt.
(1903) Les Etats de Bouna. *J. officiel Côte d'Ivoire*, 8, 31 mars.

Chéron, G.
(1924) Contribution à l'histoire du Mossi: traditions relatives au cercle de Kaya (Haute-Volta). *Bull. Comm. Et. Hist. et Sci. AOF*, vii, 4, pp. 635–91.

Christensen, J. B.
(1961) Marketing and exchange in a West African tribe. *Southwestern J. Anthrop.*, vii, 2, pp. 124–39.

Cissoko, S. M.
(1966) *Histoire de l'Afrique Occidentale*. Paris: Présence Africaine.

Clapperton, H.
(1829) *Journal of a second expedition into the interior of Africa*. London.

Clerc, J., et al.
(1956) *Société paysanne et problèmes fonciers de la palmeraie dahoméenne*. Paris: Mém. ORSTOM.

Clozel, F. J.
(1906) *Dix ans à la Côte d'Ivoire*. Paris.

Clozel, F. J. & Villamur
(1902) *Les coutumes indigènes de la Côte d'Ivoire*. Paris.

Cohen, Abner
(1965) The social organisation of credit in a West African cattle market. *Africa*, xxxv, 1, pp. 8–20.
(1966) Politics of the kola trade. *Africa*, xxxvi, 1, pp. 18–36.
(1968) The politics of mysticism in some local communities in newly independent African states, in Marc Swartz (ed.) *Local-level politics*. Chicago: Aldine Publ. Co.
(1969) *Custom and politics in urban Africa*. London: Routledge & Kegan Paul.

Coquery-Vidrovitch, C.
(1962) Le blocus de Whydah (1876–1877) et la rivalité franco-anglaise au Dahomey. *Cah. Et. afr.*, vii, 2 (3), pp. 373–419.
(1965) *La découverte de l'Afrique*. Paris: Julliard.

(1969) Recherches sur un mode de production africain. *La Pensée,* 144, pp. 61–78.

Couty, P.
    (1968) La structure des économies de savane africaine. *Cah. ORSTOM,* Sér. Sci. Hum., v, 2, pp. 23–44.

Cox-Georges, N. A.
    (1961) *Finance and development in West Africa: the Sierra Leone experience.* London: Dobson.

Daaku, K. Y.
    (1970) *Trade and politics on the Gold Coast 1600–1720.* Oxford University Press.

Dalzel, A.
    (1793) *The history of Dahomey.* London.

Delafosse, M.
    (1900) *Essai de manuel de la langue agni.* Paris: Larose.

De Lartigue, R.
    (1898) Notice géographique sur la région du Sahel. *Renseign. colon.,* 5 (suppl. *Bull. Com. Afr. Franç.,* June 1898).

Delobsom, A. A. D.
    (1934) Notes sur les Yarcé au Mossi. *Rev. anthrop.,* 44, pp. 326–33.

De Marees, P.
    (1602) *Beschrininge en Historische Verhael van het Gout Koningckrijck van Guinea 1602,* ed. H. Naber. The Hague 1915.

Dickson, K. B.
    (1969) *An historical geography of Ghana.* Cambridge University Press.

Diop, Amadou Bamba
    (1966) Lat-Dior et le problème musulman. *Bull. IFAN,* xxviii, 1/2, pp. 493–589.

Doumbia, P. E. N.
    (1936) Etude du clan des forgerons. *Bull. Com. Et. Hist. Sci. AOF,* 19, p. 371.

Dubois, Felix
    (1897) *Tombouctou la mystérieuse.* Paris.

Dubourg, J.
    (1957) La vie des paysans mossi: le village de Taghalla. *Cah. d'O.-M.,* x, pp. 307–98.

Duncan, J.
    (n.d.) *Travels in Western Africa in 1845 and 1846.* London.

Dupire, M.
    (1962) Trade and markets in the economy of the nomadic Fulani of Niger (Bororo), in P. Bohannan & G. Dalton (eds.) *Markets in Africa.*

Dupuis, J.
(1824) *Journal of a residence in Ashantee*. London.
Echard, N.
(1964) Etude socio-économique dans les vallées de l'Ader Doutchi-Majya. *Et. nigériennes*, 15.
(n.d.) *Eléments de Corpus Hausa: les biens*. Mimeo.
Edinburgh: Centre of African Studies
(1966) *Markets and marketing in West Africa*.
Eighmy, T. H.
(1969) *Modernization in a regional context: pretheory and practice in Western Nigeria*. Ph.D. dissertation, Pennsylvania State University.
El-Wakkad, M.
(1961–2) Qissatu Salga Tarikhu Gonja. *Ghana notes & queries*, 3/4.
Fage, J. D.
(1958) *An historical atlas of West Africa*. London.
(1969) Slavery and the slave-trade in the context of West African history. *J. Afr. History*, x, 3, pp. 393–404.
Fagerlund, V. G. & Smith, R. H. T.
(1970) A preliminary map of market periodicities in Ghana. *J. Devel. areas*.
Fallers, L. A. (ed.)
(1967) *Immigrants and associations*. The Hague: Mouton.
Foà, E.
(1895) *Le Dahomey*. Paris.
Forbes, F. E.
(1851) *Dahomey and the Dahomeans*. London.
Forde, Daryll & Scott, R.
(1946) *The native economies of Nigeria*. London: Faber.
Freeman, R. A.
(1898) *Travels and life in Ashanti and Jaman*. London.
Freeman-Grenville, G. S. P.
(1962) *The East African coast: select documents from the first to the nineteenth century*. Oxford University Press.
Frobenius, L.
(1924) Dichten und Denken im Sudan. *Iéna* (Atlantis 5).
Froelich, J. C.
(1954) *La tribu konkomba du Nord Togo*. Mém. Dakar-IFAN.
Froelich, J. C., et al.
(1963) *Les populations du Nord Togo*. Paris: Presses Universitaires, Monographies Ethnologiques Africaines.
Froelich, W.
(1940) Das afrikanische Marktwesen. *Z. f. Ethnol.*, lxxii, pp. 234–328.

Fyfe, C. A.
(1962) *A history of Sierra Leone.* Oxford University Press.
Gallais, J.
(1967) *Le delta intérieur du Niger.* 2 vols. Mém. Dakar-IFAN.
Galletti, *et al.*
(1956) *Nigerian cocoa farmers.* Oxford University Press for the Nigerian Cocoa Marketing Board.
Golding, P. T. F.
(1962) An enquiry into household expenditure and consumption and sale of household produce in Ghana. *Econ. Bull. Ghana,* vi, 4, pp. 11–33.
Goody, J.
(1967) The over-kingdom of Gonja, in D. Forde & P. Kaberry (eds.) *West African kingdoms in the nineteenth century.* Oxford University Press for the International African Institute.
Gray, R. & Birmingham, D. (eds.)
(1970) *Pre-colonial African trade.* Oxford University Press.
Griaule, M.
(1965) *Conversations with Ogotemmeli: an introduction to Dogon religious ideas.* Oxford University Press for the International African Institute.
Grove, D. & Huszar, L.
(1964) *The towns of Ghana.* Ghana Universities Press.
Guirassy, Mamba
(1965) *Etude sommaire sur la race Diakha.* Unpublished MS. in possession of the author, Min. Educ. Nat., Dakar.
Hammond, P. B.
(1966) *Yatenga: Technology in the culture of a West African kingdom.* New York: Free Press.
Hancock, W. K.
(1937–42) *Survey of British Commonwealth affairs.* 2 vols. London.
Hecquard, H.
(1855) *Voyage sur la côte et dans l'intérieur de l'Afrique occidentale.* Paris.
Herskovits, Melville J.
(1938) *Dahomey, an ancient West African kingdom.* 2 vols. New York (reprint, 1967).
(1962) *Economic anthropology.* New York: Knopf.
(1964) The conference discussions, in M. J. Herskovits & Mitchell Harwitz (eds.) *Economic transition in Africa.* Northwestern University Press.
Hill, Polly
(1963) Markets in Africa. *J. modern Afr. Stud.,* i, 4, pp. 441–53.

(1966*a*) Notes on traditional market authority and market periodicity in West Africa. *J. Afr. Hist.*, vii, 2, pp. 295–311.

(1966*b*) Landlords and brokers: a West African trading system. *Cah. Et. afr.*, vi, 23 (3), pp. 349–66.

(1969) Hidden trade in Hausaland. *Man*, iv, 3, pp. 392–409.

(1970) *Studies in rural capitalism in West Africa*. Cambridge University Press.

(forthcoming) *Rural Hausa: a village and a setting*. Cambridge University Press.

Hodder, B. W.

(1961) Rural periodic day markets in part of Yorubaland. *Trans. & papers, Inst. of Brit. Geographers*, 29, pp. 149–59.

(1966) Some comments on markets and market periodicity, in Univ. of Edinburgh Centre of African Studies, *Markets and marketing in West Africa*.

(1967) The markets of Ibadan, in P. C. Lloyd (ed.) *The city of Ibadan*. Cambridge University Press.

Hodder, B. W. & Ukwu, U. I.

(1969) *Markets in West Africa*. Ibadan University Press.

Hodges, Cornelius

(1690) Dispatch to the Royal African Company. Printed in T. G. Stone: The journey of Cornelius Hodges in Senegambia. *Engl. Hist. Rev.*, 39, pp. 89–95, 1924.

Holas, B.

(1957) *Les Sénoufo*. Paris: Presses Universitaires, Monographies Ethnologiques Africaines.

Hopkins, A. G.

(1966) The currency revolution in South-West Nigeria in the late nineteenth century. *J. hist. Soc. Nigeria*, iii, 3, pp. 472–4.

Hudson, J. C.

(1969) A location theory for rural settlement. *Annals Assoc. Amer. Geographers*, lix, 2, pp. 365–73.

Hunter, J. M.

(1966) Discussion, in Univ. of Edinburgh Centre of African Studies, *Markets and marketing in West Africa*.

Imlah, A. H.

(n.d.) *Economic elements in the Pax Britannica: studies in British foreign trade in the nineteenth century*. Harvard University Press.

Izard, M.

(1965) Traditions historiques des villages du Yatenga. *Rech. voltaïque*, 1.

(1970) *Introduction à l'histoire des royaumes mossi*. *Recherches voltaïques*, 12, 1–13. Paris-Ouagadougou CNRS–CVRS.

422   *Bibliography*

Jackson, J. G. (ed.)
  (1820) *An account of Timbuctoo and Housa* by El Hage Abd Salam
  Shabeemy, with notes by J. G. Jackson. (1967 reprint: Cass.)
Jobson, Richard
  (1623) *The golden trade, or a discovery of the River Gambia* (reprint,
  London, 1932).
Johnson, Marion
  (1966a) *Salaga papers.* Institute of African Studies, University of
  Ghana.
  (1966b) The wider background of the Salaga civil war. *Research
  Rev.*, Legon, ii, 2.
  (1966c) The ounce in 18th century West Africa trade. *J. Afr.
  History*, vii, 2, pp. 197–214.
  (1970) The cowry currencies of West Africa (part I). *J. Afr.
  History*, xi, 1, pp. 17–49.
Jones, W. O.
  (1969) *Marketing of staple food crops in tropical Africa.* Stanford
  University.
Kalck, P.
  (1959) *Réalités oubanguiennes.* Paris: Berger-Levrault.
Karpinski, R.
  (1968) Considérations sur les échanges de caractère local et
  extérieur de la Sénégambie dans la deuxième moitié du XVe
  et au début du XVIe siècle. *Africana Bull.*, 8, pp. 65–83.
Klein, M. A.
  (1968) *Islam and imperialism in Senegal.* Edinburgh University Press.
Koelle, S. W.
  (1854) *Polyglotta Africana.* London.
Kopytoff, Jean Herskovits
  (1965) *A preface to modern Nigeria: the 'Sierra Leonians' in Yoruba
  1830–1890.* University of Wisconsin Press.
Krauses, G. A.
  (1928) Hausa-Handschriften in der Preussischen Staatsbiblio-
  thek, Hamburg. *Mitt. Seminar f. Orient. Sprach.*, xxxi, 24: S35–6.
Labouret, H.
  (1931) *Les tribus du rameau Lobi.* Paris.
Laing, A. G.
  (1825) *Travels in Timanne, Kooranko, and Soolima countries, in
  Western Africa.* London.
Lander, R. & J.
  (1832) *Journal of an expedition to determine the course and termination of
  the Niger.* 2 vols. London.

Lane, E. W.

(1836) *An account of the manners and customs of the modern Egyptians.* London.

Last, M.

(1967) *The Sokoto Caliphate.* London: Longmans.

Lawson, R. M.

(n.d.) *Processes of rural economic growth. The change from a transitional economy in the Lower Volta of Ghana, 1954–67.* Volta Basin Research Project technical Report, no. X27, University of Ghana.

(1967) The distributive system in Ghana. *J. Devel. Stud.*, iii, 2, pp. 195–205.

Le Hérissé, A.

(1911) *L'ancien royaume du Dahomey.* Paris.

Lembezat, B.

(1961) *Les populations païennes du Nord Cameroun et de l'Adamaoua.* Paris: Presses Universitaires, Monographies Ethnologiques Africaines.

(1962) Marchés du Nord Cameroun. *Cah. Inst. Sci. Econ. Appl. Hum.*, 131, Sér. 5, 5.

Levtzion, N.

(1965) Early nineteenth-century manuscripts from Kumasi. *Trans. hist. Soc. Ghana*, viii, pp. 99–119.

(1966) Salaga: a nineteenth-century trading town in Ghana. *Asian & Afr. Stud.*, ii, p. 211.

(1968a) *Muslims and chiefs in West Africa.* Oxford University Press.

(1968b) Commerce et Islam chez les Dagomba du Nord-Ghana. *Annales*, 4, pp. 723–43.

Lewis, Barbara

(forthcoming) *Ethnicity, occupational specialisation and interest groups: the Transporters Association of the Ivory Coast.* Livingston College, Rutgers University.

Lloyd, C.

(1949) *The navy and the slave trade.* London.

Lloyd, P. C.

(1959) The Yoruba town today. *Sociol. Rev.*, n.s. vii, 1.

Luning, H. A.

(1961) *An agro-economic survey in Katsina Province.* Kaduna: Govt. Printer.

McPhee, A.

(1926) *The economic revolution in British West Africa.* London.

Mage, E.

(1868) *Voyage dans le Soudan Occidentale 1863–1866.* Paris: Hachette.

Marshall, Gloria
  (1964) *Women, trade and the Yoruba family.* Ph.D. dissertation, Columbia University.
Martin, A.
  (1956) *The oil-palm economy of the Ibibio farmer.* University of Ibadan Press.
Marty, P.
  (1921) *L'Islam en Guinée.* Paris.
  (1922) *Etudes sur l'Islam en Côte d'Ivoire.* Paris.
Mauny, R.
  (1961) *Tableau géographique de l'Ouest Africain au Moyen Age.* IFAN-Dakar.
Meillassoux, C.
  (1960) Essai d'interprétation du phénomène économique dans les sociétés traditionnelles d'auto-subsistance. *Cah. Et. afr.*, 1 (4), pp. 38–67.
  (1963) Histoire et institutions du *Kafo* de Bamako, d'après la tradition des Niaré. *Cah. Et. afr.*, iv, 14 (2), pp. 186–227.
  (1964) *Anthropologie économique des Gouro de Côte d'Ivoire.* Paris: Mouton.
  (1965) The social structure of modern Bamako. *Africa*, xxxv, 2, pp. 135–6.
  (1970) A class-analysis of the bureaucratic process in Mali. *J. Devel. Stud.*, vi, 2, pp. 97–110.
Méniaud, J.
  (1931) *Les pionniers du Soudan.* 2 vols. Paris: Soc. Publications Modernes.
Meredith, H.
  (1812) *An account of the Gold Coast.*
Mid-West State of Nigeria
  (1969) *Market calendar.* Benin City: Statistics Division, Ministry of Finance and Economic Development.
Miner, H.
  (1953) *The primitive city of Timbuctoo.* Princeton.
  (1965) Urban influences on the rural Hausa, in Hilda Kuper (ed.) *Urbanization and migration in West Africa.* Berkeley: University of California Press.
Miracle, Marvin P.
  (1969a) The economy of the Ivory Coast, in D. A. Lury and Peter Robson (eds.) *The economies of Africa.* London: Allen & Unwin.
  (1969b) An evaluation of attempts to introduce cooperatives and quasi-cooperatives in tropical Africa, in Kurt Anchels *et al.* (eds.) *Adapting cooperatives to the market structures and conditions of underdeveloped areas.* New York: Prager.

(in press) Market structure and conduct in Tropical Africa, in
Sayre P. Schatz (ed.) *Proceedings*, Conference on African Economic Development, Temple University, April 1968.
Miracle, Marvin P. & Seidman, Ann
(1968) *Agricultural cooperatives and quasi-cooperatives in Ghana, 1951–65.* Land Tenure Center, paper no. 47, University of Wisconsin.
Mitchell, P. K.
(1962) Trade routes of the early Sierra Leone Protectorate. *Sierra Leone Stud.*, n.s. 16, pp. 215–16.
Mollien, Th.
(1820) *L'Afrique occidentale en 1818.* Paris: Calmann-Levy [1967].
Monnier, H.
(1894) *France noire.* Paris
Monteil, C.
(1929) Le Tekrour et la Guinée. *Outre-Mer*, pp. 387–405.
(1932) *Djenné.* Paris.
Morgan, W. B. & Pugh, J. C.
(1969) *West Africa.* London: Methuen.
Murdoch, G. P.
(1959) *Africa: its peoples and their culture history.* New York: McGraw-Hill.
Nabolle, M.
(1969) *Traditions et coutumes yarse en pays mossi.* Ecole nat. Admin., cycle C, 2ème année, année scolaire 1968–9.
Nadel, S. F.
(1942) *A Black Byzantium: the kingdom of the Nupe in Nigeria.* Oxford University Press for the International African Institute.
Neumark, S. D.
(1964) *Foreign trade and economic development in Africa: a historical perspective.* Stanford: Food Res. Inst.
Newbury, C. W.
(1961) *The Western slave coast and its rulers.* Oxford: Clarendon Press.
(1965) *British policy towards West Africa.* Oxford University Press.
(1966) North African and Western Sudan trade in the nineteenth century: a re-evaluation. *J. Afr. Hist.*, vii, 2, pp. 233–46.
(1969) Trade and authority in West Africa, 1850 to 1880, in L. H. Gann and Peter Duignan (eds.) *Colonialism in Africa*, Vol. I. Stanford University Press.
Nicolas, G.
(1962) Circulation des biens et échanges monétaires au Sud du Niger. *Cah. ISEA*, v, 4, p. 12.
(1967) *Circulation de richesses et participation sociale dans une société*

Hausa du Niger (Canton de Kantché). Ed. Centre Univ. de Poly-
    copiage de l'A.G.E.B., Bordeaux.
Nicolas, G. & Mainet G.
    (1964) *La vallée du gulbi de Maradi: enquête socio-économique.* Docum.
    Et. nigériennes, 16, IFAN-CNRS.
Nigeria
    (1962) *Handbook of commerce and industry in Nigeria.* Lagos: Federal
    Ministry of Information.
Nigerian Produce Marketing Board
    (1967) *The Nigerian farmer's diary 1967.* Lagos.
Norris, R.
    (1789) *Memoirs of the reign of Bossa-Ahadee, king of Dahomey.* London.
Okhawa, K.
    (1956) Economic growth and agriculture. *Ann. Hitotsubashi Acad.,*
    7.
Oliver, R. & Mathew, G. (eds.)
    (1963) *History of East Africa,* Vol. I. Oxford University Press.
Opoku, T.
    (1885) An African pastor's preaching journey through the lands
    of the Upper Volta. *Evangelisches Missions-Magazin.*
Ord, H. W.
    (1965) Agricultural commodity projection in Ghana. *Econ. Bull.
    Ghana,* ix, 3.
Ott, A.
    (1968) Akan gold weights. *Trans. hist. Soc. Ghana,* ix, pp. 17–40.
Ottenberg, S. & P.
    (1962) Afikpo markets 1900–1960, in P. Bohannan & G. Dalton
    (eds.) *Markets in Africa.*
Pacheco Pereira, Duarte
    (1505–20) *Esmeraldo de situ orbis.* Trans. and ed. G. H. T. Kimble.
    London: Hakluyt Society, 79, 1937.
Palau Marti, M.
    (1957) *Les Dogon.* Paris: Presses Universitaires, Monographies
    Ethnologiques Africaines.
Pâques, V.
    (1954) *Les Bambara.* Paris: Presses Universitaires, Monographies
    Ethnologiques Africaines.
Park, Mungo
    (1960) *Travels of Mungo Park,* ed. R. Miller. London: Dent.
Pasquier, R.
    (1967) A propos de l'émancipation des esclaves au Sénégal en
    1848. *Rev. franç. Hist O.-M.,* liv, 194/197, pp. 188–208.

Paulme, D.
(1954) *Les gens du riz: Kissi du Haute-Guinée Française.* Paris: Librairie Plon.
Périé, J. & Sellier, M.
(1950) Histoire des populations du cercle de Dosso. *Bull. IFAN*, i, 2/3, pp. 1015–74.
Person, Y.
(1964) En quête d'une chronologie ivoirienne, in J. Vansina (ed.) *The historian in tropical Africa.* Oxford University Press for the International African Institute.
Piault, M. H.
(1964) *Populations de l'Arewa: introduction à une étude regionale.* Et. nigériennes, 13.
(1967a) Contribution au colloque sur les cultures voltaïques. *Rech. voltaïques*, 8, pp. 141–60.
(1967b) Les Mawri de la république du Niger. *Cah. Et. afr.*, vii, 28 (4), pp. 673–8.
(1971) *Histoire Mawri: introduction à l'étude des processus constitutifs d'un Etat.* Inst. d'Ethnologie-CNRS.
Polanyi, K.
(1964) Sorting and ounce trade. *J. Afr. Hist.*, v, 3, pp. 381–95.
Polanyi, K. & Rotstein, A.
(1966) *Dahomey and the slave trade.* Washington University Press.
Polanyi, K., *et al.* (ed.)
(1957) *Trade and markets in the early empires.* Glencoe, Mass.
Poleman, T. T.
(1961) The food economies of urban middle Africa: the case of Ghana. *Food. Res. Inst. Stud.*, ii, 3, pp. 121–74.
(1965) The food economics of urban Africa: the case of Ghana. *Food Res. Inst. Stud.*, v, 3.
Pollet, E. & G.
(1967) *Organisation sociale et politique des Soninke.* 2 vols. Univ. of Brussels.
Pollet, E. & Winter, G.
(1968) L'organisation sociale du travail agricole chez les Soninke (Diahunu, Mali). *Cah. Et. afr.*, viii, 4 (32), pp. 509–34.
Quenum, M.
(1938) *Au pays des Fons.* Paris.
Ramseyer, F. A. & Kuhne, J.
(1878) *Four years in Ashantee.* London.
(1965) Atebu in 1884, in Marion Johnson (ed.) *Salaga papers.*
Rançon, A.
(1894a) Le Bondou. *Bull. Soc. Géog. Bordeaux*, 17 (n.s.), pp. 433–63, 465–84, 497–548, 561–91, 593–647.

(1894*b*) *Dans la Haute Gambie: voyage d'exploration scientifique 1891–92.* Paris.

Rattray, R. S.
(1929) *Ashanti law and constitution.* Oxford University Press.

Reindorf, C. C.
(1895) *History of the Gold Coast and Asante.* London: Kegan Paul (reprint, 1950).

Repin
(1862) Voyage au Dahomey en octobre 1856. *Tour du Monde.*

Reusse, E. R. & Lawson, R. M.
(1969) The effect of economic development on metropolitan marketing: a case study of food retailing trade in Accra. *E. Afr. J. rural Devel.*, ii, 1.

Rey, P. P.
(1969) Articulation des modes de dépendance et des modes de reproduction dans deux sociétés lignagères. *Cah. Et. afr.*, ix, 35 (3), pp. 415–40.

Richards, A. I.
(n.d.) *Economic development and tribal change.* Cambridge: Heffer.

Ritzenhaler, P.
(1966) *The Fon of Bafut.* New York: Crowell.

Robinson, C. H.
(1896) *Hausaland.* London: Low.

Rodinson, M.
(1966) *Islam et capitalisme.* Paris: Seuil.

Ronart, S. & N.
(1960) *Concise encyclopaedia of Arabic civilisation: the Arab East.* New York.

Ross, D. A.
(1965) The career of Domingo Martinez in the Bight of Benin, 1833–1864. *J. Afr. Hist.*, vi, 1, pp. 79–90.

Rouch, J.
(1954) *Les Songhay.* Paris: Presses Universitaires, Monographies Ethnologiques Africaines.

Roussier, Paul
(1935) *L'établissement d'Issiny 1687–1702.* Paris: Larose.

Salmon, C. S.
(1882) British policy in West Africa. *Contemporary Rev.*, xlii.

Savariau, N.
(1906) *L'agriculture au Dahomey.* Paris: Challamel.

Savonnet, G.
(1962) La colonisation du pays Koulango par les Lobi de Haute Volta. *Cah. d'O.-M.*, xv, 57, pp. 25–46.

Schildkrout, Enid
  (1969*a*) *The position of strangers in Kumasi local government.* Paper presented at the African Studies Association, Montreal.
  (1969*b*) *Factionalism and integration: a history of disputes surrounding the Kumasi Central mosque.* Paper presented at the Institute of Commonwealth Studies, London.
  (1970) Government and chiefs in Kumasi Zongo in M. Crowder & O. Ikime (eds.) *West African Chiefs.* University of Ife Press.

Schnapper, Bernard
  (1961) *La politique et le commerce français dans le Golfe de Guinée de 1838 à 1871.* Paris: Mouton

Sellnow, I.
  (1967) Sociological and economic aspects of African trade and crafts, a contribution on the social-economic structures of the Hausa enclaves in Ghana. *Communications: Congrès int. des Africanistes.*

Sidibe, M.
  (1959) Les gens de caste ou nyamakala au Soudan français. *Notes afr.*, 81, p. 16.

Silvermann, S. F.
  (1959) Some cultural correlates of the cyclical market, in *Intermediate societies, social mobilities and communication.* Seattle: American Ethnological Society.

Skertchly, J.
  (1874) *Dahomey as it is.* London.

Skinner, E. P.
  (1962) Trade and markets among the Mossi people, in P. Bohannan & G. Dalton (ed.) *Markets in Africa.*
  (1963) Strangers in West African societies. *Africa*, xxxiii, 4, pp. 307–20.
  (1964*a*) *The Mossi of the Upper Volta.* Stanford.
  (1964*b*) West African economic systems, in M. J. Herskovits & M. Harwitz (ed.) *Economic transition in Africa.*

Smith, J.
  (1851) *Trade and travels in the Gulph of Guinea, Western Africa.* London.

Smith, M. G.
  (1952) Introduction to M. F. Smith, *Baba of Karo.* London: Faber.
  (1953) *The economy of Hausa communities of Zaria.* London: Colonial Research Studies.
  (1962) Exchange and marketing among the Hausa, in P. Bohannan & G. Dalton (eds.) *Markets in Africa.*

Smith, Pierre
(1965) Les Diakhanké. Histoire d'une dispersion. *Bull. et Mém. Soc. Anthrop. Paris*, 8 (11th series), pp. 231–62.

Smith, R. H. T. & Onakomaiya, S. O.
(1970) Bulking and distribution in Nigerian international rail trade of delicacy foodstuffs. *J. business & social Stud.*

Snelgrave, W.
(1734) *A new account of some parts of Guinea and the slave trade.* London.

Société d'Etudes pour le Développement Economique et Social
(1965) *Région de Korhogo: Etude de développement socio-economique.* Paris: République de Côte d'Ivoire, Ministère des Finances, des Affaires Economiques et du Plan.

Soleillet, P.
(1887) *Voyage à Ségou, 1878–1879, rédigé d'après les notes et journaux de voyage de Soleillet par Gabriel Gravier.* Paris.

Spencer, R. F. & Johnson, E.
(1960) *Atlas for anthropology.* Dubuque, Iowa: Wm. C. Brown.

Staudinger, P.
(1889) *Im Herzen der Haussaländer.* Berlin.

Stevens, R. D.
(1963) *The influence of urbanisation on the income elasticity of demand for retail food in low income countries.* JFE 45 51963.
(1965) *Elasticity of food consumption associated with changes in income in developing countries.* U.S. Department of Agriculture, Development & Trade Analysis Division.

Suret-Canale, J.
(1961) *Afrique noire.* Vol. I. Paris: Ed. Sociales.
(1964) Les sociétés traditionnelles en Afrique tropicale et le concept de mode de production asiatique. *La Pensée*, 117, pp. 21–42.

Tait, D.
(1953) On the growth of some Konkomba markets. Ibadan: Proc. 2nd Ann. Conf. W. Afr. Inst. of Soc. & Econ. Research.
(1961) *The Konkomba of Northern Ghana* (ed. J. Goody). Oxford University Press for the International African Institute.

Tardits, Claude & Claudine
(1962) Traditional market economy in the South Dahomey, in P. Bohannan & G. Dalton (eds.) *Markets in Africa.*

Tauxier, L.
(1912) *Le noir du Soudan.* Paris: Larose.
(1917) *Le noir du Yatenga.* Paris: Larose.
(1921) *Le noir de Bondoukou.* Paris: E. Leroux.
(1942) *Histoire des Bambara.* Paris: Geuthner.

Tenkorang, Sammy
(1964) *British slave-trading activities on the Gold and Slave Coasts.*
M.A. thesis. London.

Thodey, A. R.
(1968) *Marketing of staple foodstuffs in Western Nigeria.* 3 vols. Stanford Res. Inst. for USAID.

Thomas, Northcote W.
(1910) *Anthropological report on the Edo-speaking peoples of Nigeria Part I: Law and custom.* London: Harrison.
(1924) The week in West Africa. *J. roy. anthrop. Inst.*, liv, pp. 183–209.

Tiendregeogo, Y.
(1964) *Histoire et coutumes royales des Mossi de Ouagadougou.* Ouagadougou.

Trimingham, J. S.
(1962) *A history of Islam in West Africa.* Oxford University Press.

Ukwu, U. I.
(1969) Markets in Iboland, in B. W. Hodder & U. I. Ukwu *Markets in West Africa.*

Urvoy, Y.
(1936) *Histoire des populations du Soudan Central (Col. du Niger).* Paris.

Vansina, J.
(1962) Long distance trade routes in central Africa. *J. Afr. History*, iii, 3, 374–90.

Verger, P.
(1953) *Les Afro-Américains.* Mém. IFAN No. 27, Dakar.
(1968) *Flux et reflux de la traite des nègres entre le golfe de Bénin et Bahia de Todos os Santos.* Paris: Mouton.

Verger, P. & Bastide, R.
(1958) *The network of Nago markets (Dahomey).* Nigerian Inst. of Soc. & Econ. Research, Conf. Proc., Ibadan, Dec. 1958.

Vernière, M.
(1969) Anyama, étude de la population et du commerce kolatier. *Cah. ORSTOM*, Sér. Sci. Hum., vi, 1, pp. 83–111.

Walckenaer, C. A.
(1821) *Recherches géographiques sur l'intérieur de l'Afrique Septentrionale.* Paris.
(1842) *Collections des relations de voyages par mer et par terre, en différentes parties de l'Afrique depuis 1400 jusqu'à nos jours.* 21 vols. Paris.

Walters, D.
(1962) *Report on the national accounts of Ghana.* Accra: Central Bureau of Statistics.

EE

432 *Bibliography*

Ward, W. E. F.
   (1967) *A history of Ghana*. London: Allen & Unwin.
Western State of Nigeria
   (1967) *Market calendar 1967*. Ibadan: Ministry of Economic
   Planning and Community Development.
   (1969) *Market calendar 1969*.
Wilks, I.
   (1957) The rise of the Akwamu empire 1650–1710. *Trans. hist.
   Soc. Ghana*, iii, 2, pp. 99–132.
   (1959) Akwamu and Otublohum: an eighteenth century Akan
   marriage arrangement. *Africa*, xxix, 4, pp. 391–404.
   (1966a) The position of Muslims in metropolitan Ashanti in the
   early nineteenth century, in I. M. Lewis (ed.) *Islam in tropical
   Africa*. Oxford University Press for the International African
   Institute.
   (1966b) Aspects of bureaucratization in Ashanti in the nineteenth
   century. *J. Afr. History*, vii, 2, pp. 215–32.
   (1967a) Ashanti government, in Daryll Forde & P. M. Kaberry
   (eds.) *West African kingdoms in the nineteenth century*. Oxford
   University Press for the International African Institute.
   (1967b) Abu Bakr Al-Siddiq of Timbuktu, in P. Curtin (ed.)
   Africa remembered. University of Wisconsin Press.
   (1968) The transmission of Islamic learning in the Western Sudan,
   in J. Goody (ed.) *Literacy in traditional societies*. Cambridge.
Wilks, I. & Ferguson, P.
   (1970) Chapter in C. H. Allen (ed.) *African perspectives*.
Williamson, K.
   (1962) Changes in the marriage system of the Okrika Ijo. *Africa*,
   xxxii, 1, pp. 53–60.
Woodruff Smith,
   (1968) *Slaves and palm oil: economic transition and politics in the
   Western Slave Coast, 1770–1894*. University of Chicago (cyclostyled).
Zahan, D.
   (1954) Notes sur les marchés mossi du Yatenga. *Africa*, xxiv, 4,
   pp. 370–7.

Index